Armin Strohmeyr
Die leuchtenden Länder

PIPER

Zu diesem Buch

»Ils sont les pays lumineux«, schwärmte die Dichterin Louise Colet von den leuchtenden Ländern des Orients, welche die Salondame und Geliebte Gustave Flauberts im 19. Jahrhundert bereiste. Die Abenteurerin Isabel Burton hingegen fand deutlich handfestere Worte für ihren Entschluss, sich den Konventionen der spätviktorianischen Zeit zu widersetzen: »Wir Frauen sind nur dazu geboren, um zu heiraten und zu sterben. Wer vermisst uns? (…) Es macht mich krank und ich werde es nicht tun.« Ihre zahlreichen Reisen in den arabischen Raum und ihre kuriosen Ausritte in die Wüste, bei denen sie stets Männerkleidung trug, machen sie bis heute zu einer Ikone.

Diese beiden Beispiele stehen stellvertretend für die neun außergewöhnlichen Frauen, deren Leben und Reisen Armin Strohmeyr so erzählerisch fesselnd wie historisch präzise für uns wiederentdeckt.

Armin Strohmeyr ist promovierter Germanist und Autor viel beachteter Biografien und Porträtsammlungen. Sein Buch »Verkannte Pioniere« wurde von der Zeitschrift DAMALS beim Wettbewerb »Historisches Buch des Jahres« mit dem 3. Platz prämiert und stand in Österreich auf der Shortlist für das »Wissenschaftsbuch des Jahres«. Im Piper Verlag erschienen bisher die Porträtsammlungen »Abenteuer reisender Frauen«, »Einflussreiche Frauen«, »Geheimnisvolle Frauen«, »Uns gehört die Welt« und »Die leuchtenden Länder«.

www.armin-strohmeyr.de

Armin Strohmeyr

Die leuchtenden Länder

Reisende Frauen erkunden den Orient

Mehr über unsere Autoren und Bücher:
www.piper.de

Von Armin Strohmeyr liegen im Piper Verlag vor:
Abenteuer reisender Frauen
Einflussreiche Frauen
Geheimnisvolle Frauen
Uns gehört die Welt
Die leuchtenden Länder

MIX
Papier aus verantwor-
tungsvollen Quellen
FSC® C083411

Originalausgabe
ISBN 978-3-492-30967-7
September 2017
© Piper Verlag GmbH, München 2017
Umschlaggestaltung: Büro Jorge Schmidt, München
Umschlagabbildung: bibelotslondon und Hulton Collection/Getty Images
Satz: Kösel Media GmbH, Krugzell
Gesetzt aus der Berling
Druck und Bindung: CPI books GmbH, Leck
Printed in the EU

für Marianne Gesemann

»Wir müssen uns auf eine Exkursion ins Unbekannte einlassen: in Regionen vordringen, die nicht unsere eigenen sind. Wir müssen bereit sein, uns ständig überraschen zu lassen. Der Stubenhocker weiß, dass Pfauen in Indien ebenso frei herumfliegen wie Spatzen in England, er sieht keinen Grund, darüber in Begeisterung auszubrechen. In Wahrheit jedoch ist es ein überraschend schöner Anblick, wilde Pfauen im Licht des östlichen Sonnenaufgangs ihre Räder schlagen zu sehen.«

Vita Sackville-West,
Eine Frau unterwegs nach Teheran

Inhalt

1 Elizabeth Marsh-Crisp (1735–1785)
Gefangene des Sultans, Kaufmannsfrau in Indien

Menorca, Mitte April 1756. Auf der von den Briten besetzten Insel herrscht Aufregung. Frankreich hat dem Vereinigten Königreich den Krieg erklärt. Einhundertzwanzig Schiffe der französischen Kriegsmarine sind auf dem Weg zu den Balearen. Die britische Kommandantur entschließt sich, Menorca aufzugeben und sich mit den wichtigsten Kräften ins stark befestigte Gibraltar, das seit 1704 britisch ist, abzusetzen. Am 22. April, die Franzosen haben bereits Fuß auf der Insel gefasst, verlassen die englischen Schiffe den Hafen. Mit an Bord sind der Marinebeamte Milbourne Marsh, seine Frau Elizabeth und seine zwanzigjährige Tochter, die ebenfalls Elizabeth heißt. Doch die eigentliche Odyssee steht der jungen Frau erst noch bevor…

Die zweite Hälfte des 18. Jahrhunderts ist nicht nur eine Zeit erster transkontinentaler Kriege, sondern auch des wachsenden globalen Handels. Rohstoffe und Handelsgüter aller Art, aber auch menschliche Arbeitskräfte – Auswanderer und Sklaven – werden zwischen Europa, Afrika, Amerika und Asien transportiert.

Elizabeth Marsh war in gewisser Weise wie ihre Zeit: getrieben, zwischen Kontinenten und Lebensschicksalen, teils Opfer, teils Mitgestalterin. Ihr Schicksal war nicht nur beispielhaft, sondern auch außergewöhnlich. Sie war eine Frau, die trotz aller Konventionen ihr eigenes, emanzipiertes Leben führte. Ein Leben, das Gefangenschaft ebenso kannte wie Unternehmertum, schriftstellerische Ambition, Reiselust und amouröse Abenteuer. Von sich selbst sagte Elizabeth Marsh treffend: »Ich gehöre zu den rastlosen Wesen.«

Eine Liebe auf Jamaika

Die Geschichte von Elizabeth Marsh beginnt nicht in Europa, sondern im damals britischen Jamaika in der Karibik. Zuckerrohr ist das Gold der Insel. Schwarze Sklaven schuften auf den Plantagen. 1732 lernt der junge Schiffszimmermann Milbourne Marsh in der jamaikanischen Hafenstadt Port Royal die verheiratete Elizabeth Evans, eine Mulattin, kennen. Deren Mann betreibt einen gutgehenden Ausschank. James Evans weiß von der Affäre seiner Frau. Doch bevor es zum öffentlichen Skandal kommt, stirbt er und hinterlässt Elizabeth ein hübsches Vermögen.

Im Dezember 1734 heiraten Milbourne Marsh und Elizabeth Evans. Marsh will nach England zurück. Im Juni 1735 besteigt die junge Familie ein Schiff. Es ist höchste Zeit, denn Mrs. Marsh ist im sechsten Monat schwanger. Am 20. August erreichen sie Portsmouth. Einen Monat später kommt das Kind zur Welt, das auf den Namen Elizabeth getauft wird.

In Portsmouth und Chatham bei London wächst Elizabeth auf. Milbourne Marsh findet als leitender Zimmermann in der Werft ein gutes Auskommen. Zwei Söhne kommen zur Welt. Langsam steigt die Familie sozial auf. Sie beziehen ein Haus in bürgerlicher Gegend. Damit sind die Marshs Nutznießer der industriellen Revolution, die in jenen Jahren in England beginnt. Mit Fleiß und Findigkeit können die gesellschaftlichen Schranken durchbrochen werden.

Die Tochter Elizabeth lernt Französisch, Rechnen und Buchführung. Sie soll einmal gut verheiratet werden, das Haushaltsbuch führen und gepflegte Konversation betreiben können. Und sie erhält Unterricht in Klavier und Gesang. London ist damals neben Wien das wichtigste musikalische Zentrum Europas. Aber so bruchlos vollzieht sich der gesellschaftliche Aufstieg nicht. Die junge Elizabeth Marsh hat etwas Unangepasstes, Selbstständiges. Vielleicht spielt das afrokaribische Erbe mit hinein. Jedenfalls erscheint ihr die Aussicht auf eine brave bürgerliche Ehe wenig verheißungsvoll.

Da erhält Milbourne Marsh im Jahre 1755 eine hochbezahlte Stelle auf Menorca und zieht mit seiner Familie dorthin. Das Klima ist mild, das Leben lockerer als im zugeknöpften England.

Doch im Jahr darauf bricht Krieg aus. Die Familie flieht nach Gibraltar. Die zwanzigjährige Elizabeth jedoch will zurück nach England – allein. Endlich gibt der Vater dem Drängen der Tochter nach. Am 27. Juli 1756 besteigt sie das Handelsschiff »Ann«, einen recht abgetakelten, unbewaffneten Kutter. Elizabeth ist die einzige Frau an Bord. Ansonsten: zehn Mann Besatzung und eine Ladung Branntweinfässer.

Gekapert

Auf der Flucht nach Gibraltar, entlang der spanischen Küste, fiel den Engländern bereits auf, dass die meisten Fischerdörfer nicht direkt am Wasser liegen, sondern sich ein Stück landeinwärts an die Hänge schmiegen. Die Passagiere wundern sich. Der zeitgenössische britische Marineoffizier Boscawen jedoch hat in Briefen an seine Frau eine Erklärung bereit: »Der Grund, dass ihre Häuser so liegen, ist die Angst vor den Mauren, die, wenn ihre Häuser zugänglich wären, landen und ganze Dörfer in die Sklaverei verschleppen würden, was trotz aller Vorsicht dennoch häufig geschieht, vor allem in jenem Teil Spaniens, der an der Mittelmeerküste liegt.« Die Sklaverei ist damals – und noch weit ins 19. Jahrhundert hinein – ein wichtiger Wirtschaftszweig in der arabischen und osmanischen Welt. Schätzungen gehen davon aus, dass vom Ende des 16. bis zum Ende des 18. Jahrhunderts rund 1,25 Millionen Europäer in Gefangenschaft oder Sklaverei durch Araber und Osmanen gerieten. Allein beim osmanischen Vorstoß auf Wien im Jahre 1683 sollen etwa achtzigtausend Europäer – Männer, Frauen und Kinder – versklavt worden sein.

Elizabeth Marsh ist an Bord der »Ann« auf dem Weg nach England. Doch kurz hinter Gibraltar kommt dichter Nebel auf. Die »Ann« driftet orientierungslos im Ozean. Elizabeth Marsh erinnert sich: »Wir waren in völliger Unkenntnis der Gefahr, in der wir uns befunden hatten, bis es vorüber war.« Vorüber ist die Fahrt sehr bald, aber nicht das Abenteuer: Ein marokkanisches Korsarenschiff, mit zwanzig Kanonen und hundertdreißig Mann, bringt die kleine, wehrlose »Ann« auf. Elizabeth Marsh blickt voller Entsetzen zurück: »Wir sahen ein Segel windwärts hinter uns herjagen, und um halb acht kam es in Reichweite eines Pistolenschusses an uns heran.« Die Korsaren kapern das englische Handelsschiff und bringen die Gefangenen an Bord, darunter auch die Kaufleute James Crisp und Joseph Popham. Über die Existenz einer jungen, schönen Frau an Bord freuen sich die Piraten natürlich besonders. Sie sperren die Gefangenen in eine Kajüte. Elizabeth Marsh: »Sie war so eng, dass wir nicht aufrecht darin stehen konnten. An diesem elenden Ort sollten vier Menschen wohnen.« Die junge Frau trainiert sich in jenen Tagen eine gewisse Härte an. Ihr Mitgefangener Joseph Popham schreibt später voller Respekt: »Miss Marsh hielt sich in ihrer unglücklichen Lage besser, als man es von ihrem zarten Geschlecht erwarten durfte.« Freilich ist der Mitgefangene wenig Trost und Hilfe, erzählt er doch der jungen Elizabeth »Geschichten von den Grausamkeiten der Mauren«, wie sie selbst schreibt, »denen mein Geschlecht in der Berberei ausgesetzt sei«.

Nach ein paar Tagen landen die Korsaren in der marokkanischen Hafenstadt Salé, bringen die Gefangenen in einem von Schmutz und Ungeziefer starrenden Haus unter und melden ihren Fang dem Sultan in Marrakesch. Der Herrscher von Marokko Sidi Muhammad ist eine schillernde Gestalt: Gebildet, der Welt gegenüber aufgeschlossen, ein vordergründig aufgeklärter Mann. Aber er gefällt sich trotz seiner höfischen Manieren auch in seiner Allgewalt. Das macht ihn unberechenbar. Im Jahr zuvor hat er ein grausames Exempel an europäischen Kaufleuten statuiert, die aufrührerische Stämme unterstützt haben sollen. Ein Zeitgenosse, Jaime Arvona, selbst ein Sklave, der später freikam, berichtet: »Seine Hoheit nahm alle christlichen Kaufleute und Mönche gefangen; aber da Mr. Mounteney Engländer war, legte er ihm eine schwere Kette um den Hals und Eisen um die Beine und verabreichte ihm so viele Schläge, dass man ihn als tot liegen ließ; allerdings starb er hinterher in seinem eigenen Haus, nachdem er verstanden hatte, dass der Prinz ihm einen langsamen Tod zugedacht hatte, weil er Engländer war; er verlor den Verstand und erhängte sich.«

Zu Sidi Muhammads althergebrachten Vorrechten gehört die Vielehe. Arabische Frauen hat er schon genug. Aber eine Engländerin? Noch dazu mit karibischem Einschlag? Er schickt eine seiner Frauen in das Haus der Gefangenen, um die Fremde zu begutachten. Elizabeth Marsh erinnert sich: »Sie war überraschend groß und kräftig, hatte ein breites, flächiges Gesicht, sehr dunkle Haut und langes schwarzes Haar. Sie trug ein Musselinkleid, das an ein Priestergewand erinnerte, am Hals geknöpft war wie ein Hemdkragen und bis zu ihren Füßen reichte. An Armen und Beinen hatte sie Armbänder, war aufdringlich neugierig, mich und mein Kleid zu untersuchen, und war höchst amüsiert über meine Erscheinung.«

Elizabeth Marsh wird des Harems für würdig befunden. Eine Karawane bringt die Gefangenen fünfhundert Kilometer weit durchs karge Gebirge in die Hauptstadt Marrakesch. Unterwegs macht sich Elizabeth Marsh erste Notizen. Später wird sie die für ihr Buch *The Female Captive, Die weibliche Gefangene,* verwenden. In der Wüste erst wird sie sich der eigenen Verlorenheit bewusst: »Es war kein Haus oder Baum mehr zu sehen, nur weites Land voller hoher Berge […]. Wenn vorüberziehende Beduinen zu Grobheiten neigten, riefen meine Bewacher ihnen zu, ich ginge als Geschenk an Sidi Muhammad.«

Die Karawane zieht nur des Nachts, wenn es kühl ist, durch die Wüste. Tagsüber campieren sie irgendwo im Schatten eines Felsens und warten darauf, dass die brandheiße Sonne im Westen untergeht. Bereits nach kurzer Zeit ist Elizabeth Marsh erschöpft, dehydriert und steif. Sie ist das lange Reiten nicht gewohnt, alle Glieder tun ihr weh. Wenn sie reitet, sitzt sie auf einem Gestell, auf dem eine Art Matratze liegt. »Die maurischen Frauen«, so weiß sie, »legen sich darauf, da sie sich dicht abschließen lässt; aber ich setzte mich mit den Füßen auf eine Seite des Maultierhalses und fand es sehr geeignet, mich vor den Arabern abzuschirmen.«

Gefangene des Sultans

Nach einer Woche erreicht die Karawane Marrakesch. Ein paar Kilometer vor der Stadt machen sie halt. Die Bewacher fordern Elizabeth auf, sich fein zu machen. Sie zieht frische Kleider an und setzt, »da man mir sagte, dass sie mich meinen Hut nicht tragen lassen wollten«, eine Nachtmütze zum Schutz gegen die Sonne auf. Dann setzt man sie nicht mehr auf ihr niederes Maultier, sondern auf James Crisps Pferd. Ratlos notiert sie: »Gleichzeitig zog einer der Wachen ihm [Crisp] seinen Hut vom Kopf und nahm ihn mit; diese Behandlung verwunderte uns zutiefst. Aber unsere Verwunderung nahm noch zu, als unsere Leidensgenossen absteigen und mit bloßem Kopf zu zweit nebeneinander gehen mussten, obwohl die Sonne heißer brannte, als ich es je erlebt hatte, und der Weg so beschwerlich war, dass die Maultiere knietief einsanken.«

Als sie durch Marrakesch geführt werden, stehen Hunderte Gaffer an den Straßenrändern, johlen und lachen. Es ist ein Schandumzug, der bewusst in die Länge gezogen wird, um die Gefangenen zu demütigen und ihnen Angst einzujagen. Elizabeth Marsh und James Crisp werden von den Kameraden getrennt und in das Obergeschoss einer alten Burg gesperrt. Schließlich werden sie in den Palast des Sultans gebracht, müssen stundenlang stehen, bis sie endlich in einem Hof des Palastes zu Sidi Muhammad vorgelassen werden. Elizabeth ist eingeschüchtert und fasziniert gleichermaßen: »Er saß auf einem prachtvollen Pferd, zu beiden Seiten umgeben von Sklaven, die mit Fächern Fliegen abwehrten, und bewacht von einem Trupp des schwarzen Regiments.« Sie beobachtet, wie andere Bittsteller, selbst hochrangige Offiziere und Gesandte, sich dem Herrscher nähern, indem sie sich zu Boden werfen und den Staub küssen. Elizabeth Marsh wird dem Sultan vorgeführt. Sie ist von dem dreißigjährigen, hochgewachsenen Mann mit kastanienbraunem Haar und einem leicht schielenden rechten Auge durchaus angetan: »Er war groß, schön gebaut, von gutem Teint. Gekleidet in ein lockeres Gewand aus feinem Musselin […]. Alles in allem war seine Gestalt recht ansehnlich und sein Auftreten höflich und gewandt.«

Wäre es wirklich ein Opfer, Haremsdame dieses Mannes zu werden? Sidi Muhammad ist ein kluger Herrscher, der keineswegs Krieg mit dem mächtigen Vereinigten Königreich haben will. Im Gegenteil: Er will diplomatischen Austausch, auch um die Briten als Schutzschild gegen die Franzosen und Spanier zu haben, die koloniale Interessen in Nordafrika hegen. Also macht er der Gefangenen deutlich, dass sie nicht versklavt werden, sondern als Geisel im Land bleiben solle, bis die Briten einwilligen, einen Konsul nach Marokko zu entsenden. Nach dieser Erklärung lässt der Sultan die Gefangene wieder abführen, sie und die anderen Geiseln werden in ein streng bewachtes, halb verfallenes Haus im jüdischen Viertel Marrakeschs gebracht. Elizabeth ist über ihr neues Domizil entsetzt. Ein normales, aber halbwegs sauberes Gefängnis wäre ihr lieber gewesen als diese Form eines Arrests in einem verwahrlosten ruinösen Gebäude, »dessen Mauern voller Käfer und schwarz wie Ruß« sind, wie sie angeekelt konstatiert.

Jaime Arvona, der hochrangige Sultanssklave, der selbst von Menorca stammt, kommt nach einiger Zeit zu Elizabeth und befiehlt, sie solle ihm folgen, Sidi Muhammad wolle sie erneut sehen – allein. Elizabeth ist verängstigt. Was steht ihr bevor? Sie hat bemerkt, dass der allgewaltige Sultan sie durchaus mit Wohlgefallen betrachtet hat. Sie wird zum Palast gebracht, muss am Eingang die Schuhe auszuziehen, dann wird sie in die Privatgemächer des Sultans geführt. Sidi Muhammad sitzt in nachlässiger Haltung auf einem Diwan, neben sich vier seiner Frauen, die, so Elizabeth Marsh, »ebenso erfreut wirkten wie er selbst, mich zu sehen. Nicht, dass meine Erscheinung sie hätte für mich einnehmen können.« Sie schämt sich ihres zerknitterten, staubigen Kleids, ihres sonnengebräunten Gesichts (im 18. Jahrhundert für eine Dame eine Schande, denn nur Bauernmägde lieferten sich der Sonne aus). Eine der Frauen bemerkt Elizabeths Scham und bietet ihr an, ihr saubere marokkanische Gewänder geben zu wollen. Elizabeth lehnt aus Trotz ab. Die Marokkanerin streift daraufhin ihre Armreife ab und »schob sie an meinen Arm und erklärte, ich solle sie um ihretwillen tragen«. Sie tauschen ein paar Höflichkeitsfloskeln. In Elizabeth steigt Angst empor. Will der Sultan sie zu einer seiner Frauen machen? Sie will ihre jungfräuliche Ehre bewahren und greift zu einer List – doch legt sie sich damit beinahe eine Schlinge um den Hals. Bislang hat sie zu ihrem Schutz behauptet, der Mitgefangene James Crisp sei ihr Bruder. Jetzt beteuert sie vor Sidi Muhammad, sie sei Crisps Ehefrau. Plötzlich gibt der Sultan den Wachen einen Wink. Sie führen Elizabeth ab. »Aber statt mich zurück in unser Quartier zu bringen, geleitete mein Führer mich in ein anderes Gemach, wohin mir kurz darauf der Prinz folgte, der sich, nachdem er auf einem Kissen Platz genommen hatte, erkundigte, ob meine Ehe mit meinem Freund [James Crisp] tatsächlich bestünde? Diese Frage kam ganz unerwartet; aber obwohl ich bejahte, ich sei wahrhaftig verheiratet, konnte ich spüren, wie sehr er daran zweifelte. Er stellte auch fest, dass es bei englischen Ehefrauen Sitte sei, einen Ehering zu tragen, und ich antwortete, er sei sicher verwahrt, da ich nicht damit reise.«

Der Sultan gibt sich mit dieser wenig überzeugenden Antwort zufrieden – so scheint es. Jedenfalls lässt er Elizabeth Marsh mit »Versicherungen seiner Wertschätzung und seines Schutzes« gehen. Sie wird in das verdreckte Arresthaus zurückgebracht. Dort harrt sie tagelang der Dinge. Immerhin darf sie Besuch empfangen, etwa einen aus London stammenden Kaufmann, der seit Längerem im marokkanischen Agadir lebt und Handel mit den Gegenden südlich der Sahara betreibt. Ihm erzählt Elizabeth von ihrem Gespräch mit dem Sultan und von ihrer fingierten Ehe mit James Crisp. Sie handelt höchst unvorsichtig, denn sie kann nicht wissen, ob der Kaufmann nicht als Spitzel tätig ist.

Wenige Tage später bringt ihr Jaime Arvona einen Blumenstrauß und einen Obstkorb und übermittelt ihr den Befehl des Sultans, erneut in den Palast zu kommen. Elizabeth macht sich fein, so gut sie kann, und lässt ihr Haar »nach spanischer Art aufstecken«. Dann wird sie in den Palast geführt. Die Begegnung mit dem jungen, gut aussehenden Sultan lässt sie erneut nicht kalt. Wieder ist sie von seiner Schönheit und seinen guten Manieren angezogen. Er trägt eine »rosa Satinweste mit Diamantknöpfen« und eine »kleine Kappe aus dem gleichen Satin wie die Weste mit einem Diamantknopf. Er trug Reifen an den Knöcheln und golddurchwirkte Pantoffeln.« Der Sultan ist darauf bedacht, der Engländerin zu imponieren, ohne aufdringlich zu erscheinen. Er lässt ihr Tee kredenzen, aus »Tassen mit Untertellern, die ebenso leicht wie dünn und eigentümlich mit grünem und goldenem Japanlack überzogen waren«, erinnert sich Elizabeth Marsh. »Wie man mir sagte, waren sie ein Geschenk der Niederländer.« Der Sultan winkt einen Diener heran, der vor ihr wie vor einer Prinzessin allerlei Luxusgüter »aus verschiedenen Ländern« ausbreitet: »Ich bewunderte alles, was ich sah, ausgiebig, was dem Prinzen sehr gefiel; und er sagte mir durch den Dolmetscher, er hege keinen Zweifel daran, dass ich mit der Zeit den Palast meinen jetzigen beschränkten Lebensumständen vorziehen werde; dass ich mich immer auf seine Gunst und seinen Schutz verlassen könne, und dass die Kostbarkeiten, die ich gesehen hatte, mir gehören sollten.«

Elizabeth fällt es sichtlich schwer, dem verlockenden Ansinnen standzuhalten. Wieder versichert sie, sie sei mit James Crisp verheiratet. Sie würde gern gehen, »wenn es ihm genehm sei«. Doch diesmal lässt sich Sidi Muhammad nicht so schnell abspeisen. Man übergibt Elizabeth einer der Haremsdamen. Elizabeth erinnert sich der Fremdartigkeit dieser Frau: »Sie hatte ein großes Musselintuch mit Silberbordüre um den Kopf, oben hochgesteckt; ihre Ohrringe waren ungemein groß, und der Teil, der durch die Ohren ging, war ausgehöhlt, um sie leichter zu machen. Sie trug ein lockeres Gewand [...] aus feinstem Musselin, ihre Pantoffeln waren aus blauem Satin, mit Silber durchwirkt.«

Die Haremsdame redet freundlich auf Elizabeth Marsh ein – in arabischer Sprache. Elizabeth versteht nicht und formt doch aus Höflichkeit ein paar Worte unbeholfen nach: »La ilaha illa Allah wa-Muhammad rasul Allah.« Was Elizabeth nicht weiß: Es handelt sich um den ersten Satz des muslimischen Glaubensbekenntnisses. Rasch verbreitet sich die Nachricht im ganzen Palast. Sidi Muhammad lässt Elizabeth wieder zu sich bringen, jedoch nicht in einen der Empfangsräume, sondern in ein privates Gemach. Der Sultan hat es sich dort bequem gemacht, wie Elizabeth Marsh beobachtet: »Er saß unter einem roten, reich mit Gold verzierten Samtbaldachin. Der Raum war groß, fein ausgeschmückt und mit Pfeilern voller Mosaikarbeiten versehen; am anderen Ende waren eine Reihe Kissen mit goldenen Troddeln und ein Perserteppich auf dem Boden.«

Sidi Muhammad, in der Pracht seines Herrscherglanzes, fragt die Engländerin unumwunden: »Wollen Sie Muslimin werden? Wollen Sie die Vorteile ernstlich in Betracht ziehen, die es hat, meinen Wünschen zu folgen?«

Elizabeth Marsh antwortet: »Es ist mir unmöglich, meine

Haltung in religiösen Dingen zu ändern, aber ich werde mir immer in höchstem Maße der Ehre bewusst bleiben, die Sie mir erwiesen haben, und hoffe auf den weiteren Schutz Eurer Hoheit.«

Sidi Muhammad entgegnet: »Sie haben heute Morgen dem christlichen Glauben entsagt und sind Muslimin geworden. Und unsere Gesetze sehen die Todesstrafe durch Verbrennen für alle vor, die konvertieren und dann widerrufen.«

Da fällt Elizabeth Marsh voller Verzweiflung auf die Knie: »Ich appelliere an Ihr Mitleid, und flehe Sie an, lassen Sie mich zum Beweis der Achtung, die zu erwarten Sie mir Anlass gegeben haben, für immer gehen.«

Sidi Muhammad bedeckt sein Gesicht mit den Händen. Dann schickt er Elizabeth Marsh, die es gewagt hat, ihn in seiner Würde eines großzügigen Herrschers und eines liebenden Mannes zu verletzen, fort. Der Dolmetscher nimmt Elizabeth bei der Hand und führt sie hinaus. Vor den Gemächern ist die höfische Gesellschaft zusammengeströmt, um die Fremde, an der der Sultan so großes Gefallen gefunden hat, zu begaffen. Elizabeth Marsh wird zu den Palasttoren gebracht. Auch vor den Toren hat sich eine Menschenmenge versammelt. Elizabeth sieht auf der anderen Straßenseite James Crisp, der versucht, zu ihr vorzudringen. Doch die Palastwachen schlagen ihn nieder. Die Haremsdamen sind aufgebracht, voller Eifersucht und Häme. Sie haben erfahren, dass Elizabeth Marsh das muslimische Glaubensbekenntnis gesprochen hat, und dass Sidi Muhammad sie aus seinen Gemächern gewiesen hat, und schreien: »Keine Christin, sondern eine Maurin!« Dann zerfetzen sie ihr die Kleider, reißen an ihren Haaren. Elizabeth fürchtet um ihr Leben, verbissen setzt sie sich gegen den weiblichen Mob zur Wehr. Endlich wird sie zum Tor hinausgedrängt, wo der ebenfalls verletzte Crisp sie in Empfang nimmt. Gemeinsam werden sie zurück in ihren Arrest gebracht.

Tags darauf unterzeichnet der Sultan einen Brief an den britischen Gouverneur Gibraltars, worin er erklärt, die Gefangenen der »Ann« freilassen zu wollen, die Royal Navy könne sie an der marokkanischen Küste abholen. Am 7. Oktober 1756 gibt Admiral Sir Edward Hawke in Gibraltar Befehl, das Kriegsschiff »Portland« loszuschicken, um die Geiseln in Empfang zu nehmen. Die »Portland« erreicht zwei Wochen später Salé. Die Engländer ankern in sicherem Abstand zur Küste. Durchs Fernrohr erkennen sie im Hafen die skelettierten Überreste der »Ann«, denn das Schiff wurde von den Marokkanern geplündert und demontiert. Doch ganz so einfach gestaltet sich die Übergabe der Geiseln nicht. Es gehen noch mehrere Briefe zwischen dem Kapitän der »Portland« und dem Sultanspalast hin und her, denn Sidi Muhammad will einen politischen Vorteil herausschlagen. Endlich sichern die Briten zu, ein Konsulat in Marokko zu eröffnen (und damit das Land gegen die alten Gegner Spanien und Frankreich diplomatisch zu stärken). Endlich, am 17. November 1756, dürfen Elizabeth Marsh, James Crisp und die anderen Passagiere und Besatzungsmitglieder der »Ann« Marokko verlassen. In einem Boot werden sie zur »Portland« gerudert. Noch bis zuletzt geht in Elizabeth Marsh »ungeheure Angst« um, »bis wir das Kriegsschiff erreichten«. Sie »fürchtete ein Signal vom Ufer, das unsere Rückkehr befahl«. Doch der Sultan hält Wort. Ungehindert können die Geiseln an Bord der »Portland« gehen. Nach über drei Monaten in Gefangenschaft ist Elizabeth endlich wieder frei.

Zehn Tage später erreichen sie Gibraltar und kehren von dort nach England zurück. Und wiederum einige Wochen später – das genaue Datum ist nicht bekannt – gehen Elizabeth Marsh und James Crisp tatsächlich den Bund der Ehe ein, den sie ja wenige Wochen zuvor dem Sultan gegenüber vortäuschten. Elizabeth selbst gesteht später in ihren Memoiren etwas unklar, die »Dankbarkeit, die ich ihm schuldete, und der Wunsch meines Vaters überwogen jede andere Überlegung«. Ob sie tatsächlich nur diesen Pflichtgefühlen folgte, bleibt im Dunkeln. Vielleicht war auch die Angst ausschlaggebend, als Frau, die im Harem des Sultans von Marokko gefangen gehalten worden war (wenn auch nur für Stunden), in England ihren guten Ruf und damit jegliche gesellschaftliche Zukunft zu verlieren. Insofern war ein Ehebündnis mit Crisp das kleinere Übel, es war eine Ehrenrettung. Für Crisp hatte die Heirat auch einen Vorteil: Er erhielt Elizabeths erkleckliche Mitgift.

Spekulationsgeschäfte und eine literarische Rechtfertigung

Man sollte meinen, Elizabeth Marsh, verheiratete Crisp, hätte nach dem marokkanischen Ausflug wider Willen genug von Abenteuern. Doch weit gefehlt. In ihr sind das Fernweh und der Drang nach emanzipatorischer Freiheit erwacht. Nach außen verläuft in den nächsten Jahren ihr Leben eher konventionell: 1762 kommt der Sohn Burrish zur Welt, zwei Jahre später die Tochter Elizabeth Maria. Elizabeth Crisp hat als Hausfrau und Mutter zu tun. James Crisp geht mit dem Geld seiner Frau und mit ihrer beratenden Beteiligung internationalen Handelsgeschäften nach, die er gerne über die Häfen der autonomen Insel Man abwickelt, um so den Zoll zu umgehen.

Doch im Jahre 1765 unterstellt das englische Unterhaus die Insel Man der direkten Steuerhoheit und trocknet so den Finanzsumpf aus. Zudem hat der Siebenjährige Krieg die europäischen Staaten in eine erste globale Finanzkrise gestürzt. Auch ein vermeintliches Schnäppchen der Eheleute Crisp – der Erwerb von achttausend Hektar Land in Florida mit dem Ziel, irische Auswanderer in mehreren zu errichtenden Dörfern anzusiedeln, die Wein anbauen und Seidenraupen züchten sollen – erweist sich als Fehlspekulation: Das ungesunde Klima und der Krieg machen dem Kolonialprojekt ein Ende, noch bevor es überhaupt begonnen hat. Übrig bleibt nur ein Loch in der Kasse. Ein Onkel Elizabeths, George Marsh, der eine hohe Stellung im Marineamt bekleidet, prangert in seinem Tagebuch das etwas großtuerische, glamouröse Leben des Ehepaars Crisp an, wenn er bemerkt, die beiden seien »allzu geneigt, in

Unterhaltungen aller Art und ruinösen Narreteien die Mode und den Aufwand von höchst vermögenden Leuten nachzuäffen«. George Marsh sollte recht behalten: Im Jahre 1769 ist die Firma Crisp bankrott. James Crisp setzt sich ins ferne Indien ab und lässt seine Frau und die beiden Kinder verarmt in England zurück.

Elizabeth Crisp steht vor dem Nichts. Ihr Vater sieht sich in seinen Vorurteilen gegenüber dem Schwiegersohn bestätigt. Sie selbst ist damals dreiunddreißig Jahre alt, hat zwei Kinder – und sieht sich vom Vater abhängig. Ob ihr Ehemann, der die Familie recht gewissenlos in England zurückgelassen hat, um in Indien mit Geschäften und Geschäftchen sein Glück zu suchen, sie wird nachkommen lassen, ist höchst ungewiss. Verbittert schreibt Elizabeth: »Ich […] darf mit Fug und Recht sagen, dass dem Unglück, das mich in der Berberei [Marokko] ereilte, ein mehr als gleich großes folgte, das ich seither in diesem Land bürgerlicher und religiöser Freiheit erlebte.«

Um sich abzulenken und die eigene, sicherlich gefärbte Sicht der Dinge darzustellen (auch als Rechtfertigung vor der Mitwelt), schreibt Elizabeth Crisp in jenen Monaten ihre Memoiren, die ihre Gefangenschaft in Marokko in den Mittelpunkt stellen. Sie erscheinen 1769 in London unter dem Titel *The Female Captive*. Obwohl das Buch anonym publiziert wird, ist Insidern der Gesellschaft klar, wer die Autorin ist: Ein solch außergewöhnliches Lebensschicksal wie das Elizabeth Crisps war einzigartig und ohnehin seit Jahren Anlass von Klatsch und Tratsch. Aber mit der Anonymität ihrer Autorschaft will Elizabeth zumindest offiziell ihren Ruf wahren, denn es geziemt sich für eine anständige Frau nicht, als Autorin in Erscheinung zu treten. Dennoch – seltsames Paradoxon – nimmt die Zahl schreibender Frauen, die Romane, aber auch Memoiren und Reiseberichte veröffentlichen, damals enorm zu. Aber noch immer gebietet der weibliche Anstand Bescheidenheit und Diskretion im Umgang mit der Publizität.

Nachdem sie den Bericht über ihre marokkanische Gefangenschaft veröffentlicht und vergeblich auf ein Zeichen von James Crisp, ihm nach Indien zu folgen, gewartet hat, fällt Elizabeth im Jahre 1770 einen weitreichenden Entschluss: Sie will ihr Schicksal selbst in die Hand nehmen, nicht länger ihren Eltern auf der Tasche liegen – ihre Mitgift ist verloren –, nicht mehr dem Geschwätz der Londoner Gesellschaft ausgeliefert sein, ihren Kindern eine Perspektive bieten – und endlich all der geistigen, moralischen und ökonomischen Enge entfliehen. Sie hat nichts zu verlieren.

Neubeginn in Madras

Also schifft sie sich im Herbst 1770 mit ihrer Tochter Elizabeth Maria ein – der Sohn Burrish bleibt zunächst bei den Großeltern – und wagt die gefährliche Seereise nach Indien. Die Direktion der East India Company hat ihr zuvor die Erlaubnis erteilt, »sich zu ihrem Mann zu begeben, der in Bengalen im Militärdienst der Gesellschaft steht«. Und da sie mittellos ist, hat man ihr sogar die übliche Gebühr für diese Genehmigung erlassen.

So steht sie also an Bord der dreimastigen Schaluppe »Dolphin«, eines sehr schnellen Schiffes, konzipiert für weite Überseefahrten, und hört den Matrosen zu, die aus rauen Kehlen ihre Seemannslieder singen.

Nach mehrmonatiger, strapaziöser Fahrt, die zunächst nach Brasilien, dann quer über den Südatlantik und ums Kap der Guten Hoffnung herum führt und mehrere Matrosen das Leben kostet (Skorbut ist damals noch die Geißel aller langen Seefahrten), landen sie am 20. Februar 1771 im britischen Handelsstützpunkt Madras an der südostindischen Küste.

James Crisp besitzt ein Exportgeschäft, er handelt mit Baumwolle. Bald hat die Familie in der kleinen englischen Diaspora einen passablen Ruf. Doch das Leben dort ist von Einschränkungen und Schwierigkeiten geprägt. Nach kurzer Zeit schon schicken die Crisps ihre siebenjährige Tochter Elizabeth Maria wieder nach England zurück, zu den Großeltern nach Chatham. Hingegen holen sie den neunjährigen Sohn Burrish nach Madras. Das Ticket bezahlt Großvater Marsh, denn die Crisps müssen noch immer jeden Penny umdrehen. Die Fahrt des Jungen ist mit Komplikationen verbunden: Der Obermaat macht sich mit dem Fahrgeld aus dem Staub, und Großvater Marsh im fernen England muss erneut für ein Ticket berappen. Sechs Monate ist der Neunjährige ohne Bezugsperson unterwegs. Burrish – den Berichten zufolge »ein mannhafter, schöner Junge« – wird auf dem Schiff misshandelt (ob es auch zu sexueller Gewalt kommt, ist unklar) und langt »fast verhungert und völlig verdreckt«, wie Elizabeth entsetzt schreibt, 1772 in Madras an.

Elternliebe beschränkt sich zu jener Zeit weitgehend auf die Stillung existenzieller Bedürfnisse wie die Zuteilung von Nahrung, Kleidung und Bett. Kinder sind gemeinhin so zahlreich, dass man in ihnen nicht so sehr wie heute individuelle, unverwechselbare Wesen sieht. Zudem werden Kinder weit früher als Erwachsene angesehen und auch so behandelt. Sie werden zur Arbeit herangezogen, um die Familie mit zu erhalten, und man verfügt über sie recht unbekümmert, als wären sie Dienstboten. Auch bei den Crisps geht es nicht anders zu – und die materiellen Nöte und Einschränkungen mögen dazu beigetragen haben. Bereits ein Jahr nach Burrishs Ankunft – er ist elf – wird ein persischer Kaufmann auf den Jungen aufmerksam. In ihrem indischen Tagebuch, das Elizabeth Crisp zu jener Zeit führt, vermerkt sie nüchtern: »Innerhalb eines Jahres nach seiner [Burrishs] Ankunft war ein persischer Kaufmann, der mit seinem Vater zu tun hatte, von dem Jungen so angetan, dass er bat, ihn nach Persien mitnehmen zu dürfen, damit er die Sprache lerne, die ihm nach seiner Rückkehr, wie er vertrat, verhelfen könne, sein Glück zu machen.« So wird Burrish »nach langem Überreden« dem Fremden übergeben und – so die praktische Überlegung der Eltern – in die vielleicht harte, aber nützliche Schule des Lebens entlassen. Wie es Burrish in der persischen Fremde erging, ist nicht überliefert. Immerhin lernt er das Persische fließend sprechen und schreiben und kommt mit zwölf Jahren nach Indien zurück. Dort wird er im März 1774 vom britischen Gouverneur von Bengalen, Warren Hastings, und von den Direktoren der East India Company mit Empfehlungen versehen: »Er ist ein Jüngling von etwa fünfzehn Jahren [Burrish ist zwölf, scheint aber älter gewirkt zu haben] und entsprechend gebildet, von äußerst vielversprechendem Talent und hat bereits so bemerkenswerte Fortschritte im Erlernen der persischen, bengalischen und maurischen [arabischen] Sprache gemacht und ein solches Wissen über Handel und Sitten des Landes erworben, dass wir seine Anstellung bei der ehrenwerten Kompanie wahrhaft für einen Gewinn halten und uns erlauben, ihn zu empfehlen.«

Im goldenen Käfig

Die Lage der Crisps bessert sich in jenen Jahren. James Crisp wird »Salzaufseher« mit festem Gehalt im Dienste des bengalischen Provinzrats in Dhaka (im heutigen Bangladesch). Die Familie zieht dorthin. Die Stadt, in der fruchtbaren Tiefebene des Gangesdeltas gelegen, ist damals Zentrum der Baumwollproduktion und des weiterführenden Handels mit dem gesamten indischen Subkontinent und Großbritannien. Aber auch Reis, Salz, Holz und Gewürze sind Exportgüter des Landes. James Crisp hat als »Salzaufseher« die Kontrolle des Salzhandels unter sich, denn die britische East India Company hat hierauf das Monopol. Bald werden die Crisps so wohlhabend, dass sie sich in Dhaka ein großes Haus mit Garten kaufen können. Freilich ist das Leben in Bengalen für Europäer wohlfeil, zumal Arbeitskräfte billig sind. Sogar ein Palankin – eine landestypische Sänfte – wird erworben, und auch die dazu nötigen vier bis acht Träger wollen bezahlt sein. Das Haus wird neu eingerichtet, mit landestypischen Sofas, Betten und Stühlen aus Schwarz-

holz, mit Tischchen und Schränken, die mit Japanlack überzogen sind. Allerlei neue Kleidung aus heimischer Baumwolle
wird angeschafft, im europäischen Stil, aber bunter gefärbt als
in England üblich – hierin passen sich die Crisps der indischen
Vorliebe für kräftige Farben an –, und vier große Fächer aus
Pfauenfedern, die ursprünglich an den Mogulhöfen als Status-
symbol galten, sorgen in der Tropenhitze für angenehme Er-
frischung.

Trotz allen materiellen Wohlstandes führt Elizabeth Crisp in
jenen Jahren ein eher zurückgezogenes und langweiliges Leben.
In Dhaka sind in den 1770er-Jahren nur knapp fünfzig Weiße
ansässig – meist in der staatlichen Verwaltung oder in der halb-
staatlichen Handelsorganisation der East India Company –,
doch die meisten haben ihre Ehefrauen und Familien in Europa
gelassen, da sie oft nur für ein paar Jahre in Indien tätig sind.
Nur drei verheiratete weiße Frauen, darunter Elizabeth, wohnen in der Stadt, und sie führen, den Konventionen der Zeit
entsprechend und in einer überwiegend muslimischen Gesellschaft lebend, ein zurückgezogenes und nahezu unsichtbares
Dasein. Es gibt nicht einmal ein protestantisches Gotteshaus,
und für die erfolgreicheren europäischen Männer bietet sich
zur gesellschaftlichen Abwechslung nur eine Freimaurerloge
an, die sich weniger mit spirituellen Fragen und karitativem
Engagement befasst als vielmehr recht banal mit der Jagd, die
zwanzig Meilen außerhalb der Stadt, wo es dichte Wälder mit
Rotwild und sogar Bären gibt, regelmäßig abgehalten wird.

Achtzehn Monate Honeymoon

Statt sich zu fügen und im Alltagstrott, in Müßiggang und der
feuchten Tropenhitze abzustumpfen, will Elizabeth diesem goldenen Käfig entkommen. Sie hat sich nicht auf den weiten und
gefährlichen Weg von England hierher gemacht, um vor Langeweile schier zu sterben. Und so macht sie sich auf, ein Aben-

teuer zu bestehen: Ende 1774 verlässt sie Dhaka – angeblich, weil ihr »äußerst schlechter Gesundheitszustand« sie dazu zwingt – und fährt mit einem Schiff flussabwärts nach Kalkutta, von dort auf einem Versorgungsschiff, der »Goodwill«, die indische Ostküste entlang bis nach Madras. Die Stadt besitzt damals keinen natürlichen Hafen, alle Schiffe gehen draußen vor der Küste vor Anker, Passagiere und Ladungen werden in kleinen Lastkähnen durch die gefährliche Brandung an Land gebracht. Elizabeth Crisp vermerkt in ihrem Tagebuch verängstigt die Brandung, »die so erschreckend wirkte, dass der Gedanke, sie zu durchqueren, grauenhaft war«. Unbeschadet langen sie in Madras an, das Abendessen erscheint ihr wie »im Himmel, da wir an Land waren«.

Von dort aus geht es auf dem Landweg zurück, durch die heutigen Bundesstaaten Tamil Nadu und Andhra Pradesh, nach Bengalen, wo sie erst im August 1776 eintrifft. Anderthalb Jahre ist sie unterwegs – aber nicht allein. Die Reise macht sie in Begleitung eines elf Jahre jüngeren englischen Offiziers namens George Smith, den sie ihren »Cousin« nennt, der in Wahrheit jedoch ihr Liebhaber ist. Sie schließen sich militärischen Expeditionstrupps an, mit europäischen und einheimischen Soldaten zum Geleit, zahlreichen Gepäckkulis, Dienern und Dolmetschern und drei Dienerinnen zur persönlichen Verwendung. Teilweise gönnt sich Elizabeth Crisp einen Palankin, eine Sänfte, die von vier Männern getragen wird und, wie sie notiert, »große Bewunderung« erregt, »da sie äußerst aufwendig gearbeitet war«. Die Träger sind schmale, aber zähe und leichtfüßige junge Männer, wie der Landvermesser James Rennell verrät: »Die Palankin-Jungen laufen mit einer Geschwindigkeit von achtundzwanzig Meilen [ca. fünfundvierzig Kilometern] in weniger als sechs Stunden [also etwa 7,5 Kilometer in der Stunde] – nur acht Mann, je vier, die vier andere ablösen.«

In Elizabeth Crisp erwachen die Leidenschaften: die Liebe, das Fernweh, auch die Lust zu schreiben. Erneut arbeitet sie an einem Reisebericht (der später von ihren kleingeistigen Verwandten vernichtet worden ist, nur die dürren Notate des Tage-buchs blieben erhalten). Ob sie an eine Laufbahn als Schrift-stellerin gedacht hat, bleibt unklar. Auf ihrer abenteuerlichen Reise in Indiens Süden steigen sie in Niederlassungen der East India Company ab, so in Vellore, Ellore und Pulicat, Ganjam und Aska. Auf dem Landweg kommen sie nur langsam voran. Die Wege sind schlecht und für längere Reisen nicht gedacht. James Rennell schrieb sieben Jahre zuvor über das Wegenetz Indiens: »Die Straßen sind kaum besser als Pfade, und wann immer sich tiefe Flüsse (die in diesem Land häufig vorkommen und keine Brücken haben), Sümpfe, Gebirgszüge oder andere Hindernisse dem Verlauf der Straße in den Weg stellen, umgeht sie diese, um die einfachste Passage zu bieten; aus diesem Grund sind die Straßen hier in einem weitaus höheren Maße gewun-den, als wir es in europäischen Ländern finden.«

Elizabeths körperlicher Zustand bessert sich trotz aller Stra-pazen – vielleicht waren die gesundheitlichen Beschwerden auch psychosomatisch bedingt und auf die Langeweile im gol-denen Käfig ihrer Ehe zurückzuführen. Jedenfalls scheint sie die Annehmlichkeiten und Zerstreuungen, die ihr die Reise und ihr Reisegefährte bieten, durchaus zu genießen, wie die kurzen Tagebuchnotizen verraten. Auf Bällen tanzt sie, mit ihren vier-zig Jahren noch immer eine schöne Frau, ausgelassen und lebens-froh bis in die Morgenstunden hinein. Sie schwärmt noch viel später davon: »Die Ballsäle verwandelten sich eher in Schwimm-bäder, durchtränkt vom Schweiß der Tänzer und vom Wasser, mit dem der Boden immer wieder begossen werden musste, um die Füße erträglich kühl zu halten.«

Zum nächtlichen Picknick begibt man sich in den Garten: »Nachdem das Tischtuch, wie üblich, auf dem Gras ausgebrei-tet war, gab es kaltes Geflügel und Austern – wir sangen einige Lieder, tanzten einen Reel [schottischer Tanz] und plauderten die Nacht hindurch.«

Wo immer sie auftaucht, wird sie rasch zum gefragten Mit-telpunkt der kleinen europäischen Gemeinden. In Machilipatnam lädt man sie wiederholt ein: »Meine Gesellschaft war täglich gefragt. [...] mein Teetisch war Treffpunkt aller Vernünftigen und Höflichen und jeden Abend gut besucht.« In Aska bittet man sie, auf einem Fest Lieder zum Besten zu geben. In Ganjam gibt der örtliche Kommandant der East India Company ihr zu Ehren einen Ball, den sie mit einem Menuett eröffnen darf. Nicht nur Elizabeth Crisp, auch ihr Begleiter George Smith wird mit allen Ehren empfangen, denn er ist Captain der Armee der East India Company. So gelten also die Empfänge mit allem militärischen Pomp auch ihm, dem Offizier, was seiner Begleiterin (und Geliebten) Elizabeth imponiert.

Elizabeth Crisp und George Smith gelangen auch ins Hinterland, das noch kaum von Europäern bereist worden ist. Nicht immer sind sie gern gesehen, wie Elizabeth einräumt: »Unsere Sänften ließen sich kaum durch das Gedränge der Männer und Jungen zwängen, die uns, jeder mit einem gezückten Krummsäbel oder Messer in der Hand, mit allen erdenklichen Beschimpfungen bedachten.« In den Wäldern leben wilde Tiere. Aber die Liebe zu Smith macht jede Strapaze zum süßen Vergnügen: »Unsere Leute verirrten sich erneut, daher war ich gezwungen, bis Tagesanbruch oben am Ufer zu bleiben, und obwohl es in diesem Teil des Landes viele Tiger gab, siegte der Schlaf über alle Bedenken, und ich genoss eine süßere Nachtruhe denn je – mein Cousin hielt seine Sänfte in der Nähe der meinen.«

Sie betreten Hindutempel und nehmen an religiösen Feierlichkeiten teil. Vieles versteht Elizabeth Crisp nicht. Aber sie ist neugierig und unvoreingenommen und eine genaue Beobachterin: »Ich stand früh auf und ging in Begleitung einiger Herren, um mir einen berühmten Tempel anzusehen. Ich stieg bis ganz oben (wohin keine Frau je vorgedrungen war), die Stufen waren an einer Seite und nicht mehr als einen Fuß und achteinhalb Zoll tief und etwa einen halben Yard breit. [...] Als wir oben in großer Höhe ankamen, war ich begeistert von der Aussicht, welche zu den schönsten gehört, die sich vorstellen lässt.«

Als sie mitten in der Nacht den Ort Aska erreichen, ist Elizabeth Crisp von der Pracht der Landschaft, die sich ihr im geheimnisvollen silbernen Mondlicht darbietet, überwältigt: »Wir kamen durch mehrere ausgedehnte Dörfer, die allen Anschein von Üppigkeit erweckten – der Mond stand hoch, und die meisten Orte waren von vornehmen Pagoden, Flüssen und Getreidefeldern umgeben – kurz, als wir uns Aska näherten, war alles bezaubernd – ein so herrliches Land, stattliche Bäume, gute Weiden, ansteigende Hügel, fruchtbare Täler, gewundene Flüsse, dass ich noch nie einen so himmlischen Anblick sah. An Schlaf war nicht zu denken, da ständig ein neuer Gegenstand das Auge (trotz Mondscheins) beschäftigte.«

Nördlich von Ganjam erreichen sie den fünfundsechzig Kilometer langen Chilkasee, der nur durch eine schmale Nehrung vom Ozean getrennt ist und salziges Wasser enthält. Sie überqueren den See auf einer kleinen Fähre, mit Gepäck, Sänften und Gefolge: »Unsere Palankins kamen quer auf das Boot, Gepäck und Diener darunter; die Nacht verging sehr gut.« Sie erreichen das andere Ufer, kommen immer tiefer in Gegenden, die von den Briten und der East India Company noch nicht unter ihre Kontrolle gebracht worden sind. Im Binnenland hinter Manickpatam herrscht, wie sie erfahren, eine Hungersnot, weshalb die Fortbewegung auf dem Landweg immer gefährlicher wird, da allerlei Wegelagerer umherstreichen. Dennoch wagen sie die Weiterreise in die nördlich gelegene Küstenstadt Jaggurnaut (das heutige Puri). Hier sieht Elizabeth Crisp den berühmten, aus dem 12. Jahrhundert stammenden, sechzig Meter hohen Tempel, der Vishnu in seiner Erscheinungsform als Jagannath oder Herr der Welt geweiht ist. Durch die wogende Menge der Pilger – »viele mit alten, schwachen Männern und Frauen auf dem Rücken, die sie zu Jagannath trugen, um dort zu sterben« – bahnen sich die britischen Reisenden mühsam einen Weg und gelangen zum Tempel mit der Skulptur des Jagannath. Doch ebendieses Bildnis, so schreibt sie enttäuscht, dürfen »die Eingeborenen […] nie sehen, und kein Fremder wird auch nur an seine Mauern gelassen«. Die neugierige Reisende lässt trotz allem nicht locker und fragt die Einheimischen nach dem Aussehen Jagannaths: »Ich bekam eine Beschreibung des Gottes von einem Brahmanen, der sagte, er habe nur ein Auge, und das sei ein Diamant von ungeheurem Wert in der Mitte seiner Stirn, umgeben von anderen Reichtümern.« Das entspricht nicht der Wahrheit, Elizabeth Crisp sitzt einem Spaßmacher auf, der sich über die weiße Frau mokieren will. Immerhin ahnt sie das, wenn sie schreibt, »die Wahrheit ist nicht herauszufinden, jeder Brahmane erzählt eine andere Geschichte«.

Sie reisen weiter, die Hungersnot macht die Menschen den Fremden gegenüber aggressiv. Elizabeth Crisp verlässt zeitweise ihre Sänfte nicht mehr und beobachtet das Geschehen nur noch durch ein Loch, das sie in den Vorhang geschnitten hat, »durch das ich sehen konnte, aber nicht zu sehen war«. Am 13. Juni 1776 heißt es Abschied nehmen: Elizabeth trennt sich von ihrem »lieben, lieben Cousin« [George Smith], der nach Ganjam zurückkreist, während sie nordwärts nach Kalkutta fährt. Nur ungern kehrt sie zurück nach Dhaka, zu ihrem Mann und zu ihrem Sohn, in den goldenen Käfig ihres Hauses. Im Tagebuch schreibt sie, sie wünschte, sie »säße wieder unter dem großen Baum, den ich gerade verlassen hatte, und genösse die Freiheit und Ruhe«. Fünf Tage später erreicht sie Kalkutta. Nochmals zögert sie ihre Heimkehr hinaus und bleibt sechs Wochen in der Stadt, wo sie im Gartenhaus einer Freundin wohnt.

Bankrott und Kampf ums Erbe

Erst im August 1776 kehrt Elizabeth Crisp nach Dhaka zurück. Die Reise hat sie verändert und von ihrem Ehemann weiter entfremdet. Sie fühlt sich ihm nicht mehr verpflichtet. James Crisp gelingt es nach anfänglichem Erfolg immer weniger, das von der East India Company geforderte Salzmonopol im bengalischen Distrikt Bhulua umzusetzen. Mitarbeiter und Untergebene opponieren und intrigieren gegen ihn. Zudem stößt man sich im Direktorium der Company an Crisps Handels- und Immobiliengeschäften, die er »nebenher« betreibt. Dass sich Crisp ein neues Haus im von Dhaka hundertzwanzig Kilometer entfernten Lakshmipur gekauft hat, passt nicht ins puritanische Arbeitsethos der Company. Der einflussreiche örtliche Fabrikdirektor Henry Goodwin bemerkt in einem Beschwerdebrief an das britische Handelsamt: »Ich kann nicht umhin […], im Hinblick auf Mr. Crisps Wohnsitz in Lakshmipur hinzuzufügen, dass mir dieser mit den Amtspflichten des Salzaufsehers unvereinbar und dem Sinn seiner Bestallung zu widersprechen scheint, die nach meinem Dafürhalten verlangt, dass er an oder in der Nähe der Orte wohnt, wo das Salz gewonnen wird, damit es seiner unmittelbaren Aufsicht unterliegt, wohingegen ich für meinen Teil nicht sehe, welche Nutzen er für die Company haben kann, wenn die Aufgabe, die er selbst erfüllen sollte, an andere delegiert wird und er ebenso gut ganz in Dhaka oder sogar in Kalkutta wie in Lakshmipur wohnen könnte. Tatsächlich […] hat der Salzaufseher meines Wissens die Orte, wo das Salz gewonnen wird, seit vierzehn Monaten nicht besucht.«

Die politischen und ökonomischen Verwerfungen infolge des amerikanischen Unabhängigkeitskriegs haben das britische Mutterland politisch und wirtschaftlich erschüttert und schmälern dessen Einfluss in den Kolonien, auch in Indien. Eine globale Krise, ausgelöst durch die Ereignisse im scheinbar so fernen Amerika, bahnt sich an. James Crisp scheitert an politischen, wirtschaftlichen und innerbetrieblichen Schwierigkeiten. Er geht mit seinen privaten Geschäften bankrott, wird von der East India Company als Salzaufseher in Dhaka zum 31. März 1777 gekündigt und sieht nur noch *einen* Hoffnungsschimmer: nach dem Tod seines siechen Schwiegervaters Milbourne Marsh (Elizabeth Marsh senior ist bereits im Januar 1776 gestorben) ein reiches Erbe zu erlangen. Elizabeth will dem zuvorkommen. Zudem hat sie erfahren, dass ihr Vater im

Dezember 1776 die reiche Witwe Catherine Soan geheiratet hat. Sollte Vater Marsh alles seiner zweiten Ehefrau vermachen, gingen Elizabeth und ihre Kinder leer aus. Sollte Milbourne hingegen seine eigene Tochter testamentarisch bedenken, würde nach geltendem Recht alles an ihren Ehemann James Crisp fallen – worauf dieser ja spekuliert. Elizabeth hat sich jedoch einen gewieften Schachzug überlegt. Sie schifft sich Ende 1777 nach England ein. In Portsmouth angekommen, kann sie noch mit ihrem sterbenskranken Vater die Angelegenheiten besprechen. Der ändert sein Testament. Milbourne Marsh stirbt am 17. Mai 1779. Im Testament hat er mit Elizabeths Einverständnis verfügt, dass sie (und damit auch James Crisp) leer ausgehen solle. Stattdessen hat er seine Enkeltochter Elizabeth Maria zur Erbin erklärt. Zudem sollten nach dem Tod seiner zweiten Ehefrau die Söhne und die Enkelin deren Vermögenswerte zu gleichen Teilen erhalten. Das bessert zwar nicht Elizabeth Crisps finanzielle Lage, aber zumindest hat sie nach ihrem Dafürhalten für Gerechtigkeit gesorgt und sich mit diesem Akt der Verweigerung endgültig von ihrem Ehemann gelöst. James Crisp geht leer aus und ist familiär und finanziell »erledigt«. Er verfällt dem Alkohol und ist bald nur noch ein Wrack.

Das Haus ist bestellt

Elizabeth hingegen gelingt es, sich der Hilfe und Fürsorge ihres begüterten Onkels George Marsh zu versichern, der ihr und ihrer Tochter Plätze auf dem Versorgungsschiff »York« kauft. Im November 1779 machen sich die beiden als einzige Frauen an Bord auf den Weg zurück nach Indien. Es geht aber nicht nach Bengalen zu ihrem trunksüchtigen Mann, sondern nach Madras, wo Captain George Smith noch immer stationiert ist. Im selben Monat erhält Elizabeth die Nachricht vom Tod ihres Mannes. Da Crisp kein Testament hinterlassen hat, worin er seine Frau hätte als Erbin einsetzen können (und warum hätte er das tun sollen?), geht Elizabeth nach geltendem Recht ein zweites Mal leer aus. Ihr Sohn Burrish, Erbe seines Vaters und inzwischen Schreiber bei der East India Company, wird zum Nachlassverwalter. James Crisps restliche Habe, das Haus in Dhaka, die Möbel und der gesamte Hausrat, werden versteigert. Doch Burrish, der ein Haus in Kalkutta besitzt, sorgt für Mutter und Schwester: Er kauft in Hooghly, nordöstlich von Kalkutta gelegen, ein kleines Haus für die beiden Frauen und kümmert sich um ihren bescheidenen Lebensunterhalt. Seine erfolgreichen Handelsgeschäfte mit Persien – seine perfekten Sprachkenntnisse sind ihm hierin von Vorteil – bringen ihm gute Gewinne ein. Elizabeth Maria heiratet im August 1783 den ebenfalls bei der East India Company arbeitenden George Shee, einen aus Irland stammenden Sohn eines wohlhabenden Grundbesitzers. Shee hat ein einträgliches Einkommen, aber sein Ruf ist zweifelhaft, stammt sein Vermögen doch hauptsächlich aus dem Opiumhandel.

Elizabeths bescheidenes Haus ist bestellt, im wortwörtlichen wie übertragenen Sinne. Sie geht auf die fünfzig zu, für damalige Verhältnisse eine Frau an der Schwelle zum Alter. Noch immer gilt sie als attraktiv. Sie könnte George Smith heiraten, den sie noch immer liebt, oder als achtbare Witwe ihr bescheidenes Dasein in Zufriedenheit führen – da greift das Schicksal mit harter Hand in ihr Leben ein: 1783 diagnostizieren die Ärzte einen Brusttumor. Anfang 1785 lässt sich Elizabeth Crisp operieren – ohne Narkose. Nach George Marshs Zeugnis übersteht sie den Eingriff, bei dem ein Tumor samt umliegendem Brustgewebe von »über fünf Pfund« entnommen wird, »mit heldenhafter Standhaftigkeit«. Der Eingriff erfolgt zu spät. Wenige Monate nach der Operation stirbt Elizabeth Crisp am 30. April 1785. Sie wird vor den Toren Kalkuttas auf dem heute noch existierenden Friedhof in der South Park Street begraben. Ihre Ruhestätte hat sich nicht erhalten, wohl aber das daneben befindliche Grab ihres Sohnes Burrish, der 1811 starb.

2 Hester Stanhope (1776–1839)
Die Königin der Wüste

Es ist eine stürmische Nacht, Ende Oktober 1811, vor der Süd-westspitze der Insel Rhodos: Eine Caïque, ein griechisches Schiff mit großem Deck und flachem Kiel, kämpft sich durch die hohen, windgepeitschten Wellen. Immer wieder schlagen die Brecher über die Reling. Verzweifelt versuchen die Matro-sen mit unzureichenden Pumpen das einbrechende Wasser aus dem Schiffsbauch zu bekommen. Unter Deck harren in Todes-angst die Passagiere: Engländer, die von Konstantinopel auf dem Weg nach Alexandria in Ägypten sind. Die kleine Gesellschaft schart sich um die fünfunddreißigjährige Lady Hester Stanhope, eine der vornehmsten Damen der englischen Gesellschaft. Zu ihrer Entourage gehören ihr Geliebter, der dreizehn Jahre jün-gere Offizier Michael Bruce, ihr Leibarzt (und zugleich Bruces eifersüchtiger Nebenbuhler) Charles Meryon, eine Zofe und mehrere Diener. Die Reise nach Ägypten sollte eine Flucht in die Freiheit sein, denn Lady Hester wird wegen ihrer freizügi-gen, außerehelichen Beziehung nicht nur in ihrer englischen Heimat, sondern auch in den Kreisen britischer Diplomaten und Reisender, die sich im Umkreis des osmanischen Sultans-hofes in Konstantinopel aufhalten, geschnitten und übel beleu-mundet. Ägypten, so die Hoffnung der Liebenden, ist weit ge-nug von Europa und der bürgerlichen Konvention entfernt, um dieser Nachstellungen und Gerüchte enthoben zu sein. Doch nun droht das Leben des Liebespaares von der Faust des Schick-sals in einem Sturm zermalmt zu werden.

Die felsige Küste von Rhodos ist trotz der Finsternis und des starken Regens als Schemen am Horizont auszumachen. Der Kapitän lässt den Anker werfen, in der Hoffnung, dass er Grund fasst und sie so vom Sturm nicht weiter abgetrieben werden. Vergebens. Das Meer ist zu tief. Da erfasst eine hohe Woge die Caïque mit voller Gewalt, eine Riesenfaust bricht den Mast, kippt das Schiff zur Seite, das Wasser strömt ungehindert hinein, die Caïque ist verloren. Durch das Tosen des Windes schreit der Kapitän seinen Leuten zu, das Beiboot zu Wasser zu lassen. Fieberhaft zerren die Matrosen an den Leinen. Was bei ruhigem Wetter eine leichte Übung darstellt, ist nun, im Prasseln des Regens und Donnern der Wellen, in Aufregung und Panik, ein nervenaufreibendes Unterfangen. Endlich gelingt es. Passagiere und Besatzung, fünfundzwanzig an der Zahl, springen in das Rettungsboot. Alles Gepäck, alle Dokumente müssen zurückgelassen werden. Lady Hester Stanhopes Hündchen steht noch oben, jault und bellt. Hester ruft ihm zu, es solle zu ihr herunterspringen, doch das Tier ist verängstigt und gehorcht nicht. Der Kapitän gibt Befehl, vom Schiff, das im Begriff ist, zu sinken, fortzurudern, um nicht in den tödlichen Sog des Wracks zu geraten. Es gelingt mit Müh und Not. Sie schaffen es, zu einem Felsenriff zu manövrieren, an dessen Leeseite ein kleiner, einigermaßen windgeschützter Einschnitt liegt. Hier legen sie an, klettern aus dem Boot, lassen sich erschöpft und vor Todesangst zitternd zu Boden fallen. So liegt Lady Hester Stanhope da, in Nacht, Regen und Wind. Das Schiff liegt auf dem Grund des Meeres, ihr Hund treibt irgendwo tot im Wasser. Ihr ganzer Besitz liegt im Bauch des Wracks und wird dort vermodern und von Fischen gefressen werden. In diesem Augenblick ist Hester Stanhope wohl zu erschöpft, um an das zu denken, was anderntags sie erwarten wird. In jenen bangen Stunden kann sie nicht im Geringsten ahnen, dass sie England nie wiedersehen wird, dafür aber als »Königin der Wüste« und »Sitt« (Hohe Frau) zur ungekrönten Herrscherin des Orients werden wird, von den Arabern und Osmanen geliebt und verehrt…

Keiner hätte dieses Lebensabenteuer an der Wiege der kleinen
Hester prophezeien können. Das Mädchen kommt am 12. März
1776 auf dem Landsitz Chevening des Barons Charles von
Mahon, Sohn des Lord Stanhope, zur Welt. Charles' Frau Hester – nach ihr wird die neugeborene Tochter benannt – stammt
ebenfalls aus vornehmer und wohlhabender Familie, ist sie
doch die Tochter von Lord Chatham und Schwester von William Pitt dem Jüngeren (der von 1783 bis 1801 und nochmals
von 1804 bis 1806 Premierminister Seiner Majestät, George III.,
sein wird). Nach Hester kommen noch Griselda und Lucy zur
Welt. Die Eheleute sind sich innig zugetan, obgleich Vater
Charles ein etwas schwieriger, zwanghafter Charakter ist. Es
könnte alles schön und geruhsam in sicheren Gleisen weitergehen, ein sorgloses Dasein in der Sonne, die damals der britischen Aristokratie leuchtet – da stirbt Mutter Hester im Jahre
1780, wenige Tage nach der Geburt des jüngsten Kindes, und
hinterlässt Witwer und drei kleine Töchter. Charles' Mutter
kommt nach Chevening, um sich um Sohn und Enkelinnen zu
kümmern, doch ist sie kein vollwertiger Ersatz. Charles ist in
seiner Trauer versteinert und verbittert, seine Marotten, die bislang von seiner herzenswarmen Frau neutralisiert wurden, brechen sich Bahn: Chevening wird zu einem Ort der Kälte und
Freudlosigkeit. Das verschlimmert sich noch, als Charles nur
sechs Monate nach dem Tod seiner Frau ein zweites Mal heiratet: Louisa Grenville, eine Cousine der Verstorbenen. Sie ist in
allem das Gegenteil von Hester: freudlos, engherzig, gleichgültig und kalt gegenüber den Stiefkindern. Immerhin bringt sie
ihrem Mann drei Söhne – Philip, Charles und James – zur Welt,
damit sieht sie ihre Pflichten erfüllt und widmet sich nur noch
ihren karitativen Interessen.

Zu einer Zeit, als Frankreich von der Revolution und dem
nachfolgenden jakobinischen Terror erschüttert wird und Großbritannien sich als Hort bürgerlicher Traditionen und Werte

erweist, schockiert Charles seine aristokratische Umgebung mit dezidiert republikanischen und revolutionären Ansichten. Obwohl er selbst Mitglied des House of Lords ist, vertritt er die Ansicht, die Monarchie gehöre abgeschafft, die Privilegien des Adels beseitigt. Zudem macht er als (freilich verkannter) Erfinder von sich reden, indem er eine verbesserte Druckerpresse, eine Rechenmaschine und ein mit einer Schraube angetriebenes Dampfschiff konstruiert – segensreiche Erfindungen, die freilich von den Zeitgenossen nicht als solche erkannt und erst zwei Generationen später von anderen (Charles Babbage und Josef Ressel) erneut aufgebracht werden. Von seinem Landsitz Chevening entfernt dieser republikanische Aristokrat das alte Familienwappen und nennt das Schloss fortan nur noch »Democracy Hall«. Die Zeitgenossen halten ihn gemeinhin für verrückt, aber nicht für gefährlich – und England besitzt auf dem Feld spleeniger Adliger ja genügend Prachtexemplare.

Auch die Kinder sollen zu Paradebeispielen republikanischer Sprösslinge erzogen werden und müssen vieles, was jungen Adligen an Bequemlichkeit und Luxus sonst zur Verfügung steht, entbehren. Hester, die das einzige der sechs Kinder ist, das vor dem Vater keine Angst hat, erinnert sich: »Wenn einer von uns einmal besser aussah als sonst, mit einem besonderen Hut oder Kleid, so nahm er [der Vater] es anderntags mit Sicherheit weg und ersetzte es mit etwas Grobem.« Um den scheinbar verwöhnten Aristokratenkindern das Arbeiten beizubringen, schickt Charles sie nicht zum Unterricht, sondern zum örtlichen Schmied und zum Schuster. Das könnte man noch als Lebensschule oder auch als Spleen abtun, aber Charles scheint bisweilen wirklich den gesunden Menschenverstand verloren zu haben. Hester berichtet, er habe ihr einmal das Messer an die Kehle gehalten. Sie quittiert es – so behauptet sie zumindest – mit menschlicher Größe: »Ich fühlte nur Mitleid mit der Hand, die dieses Messer hielt.« Eine Reihe oft wechselnder französischer und schweizerischer Gouvernanten versucht, den Kindern des verrückten Barons zumindest etwas schulische Bildung angedeihen zu lassen. Freilich sind deren Wertevorstellungen nicht nur konservativ, sondern schlicht abgelebt, und so können auch sie keinen Ersatz für eine ausgewogene, moderne schulische Bildung bieten.

Unter solch seltsamen, ungeregelten, ja verwilderten Umständen wachsen Hester und ihre fünf Geschwister heran. Hester übernimmt früh – als Älteste – eine Art Mutterrolle für die Jüngeren, zumal sie als Einzige dem Vater einigermaßen Paroli bieten kann. Sie schießt auf, wird einen Meter achtzig groß (für damalige Verhältnisse beinahe eine Riesin). Und obwohl sie blondes Haar und blaue Augen hat, gilt sie nicht als Schönheit, allenfalls als gute Partie aus einem reichen, adligen Haus. Sie selbst macht sich keine Illusionen hinsichtlich ihres Äußeren und ihrer Wirkung auf Männer. Schmeicheleien und Komplimente lehnt sie ab. »Er macht sich etwas vor, wenn Er denkt, ich sei hübsch«, so weist sie einmal einen Verehrer zurück, der sich mehr für ihre Mitgift als für sie interessiert.

Dennoch oder vielleicht gerade deswegen erregt sie auf Bällen und bei Hof Aufsehen. Trotz seiner Abschottungsstrategien ist Charles – will er nicht irgendwann drei alte Jungfern zur Last haben – gezwungen, seine Töchter zu solchen Veranstaltungen gehen zu lassen. Auf einem Hofball findet König George III. Gefallen an der jugendlichen Hester und äußert der Königin gegenüber den Wunsch, die junge Frau von »Democracy Hall« fortzuholen. Dieses Ansinnen stößt bei Sophie Charlotte auf Widerspruch – und so bleibt vorerst alles beim Alten. Doch der König wird sich von da an (bis zu seinem Tod im Jahre 1820) immer wieder der jungen Hester Stanhope erinnern – ungeachtet seiner geistigen Krankheit.

Auch bei anderen Persönlichkeiten des öffentlichen Lebens hinterlässt Hester Stanhope Eindruck. Der Dandy Beau Brummell zeigt sich von ihr entzückt, ebenso die Herzöge von York und Cumberland. Umgekehrt finden vor Hesters Augen allenfalls Männer Gnade, Frauen sind für ihren Geschmack meist zu langweilig und angepasst, in gesellschaftlichen Konventionen verhaftet und in leeren Floskeln schwatzend. »Ich hasse Affektiertheit«, bekundet sie, »nie konnte ich jene lächerlichen Frauen ertragen, die nicht einmal einen Schritt über einen Strohhalm schaffen, ohne zu erwarten, der Mann, der neben ihnen geht, müsse ihnen seine Hand anbieten. Ich sagte zu den Männern immer: ›Nein, nein, ich habe selbst Beine, bemühen Sie sich nicht.‹«

Solch emanzipierte Anschauungen laufen dem patriarchalischen Ambiente in Chevening zuwider. Hesters Vater Charles mag ein verkappter Republikaner sein, die Rolle des Herrn im Hause will er sich gleichwohl nicht nehmen lassen. Also verlässt Hester ihr Elternhaus im Jahre 1800 – sie ist immerhin schon vierundzwanzig und nach damaligen Maßstäben auf dem besten Weg zur alten Jungfer – und zieht zu ihrer Großmutter, Lady Chatham, nach Burton Pynsent in der südwestenglischen Grafschaft Somerset. Ihre Schwestern und Halbbrüder lässt sie zurück. Ohne die große Schwester sind diese den Marotten des Vaters umso schutzloser ausgeliefert. Doch im Hintergrund zieht Hester schlau die Fäden.

Charles, der aristokratische Republikaner und Anhänger der Französischen Revolution, hat sich nämlich in den Kopf gesetzt, Chevening zu versilbern, um Geld für andere Projekte freizumachen und nach außen hin seinen revolutionären Spleen zur Schau zu stellen. Außerdem würde Charles' ältester Sohn Philip auf diese Weise um sein Erbe gebracht. Philip schreibt der ältesten Schwester einen Brandbrief. Immerhin lässt Charles nach einigem Hin und Her seine Verkaufspläne fallen. Hester indes gelingt es, Philip durch Mittelsmänner eine Flucht zu ermöglichen: Er geht nach Deutschland und studiert an der Universität Erlangen. Ihre Schwestern verheiraten sich in jenen Jahren und fliehen die frostige Atmosphäre von Chevening. Und auch die Halbbrüder James und Charles verlassen das Elternhaus und gehen zur Marine und zur Armee.

Nachdem sich die familiäre Konstellation entspannt hat, will Hester Stanhope endlich andere Luft atmen: Sie will Frankreich kennenlernen, das eigentlich nur einen Katzensprung von England entfernt ist, aber in jenen Jahren der Napoleonischen Kriege unerreichbar zu sein scheint. So nutzt sie eine kurze politische Entspannungsphase und fährt im September 1802 über den Ärmelkanal. Sie bereist nicht nur Frankreich, sondern auch das klassische Sehnsuchtsland Italien. Turin, Florenz und Neapel liegen auf Hesters Route einer typisch aristokratischen Bildungstour. Doch im Winter 1802/03 bricht erneut der Krieg aus. Hester Stanhope verlässt das ihr lieb gewordene Italien und reist über Deutschland zurück nach England. Ihre Ankunft wird von einer traurigen Nachricht überschattet: Ihre geliebte Großmutter, Lady Hester Chatham, ist Anfang April 1803 gestorben, ohne die Enkelin wiedergesehen zu haben.

Hester Stanhope, inzwischen siebenundzwanzig Jahre alt, noch immer unverheiratet, ohne Aussicht auf eine Mitgift oder ein Erbe, steht vor dem gesellschaftlichen und finanziellen Nichts. Da erinnert sich ihr Onkel William Pitt ihrer und lädt sie zu sich ein. Drei Jahre verbringt Hester im Londoner Haus des unverheirateten Onkels. 1804 wird er ein zweites Mal Premierminister des Vereinigten Königreichs, und Hester übernimmt im Amtssitz Downing Street 10 nicht nur die Rolle der klugen und attraktiven Dame des Hauses, sondern auch die der Privatsekretärin. Als Pitt einmal in Begleitung seiner Nichte zu einer Besprechung bei König George III. ist, meint der Monarch jovial, er habe für Pitt einen Ersatz gefunden. Pitt ist verdutzt. Der König zeigt lächelnd auf Hester und sagt: »Da ist mein neuer Minister. Es gibt keinen Mann in meinem Königreich, der ein besserer Politiker ist als Lady Hester, und es gibt keine Frau, die solch eine Zierde für ihr Geschlecht ist.« Auch die privaten Wohnsitze Pitts in Kent – Holwood, Downe Park und Walmer Castle – erfüllt Hester mit Leben. Die heruntergekommenen

Außenanlagen von Walmer Castle gestaltet sie mithilfe eines ganzen Trupps von Gärtnern zu einem prachtvollen Park um.

Das gesicherte Leben im Umfeld ihres Onkels findet ein jähes Ende: William Pitt, infolge seines Alkoholismus seit Langem krank, stirbt am 23. Januar 1806, nachdem ihn die Nachricht erreicht hat, die alliierten Armeen seien in der Schlacht bei Austerlitz von Napoleons Truppen vernichtend geschlagen worden. Großbritannien ist mehr denn je in Gefahr. Und Lady Hester ist erneut ohne Lebensperspektive. Immerhin erhält sie – das hat der Onkel noch eingefädelt – vom Parlament für ihre Dienste eine jährliche Pension von eintausendzweihundert Pfund zugebilligt. Sie mietet ein Haus am Montagu Square in London, in das auch ihre Halbbrüder James und Charles einziehen. Aber gesellschaftlich steht Hester nach dem Tod ihres Onkels, der von vielen gehasst wurde, als Außenseiterin da. Menschen, die vordem noch in der Downing Street 10 oder in Walmer Castle ein- und ausgingen und sich von Pitt karrieristische Vorteile erhofften, wollen nun mit der einstigen »grauen Eminenz« Hester Stanhope nichts mehr zu tun haben. Die Pension ermöglicht ihr zwar ein autonomes Leben, aber für extravagante Wünsche oder Ausgaben reicht es nicht. Nicht einmal einen eigenen Wagen mit Pferd und Kutscher kann sie sich leisten – für eine Dame der Gesellschaft ein absolutes Muss. Zu Fuß macht sie Besorgungen und Besuche, was höchst unstandesgemäß ist, nur Menschen der Arbeiterklasse sind auf eigenen Beinen in den schmutzigen, von Dieben und Huren bevölkerten Gassen Londons unterwegs. Lady Hester bekennt bald: »Eine arme Gentlewoman zu sein, ist das schlechteste Los auf der Welt.«

Noch schlimmer jedoch ist es, eine arme und unverheiratete Gentlewoman zu sein. Eine zarte Liebschaft Hesters zu einem jungen adligen Offizier namens John Moore wird von den Kriegsläuften zertreten. Moore wird an die Front in Spanien versetzt, wo englische Einheiten gegen Napoleons Truppen kämpfen. Nach seiner Rückkehr, so ist geplant, wollen sie heiraten.

Hester Stanhope hält die Trennung indes nicht lange aus und reist auf eigene Faust, ungeachtet aller Gefahren, auf die Iberische Halbinsel. Sie kommt gerade noch rechtzeitig, um sich an Moores Sterbebett – er ist in einem Gefecht schwer verwundet worden – von ihm zu verabschieden. Auch Hesters Halbbruder Charles ist in Spanien tödlich verwundet worden. Gebrochen, aller Hoffnungen beraubt, kehrt sie nach England zurück. Einem Freund schreibt sie: »Das Unglück ist so grausam, dass ich – davon bin ich überzeugt – mich davon nie werde erholen können.«

Sie verlässt London und zieht sich für einige Zeit in ein Bauernhaus im walisischen Glen Irfon zurück, um in der Einsamkeit und im Frieden der sie umgebenden Natur und der ländlichen Bevölkerung, die sie als herzlich und unverfälscht kennenlernt, zu gesunden. Auf langen Ausritten – Hester ist eine Pferdenärrin – durchstreift sie das wilde, dünn besiedelte Land. In jenen Monaten wird ihr zusehends bewusst, dass sie nicht mehr dauerhaft nach London zurückkehren kann. Das Leben in der Großstadt erscheint ihr hart, die Menschen dort dünken sie engherzig und oberflächlich. Da erhält sie Nachricht von ihrem Halbbruder James, dass auch er mit seinem Regiment in den Krieg nach Spanien ziehen muss. Hester fasst einen geradezu unerhörten Entschluss: Sie will James begleiten, zumindest bis nach Gibraltar. Vielleicht wird die Reise in den Süden sie auf andere Gedanken bringen.

Begegnung mit Byron

Auf der Marinefregatte »Jason«, die einem Konvoi von Handelsschiffen Schutz bieten soll, verlässt Hester Stanhope am 10. Februar 1810 England. Jason ist der griechische Held der Antike, der mit den Argonauten ausfuhr, um in der Landschaft Kolchis am Schwarzen Meer das von einem Drachen bewachte Goldene Vlies zu rauben. Hester Stanhopes Fahrt nach Gibraltar und von dort durch das ganze Mittelmeer in den Orient wird nicht weniger abenteuerlich und ereignisreich sein. Während jedoch die Argonauten nach vielen Jahren ihre Heimat wiedersahen, wird Hester England nie mehr betreten. Aber davon ahnt sie zu jenem Zeitpunkt nichts.

Hester Stanhope führt – das gehört sich für eine Lady – eine kleine Entourage mit sich: Neben ihrem Halbbruder James und dessen Freund Nassau Sutton sind ihre Gesellschafterin Elizabeth Williams, ein Diener und ein Leibarzt mit von der Partie. Letzterer, Dr. Charles Meryon, wird achtundzwanzig Jahre lang einer ihrer ergebensten (und eifersüchtigsten) Begleiter und zudem ihr erster Biograf werden. Einen Monat lang ist die »Jason« unterwegs, durch den Ärmelkanal und die stürmische Biskaya, an Galiziens und Portugals Küste vorbei. Sie queren die Untiefen vor Kap Trafalgar, wo viereinhalb Jahre zuvor, am 21. Oktober 1805, die britische Flotte unter Admiral Horatio Nelson die französische und spanische vernichtend schlug.

Endlich erreichen sie die schwer befestigte Kronkolonie Gibraltar. James Stanhope verabschiedet sich von seiner Schwester und begibt sich zu seiner Einheit nach Cádiz, sein Freund Sutton fährt weiter nach Menorca. So schwer das Lebewohl ist – Lady Hester findet in Gibraltar rasch Zerstreuung und Anschluss. Besonders ist sie von dem einundzwanzigjährigen Engländer Michael Bruce angetan. Der dreizehn Jahre Jüngere aus reichem Hause, der sich auf seiner »Grand Tour« durch Europa befindet (den Kriegsereignissen zum Trotz), ist ein charmanter, schöner Mann von guter Erziehung und ebenso guter Bildung. Bald sind die beiden ein Paar, und Bruce entscheidet sich spontan, seine Landsmännin auf ihrer weiteren Fahrt zu begleiten. Hester Stanhope ist auf die Welt neugierig geworden. Sie will weiter nach Osten, heraus aus dem Dunstkreis des Kriegs. Mit der »Cerberus«, dem Höllenhund der griechischen Sagenwelt, fährt Hester Stanhope über Menorca nach Malta, das ebenso in britischer Hand ist. Michael Bruce kommt wenig später nach (sie wollen vor der Umwelt noch den moralischen Schein wahren). Der britische Gouverneur empfängt die Gäste aus vornehmen englischen Familien standesgemäß mit einer Dinnerparty, die Hester eher gelangweilt über sich ergehen lässt. Auch hier ist sie von der leeren und eitlen Affektiertheit der geladenen Offiziers- und Diplomatengattinnen abgestoßen.

Wenngleich Hester und Michael ihre Liebe geheim zu halten versuchen, um ihr Glück nicht zu gefährden, ist Meryon, der Leibarzt, doch sensibel genug, das atmosphärische Knistern wahrzunehmen. Er reagiert mit Eifersucht und wird damit seine Herrin in den nächsten Jahren noch genug quälen, obwohl die Lady ihm nie Avancen gemacht hat. Hester begegnet der Gefahr, dass Meryon Gerüchte streut oder sie bei Michaels Vater »anschwärzt«, mit einer offensiven Verteidigungsstrategie: Sie schreibt an Michaels Vater Craufurd Bruce einen Brief, worin sie in aller Unschuld ihre Liebe zu dessen Sohn gesteht und als wohlerzogene Tochter aus adligem Haus ihm, dem Schwiegervater in spe, es überlässt, die Beziehung zu verdammen oder aber mit seinem väterlichen Segen zu beschenken. Michael sendet an seinen Vater einen ähnlichen Brief. Die Schreiben gehen mit dem nächsten Schiff Richtung England, doch wegen der großen Entfernung und der kriegerischen Auseinandersetzungen wird es – das wissen sie – Monate dauern, bis sie eine Antwort Craufurds in Händen halten werden.

Lady Hester will bald weiter. Malta ist ihr zu eng, das Warten auf den Antwortbrief macht sie nervös. Sie will nach Konstantinopel, Hauptstadt des Osmanischen Reichs, wovon sie schon viel Märchenhaftes gelesen und gehört hat. Also besteigt die Engländerin samt Entourage und Geliebtem die Fregatte »Belle Poule«, schönes Huhn. Obgleich es nicht so einen pompösen Namen trägt wie die Schiffe, die sie bislang nutzte, pflügt sich das schöne Huhn zuverlässig durch die Meeresgestade. Über die griechische Insel Zakynthos gelangen sie in den Golf von Korinth. Hesters kleiner »Hofstaat« ist, samt türkischem Übersetzer, türkischem Koch, vier englischen Dienern, einem englischen Porträtisten, zwei Albanern ohne eigentliche Aufgabe (aber mit Silberpistolen und Silberdolchen), auf fünfundzwanzig Personen angestiegen. Am Isthmus verlassen sie das Schiff, bewältigen die gut sechs Kilometer breite Landenge (der Kanal wird erst 1893 eröffnet werden) auf Maultieren und segeln auf einem anderen Schiff weiter nach Piräus. Hier unterbrechen sie ihre Reise und besuchen Athen. Dort lernt Lady Hester den Dichter George Byron kennen (der 1823, nachdem er zum Helden des griechischen Unabhängigkeitskampfes geworden ist, sterben wird). Zwischen der eigensinnigen Lady und dem noch eigensinnigeren romantischen Dichter kommt indes keine Sympathie auf. Hester Stanhope schreibt, ohne sich von dem gut aussehenden Dandy und seinen Gedichten blenden zu lassen: »Was die Dichtung anbelangt, so ist es recht einfach, Verse zu schreiben. Und was die Gedanken betrifft, wer weiß schon, woher er sie erhielt? Manch einer nimmt ein altes Buch, das keiner kennt, und zieht seine Ideen daraus. […] Er [Byron] hatte eine Menge an Lastern in seinen Blicken, seine Augen liegen zu nahe beieinander, und er hat zusammengezogene Augenbrauen.« Umgekehrt zeigt sich auch Byron von seiner Landsmännin nicht eben angetan. Immerhin gesteht er ihr »weiblichen Witz« zu, führt aber abfällig aus: »Ich entdeckte bei ihr nichts, was sie von anderen Sie-Dingen unterschiede, außer einer großen Geringschätzung von Bemerkungen, die sie im Gespräch empfing […]. Ich weiß nicht, ob das für unser Geschlecht eine Empfehlung sein wird, aber ich bin sicher, für ihr eigenes wird es das nicht sein.«

Die Lady und der Dandy müssen sich auch nicht länger aneinander reiben, denn Hester Stanhope besteigt samt Entourage am 14. Oktober 1810 in Piräus ein Schiff und segelt weiter Richtung Konstantinopel. Diesmal konnte sie nur einen einfachen griechischen Frachter auftreiben, der mit Weizen beladen ist, und dessen Mannschaft aus fadenscheinigen Typen besteht. So empfiehlt es sich für Hester und ihre Begleiter, nachts Messer und geladene Pistolen unterm Kissen bereitzuhalten.

Sie erreichen Konstantinopel, unbeschadet an Leib und Seele, am 3. November 1810. In einer Sänfte wird die englische Lady durch enge Gassen, die von fremden Gerüchen durchzogen sind, hinauf ins Viertel von Pera getragen, wo ihre Begleiter und sie ein Haus beziehen. Endlich treffen auch Briefe von Michaels Vater ein, der zwar mit Zweifeln, aber dennoch pragmatisch auf die »wilde« Beziehung seines Sohnes reagiert und den Liebenden die Entscheidung frei überlässt. Michael und Hester sind überglücklich. Zudem werden sie vom britischen Botschafter bei der Hohen Pforte, dem vierundzwanzigjährigen Stratford Canning, wie offizielle Vertreter ehrenvoll und freundschaftlich empfangen. Weniger zufrieden sind sie mit dem Haus in Pera, das eng und ungemütlich ist. Es gelingt ihnen, eine großzügige Villa in Therapia zu finden, einer Kleinstadt sechzehn Kilometer von Konstantinopel entfernt. Doch der Winter 1810/11 erweist sich als kalt und ungemütlich. Das Haus, am Bosporus gelegen, ist den Winden ausgesetzt, Hester Stanhope beginnt zu husten. Michael Bruce und sein Freund Lord Howe Sligo, der sich ihnen in Griechenland angeschlossen hat, verlassen Therapia und gehen für ein paar Wochen nach Smyrna (dem heutigen Izmir) an der Ägäis. Die hustende Hester bleibt zurück. Dennoch zeigt sie sich von Konstantinopel, vor allem aber von den Menschen, entzückt: »Ich liebe die Wesensart der Türken über alles, sie haben ein feines Verständnis, was sich in ihren Mienen ausdrückt, und eine natürliche Höflichkeit, die der besterzogene Engländer heutzutage nicht erfolgreich nachahmen könnte. [...] Die türkischen Frauen, die ich gesehen habe, sind, denke ich, sehr angenehm, jede Geste ist so bemerkenswert angemessen, dass man sie beinahe verstehen kann, ohne ihre Sprache zu begreifen.«

Auf einem Ausritt begegnet sie Sultan Mahmud II., der sich der Engländerin, die trotz der strengen Bekleidungsvorschriften für Frauen weiterhin europäische Kleidung trägt, huldvoll zeigt und sie sogar zu einer Fahrt auf seinem Prachtschiff, der »Sultan Selim«, einlädt. Auch hier erscheint Hester Stanhope in europäischer Kleidung, was man ihr großmütig nachsieht, wenngleich ansonsten Frauen im Umfeld des Hofes Zurückhaltung und eine komplette Verhüllung auferlegt ist. Der »Captain Pascha«, ein Mitglied der Sultansfamilie, der das Schiff befehligt, ist dafür berühmt-berüchtigt, schon einigen Feinden die Köpfe abgeschlagen zu haben, und auch Hester Stanhope berichtet nicht ohne wohligen Grusel, dieser »sehr attraktive, angenehme Mann« habe, kurz bevor er sie empfing, mehreren Männern die Häupter abgeschnitten, aber er sei, als sie den Raum betrat, »so gefasst wie zu jeder anderen Zeit« gewesen. Sie selbst ist hingegen weit weniger gleichmütig, als sie erkennen muss, dass es trotz der rigiden moralischen Vorstellungen in höheren Kreisen durchaus üblich ist, sich der Knabenliebe zu erfreuen: Diese »dancing boys«, so schreibt sie fassungslos, würden den schönen Frauen Konkurrenz machen, was sie, Hester Stanhope, »betrübt« zu berichten habe.

Viele, teils widerstrebende Eindrücke stürmen in jenen Monaten auf Hester Stanhope ein. Nicht alles versteht sie, nicht alles will sie verstehen und nachvollziehen. Aber alles in allem verliebt sie sich in die Lebensart des Orients und wird neugierig, wie die Welt hinter dem höfisch geprägten Leben Konstantinopels wohl aussieht? Sie will weiter hinein in die verschlossenen Länder und Regionen des Osmanischen Reichs, die selbst auf eine uralte Geschichte und Kultur verweisen können, eine Kultur, die weit älter ist als die der türkischen Eroberer, die erst im 11. Jahrhundert aus den Steppen Innerasiens nach Westen vordrangen.

Als im Frühjahr 1811 Michael Bruce und Lord Sligo nach Therapia zurückkehren, steht Hesters Entscheidung fest: Sie will südwärts, zunächst nach Alexandria, das Tor zu Ägypten, und dann ostwärts, nach Palästina, nach Syrien und in den Libanon. Just in diesem Moment ihrer Lebensentscheidung macht Michael Bruce ihr einen Heiratsantrag. Das schwer Nachvollziehbare geschieht: Sie lehnt ab, obwohl sie ihn doch liebt. Über die Gründe schweigen sich die erhaltenen Briefe aus. Auch über Michael Bruces Reaktion gibt es keine Dokumente. Sicherlich dürfte er sehr verletzt gewesen sein. So bleibt Raum zur Spekulation: War sich Lady Hester der Beständigkeit ihrer noch recht jungen Liebe doch nicht so sicher? Oder fürchtete sie, durch eine Heirat ihre endlich erkämpfte Unabhängigkeit aufgeben und sich dem Joch der ehelichen und bürgerlichen Erwartungen beugen zu müssen? Sie weist den Antrag also zurück, verletzt Bruce damit schwer und legt so vielleicht den Keim für das Scheitern der Beziehung. Aber das Abenteuer in der Fremde ruft, und das scheint ihr in jenen Wochen das Begehrenswerteste zu sein...

Hester Stanhope, Meryon und die Dienerschaft verlassen Therapia und Konstantinopel und setzen über den Bosporus (den noch lange keine Brücke überspannen wird), um in den asiatischen Teil des Osmanischen Reichs zu gelangen. Michael Bruce bleibt in Konstantinopel zurück, Lord Sligo macht sich auf den Weg zurück nach Malta. Bursa ist das erste Ziel ihrer Tour. Die Stadt liegt zu Füßen des Bithynischen Olymps (heute wird der Hausberg Uludag genannt) und ist wegen des Grabmals des Sultans Mehmed I., der Grünen Moschee, des Seidenbasars und der Thermalquellen berühmt. Hester Stanhope und ihre Begleiter mieten drei Landhäuser etwas außerhalb der Stadt, am Fuße des Olymps. Die Engländerin erkundet zu Pferd die Stadt und das Tal und zeigt sich von der Fruchtbarkeit und der Anmut der Landschaft begeistert: »Eine riesige Ebene, reicher und schöner als alles, was ich je sah, bedeckt mit Bäumen, Sträuchern, Blumen jeglicher Art. Die Ausritte sind bezaubernd und die Pferde besser als all jene, denen ich außerhalb Englands begegnet bin.« Sie besucht auch die türkischen Bäder, die von dem bekannten Bursaer Heilwasser gespeist werden, und erholt sich von den Strapazen des Winters.

Nach zwei Monaten kehren Hester, Meryon und die Dienerschaft im Juli 1811 nochmals nach Konstantinopel zurück. Auf

Vermittlung des österreichischen Botschafters mietet Lady Hester ein bequemes Haus in der Stadt. Bald lernt sie den französischen Botschafter Latour de Maubourg kennen. Wieder zeigt sie sich von der französischen Sprache und Kultur fasziniert und spielt mit dem Gedanken, nach Frankreich zu reisen – trotz des Krieges, den Napoleon weiterhin gegen halb Europa führt. Die Kreise der in Konstantinopel lebenden Ausländer sind klein, und so erfährt der britische Botschafter Stratford Canning von der französischen Liebäugelei der englischen Lady. Er konfrontiert Hester mit bitteren Vorwürfen, sie, die Nichte William Pitts, verrate ihr Vaterland, und droht ihr, die Angelegenheit Lord Richard Wellesley, dem Sekretär des Auswärtigen Amtes, zu melden. Hester Stanhope ist über die Vorwürfe und Unterstellungen empört. Sie schreibt ihrerseits einen verbindlichen Brief an Wellesley, worin sie ihre Unschuld beteuert. Dann lässt sie packen. Sie hat genug vom Klüngel der Diplomaten im Dunstkreis der Hohen Pforte. Gemeinsam mit Michael Bruce will sie Konstantinopel verlassen und den folgenden Winter in Athen zubringen, um dort auf französische Pässe für die Einreise nach Frankreich zu warten. Doch Maubourg kann die versprochenen Papiere nicht liefern. Immerhin sind Großbritannien und Frankreich im Kriegszustand. Also plant Hester spontan um: Ägypten ist seit Nelsons Seeschlacht bei Abukir (1./2. August 1798) vom französischen Joch befreit, das Land ist befriedet und wieder unter osmanischer Herrschaft. Dort, an den Ufern des Nils, im Schatten von Palmen, so ihre romantische Vorstellung, will sie in den Armen ihres Geliebten einen Honeymoon verbringen. Auf einer Caïque – ein besseres Schiff findet sich nicht – stechen Lady Hester, Michael Bruce, Dr. Meryon und die Dienerschaft am 23. Oktober 1811 mit dem Ziel Alexandria in See.

Die Fahrt von Konstantinopel durchs Marmarameer und entlang der kleinasiatischen Küste verläuft ohne Zwischenfälle – bis sie südlich von Rhodos in einen schweren Sturm geraten. Da das Schiff zu kentern droht, lässt der Kapitän umdrehen und steuert, so gut das in den hohen Wellen überhaupt noch geht, zurück Richtung Rhodos, um sich und die Besatzung dort in Sicherheit zu bringen. Doch kurz vor der südwestlichen Spitze der Insel kentert die Caïque, im letzten Moment können sich Mannschaft und Passagiere auf ein Beiboot retten und mitten in der Nacht einen von der Brandung umtosten Felsen erreichen. Vom Sturm umwütet, von der Gischt nassgespritzt, klammern sie sich an das winzige Felseneiland und warten auf den Anbruch des neuen Tages.

Am anderen Morgen, die See hat sich etwas beruhigt, machen sich der Kapitän und ein paar Matrosen in dem Beiboot auf, um hinüber zur Insel Rhodos zu rudern und Hilfe zu holen. Zum Zeichen, dass sie die Küste erreicht haben, wollen sie ein Feuer entzünden. Doch die Zurückgebliebenen, darunter alle Engländer, warten einen ganzen Tag lang vergeblich auf das vereinbarte Signal. Hat der Kapitän mit der Visage eines Halsabschneiders sie getäuscht? Ist er mit seinen Komplizen, vor denen man sich bei Nacht fürchtete, weshalb man zur Sicherheit immer eine geladene Pistole unterm Kissen liegen hatte, getürmt? Haben sie das Beiboot zertrümmert, sich im nächsten rhodischen Ort abgesetzt, ohne von den anderen Schiffbrüchigen zu erzählen? Sie warten und warten. Der Tag dehnt sich. Das Wetter klart auf, die Sonne brennt unbarmherzig auf den glitschigen Felsen. Langsam sinkt die Sonne am Firmament. Eben als sie ins Meer eintaucht, entdecken sie in einiger Entfernung einen dunklen Fleck, der sich nähert: Es ist das Beiboot! Die Matrosen sind zurückgekehrt – ohne den Kapitän, dem eine erneute Überfahrt als zu gefährlich erschien. Inzwischen bricht die Dunkelheit herein, aber die Matrosen, sturzbetrunken, wollen keine zweite

Nacht auf dem kahlen Felsen verbringen. Also gehen sie das Wagnis ein: Alle besteigen das Boot. Sie rudern hinüber in Richtung Rhodos, die See hat sich beruhigt – scheinbar. Denn kurz bevor sie die rettende Küste erreichen, werden sie in der Dünung von einer großen Welle überrollt. Das Boot, mit Wasser gefüllt, sinkt innerhalb weniger Sekunden. Panisch springen die Matrosen und Engländer aus dem Boot, schwimmen und stapfen die letzten Meter durchs Wasser an Land. Hester Stanhope wird von ein paar hilfsbereiten Männern halb getragen, halb gezerrt. Hinter ihnen säuft das Boot ab, doch alle Schiffbrüchigen haben sicher den Strand erreicht.

Sie wandern ein Stück weit ins Inselinnere, kommen zu einer Windmühle, wecken den Müller, nötigen ihn, zum nächsten Dorf zu rennen und Hilfe zu holen. Bald tauchen im Dunkel der Nacht Fackellichter auf. Es sind die Bewohner des nahen Dorfes, die die Schiffbrüchigen zu sich einladen, ihnen Essen, Wein und Wasser geben (sie haben seit über vierundzwanzig Stunden nichts getrunken!). Die Dörfler sind bitterarm und leben in erbärmlichen Umständen. So entschließen sich die Abenteurer wider Willen, bei Sonnenaufgang weiterzumarschieren. Nach acht Stunden erreichen sie das weiß gekalkte Städtchen Lindos, das majestätisch auf einem Felsen über einer Meeresbucht liegt. Hier finden die Schiffbrüchigen einfache, aber saubere Unterkünfte. Lady Hester hat sich durch den Aufenthalt in Wind und Wetter eine fiebrige Erkältung zugezogen und muss das Bett hüten. Immerhin hat sie ihren Leibarzt Meryon und ihren Geliebten Bruce an der Seite.

Nach einigen Tagen ist sie wieder so weit hergestellt, dass sie mit ihrer Entourage nach Rhodos-Stadt reisen kann, einst Sitz des Templerordens, bevor sich dieser vor den Osmanen nach Malta zurückzog. Die Engländer versuchen sich in Rhodos Geld zu leihen und auf Pump Kleider zu kaufen, denn die eigenen hängen in Fetzen. Es sind nur griechische und türkische Trachten zu erstehen, und so kleiden sie sich recht folkloristisch ein. Zumindest Lady Hester findet das höchst »anziehend«, im eigentlichen Sinn des Wortes. Sie wählt zudem nicht eine Frauentracht, sondern die Kleidung der türkischen Männer. Von nun an wird sie sich nur noch in orientalische Gewänder hüllen. Das besitzt symbolischen Wert: Sie hat die alten Kleider abgelegt, und mit ihnen ihr altes, europäisches Leben.

Die Kunde vom Schicksal der Engländer verbreitet sich rasch. Ein englischer Kapitän namens Henry Hope, der mit seiner Fregatte »Salsette« in Smyrna liegt, macht sich auf den Weg nach Rhodos und bietet der Lady und ihrer Gruppe Freiplätze auf seinem Schiff an. Sein Ziel: Alexandria! Also besteigen die Engländer, versehen mit frischem Geld und neuem Mut, die Fregatte. Diesmal verläuft die Überfahrt reibungslos und ruhig, und am 11. Februar 1812 landen sie in der ägyptischen Hafenstadt. Hester Stanhope ist enttäuscht. Alexandria ist schmutzig und erinnert eher an die verslumten Docks von London als an den leuchtenden Orient, wie sie ihn sich ausgemalt hat. Sie reisen weiter nach Rosetta, bekannt für den 1799 aufgefundenen Stein, dessen mehrsprachiger Text in griechischer und demotischer Schrift und in Hieroglyphen die Entschlüsselung der altägyptischen Schriftzeichen ermöglichen wird. Auch hier ist Lady Hester von den Bettlern, dem Schmutz und den zahllosen Fliegen, die sich sogar auf Augen und Mund setzen, angewidert. Sie wollen so rasch wie möglich nilaufwärts nach Kairo. Doch der Strom hat Niedrigwasser, und die Fahrt auf einer Nilbarke mit flachem Boden gerät zur Mühsal: Immer wieder läuft das Boot auf einer der zahlreichen Sandbänke auf, die sich bisweilen hart unter der Wasseroberfläche verbergen. Die Matrosen müssen dann von Hand staken, oft auch ins schlammige Wasser springen und mit Muskelkraft das Schiff wieder flott kriegen. Nach fünf Tagen erreichen sie endlich Kairo. Auf Eseln reiten sie in die Altstadt. Zufällig begegnen sie dem Pascha Muhammad Ali, dem Gouverneur Ägyptens, auf einem seiner Ausritte. Europäer sind damals in Kairo noch eine Seltenheit, und so lädt der Herrscher Lady Hester Stanhope in seinen Palast. Anderntags wartet vor ihrer Pension eine Eskorte mit fünf reich geschmückten Pferden. Die Unterhaltung zwischen dem Pascha und der englischen Lady verläuft angeregt. Muhammad Ali lädt sie noch mehrere Male ein, ja, sie reiten sogar gemeinsam aus.

Nach knapp drei Monaten Aufenthalt in Ägypten drängt Hester Stanhope weiter. Sie will das Heilige Land sehen. Der Landweg über die Halbinsel Sinai ist zu gefährlich, das Gebirge ist von Wegelagerern verseucht. Gemeinsam mit Meryon und Bruce besteigt sie in Kairo ein Schiff, das sie nilabwärts bringt, und weiter über das Mittelmeer nach Jaffa (das heutige Tel Aviv).

Durchs Heilige Land

Obgleich Hester Stanhopes Besitz im Meer vor Rhodos untergegangen ist, hat sie es doch verstanden, sich über Geldwechsel aus England und durch Geschenke des ägyptischen Paschas eine recht noble Ausstattung für den täglichen Bedarf und das, was man darüber hinaus Luxus nennt, zu beschaffen. So langt sie in Jaffa nicht wie eine arme Pilgerin, die ins Heilige Land kommt, an, sondern wie eine Prominente, der bereits Gerüchte vorauseilten. Dass sie freilich einmal als Königin der Wüste tituliert würde, kann sie damals nicht ahnen. Jedenfalls kommt der britische Agent Damiani (er ist italienischer Abstammung) hinunter zum Hafen, um die illustre Lady persönlich zu begrüßen. Auch der osmanische Gouverneur von Jaffa macht der Engländerin seine Aufwartung und stellt ihr, als sie die Absicht äußert, nach Syrien weiterzureisen, zwei Leibwächter zur Verfügung. Zuvor jedoch will sie Jerusalem besuchen, durchaus als Wallfahrerin. Mit einer asketischen Pilgerfahrt hat der Tross, der sich kurze Zeit später von Jaffa quer durchs Heilige Land aufmacht, freilich nichts zu tun: Zum Konvoi der Lady gehören nicht nur die Getreuen Meryon und Bruce, sondern auch zwei Mamelukendiener aus Ägypten, die Muhammad Ali ihr beigegeben hat, acht syrische Diener und die zwei Leibwächter des

Gouverneurs von Jaffa. Zudem wird ein Berg an Gepäck, Kleidern, Zelten, Ausstattung und Hausrat von nicht weniger als zehn Kamelen und etlichen Eseln und Pferden geschleppt. Am auffälligsten ist jedoch Hester Stanhope selbst: gekleidet mit einem Mamelukengewand, das sie in Kairo gekauft hat, einer Weste aus Satin, darüber ein rotes Jackett, aus demselben Stoff gepluderte Hosen mit Goldbesatz an den Taschen, und über allem ein weißer Mantel aus Seide, auf dem Kopf ein Turban aus Kaschmirwolle. Auch Sattel und Zaumzeug stechen durch ihre Verarbeitung hervor: Sie sind mit Purpursamt besetzt und mit Gold bestickt.

So ziehen sie durchs Land, auf Jerusalem zu, vom einfachen Volk am Straßenrand begafft und bejubelt. Hester Stanhope hat sich bereits die Grundbegriffe der türkischen und arabischen Sprache beigebracht, sodass sie nach und nach ohne die Hilfe der Dragomane (Dolmetscher und Fremdenführer) auskommt und immer besser Kontakt zur einheimischen Bevölkerung knüpfen kann. Sie liebt es, in den fremden Sprachen Konversation zu betreiben, und auch ihr Leibarzt Dr. Meryon, der nach wie vor von seiner Herrin verzaubert ist, freundet sich mit dem Orient an. Anders jedoch Michael Bruce, der im Umgang mit den Einheimischen eine gewisse britische Arroganz und Voreingenommenheit nie ablegen kann.

Sie gelangen durch ein Gebiet, das von einem örtlichen Stammesfürsten namens Abu Ghosh gehalten wird, der von Pilgern und Händlern Wegezoll verlangt und sie andernfalls ausraubt. Von der englischen Lady und ihrem Tross zeigt sich der raubeinige Bursche indes entzückt und erlässt ihr nicht nur die Maut, sondern stattet sie auch noch reichlich mit Geschenken aus und gewährt ihr sicheres Geleit durch sein Revier. Schließlich erreichen sie Jerusalem, die heilige Stadt hinter hohen Mauern. Sie reiten durch ein Tor, gelangen ins Gewirr der alten Gassen, kommen zu den von Juden, Christen und Muslimen gleichermaßen verehrten heiligen Stätten. Hester Stanhope besucht die Grabeskirche, doch hat sie wenig Gelegenheit zum stillen Gebet, denn wohin auch immer sie kommt, wird sie von neugierigen, johlenden und bettelnden Gaffern und schwatzhaften Souvenirhändlern bedrängt, die sie sogar bis in die Kirchen hinein verfolgen, sodass die Aufseher gezwungen sind, die Menge mit Geißeln zu vertreiben.

So ist Hester Stanhope froh, als sie Jerusalem verlassen kann. Sie kehren nach Jaffa zurück, versorgen sich mit Fermanen (Vollmachten) des örtlichen osmanischen Gouverneurs, in der Hoffnung, dass sie damit unbehelligt durch den Libanon und Syrien gelangen. Dann ziehen sie entlang der Küste nach Norden, erreichen zunächst die alte Festungsstadt Akkon, die jedoch kaum noch etwas von der Pracht aus der Zeit der Kreuzritter aufweist. Dort herrscht ein Pascha namens El Djezzar, der die Bevölkerung terrorisiert: Sein Spitzname ist »der Metzger«, und entsprechend lässt er selbst kleinste Vergehen mit Verstümmelungen ahnden. Lady Hester ist entsetzt, als sie im Gassengewirr eine Vielzahl von Menschen sieht, denen Hände, Nasen, Ohren und Augen fehlen. El Djezzar habe, so erzählt man sich, einmal aus Eifersucht sogar seinen gesamten Harem in Säcke stecken und die unglücklichen Frauen ins Meer werfen lassen.

Immerhin lernen sie in Akkon auch den österreichischen Konsul Catafago kennen, der sie in sein Landhaus in Nazareth einlädt, was die Engländer gerne annehmen, um auf freundlichere Gedanken zu kommen. Unterwegs werden sie von einem Beduinen in feinstem Englisch angesprochen. Es stellt sich heraus, dass der in armselige orientalische Gewänder gekleidete blauäugige Mann der Schweizer Orientalist Jean Louis Burckhardt ist, der diese Mimikry gewählt hat, um sich ohne größere Schwierigkeiten in den arabischen Ländern bewegen zu können. Freilich kommt es zu keiner freundschaftlichen Annäherung zwischen Burckhardt und Hester Stanhope – beide sind in ihrem Naturell zu unterschiedlich.

Inzwischen ist es Juli 1812, in Nazareth wird es unerträglich heiß, und Lady Hester und ihre Truppe ziehen erneut an die

Küste, nach Sidon im Libanon. Umso gelegener kommt eine Einladung von Emir Beshyr, dem Anführer der Drusen, einer mit dem Islam verwandten Glaubensgemeinschaft im Libanongebirge. Um dem Nachdruck zu verleihen, schickt der Emir zwölf Kamele, fünfundzwanzig Maultiere, vier Pferde und sieben Fußsoldaten. Das kann Hester Stanhope natürlich nicht zurückweisen, und so machen sie und ihr Gefolge sich auf den Weg ins schier unzugängliche Gebirge. An Michaels Vater Craufurd Bruce, der inzwischen verärgert darüber ist, dem Sohn immer und immer wieder Geld für dessen orientalische Abenteuer schicken zu müssen, schreibt Lady Hester über die Strapazen des Aufstiegs: »Ich bin neun Stunden lang gereist und habe nirgends ein Plätzchen gefunden, das groß genug gewesen wäre, ein Zelt aufzuschlagen. Die Weingärten sind wie Treppenhäuser, und jedes kleine ebene Fleckchen ist besetzt mit Maulbeerbäumen für die Seidenraupen, die Straßen sind schrecklich, und die Menschen wild und ungewöhnlich [...].«

Einen Monat lang sind Hester Stanhope und ihre Begleiter zu Gast im Haus des Emirs, der – so freundlich er gegen die Europäer auch ist – ebenfalls im Ruch eines grausamen Potentaten steht. Meryon erinnert sich: »Man sagt, er sei ein sehr guter Mensch. Aber es ist wahr, er ließ seine drei Neffen blenden und hat seinen Ersten Minister erdrosselt [...], aber so etwas wiegt in der Türkei nicht viel.« Hester Stanhope ist indes weit mehr über die Essgewohnheiten der Drusen entsetzt, beobachtet sie doch mit eigenen Augen, wie sie rohes Fleisch in Unmengen verzehren: »Ich kaufte von einem Drusen ein großes Schaf, allein der Schwanz wog elf Pfund, und wollte, dass man es ins Dorf schaffte. [...] Als es [von den Dörflern] geschlachtet wurde, wurde es gehäutet und auf einer Art Tablett, das aus Rohrgeflecht gefertigt war, hereingebracht und in weniger als einer halben Stunde vollkommen verzehrt. Die Frauen aßen davon genauso wie die Männer. Die Stücke rohen Fetts, die sie hinunterschlangen, waren wirklich fürchterlich.«

Schließlich verabschieden sie sich von den drusischen Gastgebern und reiten wieder hinab zur Küste, wo die sommerliche Hitze brütet. Zwischen Meryon und Michael Bruce ist die Kluft inzwischen unüberbrückbar. Lady Hester ist zwischen dem Geliebten, dessen Liebe nach ihrer Zurückweisung des Heiratsantrages etwas abgekühlt ist, und dem eifersüchtigen Leibarzt, dessen Hilfe und besonnenen Rates sie gleichwohl mehr bedarf als der eitlen Animositäten ihres Geliebten, hin- und hergerissen. Schließlich entscheidet sie sich ganz pragmatisch und kühl – für Meryon und gegen Bruce. Sie einigen sich, dass sich Michael mit einem Teil der Dienerschaft und der Ausrüstung nach Aleppo in Syrien begibt, während Meryon und Hester sich nach Damaskus aufmachen. Was Hester Stanhope verschweigt: Sie will von Damaskus aus weiter nach Palmyra, die mythenumrankte Stadt der antiken Königin Zenobia. Palmyra ist bis dahin nur von einer Handvoll Europäer – ausschließlich Männern, versteht sich, Jane Ellenborough und Isabel Burton gelangen erst viel später dorthin – besucht worden, und sie sind aus der Wüste, in der Wegelagerer und Halsabschneider, vor allem aber Beduinenstämme das Sagen haben, allesamt mit wenig mehr als ihrem nackten Leben zurückgekehrt. Einer unter ihnen ist auch Jean Louis Burckhardt, der zwar nach Palmyra gelangte, doch auf dem Rückweg nach Damaskus von Beduinen ausgeraubt, nackt ausgezogen und seinem Schicksal überlassen wurde. Nur mit Glück konnte sich Burckhardt zu einer menschlichen Siedlung durchschlagen. Dennoch oder gerade deswegen wird Hester Stanhope von einer fixen, vielleicht einer wahnwitzigen Idee verfolgt: Sie will die erste Europäerin der Moderne sein, die Zenobias prachtvolle Hauptstadt mit eigenen Augen sieht!

Aus Damaskus kommt unterdessen die Nachricht des dortigen Paschas Said Suleiman, Lady Hester und ihr Gefolge seien willkommen. Allerdings sei es dringend angeraten, dass sie die

Stadt verschleiert betrete, um nicht den Unmut der muslimischen Bevölkerung hervorzurufen. In Damaskus leben seit Urzeiten auch Christen, doch müssen sie sich der muslimischen Bevölkerungsmehrheit beugen, in einem Ghetto leben, sich in Kleidung, Verhalten und Riten stark zurücknehmen, um nicht – wie es immer wieder geschah und geschieht – Pogromen anheimzufallen (bei einem Massaker im Juli 1860 etwa kommen rund sechstausend Christen ums Leben). In strapaziösen Tagesritten nähert sich Lady Hesters kleine Karawane der alten syrischen Stadt. Doch der Warnung des Paschas Said Suleiman zum Trotz reitet sie unverschleiert durchs Stadttor. Auch hier hat sich die Kunde vom Nahen der englischen Lady bereits verbreitet, und zur Rechten und zur Linken steht das Volk von Damaskus und jubelt der fremdartigen Dame, die auf ihrem Pferd in ihrem purpur- und golddurchwirkten ägyptischen Prachtgewand sitzt, frenetisch zu. Das Eis der Vorbehalte ist unter der Wüstensonne geschmolzen. Es ist der Einzug einer Königin.

Damaskus ist die älteste ununterbrochen und bis heute besiedelte Stadt der Welt. Eigentlich müsste Lady Hester im christlichen Viertel leben, doch deren Ghetto erweist sich als unsäglich eng, die Behausungen sind dunkel und vernachlässigt. Also wendet sie sich an den Pascha mit der Bitte, ihr und ihrer Entourage einen Umzug in den muslimischen Sektor zu gestatten. Said Suleiman weist dieses Ansinnen brüsk zurück. Lady Hester lässt nicht locker und schickt ihren unglücklichen Dragoman, der fürchtet, wortwörtlich um einen Kopf kürzer gemacht zu werden, mehrmals zu dem allgewaltigen Herrscher. Überraschenderweise gibt Said Suleiman nach (vielleicht frappiert von so viel weiblicher Dreistigkeit). Schließlich ist ein Haus gefunden, das den Vorstellungen der Lady entspricht: »Es öffnete sich durch einen engen Gang in einen rechteckigen, mit Marmor gepflasterten Hof. In dessen Mitte lag ein großes Becken, von zwei hoch aufragenden Zitronenbäumen beschattet, in das zwei Messingschlangen unaufhörlich frisches Wasser zuführten.« Das Haus bietet – neben Wirtschaftsräumen – ausreichend Zimmer für Hester Stanhope und ihre engsten Begleiter, zudem einen Salon, um Besucher angemessen empfangen zu können.

Zwei Tage wartet Lady Hester, bis sie sich erneut in die Gassen von Damaskus wagt – wieder unverschleiert und in ihrem prachtvollen ägyptischen Fantasiegewand. Wieder ist sie von Menschenansammlungen umgeben. Inzwischen hat sich das Gerücht verbreitet, sie sei nicht nur eine englische Lady, sondern gar die Tochter des englischen Königs. Ja, es gibt sogar Mutmaßungen, sie, Lady Hester, sei eine englische Königin mit osmanischen Wurzeln! Die ungekrönte Königin lässt sich das gefallen, huldigt den ihr zujubelnden Menschen und ist wohl eher unbedarft, was die Frage betrifft, wie diese Hochstapelei bei den türkischen Machthabern ankommt. Recht bald wird Lady Hester zu einem Vier-Augen-Gespräch in den Palast des Paschas eingeladen. Durch lange Zimmerfluchten muss sie gehen, begleitet nur von einem Dragoman, dem nicht wohl bei der Sache ist. Endlich stehen sie vor dem Thron des Allgewaltigen, der sich keineswegs gentlemanlike verhält und sich in Anwesenheit der Dame nicht erhebt, sondern ihr nur einen Wink gibt, sie möge sich setzen. Das Gespräch schleppt sich freundlich, aber nicht eben herzlich, dahin, immerhin werden ein paar Geschenke ausgetauscht, so wahren beide Seiten das Gesicht, und Lady Hester wird wohlwollend entlassen.

Ihr Kalkül: Sie will des Paschas Gunst erwerben, um mit seinem Beistand durch die Wüste ins hundert Meilen entfernte Palmyra zu ziehen. Sie weiß von Jean Louis Burckhardts Erlebnis und ist keineswegs darauf erpicht, in der Wüste von Wegelagerern die Kehle durchschnitten zu bekommen oder – für eine Lady beinahe schlimmer – von Beduinen splitternackt ausgezogen zu werden. Schließlich kommt vom Pascha die Zusage: Er persönlich wolle sie nach Palmyra begleiten, auf ihre Kosten, versteht sich. Hester Stanhopes Vorfreude zerrinnt rasch, als sie erfährt, dass des Paschas Gefolge samt Soldaten, Kameltreibern und Dienerschaft aus rund eintausend hungrigen Mäulern bestehe. Sie lehnt dankend ab, würde das doch ihren Ruin bedeuten und den der gesamten gräflichen Familie Stanhope.

Die neue Zenobia

Von Aleppo kommt unterdessen eine Nachricht von Michael Bruce: Er habe von Hesters abenteuerlichen Plänen Kenntnis erhalten und werde mit einer Karawane, so schnell es eben geht, nach Damaskus reisen, um sie, Hester, zu beschützen. Lady Hester lehnt dankend ab, sie will nicht mit großem Aufsehen in die Wüste ziehen und so erst recht die Beduinen aufscheuchen. Daraufhin – der Postverkehr geschieht über berittene Kuriere – schreibt Bruce aus Aleppo, er rate ihr, zumindest in einer von Maultieren getragenen, mit Schlössern versehenen, einem Tresor gleichenden Sänfte zu reisen, die zudem von eigenen Wächtern begleitet würde. Hester Stanhope muss, als sie diesen Vorschlag liest, laut auflachen: Sie gilt als eine der besten Reiterinnen Englands und wird den Teufel tun, sich in eine gepanzerte Kiste einsperren zu lassen: »Was für eine absurde Idee, in eine Maschine gesteckt zu werden, und dann rennen die Wächter weg und überlassen einen der Gnade zweier halsstarriger Maultiere.«

Hester ist amüsiert und ratlos zugleich. Da steht wie ein Deus ex machina ein junger Mann namens Nasar vor ihrer Tür. Er ist der älteste Sohn von Mahannah, dem Anführer des Beduinenstammes, der die Gegend um Palmyra beherrscht. Nasar überbringt die Nachricht, sein Vater habe viel von der englischen Lady in Männerkleidern vernommen und lade sie zu sich in sein Lager ein, es sei ihm eine Ehre, sie sicher nach Palmyra zu geleiten. Hester nimmt die Einladung ohne zu zögern an. Sie begibt sich mit ihren Getreuen und wenigen Dienern nach Hama, einer Stadt am Fluss Orontes, auf halbem Weg zwischen Damaskus und Aleppo. Hier wollen sie überwintern und dann im Frühjahr den Weg zu Mahannah wagen, dessen Stamm rund vierzigtausend Menschen zählt. Hester Stanhope ist froh, der Enge von Damaskus und den Zwängen des Paschahofes entronnen zu sein. Hinter Hama beginnt die Wüste, und Lady Hester blickt sehnsüchtig in die Weite, wohin immer wieder Schwärme von Krähen fliegen: Dort irgendwo hinterm Horizont liegt das sagenhafte Palmyra, die Hauptstadt der Königin Zenobia, und Lady Hester will dorthin ziehen, um – fast sechzehn Jahrhunderte nach Zenobia – zumindest symbolisch deren Herrschaft wieder anzutreten. Sie kann es kaum erwarten, bis Mahannah und seine Männer das Zeichen zum Aufbruch geben …

Doch der Winter zieht sich hin. Und er ist außergewöhnlich streng: Es schneit und regnet in Strömen, der Fluss Barada tritt über die Ufer und verwüstet weite Landstriche. Auch Hama wird überflutet, ganze Häuserzeilen werden weggerissen, etliche Menschen ertrinken. Die Ungeduld in Lady Hester wächst. Beunruhigende Nachrichten kommen aus der Wüste: Mahannah liegt schwer krank danieder. Hester entschließt sich, ihren Leibarzt Charles Meryon loszuschicken. Der schlägt sich durch Schlamm und Wüste und erreicht mithilfe eines Führers Mahannahs Lager in der Nähe von Palmyra. Der Arzt kann den Stammesführer kurieren. Und es gelingt Meryon, noch vor seiner Herrin nach Palmyra vorzudringen. Was er vorfindet, enttäuscht ihn ein wenig. Denn auf den Zeichnungen und Stichen der ersten europäischen Entdecker Robert Wood und James Dawkins zeigten sich die antiken Ruinen weit prächtiger. Unterdessen – es geht auf das Frühjahr 1813 zu – sorgt sich Hester Stanhope in Hama sehr um ihren Arzt, von dem sie seit Wochen nichts mehr gehört hat. Aus Europa kommen Nachrichten vom Untergang der Grande Armée Kaiser Napoleons in Russland. Und aus den Küstenstädten Sidon und Akkon – das betrifft die Engländerin sicherlich mehr – gehen Meldungen ein, die Pest sei ausgebrochen und fordere ihre Opfer.

Eines Tages steht Dr. Meryon doch vor der Tür des Hauses in Hama, unversehrt, und erstattet Bericht. Nun hält es Lady Hester nicht länger: Sie will nach Palmyra, als erste Europäerin, sie will in Zenobias Fußstapfen treten. Und sie will vor der Pest fliehen, die Hama bald erreicht haben wird.

Am 20. März 1813 – nach dem Kalender der Frühlingsbeginn – zieht die Karawane los. Entgegen Hester Stanhopes ursprünglicher Absicht ist der Konvoi doch größer geworden: Sie wird von Michael Bruce und Charles Meryon begleitet, zudem von Nasar, zwölf Leibwächtern, zwanzig Reitern, Dragomanen, Köchen und Zeltleuten, Dienern und Sklaven. Vierzig Kamele schleppen Zelte, Ausrüstung, Lebensmittel und vor allem Wasser. Die Vorsichtsmaßnahmen sind nötig, denn Mahannahs Stamm ist nicht der Alleinherrscher über die Wüste. Einige verfeindete Stämme machen das Revier unsicher. Außerdem hat sich ohne Lady Hesters Zutun das Gerücht verbreitet, sie trage einen immensen Goldschatz mit sich und besitze ein Buch, mit dessen Hilfe man in Palmyra einen verborgenen Schatz zu heben gedenke.

Am ersten Tag geht es noch durch kultiviertes Land, entlang des Flusses Orontes, wo infolge des reichlichen Regens die Mandelbäume in prächtiger Blüte stehen. Das Landschaftsbild ändert sich bereits am zweiten Tag: Sie betreten die Wüste. Doch auch die hat durch den Regen ihr karges Gesicht verändert: So weit das Auge reicht, sind Kräuter und kleine Blumen dem sonst lebensfeindlichen Stein- und Sandboden entsprossen. Aber auch dieses Bild wandelt sich: In den folgenden Tagen bewegen sie sich unter einer erbarmungslosen Sonne durch tote Ebenen und Gebirge. Nach ein paar Tagen erreichen sie den alten Brunnen von Keffiyah. Dort lagern Mahannah und seine Männer. Lady Hester und ihr Gefolge werden von ihnen mit aller Ehrerbietung begrüßt. Nach weiteren Tagen erreichen sie die Umgebung von Palmyra. Lady Hester schickt Meryon, der ja bereits ein paar Wochen zuvor hier war, voraus, um die Lage in der Stadt zu erkunden. Denn neben und zwischen den antiken Trümmern haben sich Araber und Beduinen angesiedelt, die gleichwohl von der einstigen Größe und Bedeutung der Stadt nur noch Ungefähres wissen.

Meryon erreicht das am Stadtrand liegende »Tal der Grab-
mäler« und blickt sich um: Da gewahrt er am Horizont die Karawane seiner Herrin, die, von zahlreichem Fußvolk und Reitern
umgeben, halb in Staubwolken gehüllt, sich langsam nähert.
Meryon schwant Schlimmes: Ist ein Gefecht im Gange? Weshalb sonst dieser Auflauf, diese Staubwolken? Ist es Pulver-
dampf? Wird die Karawane eben von feindlichen Beduinen
überfallen? Der Tross kommt näher. Und Meryon erkennt erleichtert, dass die Bewohner von Palmyra, denen die Kunde vom
Nahen der fremden Herrin entgegengebracht worden ist, sich
auf den Weg gemacht haben, die Engländerin jubelnd und sin-
gend zu begrüßen.

Wie eine Königin reitet Lady Hester Stanhope in die Stadt
hinein – oder das, was von ihr übrig ist, nachdem Kaiser Aurelian nach seinem Sieg über die widerständige Zenobia im Jahre
272 ihre Residenz hat zerstören lassen. Die Palmyrer des Jahres
1813, obgleich nur noch dunkle historische Ahnungen im kollektiven Gedächtnis tragend, bereiten Hester Stanhope einen
Festempfang: Rechts und links der antiken Säulenstraße, die zu
Zenobias Triumphbogen führt, stehen die Menschen, winken,
jubeln, singen der neuen Königin zu, die hoch zu Ross, reich gekleidet, ins Innere der Residenz zieht. Als Lady Hester am Triumphbogen anlangt, wird sie von Jungfrauen mit Palmenzwei-
gen und Gesängen empfangen. Hester Stanhope steigt ab, tritt
auf den Bogen zu. Dort steht ein Mädchen mit einem Lorbeerkranz in Händen. Als Hester unter Zenobias Triumphbogen
steht, wird sie mit dem Lorbeerkranz bekrönt, umjubelt von
der palmyrischen Menge, die sich eng um sie schart. Dr. Meryon
berichtet: »Männer und Mädchen mischten sich, tanzten um
sie [Lady Hester] herum, sangen abwechselnd ihr Lob, während alle Zuschauer sich im Chor anschlossen. [...] Ich habe
selten etwas gesehen, das meine Gefühle mehr bewegte.«

In den nächsten Tagen erkundet Palmyras frisch gekrönte
Königin die Stadt. Die antiken Stätten sind nicht so enttäuschend, wie Meryon ihr vermittelte. Vielmehr liegt nur man-

ches im Schutt und Sand halb begraben, ist teilweise von neuzeitlichen Häusern und Hütten überbaut. Lady Hester dringt immer tiefer in die Ruinenstadt ein. »Ihre Ladyschaft«, erzählt Meryon nicht ohne Stolz, »besuchte alles, kletterte selbst zu Örtlichkeiten hinauf, die für eine Frau beinahe unbegehbar sind.« Sie ist eben keine gewöhnliche Frau, sondern die Königin des Orients, Zenobias Erbin. Meryon hat das noch nicht recht begriffen.

Sie verbringen rund eine Woche in der Ruinenstadt, werden von den Einheimischen zu Festen und Hochzeiten eingeladen – da erreicht sie die Nachricht, dass die Umgebung vom feindlichen Beduinenstamm der Faydan unsicher gemacht wird. Nasar drängt zum Aufbruch, da er einen Überfall der zahlenmäßig überlegenen Gegner fürchtet. Überstürzt brechen sie auf und gelangen in mehreren Tagesritten nach Hama zurück. Hester Stanhope schreibt später über Mahannahs Beduinen: »Sie sind die einzigartigsten und wunderbar schlausten Menschen, die ich je sah. Aber sie erfordern einen besonderen Umgang, da sie verzweifelter und tiefer sind, als man sich vorstellen kann. […] Was die Achtung vor Etikette und Höflichkeit anbelangt, so übertreffen diese Leute sicherlich sogar noch bei Weitem die Türken, aber was die Sprachgewalt und Ideenschönheit betrifft (obwohl man das schwer beurteilen kann), stehen sie zweifellos über jedem anderen Volk auf der Welt.«

In Hama werden sie mit Jubel empfangen. Vor allem Hester Stanhope wird mit Ehrerbietungen bedacht, ist sie doch die erste Europäerin, die sich durchs Beduinengebiet nach Palmyra gewagt hat, was sich nicht einmal der osmanische Pascha mit all seinen Truppen getraut. Lady Hester könnte ihren Triumph genießen und ein paar sorglose Monate in Hama verbringen – doch die Nachrichten von der um sich greifenden Pest werden immer bedrohlicher. Die Epidemie hat längst die Küstenstädte verlassen und wird von Händlern und Reisenden ins Landesinnere getragen. In Damaskus, so heißt es, seien schon viele Tausend ihr zum Opfer gefallen. Es scheint nur noch eine Frage von

Tagen zu sein, bis die todbringende Krankheit auch Hama erreicht…

Ein Verzicht und die Schwarze Pest

Lady Hester entscheidet rasch: Am 10. Mai 1813 bricht sie mit einer stark verkleinerten Entourage auf, um in den Küstenort Latakia zu reisen, wo die Pest noch nicht ausgebrochen sein soll. Von dort hofft sie mit einem Schiff nach Malta in Sicherheit zu gelangen. Das orientalische Abenteuer scheint, kaum hat es begonnen, zu Ende zu sein.

Durchs Gebirge, das von Räubern unsicher gemacht wird, gelangen sie als erste Europäer der Neuzeit zur Ruinenstadt von Apamea am Orontes. Doch es bleibt ihnen keine Zeit, die antiken Stätten näher zu untersuchen. Sie kommen von den Bergen hinunter in malariaverseuchte Täler, werden von Moskitos schier um den Verstand gebracht. Nach zwölf Tagen langen sie in Latakia an. Die Stadt ist verdreckt, die Unterkünfte sind schäbig. Ein fanatischer muslimischer Prediger treibt hier sein Unwesen, dessen Anhänger nachts durch die Straßen ziehen und ihre aufwieglerischen Parolen rufen. Es ist kein Ort, an dem man sich sicher fühlt, und auch hier kann die Pest jederzeit ausbrechen. Hester Stanhope wird krank, ein mysteriöses Fieber geht durch die Stadt. Sie hat zudem entzündete Augen und Zahnweh. Dr. Meryon hat beide Hände voll zu tun, wird er doch in alle möglichen Häuser gerufen. Schließlich, es ist bereits Sommer, erreicht die Pest auch Latakia: Die Menschen bekommen schwarze Beulen unter den Achseln und am Unterleib und sterben binnen weniger Tage. Es gibt kein Heilmittel, und jeder wartet – verzweifelt oder fatalistisch – auf das ihm zugedachte Schicksal. Manche schließen sich ein und hoffen, auf diese Weise der tödlichen Krankheit zu entgehen, andere gehen unbeeindruckt ihren Geschäften nach und vermeiden allenfalls Körperkontakt. Hester Stanhope gehört zu diesen und reitet täglich durch die Stadt, gibt Anweisungen, kümmert sich um den Haushalt. Michael Bruce macht sich nach Aleppo auf, um dort einen Freund zu besuchen, vielleicht auch, weil er glaubt, so vor der Pest fliehen zu können. Jedenfalls lässt er seine Geliebte in der verseuchten Stadt zurück. In jenen Wochen des fatalistischen Wartens auf den Tod wandelt sich Hester Stanhopes Sinn: Hatte sie kurz zuvor noch die Absicht, das erste Schiff Richtung Westen zu besteigen, so nimmt sie nun brieflich Kontakt zu arabischen Stammesfürsten auf, unter anderen zu Ibn Saud, dem Führer der Wahhabiten (die bis heute auf dem saudischen Königsthron sitzen). Sie fühlt vor, ob es nicht möglich wäre, unter dessen Schutz die Arabische Halbinsel zu erkunden, die damals für Europäer eine absolute Terra incognita darstellt – doch das Projekt kommt nicht in Gang.

Sie wartet und wartet. Wegen der Pest legt kein Schiff in Latakia an. Michael Bruce kehrt aus Aleppo zurück. Sie leben noch immer, warten auf den Tod und sind jeden Morgen erstaunt, ohne Krankheitssymptome aufzuwachen. Schließlich trifft doch ein Schiff von Westen her ein. Es bringt Briefe, auch einen von Michaels Vater Craufurd Bruce. Das Schreiben war monatelang unterwegs. Craufurd ist schwer krank, es geht wohl zu Ende mit ihm, und er ruft seinen Sohn nach England zurück. Michael Bruce ist erschüttert. Er gehorcht. Hester Stanhope resigniert und lässt ihn ziehen. Vielleicht aus der Einsicht, dass die Liebe gescheitert ist, vielleicht aber auch in einem Akt der Liebe, weil sie ahnt, dass dieses Leben im Orient Michaels innerstem Wesen widerstrebt. Da kein Schiff nach Europa fährt, entscheidet sich Michael für den langen, beschwerlichen Landweg. Am 7. Oktober 1813 verlässt er Latakia und seine Geliebte Hester Stanhope. Sie werden einander nie wiedersehen.

Michael Bruce kommt nach wenigen Wochen wohlbehalten in Konstantinopel an, wo er eine leidenschaftliche Affäre mit einer Frau namens Theophanu beginnt, bevor er weiter nach England reist. Hester Stanhope ahnt davon nichts. Bis 1816 schreibt sie noch mehrere Briefe an Michael nach England, worin sie ihn ihrer Treue und Anhänglichkeit versichert. Zunehmend gerät Hester Stanhope in eine finanzielle Schieflage, sie muss sich verschulden. Michael Bruce, der davon erfährt, will ihr zunächst helfen, unterlässt es unter dem Druck seiner Verwandten dann aber doch. Er heiratet im August 1818 eine reiche und zudem um einiges ältere Witwe, die mehrere Kinder in die Ehe einbringt. Die Konstellation ähnelt der Beziehung zu Lady Hester, nur dass bei Hester finanziell nichts zu holen war. So ist Hester Stanhope nicht nur die »neue Zenobia«, sie gleicht auch der antiken Königin Dido, die, von Aeneas verlassen, über die Wogen des Mittelmeeres blickend, dem untreuen Geliebten nachtrauert. Hester Stanhope schreibt in einem letzten Brief an Michael Bruce: »Mögest du glücklich sein. Adieu! Leb wohl, mein einst liebster B.! Ich darf dich so nicht mehr nennen – aber ich werde nie aufhören, für dein Wohlergehen und dein Glück zu beten.«

Das ist edel gefühlt, und doch hätte sie, Hester Stanhope, Gebet und Fürsprache weit nötiger. Nicht nur geht ihr in jenen Jahren das Geld aus (irgendwann wird ihr von der Regierung in London sogar die von William Pitt vermittelte Pension gestrichen), sondern sie ringt im Herbst 1813 auch mit der Pest. Sie rüstet sich eben dafür, mit ihrem deutlich verkleinerten »Hofstaat« in ein aufgelassenes griechisch-katholisches Kloster namens Mar Elias, am Fuße des Libanon-Gebirges nahe Sidon, umzusiedeln, als die Krankheit ihr Haus und ihr Gefolge erreicht. Sieben Menschen aus ihrer Dienerschaft sterben binnen weniger Tage. Auch Lady Hester und Dr. Meryon erkranken und liegen mit hohem Fieber danieder. Meryon ist nach einigen Tagen immerhin in der Lage, wieder aufzustehen und die Kranken seiner Umgebung zumindest notdürftig zu pflegen. Hester Stanhope liegt im Delirium, kämpft wochenlang mit dem Tod. Ob es die Schwarze Pest ist, die zuvor in der Region wütete, oder nur eine abgeschwächte Variante, bleibt unklar. Johan Barker, einer der Gefolgsleute Hester Stanhopes, schreibt später voller Respekt über deren innere Haltung: »Ihre Krankheit war ein epidemisches, fauliges Fieber, bei dem die Krämpfe jede Nacht so heftig waren, dass sie dauernd delirierte. Aber tagsüber war sie, obwohl das Fieber sie nie verließ, allgemein recht ruhig und erteilte mir Anordnungen für ihr Begräbnis und die Ordnung ihrer Angelegenheiten mit einer Ruhe und Ergebung, die wirklich erhebend waren.«

Suche nach dem Schatz von Askalon

Wider alle Erfahrung und Erwartung gesunden Charles Meryon und Hester Stanhope. Die Lady bleibt indes über Monate geschwächt und unterzieht sich einer Eigenbehandlung mit dem Ansetzen von Blutegeln und dem reichlichen Trinken von Eselsmilch. Als sie endlich reisefähig ist, siedelt sie mit ihren Leuten im Januar 1814 nach Mar Elias über. Emir Beshyr, der Führer der örtlichen Drusen, lässt für das heruntergekommene Haus sogar Fensterglas aus Damaskus herbeischaffen und zu Hesters eigenem Wohlergehen »Öl, das wie Milch ist« und die eigene »Lieblingseselin« überbringen. Das Jahr 1814 vergeht mit der Renovierung und Einrichtung des einstigen Klosters. Kamine werden eingezogen, ein größerer Ofen und ein Dampfbad eingebaut, das Grundstück mit einer Mauer umgeben, um Fremde und Hunde fernzuhalten. Meryon indes sucht sich eine Wohnung im nahen Dorf Abra. Dort bricht wenige Monate später wieder die Pest aus, an der die halbe Dorfbevölkerung stirbt. Hester Stanhope sehnt sich danach, Mar Elias für eine Zeit lang zu verlassen.

Ein Zufall kommt ihr zu Hilfe: Sie stößt auf ein altes Manuskript, worin von einem vergrabenen Goldschatz in der südlich von Jaffa gelegenen Ruinenstadt Askalon die Rede ist. Askalon war seit der Antike eine bedeutende Handelsstadt und in den Kreuzzügen hart umkämpft. Doch zu Hester Stanhopes Zeit besteht dort nur eine kleine arabische Siedlung, während die einst stolze Stadt in Trümmern liegt. Hester Stanhope glaubt den Hort aufspüren zu können. Abenteuerlust erwacht in ihr. Wenn ihr das gelänge, wäre sie nicht nur eine berühmte Frau, sondern auch auf einen Schlag all ihre Geldsorgen los!

Zu jener Zeit langt ein britisches Kriegsschiff, die HMS »Kite«, vor der Küste des Libanons an. Hester Stanhope nimmt Kontakt zu Kapitän Forster auf. Der sagt ihr jegliche Hilfe zu. Daraufhin wendet sie sich an den britischen Botschafter Robert Liston in Konstantinopel (Stratford Cannings Nachfolger): Er möge seinen Einfluss bei der Hohen Pforte nutzen, um ihr eine offizielle Grabungserlaubnis zu verschaffen. Sie sei gern bereit, den Schatz den offiziellen osmanischen Stellen auszuliefern – erwarte dafür aber natürlich einen soliden Finderlohn. Doch die Angelegenheit scheint schiefzugehen. Aus Konstantinopel erhält sie keine Antwort, und Kapitän Forster gibt ihr zu verstehen, es gebe südlich von Jaffa keinen günstigen Anlegeplatz. Enttäuscht zieht sie sich – in Mar Elias brütet die Sommerhitze – für ein paar Monate ins Gebirge zurück. Um wenigstens ein kleines Abenteuer zu erleben, reitet sie im Oktober 1814 mit kleiner Eskorte nach Baalbek im Anti-Libanon. Die antike Stadt liegt ebenfalls in Ruinen. Hester Stanhope findet nur klägliche Überreste vor, das meiste liegt unter einer dicken Schutt- und Sandschicht und wird erst zu Beginn des 20. Jahrhunderts von Archäologen ausgegraben werden. Enttäuscht kehrt sie nach Mar Elias zurück. Unterwegs besucht sie das Kloster Mar Antonius. Weiblichen Wesen, selbst Katzen oder Eselinnen, ist der Zutritt seit alters her verwehrt. Wer es dennoch wagt, so heißt es, wird den göttlichen Zorn und persönliches Unglück auf sich ziehen. Selbstbewusst (und wenig respektvoll gegenüber religiösen Vorstellungen und Traditionen) reitet Hester Stanhope, die Königin des Orients, auf einer Eselin durch das Klostertor. Die Mönche sind begreiflicherweise wütend. Dennoch nehmen sie, arm, wie sie sind, gern ein paar Gastgeschenke der Engländerin entgegen. Im Triumph verlässt Lady Hester die Männerdomäne. Göttlicher Zorn bleibt aus.

Die Nachricht verbreitet sich in Windeseile. Als sie die Küstenstadt Tripoli erreicht, stehen die Menschen am Straßenrand und jubeln ihr erneut zu.

Nach ein paar Wochen langen Hester Stanhope und ihr Gefolge wieder in Mar Elias an. Der Aufenthalt wird zunehmend zur Belastung. Der Winter steht erneut vor der Tür. Und die Behausung ist von Flöhen verseucht. Lady Hester verfällt auf die nicht eben menschenfreundliche Idee, einen ihrer Diener mit bloßen Beinen in ein Zimmer zu schicken, der sich dort auf den Fußboden setzen muss. Sofort fallen die kleinen Plagegeister über ihn her. Wenn sie sich festgebissen haben, darf er das Zimmer verlassen und die Viecher totquetschen. Erst dann betritt die Lady den nun leidlich flohfreien Raum.

Eines Tages meldet sich hoher Besuch aus Konstantinopel an: Derwisch Aga, ein Abgesandter des Sultans, steht vor der Tür. Meryon und Hester Stanhope sind irritiert: Das hat nichts Gutes zu bedeuten. Doch ihre Furcht ist unbegründet. Im Gegenteil: Der Sultan schickt ihr einen Ferman, wonach Hester Stanhope nicht nur in Askalon nach dem Schatz graben darf, sondern ihr von offiziellen staatlichen Stellen auch jegliche Hilfe zugesagt wird! Hester Stanhope ist überglücklich und voller Erregung. Sofort lässt sie alles für eine Reise zu Lande vorbereiten. Wieder wird eine Karawane ausgestattet. Allein zwölf Kamele tragen die Zelte, zwölf Maultiere das Gepäck. Hundert Reiter, von den Osmanen gestellt, begleiten die Karawane. Als sie Akkon erreichen, gleicht der Einzug in die Stadt wiederum der einer Königin. Doch *eines* irritiert die jubelnde und gaffende Menge: Diese Königin, in feinste Gewänder gekleidet, sitzt weder auf einem Ross noch in einer geschmückten Sänfte, sondern – auf einem Esel! Es ist wohlkalkuliert: Mit britischem Understatement hat sie diesen Auftritt geplant. Sie ist die wahre Königin des Orients, ihr legendärer Ruf, der Ferman des Sultans in Konstantinopel und der Reichtum und die Größe der Karawane bezeugen das. Gerade deshalb aber hat sie es nicht nötig, in einer goldgeschmückten Sänfte oder auf einem stolzen Araberhengst zu sitzen. Sie ist sich selbst königliche Würde und Ausstrahlung genug. Und ist nicht auch Jesus auf einer Eselin in Jerusalem eingezogen und wurde als der König der Juden begrüßt? Hester Stanhope weiß das, und das Volk begreift es instinktiv.

Sie ziehen weiter. Eines Nachts, sie haben ihr Camp aufgeschlagen, zieht ein fürchterlicher Sturm auf, der die Zelte umwirft und zerreißt. Panisch retten sie sich in ein nahe gelegenes Karmeliterkloster. Endlich erreichen sie Askalon. Von der einstigen Pracht der antiken Stadt ist nichts mehr zu erahnen. Über Jahrhunderte wurde sie durch Erdbeben und feindliche Überfälle ruiniert und diente als Steinbruch. Lady Hester lässt die prachtvollen Zelte, die freilich durch den Sturm etwas lädiert aussehen, mitten in den kärglichen Ruinen aufstellen. Anderntags beginnen die angeheuerten arabischen Arbeiter unter ihrer Aufsicht mit den Grabungen. Es ist der 1. April 1815. Ein denkwürdiges Datum, denn der Tag markiert den Beginn archäologischer Grabungen im Heiligen Land – wenngleich unter wissenschaftlich völlig dilettantischer Leitung. Tatsächlich wird einiges gefunden, was zu einem städtischen Leben in römischer Zeit gehörte: Tonwaren, Münzen, Mosaikreste, Phiolen, Amphoren … Von einem Goldschatz, wie ihn Hester Stanhopes dubiose Quelle verspricht, ist indes nichts auszumachen (und er wird auch in späteren Jahrzehnten nie auftauchen). Doch ein anderer Schatz kommt überraschend ans Tageslicht: eine marmorne, etwas überlebensgroße Statue eines römischen Kaisers, der leider der Kopf fehlt. Allen Anwesenden ist klar, dass es sich um ein besonders gut erhaltenes und künstlerisch wertvolles Exemplar handelt, für das jeder Museumsdirektor in Europa einen herausragenden Preis zahlen würde. Doch das Unfassbare geschieht: Hester Stanhope befiehlt, die Statue zu zerschlagen! Meryon protestiert. Sie übergeht ihn und fordert die Arbeiter erneut auf, zum Hammer zu greifen. Sie tun, wie ihnen geheißen. Später verteidigt die Kunstvandalin ihre Anweisung: »Ich befahl, die Skulptur in tausend Stücke zu schlagen, damit bösartige Leute nicht sagen könnten, ich sei gekommen, um nach Statuen für meine Landsleute zu schauen und nicht nach Schätzen für die Hohe Pforte.« Eine seltsame Begründung – aber vielleicht entspricht sie der Wahrheit.

Die Grabungen schleppen sich hin, ohne dass weitere große Funde gemacht werden. Nach rund zwei Wochen lässt Lady Hester die Zelte abbrechen und befiehlt den Marsch zurück nach Mar Elias. Es ist die letzte Expedition, die sie befehligt hat. Wenngleich ihr in den kommenden Jahren und Jahrzehnten noch mancher Abenteuertrip durch den Kopf geht und noch manches Gerücht von einem verborgenen Schatz an ihr Ohr dringt, kann sie doch keine Expedition mehr ausstatten. Zu tief steckt sie in Schulden, ein Dilemma, das sich bis zu ihrem Tod nicht auflösen wird. Eine Rechnung, die sie nach der missratenen archäologischen Expedition an den britischen Botschafter Sir Robert Liston nach Konstantinopel gesandt hat, bleibt unbeglichen. Weder Liston noch das englische Königshaus noch die Hohe Pforte haben Lust und Laune, für die Exzentrizitäten einer sonderlichen Lady aufzukommen.

»Willentlich zu sterben«

Lady Hester bleibt in Mar Elias. In den heißen Sommern zieht sie hinauf ins kühlere Meshmushy, einem Dorf im Gebirge. Hin und wieder überkommt die Sehnsucht sie, ihre englische Heimat und ihre Geschwister und Halbgeschwister wiederzusehen. Doch immer wieder schiebt sie eine Rückkehr auf. Mal sind es die drückenden Schulden, mal der Widerwille vor dem bösen, neidischen Geschwätz in England, den Gerüchten und Unwahrheiten, die man – das dringt sogar bis in ihr orientalisches Exil – über sie kolportiert. So bleibt sie bis zu ihrem Tod in der selbstgewählten Fremde und wird dort weiterhin als »Sitt«, als Hohe Frau, als ungekrönte Königin des Orients und »neue Zenobia« verehrt. Zahlreiche Menschen aus Nah und

Fern kommen zu ihr, Araber, Osmanen und Europäer, Arme und Reiche, die von ihr einen Rat erbitten oder einfach nur mit ihr sprechen wollen (oder sie auch nur stumm bestaunen). Sie gilt als weise Frau und Orakel, und tatsächlich beschäftigt sie sich in ihren letzten Jahren eingehend mit Astrologie und Weissagung. Zu ihren prominenten Gästen gehören der französische Dichter Alphonse de Lamartine und der deutsche Abenteurer, Reiseschriftsteller und Gartenarchitekt Fürst Hermann von Pückler-Muskau. Eine Zeit lang hegt sie die unklare Idee, im Libanon eine Art Akademie gründen zu wollen, wo sich Ost und West, Orient und Okzident, Morgen- und Abendland treffen und wissenschaftlich austauschen können. Ein hoher und humanistischer Gedanke, der damals wie heute aktuell wirkt und doch zum Scheitern verurteilt ist.

1817 zieht Hester Stanhope in ein aufgelassenes Kloster in Joun, oberhalb von Sidon im Libanongebirge gelegen. Hier erlebt sie auch die Auswirkungen des Bürgerkriegs von 1825 bis 1827, der zwischen rivalisierenden drusischen Clans ausgetragen wird: Zahlreiche Flüchtlinge überschwemmen Hesters Refugium. 1832 dringt Ibrahim Pascha, der Sohn des ägyptischen Gouverneurs Muhammad Ali Pascha, mit seinen Truppen in den Libanon und Syrien ein. Er besiegt die schwachen Einheiten des Sultans – das Osmanische Reich befindet sich bereits damals in einem Zustand fortwährender Auflösung und des Autoritätsverlustes – und wird Wali (Verweser) seines Vaters in Syrien. Joun, auf einem Berg gelegen und mit Mauern befestigt, bleibt verschont, auch weil Ibrahim Pascha die englische Lady, von der er viel Wundersames vernommen hat, hochachtet. Hester Stanhope gewährt in jener Zeit erneut Verfolgten Asyl. Infolge der kriegerischen Auseinandersetzungen kommt es zu einer Epidemie. Hester Stanhope und ihre Gesellschafterin Elizabeth Williams erkranken an Gelbfieber. Die Gesellschafterin stirbt, Lady Hester überlebt.

Ihr Arzt Charles Meryon hat den Libanon 1817 verlassen und ist nach England zurückgekehrt. 1830 taucht er zusammen mit seiner Frau wieder auf, reist jedoch im folgenden Jahr wieder zurück in die Heimat. 1837 ist Meryon gemeinsam mit Frau und Tochter wieder in Joun. Doch das Verhältnis zwischen ihm und der einst so angebeteten Lady Hester bleibt schwierig und angespannt. Der Arzt verlässt Joun im August 1838. Er wird Hester Stanhope nicht wiedersehen. Aber er wird 1845/46 seine Erinnerungen an Gespräche mit ihr veröffentlichen und somit viele Details vor dem Vergessen retten.

Hester Stanhopes Lebenskreise werden immer enger. Sie, die einst auszog, den Orient mit Charme und Glamour zu erobern, verlässt in den letzten zwanzig Lebensjahren ihre Eremitage in Joun kaum noch. Die Welt kommt zu ihr – aber auch nur sporadisch. Alphonse de Lamartine, der sie 1832 besucht, schreibt über sie: »Die Lady scheint ungefähr fünfzig zu sein [sie ist in Wahrheit sechsundfünfzig und hat sich gegenüber dem französischen Dichter wohl jünger ausgegeben]. Aber sie besitzt jene besonderen Merkmale, die von den Jahren nicht verändert werden können: Frische, Farbe und Anmut, von der die Jugend schied. Aber wenn Schönheit in der Form selbst wohnt, in der Reinheit des Ausdrucks, in Würde, in Erhabenheit, in bedachter Haltung, sei es bei Mann oder Frau, mag die Schönheit sich zwar in den verschiedenen Lebensperioden wandeln, aber sie verschwindet nicht. Solch eine Person ist Lady Hester Stanhope.« Neben aller Bewunderung kursieren Gerüchte, sie sei verrückt. Dem widerspricht Lamartine, der sich nächtelang mit ihr unterhält: »Lady Hester ist nicht verrückt. Verrücktheit, die sich so stark in die Augen einschreibt, drückt sich in ihrem schönen und liebenswürdigen Äußeren nicht aus. Wahnwitz, der sich im Gespräch verrät, der die Gesprächskette durch unregelmäßiges, exzentrisches und plötzliches Abirren vom Thema unterbricht, ist in der enthobenen, mystischen und wolkigen, aber wohlgehaltenen und zusammenhängenden Konversation ihrer Ladyschaft nicht auszumachen.«

Einen anderen berühmten Verehrer findet Hester Stanhope in dem deutschen Reiseschriftsteller und Abenteurer Fürst

Hermann von Pückler-Muskau (der ihr an Exzentrik nicht nachsteht). Er besucht sie 1838 auf seiner großen, sechsjährigen Orientreise. Freilich hat er sich das »Schloss« der »Königin des Orients« anders vorgestellt. Hester Stanhopes Refugium in Joun verfällt bereits zu ihren Lebzeiten. Sie ist hoch verschuldet und hat weder das Geld noch die Kraft, ihr Anwesen zu pflegen oder gar zu renovieren. So bietet sich dem deutschen Ästheten ein trauriger Anblick: Die Mauern sind halb eingestürzt, an den Wänden blättert der Verputz großflächig ab, überall wächst das Unkraut, wenn es regnet, sickert Wasser ins Haus. Immerhin treibt sie zu Pücklers Besuch ein wenig Farbe auf, womit die Türen gestrichen werden. Der Hof wird geschrubbt und das alte Silberbesteck, das sie unter Kissen versteckt hat, damit die Gläubiger es nicht finden, hervorgeholt, um dem karg gedeckten Tisch zumindest den Abglanz von Luxus zu verleihen. Am 15. April 1838 langt der exzentrische Fürst, der sich brieflich angekündigt hat, an. Über Kopf und Schultern hat er eine arabische Keffieh (Kopf- und Schultertuch) geworfen, er trägt blaue Pumphosen, dazu feine Pariser Stiefel. Zwei zahme Chamäleons, die er zärtlich seine »petits bijoux« (kleine Schmuckstücke) nennt, klettern auf ihm herum. Lady Hester und er verstehen sich auf Anhieb. Sechs Tage bleibt der Fürst bei der neuen Zenobia. Sie unterhalten sich angeregt. Lady Hester verbirgt ihm nichts: Seit einiger Zeit erhält sie keine Pension aus England mehr. Sie ist verarmt, verschuldet, hat kaum noch zu essen. Der Fürst, der selbst beinahe bankrott ist und wenige Jahre später sein Stammschloss Muskau veräußern muss, verspricht, ihr aus dem Erlös seiner Reisebücher etwas zukommen zu lassen (das wird sie freilich nicht erleben). Doch sie kümmern sich nicht zu lange um solche Alltagssorgen und erzählen sich stattdessen ihre Abenteuer.

Was Hester Stanhope nicht ahnen kann: Ihr letztes Lebensjahr ist angebrochen. Ihr alter Freund und Begleiter Charles Meryon verlässt sie im August 1838 endgültig und kehrt nach England zurück. Als ein flammender Bettelbrief an Lord Henry

John Temple Palmerston, den Staatssekretär des Äußeren, worin sie droht, sie werde ihr Haus zum Grabmal umbauen lassen, unerhört bleibt, lässt sie den Worten Taten folgen: Sie weist die letzten ihr verbliebenen Diener an, das Eingangsportal des Klosters zuzumauern. Es verbleibt nur eine kleine Seitenpforte, durch welche die Dienerschaft und ihre Kühe (von deren Milch sie weitgehend lebt) ein- und ausgehen können. Es ist eine tragische Geste, die freilich nichts bewirkt, da keiner außerhalb von Joun sie sieht.

In einem ihrer letzten Briefe an Meryon in England schreibt sie voller Ergebung und Abgeklärtheit: »Bedenke: Alles ist geschrieben: Wir können an unserem Schicksal durch Klagen und Murren nichts ändern. Deshalb ist es besser, wie ein wahrer Türke zu sein und seine Pflicht bis zum Letzten zu tun und dann von denen, die an den Einen Gott glauben, ein wenig täglich Brot zu erbitten, und wenn man es nicht erhält, willentlich zu sterben, was vielleicht ein ebenso guter Tod ist wie ein jeder anderer, und weniger schmerzvoll. Aber handle nie entgegen den Vorgaben des Gewissens, der Ehre, der Natur oder der Menschlichkeit.« Sie hat ihrerseits genug und übergenug. Sie ist lebenssatt, und ein wenig auch des Lebens überdrüssig. Willentlich, wie sie es Meryon vorgeschlagen hat, stirbt sie, nur umgeben von ihren treuen Dienern, am 23. Juni 1839 in dem zugemauerten Klostergebäude von Joun. Wenige Tage später erreicht die Nachricht von Hester Stanhopes Tod Beirut. Der britische Konsul Moore beeilt sich, nach Joun zu reiten, begleitet von einem englischen Priester und einem amerikanischen Missionar. Als sie dort ankommen, ist das Kloster verlassen. Durch die enge Pforte gelangen sie ins Innere. Sie finden den Leichnam im Bett vor. Die Verwesung hat bereits eingesetzt. Sie legen den toten Körper in einen mitgebrachten einfachen Sarg und bedecken ihn mit dem Union Jack. Dann schließen sie den Sarg und tragen ihn hinaus in den ehemaligen Klostergarten, wo sie ihn beerdigen. Es ist das einfache Grab einer Frau, die dem Wesen nach eine Königin war.

3 Mary Nisbet Bruce Elgin (1778–1855)
Die Herrin der Metopen

Zu den Glanzstücken des British Museum, seit 1939 in einem eigenen Saal präsentiert, gehören Marmorreliefs, sogenannte Metopen, vom Fries des Parthenons in Athen, die um das Jahr 440 vor Christus entstanden sind. Sie zeigen Götter, Fabelwesen und Menschen im Kampf und symbolisieren den Widerstreit von Gut und Böse, von Helden und Ungeheuern, von griechischer Kultur und barbarischem Chaos. Diese Skulpturen haben nicht nur einen hohen künstlerischen, sondern auch einen einzigartigen kulturellen Wert. Neil MacGregor, Direktor des British Museum, erläutert das in seinem Buch *Eine Geschichte der Welt in 100 Objekten*: »Wir haben es hier mit einigen der bewegendsten und erhebendsten Skulpturen zu tun, die je geschaffen wurden. Sie sind inzwischen so vertraut und haben das europäische Denken so sehr geprägt, dass es schwerfällt, ihre ursprüngliche Wirkung zu rekonstruieren. Doch zu der Zeit, da sie angefertigt wurden, stellten sie eine ziemlich neue Sicht dessen dar, was es geistig und physisch bedeutete, Mensch oder genauer: Athener zu sein. Diese Skulpturen sind die ersten und besten Ergebnisse einer neuen visuellen Sprache.« Nicht nur ist die künstlerische Darstellung des menschlichen Körpers hier zum ersten Mal in seinen natürlichen Proportionen »klassisch«, das heißt perfekt realitätsgetreu und zugleich idealisierend gelungen. Auch kam den Metopen laut MacGregor die Aufgabe zu, mit ihren Kampfszenen den Athenern ein mahnendes Sinnbild dafür zu sein, dass ein zivilisierter Staat sich im ständigen Widerstreit gegen rohe Gewalt, Unvernunft, Tyrannei und Barbarei beweisen und behaupten muss, will er nicht die Werte, die er vertritt und die ihn groß gemacht haben, verraten und verlieren: »Will man das Chaos verhindern, so die Botschaft, muss die Vernunft immer und immer wieder gegen die Unvernunft kämpfen.«

So alt die Metopen auch sind, und so wechselhaft ihre Geschichte ist – zwischen Verehrung und Zerstörung, Vergessen und Wiederentdeckung –, so bemerkenswert ist doch, dass ihre staatsstiftende Symbolkraft nie verblasste und in den letzten gut zweihundert Jahren sogar wieder an Glanz gewonnen hat. Seit ihrer Wiederentdeckung sind sie nicht nur Ausdruck der (inzwischen vergangenen) Idee des britischen Empires, sondern auch Sinnbild für die nationale Wiedergeburt der griechischen Nation; bereits in den 1820er-Jahren, der Zeit der griechischen Erhebung gegen die Osmanen, aber auch in den letzten Jahren, als die griechische Nation infolge der Finanz- und Wirtschaftskrise gegen Vorgaben der EU-Kommission protestierte und diesen Protest nicht zuletzt mit Verweis auf die große kulturelle und demokratische Tradition seit den Zeiten der athenischen Antike betonte, deren herausragendes Symbol wiederum der Parthenon mit seinen über die ganze Welt verstreuten Kunstwerken darstellt (denn außer in London befinden sich Kunstwerke des Parthenons in Museen in Paris, Rom, Kopenhagen, Wien, Würzburg und München).

Doch mit *einem* Namen der jüngeren Geschichte sind die Metopen wohl auf immer verbunden: *Elgin*. Als »the Elgin Marbles«, »die Elgin-Marmorsteine«, sind die Metopen im British Museum unter Kunsthistorikern und -liebhabern ein Begriff. Genauer: mit Mary Bruce Elgin, der Ehefrau des damaligen britischen Gesandten bei der Hohen Pforte Thomas Bruce Elgin. Lady Elgin nämlich – wenngleich »nur« die Ehefrau des britischen Gesandten – hatte das Geld (sie war eine der reichsten Frauen Europas) und die Beziehungen zur türkischen Obrigkeit und zur lokalen Bürokratie sowie zur britischen Navy, um die Metopen vom Parthenon zu entfernen und im Hafen von Piräus auf Schiffe zu verladen, die sie nach Schottland bringen sollten. Denn zunächst war der Erwerb für das schottische Schloss Broomhall gedacht. Erst später gelangten sie in den Besitz des British Museum und damit des Staates. Das Schicksal der Elgin Marbles aber ist untrennbar mit der Lebensgeschichte Lady Elgins verbunden – eine Geschichte, die von Glanz und Elend, Triumph und Verachtung, Freiheit und Geiselhaft, Konvention und Abenteuer gleichermaßen erzählt…

Die reichste Erbin des Vereinigten Königreichs

Mary kommt am 18. April 1778 im schottischen Dirleton als Tochter von William Hamilton Nisbet und seiner Frau Mary, einer geborenen Manners, zur Welt. Beide Elternteile gehören der Klasse mächtiger Großgrundbesitzer an, die damals (und in Teilen bis heute) weite Ländereien in Schottland ihr Eigen nennen. Mütterlicherseits führen sich die Manners auf die Herzöge von Rutland und die schottischen Könige des Hauses Plantagenet zurück. Mary, die das einzige Kind des Ehepaars Nisbet bleiben wird, gilt zu ihrer Zeit als die reichste Erbin Schottlands, ja, des Vereinigten Königreichs. Die Nisbets wohnen in ihrem prächtigen Schloss Archerfield (einer ehemaligen Benediktinerabtei) nahe dem Dorf Dirleton in East Lothian, einer Grafschaft östlich der alten Hauptstadt Edinburgh. Im Winter halten sie sich auch in ihrem Stadtpalais in Edinburgh, unweit von Holyrood Palace, auf. Mary steht als Einzelkind im Fokus der Zuwendungen durch Eltern und Verwandte, Hauspersonal und Dorfbewohner. Sie ist ein hübsches Mädchen, mit braunem, lockigem Haar, haselnussbraunen Augen, einem sanft geschwungenen Mund. Das zimmerreiche Schloss und die weitläufigen Parkanlagen sind ihr Reich, das sie mit ihren Hunden und Ponys erkundet. Früh erhält sie eine über das damals Übliche hinausgehende Bildung: Sie lernt Französisch, Geografie und Geschichte und interessiert sich zudem besonders für Biologie.

Da Vater Nisbet Mitglied des britischen Oberhauses ist, zieht die Familie jedes Jahr für mehrere Monate nach London. Am Portman Square besitzen sie ein Haus, ganz in der Nähe von Großmutter Mary Manners, die am Grosvenor Square ein opulentes Stadtpalais ihr Eigen nennt. Als Mary in die Pubertät kommt, wird das Stadtleben zunehmend interessanter. Mit fünfzehn darf sie Bälle der Upperclass besuchen, auf denen sie bis drei Uhr morgens – selbstverständlich unter strenger Aufsicht – tanzt. Sie besucht das Pantheon Opera House in Haymarket und das damals berühmte Sadler's Wells Theatre, wo sie Opern, Singspiele und Komödien kennenlernt. Die jungen Kavaliere schauen sich bald die Augen nach der jungen, schönen und steinreichen Frau aus, doch trotz aller kleinen Freiheiten, die Mary genießen darf, steht fest: Die Wahl eines Schwiegersohnes, der die reichste Erbin Schottlands heiraten darf, liegt einzig und allein bei William Nisbet und seiner aus königlichem Geblüt stammenden Frau.

Der geeignete Kandidat findet sich in Thomas Bruce. 1766 geboren, zwölf Jahre älter als Mary, entstammt er ebenfalls hochadeligen schottischen Familien. Als siebter Earl of Elgin und elfter Earl of Kincardine gehört Thomas Bruce, meist knapp Elgin genannt, zum innersten Kreis der schottischen Aristokratie. Sein Problem: Sein inzwischen verstorbener Vater hat sich mit Finanzgeschäften verspekuliert und der Witwe und dem Sohn nur einen Berg Schulden hinterlassen. Doch die Nisbets, die ja selbst so reich sind, dass sie eigentlich keinen rechten Überblick über ihre Ländereien, Dörfer, Schlösser und Häuser haben, drücken ein Auge zu, was Elgins Schulden anbelangt (die in ihren Maßstäben relativ gering sind) und messen dem immateriellen Wert seiner Adelstitel mehr Bedeutung bei. Zudem hat Thomas Bruce Elgin Aussicht auf eine glänzende internationale Karriere, was den Nisbets, die trotz allen Geldes noch immer ein wenig im Ruch des arg Bodenständigen stehen, schmeicheln würde. Der junge Mann wurde nämlich bereits 1791, mit gerade einmal fünfundzwanzig Jahren, außerordentlicher Gesandter am Hofe Kaiser Leopolds II. in Wien. Nach Leopolds Tod im März 1792 wurde Elgin aus Wien abberufen, aber an den Höfen von Brüssel und Berlin als Diplomat eingesetzt. Als Elgin im Jahre 1799 die Ernennung zum britischen Botschafter am osmanischen Hof in Konstantinopel, der Hohen Pforte, erhält, ist das für die Nisbets genügend Reputation, um dem jungen, gut aussehenden, karrierebewussten Mann aus bestem schottischen Adel die Tochter zur Frau zu geben (beide haben sich bei einer der häufigen Festivitäten der Upperclass kennengelernt und sind sich durchaus sympathisch). Thomas Bruce Elgin und Mary Nisbet heiraten am 11. März 1799. Ein halbes Jahr später, am 3. September, besteigen sie in Portsmouth die »Phaeton«, ein Schiff der königlichen Marine, das sie nach Konstantinopel bringen soll, dem neuen Dienstort Lord Elgins.

Ein »Objekt der Bewunderung« auf hoher See

Es ist ein diffiziler Posten: Im Jahr zuvor haben französische Truppen unter Napoleon Bonaparte Ägypten überfallen und besetzt. Das Land am Nil ist ein Vasallenstaat der Osmanen. In Konstantinopel hat man den französischen Angriff insofern als besonders niederträchtigen Verrat empfunden, als Frankreich und das Osmanische Reich bereits seit den Tagen Ludwigs XIV. enge Verbündete waren. Nun jedoch hat sich die Lage schlagartig geändert. Frankreich ist Konstantinopels Feind, und Großbritannien, wiederum Frankreichs Erzfeind, sieht die einmalige historische Chance, sich den Osmanen anzunähern und gleichzeitig seinen eigenen Einfluss in der Levante zu vergrößern. Thomas Elgin soll als britischer Gesandter die Hohe Pforte davon überzeugen, das Schwarze Meer für den britischen Handel zu öffnen, eine Poststation in Suez zu eröffnen, um den Nachrichtenverkehr mit Indien einfacher zu gestalten, und vor allem: mit britischer Hilfe die Franzosen aus Ägypten zu vertreiben, um so die strategische Schlüsselposition im Orient und nach Asien wieder unter Kontrolle zu bekommen. Hierzu rüsteten die Briten eine Flotte unter Admiral Horatio Nelson, die ein Jahr zuvor, am 1. und 2. August 1798, die französische Flotte vor Abukir in Ägypten aufspüren, umzingeln und vernichten konnte und damit Napoleon und seine Truppen in Ägypten isolierte. Es herrscht Krieg zwischen Großbritannien und Frankreich, und die Gewässer im Ärmelkanal, in der Biskaya und im Mittelmeer sind unsicher, zumal nicht nur französische Kriegsschiffe kreuzen, sondern auch arabische Piraten die Gestade vor Nordafrika unsicher machen.

Auf solch eine abenteuerliche Reise begibt sich das junge Paar. Mary Elgin hat ihrer Mutter versprochen, regelmäßig Briefe zu schreiben. Diese Korrespondenz, die trotz der weiten Wege und der unsicheren Zeiten erstaunlich zuverlässig zwischen Schottland und Konstantinopel hin und her gehen wird, stellt eine einzigartige historische und autobiografische Quelle aus jener ereignisreichen Zeit dar.

Mary Elgin ist schwanger, als sie sich an Bord der »Phaeton« begibt. Doch sie sieht allen Gefahren zum Trotz die Reise eher als Abenteuer, zumal ihr Schwager Charles Andrew Bruce, der in Indien stationiert gewesen ist, ihr viel Wundersames aus dem Orient erzählt hat. Sie reist mit großem Gepäck, für eine Tochter aus einem der reichsten Häuser Großbritanniens ziemt es sich einfach, einen Mindeststandard an Luxus zu leben: Truhen, Möbel, ein Klavier, zudem Diener, Dienstmädchen, ein Koch, ein anglikanischer Geistlicher und Schoßhunde gehören zum Diplomatengepäck und zur standesgemäßen Eskorte der Elgins. Die »Phaeton« passiert sicher den Ärmelkanal, den Großbritannien gegen die Franzosen gut unter Kontrolle hat. Doch im offenen Atlantik sieht die Situation anders aus. Hier hält der Kapitän mit dem Fernrohr stets Ausschau nach feindlichen Geschwadern. In der Biskaya, die bekannt ist für ihre rauen Winde, kommt ein heftiger Sturm auf, der zwei Tage lang wütet und die schwangere Mary lehrt, was es heißt, seekrank zu sein. Sie begegnet der Übelkeit mit der Einnahme von Laudanum (einer Tinktur aus Opium und Alkohol), das ihr, wie sie an ihre Schwiegermutter schreibt, sehr hilft. Dennoch ist sie froh, als das Schiff den Hafen von Lissabon erreicht. Portugal ist seit jeher ein Verbündeter Großbritanniens, und so können die Passagiere und Besatzungsmitglieder unbesorgt an Land gehen. Mary ist freilich von der Armut und dem verschlissenen Glanz der Stadt, die bereits dreihundert Jahre zuvor ihren historischen und ökonomischen Höhepunkt erreichte und zudem vierundvierzig Jahre zuvor von einem Erdbeben und einer Flutwelle stark zerstört worden ist, recht enttäuscht. »Ihr könnt Euch kein Bild davon machen, wie verdreckt und stinkend dieser Ort ist«, schreibt sie nach Hause, »sie werfen alles aus dem Fenster […]. Ihr könnt keinen Begriff von so etwas Abscheulichem haben.«

In Begleitung eines amerikanischen Schiffs geht es weiter Richtung Gibraltar. Sie kommen in die Gewässer arabischer Piraten, und es ist ratsam, in Verbänden zu segeln, um sich im Ernstfall gegenseitig Hilfe leisten zu können. Gibraltar, die mythischen Säulen des Herakles, der Felsen des arabischen Fürsten Tarik, steht seit 1704 unter englischer Hoheit. Es ist ein hochgerüsteter Truppenstützpunkt, und als die »Phaeton« mit dem künftigen Botschafter am osmanischen Hof und seiner schönen, sagenhaft reichen Frau ankert, werden sie mit Salutschüssen empfangen und von Admiral John Thomas Duckworth persönlich begrüßt, wie Mary eifrig nach Schottland berichtet. In dem Stützpunkt, der sonst wenig Abwechslung bietet, richtet man zu Ehren des jungen und noblen Paars eine Dinnerparty und einen Ball aus, und Mary kann stolz nach Hause vermelden: »Ich war das Objekt der Bewunderung.« Nicht lange bleiben sie in Gibraltar. Am 25. September 1799 lichtet das Schiff den Anker und segelt ostwärts, Richtung Sizilien. Wieder herrscht rauer Seegang, und Mary muss die meiste Zeit in ihrer Kabine bleiben, wobei sie nicht weiß, wovon ihr übler ist: vom Wellengang oder von ihrer Schwangerschaft.

In Palermo gehen sie an Land. Mary wird von den Spitzen der sizilianischen Gesellschaft eingeladen. Sogar eine Audienz bei der neapolitanischen Königin Maria Carolina (eine der Töchter Kaiserin Maria Theresias) steht an. Mary ist von der überbordenden Pracht des Hofes – obgleich sie nicht die Königspaläste in Neapel und Caserta zu Gesicht bekommt – überwältigt: »In England sah ich nie etwas so Feines wie das abendliche Mahl, das draußen in einem Garten gegeben wurde, alles von chinesischem Porzellan [...]. Man sagt, das Fest habe sechstausend Pfund gekostet. Der ganze Garten war von farbigen Lampen erleuchtet, eine der Avenuen, ich behaupte, sie war mindestens eine Meile lang, war voller Lampen, es übertraf sogar die Arabischen Nächte.«

In Palermos Palazzi hört Mary auch Frivoles über den siegreichen Admiral Horatio Nelson, dessen Flotte ein Jahr zuvor die französische vernichtete. Nelson, so die Klatschgeschichten, habe ein Verhältnis mit Emma Hamilton, der Frau von Sir William Hamilton. In einem Brief nach Hause berichtet Mary hiervon nicht ohne Häme – und ahnt nicht, dass sie wenige Jahre später angesichts einer pikanten Dreiecksgeschichte selbst im Mittelpunkt des Geredes stehen wird ...

Andere Themen liegen den Elgins mehr am Herzen: Die gebildeten Schichten des Abendlandes interessieren sich seit Johann Joachim Winckelmanns geistiger Wiederentdeckung der Antike für die Kunst des klassischen Griechenlands. Und nicht zuletzt auf Sizilien finden sich hierfür prachtvolle Beispiele. Doch den Elgins schwebt Höheres vor: Sie wollen die antiken Stätten Athens, der Wiege des Abendlandes, für die Nachwelt dokumentieren und damit bewahren. Griechenland steht seit Jahrhunderten unter osmanischer Hoheit (noch kann keiner ahnen, dass sich wenige Jahre später – 1821 bis 1829 – die Griechen gegen ihre Besatzer in einem von den Intellektuellen Europas bejubelten Freiheitskampf erheben werden). Keineswegs denken die Elgins zum damaligen Zeitpunkt an einen wie immer gearteten »Erwerb« antiker Kunstgegenstände, vielmehr engagieren sie den für den neapolitanischen Hof tätigen Maler und Zeichner Giovanni Battista Lusieri, der sie auf ihrer Reise begleiten soll. In Griechenland, so die Abmachung, soll Lusieri von Bord gehen und im Dienste der Elgins die wichtigsten antiken Stätten des Landes detailliert kopieren und dokumentieren. Diese zeichnerischen Studien sollen später, so die vage Idee des antikenbegeisterten Ehepaars, Kunst- und Geschichtsstudenten in Großbritannien zur Verfügung stehen.

Mit solchen noch eher bescheidenen Plänen besteigen die Elgins und ihr angeheuerter italienischer Maler am 19. Oktober 1799 das Schiff und brechen Richtung Osten auf. Lusieri wird unterwegs in einem griechischen Hafen abgesetzt, die Elgins segeln weiter nach Konstantinopel. Vor der Insel Tenedos (der heute türkischen Insel Bozcaada) muss die »Phaeton« ankern, denn wegen widriger Winde und hohen Seegangs können sie nicht die Meerenge der Dardanellen passieren. Mary Elgin ist von den Inseln der Ägäis enttäuscht. Sie hat sich den Archipel paradiesischer vorgestellt. An ihre Mutter schreibt sie: »Ich habe nichts getan, seit ich England verlassen habe. Aber ich teile Dir meine Enttäuschung mit. Ich werde quengeliger denn je, denn keine der Örtlichkeiten, der Archipel am wenigsten, entsprechen den Beschreibungen, die es von ihnen gibt. Es gibt eine Menge Inseln, aber Mytilene [Lesbos] ist die einzige mit grünen Bäumen, alle anderen sehen aus wie eine trostlose, braune, verbrannte Wüste.«

Als Mann im Sultanspalast

Endlich können sie in die Meerenge der Dardanellen einfahren. Zu ihrer Überraschung – die Kunde von Elgins Anreise ist schon bis an den osmanischen Hof vorgedrungen – werden sie vom Schiff Hassan Beys, des Cousins des Sultans, empfangen und ehrenvoll begleitet. Die Hohe Pforte will auf diese Weise dem britischen Konsul ihre besondere Reverenz erweisen, denn man schätzt das Vereinigte Königreich als Bündnispartner im Krieg gegen Napoleon. Auf der Fahrt durch das Marmarameer lädt Hassan Bey die Engländer sogar an Bord seines Schiffes »Selim III.«. Mary berichtet nach Hause:

»Ich zog mich hübsch an, und dann brach ich in einem schönen türkischen Boot auf [...]. Als wir zu der ›Selim‹ gelangten, fand ich die beste Empfangsleiter vor, die ich je gesehen habe. Isaac [ein osmanischer Prinz] zog mich hinauf. An Deck fand ich alle Soldaten vor [...]. Sie präsentierten ihre Waffen und spielten englische Musik – mit Pfeifen und Trommeln. An der Tür zur Kabine standen der Pascha und Elgin, um mich in Empfang zu nehmen, aber jede erdenkliche Beschreibung muss unzureichend bleiben angesichts der Pracht seiner Kabine, mit schön bestickten Sofas, bezogen mit gelber, reich gearbeiteter, golddurchwirkter Seide, mit Gewehren, Pistolen, Schwertern und anderen mit Gold geprägten Waffen. [...] Wie gern hätte ich Euch dabei gehabt! [...] ich sagte, ich würde sehr gern das Schiff besichtigen [...]. Der Pascha führte uns überall hin [...]. Er ließ die Soldaten mit den Gewehren exerzieren [...]. Es waren zwölfhundert Mann an Bord. [...] Als wir alles gesehen hatten, führte er uns wieder in seine Kabine. Es wurde Kaffee in wundervollem Dresdner China-Porzellan serviert, exzellenter Kaffee und feiner Zucker für mich, ein Diener brachte ein riesiges Silbertablett mit einem Dutzend diamantbesetzter Tassen [...]. Während der ganzen Zeit, das kann ich Euch versichern, war die Unterhaltung sehr lebendig und angenehm. Er bat uns fortwährend, wir sollten nicht gehen, und schließlich meinte er, wenn ich nichts dagegen hätte, wieder auf sein Schiff zu kommen und mit ihm zu dinieren, so wäre das für ihn die größte Gunst auf der Welt [...]. Isaac sagte, er wolle den Koch anweisen, einige französische Speisen aufzutischen, und alles solle so angenehm wie möglich gestaltet werden, und wir sollten auch Wein bekommen [...].«

Der Pascha verspricht nichts leichtfertig. Tatsächlich werden die Elgins zum Dinner geladen. Mary ist begeistert: »Tisch und Stühle waren mit einem hübschen Tuch bedeckt, Messer und Gabeln, Wein auf dem Tisch und Gläser, und das schönste Dresdner Service, das ich je sah, für das Dinner und das Dessert. All das war ein Kompliment für uns, denn er [der Pascha] erzählte mir, sie äßen stets mit den Fingern [...]. Ich war in trauriger Weise behindert, denn ich konnte kaum etwas hinunterbringen, alles war so ölig. Eine Speise bestand aus Fleischhäppchen mit kräftiger Butter und Zwiebeln, es gab nicht viele Speisen, aber es schien so, als seien sie [die Türken] ziemlich bekümmert darüber, dass ich nicht mehr aß.«

So unterhalten und eskortiert, langen die Passagiere der »Phaeton« am 6. November 1799 in Konstantinopel an, das damals rund sechshunderttausend Einwohner zählt und damit eine der größten Städte Europas ist (London zählt rund eine Million Einwohner, Paris rund fünfhunderttausend, Wien etwa dreihunderttausend). Auch hier werden der britische Gesandte und seine Frau mit allen Ehrbezeugungen empfangen. Die inzwischen im fünften Monat Schwangere wird – eine besondere Aufmerksamkeit des Sultans – mit einer vergoldeten Sänfte am Anlegeplatz abgeholt und zu dem auf dem Pera-Hügel gelegenen Gesandtschaftsgebäude getragen. Das prachtvolle Haus diente bis vor Kurzem dem französischen Botschafter, der nun – nach Napoleons Überfall auf Ägypten – mit seinen Mitarbeitern in einem Kerker schmachtet – entgegen dem diplomatischen Kodex.

Die Elgins fühlen sich in ihrem Domizil, das gut ausgestattet ist, über rund sechzig Bedienstete verfügt und zudem einen grandiosen Ausblick auf die Stadt mit ihren Moscheen und Palästen, auf das Goldene Horn und den Bosporus bietet, sogleich wohl. Als hätte sie nie anderes getan, kümmert sich Mary Elgin um die Ausstattung der Räume nach ihrem Geschmack (sie empfindet manches als nicht auf dem aktuellen Stand der Wohnkultur). Und wie eine echte First Lady lädt sie die anderen Botschafter und deren Gattinnen zum Jour fixe. An ihre Mutter berichtet sie: »Ich habe den Donnerstag als meinen öffentlichen Abend festgelegt [...]. Die Gattin des russischen Ministers ist eine sehr angenehme Frau. Ich mag sie sehr. Es gibt noch ein paar andere Leute, die ich zu diesem Abend einlasse, um Whist zu spielen. Die Tür, die ich neu einsetzen ließ, führt in mein Ankleidezimmer, sodass Elgin, wenn er etwas Geschäftliches mit irgendjemand zu besprechen hat, ihn dorthin führen kann, während ich meine Party habe.« Bald sind die Elgins in der Upperclass Konstantinopels – Europäer, aber auch westlich orientierte Osmanen – bekannt und beliebt. Freilich gelten in der islamischen Gesellschaft feste Moral- und Verhaltenskodizes. Hierzu gehört, dass zu offiziellen Empfängen am Hof des Sultans Frauen nicht zugelassen sind. Der Herrscher selbst, Selim III. (er regiert von 1789 bis 1807), durchbricht diese Konvention, indem er Mary zur offiziellen Einführung des neuen britischen Gesandten einlädt, aber zu verstehen gibt, die Hochschwangere und die sie begleitende Zofe sollten sich pro forma als Männer verkleiden. In fließende Gewänder gehüllt, um ihren körperlichen Zustand zu verbergen, erscheint Mary Elgin in Begleitung ihrer Zofe bei Hof – sie geben sich als die Zwillingsbrüder »Lord Bruce« aus. Es ist ein historischer Auftritt. Denn so gut kann die Maskerade nicht sein, um nicht von den meisten Höflingen durchschaut zu werden. Aber die höfische Form bleibt gewahrt, dem Willen des Herrschers ist Genüge getan, und zudem hat der oft genug gelangweilte Hof neuen Stoff zu Klatsch und Tratsch. Amüsiert berichtet Mary Elgin alias »Lord Bruce« nach Hause:

»Ich kleidete mich in mein Reitgewand und warf meinen großen Mantel mit den Epauletten darüber, setzte meinen kleinen runden Kastorhut mit der Kokarde auf und nahm einen schwarzen Stock zur Hand. [...] Ich ließ mich in einem Tragestuhl zum Wasser hinunterbringen [...] und bestieg ein türkisches Boot. Auf der anderen Seite hatte der Hohe Herr eine der Sultanssänften geschickt, um mich zur Audienz zu bringen, sodass ich nicht reiten musste oder andere Unbequemlichkeiten zu erdulden hatte. Ich wurde in den Raum des Dragomans [Dolmetschers] der Hohen Pforte gebracht. Er kannte mich. Ich wurde jedoch als ›Lord Bruce‹ vorgestellt und wurde mit Kaffee und Konfekt bewirtet. Ich saß da recht lange, bis der Festzug ankam, und wurde außerordentlich gut unterhalten. Es gab zahlreiche Menschen in schönen Kleidern, und es war ein sehr schöner Anblick, den Festumzug in den Hof hineingehen zu sehen. […] Der Kaymakam [Titel eines hohen Beamten] hatte angeordnet, mir jeglichen Respekt zu erweisen, und vom ersten Andrang – angesichts der großen Zahl von Menschen – beim Betreten des Audienzsaals abgesehen, war alles äußerst angenehm. Ich wurde genau hinter Elgins Stuhl platziert, sodass ich alles überblicken konnte. Ach, Mama, wie mein Herz schlug, als er [Elgin] seine Rede hielt, obwohl niemand außer Smith und mir verstehen konnte, was er sagte […]. Vor der Rede tranken er [Elgin] und der Hohe Herr Kaffee, aßen einen Löffel voll Konfekt und wurden dann mit Duftwasser besprüht. Dann folgten die Rede und die Überreichung der Empfehlungsschreiben.

Der Kaymakam erhob sich, um den Brief des Hohen Herrn entgegenzunehmen, dann stießen alle Türken einen schrecklichen Schrei aus, mir wurde, ich gestehe es, ganz blümerant. Doch teilte man mir mit, dies sei nur ein Gebet für den Hohen Herrn gewesen. Ich sah noch nie solch einen großartigen Pelzmantel wie den, mit dem sie Elgin schmückten – auch Smith erhielt einen, und dann wurde ›Lord Bruce‹ nach vorne gerufen. Ich denke, es war nicht schlecht, dass ich den Hohen Herrn um die Erlaubnis bat, mich zurückziehen zu dürfen, da er einen feinen Pelzmantel aus schönem Zobel hatte, der eigens für mich angefertigt war. Ich denke, ich wäre unter dem Gewicht und der Hitze zusammengebrochen. Was, denkst Du, war eine der Fragen, die er Elgin stellte? Ob er Töchter habe! Als die Audienz beendet war, ging ich zurück zum Raum des Dragomans, von wo aus ich den ganzen Festumzug sah, zudem ein schönes

Pferd mit großartiger, vergoldeter Ausstattung, das der Kayma-kam Elgin zum Geschenk machte. Dann bestieg ich meine Kut-sche, einen goldenen Wagen. Innen waren keine Sitze, sondern nur ein Teppich und vier kleine verglaste Gucklöcher. Dann gelangte ich zu meinem Palast zurück, ohne irgendwie belästigt worden zu sein.«

Nach diesem transvestitischen Auftritt wider Willen darf »Lord Bruce« wieder die umworbene Lady Elgin sein, Ge-mahlin des hochgeachteten britischen Botschafters. Bei ihren Soireen in den Räumen der Gesandtschaft ist sie eine aufmerk-same Gastgeberin, interessante Gesellschafterin und gute Tän-zerin (am liebsten tanzt sie auf schottische Volksmusik, was besonders beim russischen Gesandten und seiner Frau gut an-kommt). Im Gegenzug werden die Elgins auch in die russische Botschaft eingeladen – Mary Elgin ist es inzwischen gewohnt, sich in einer Sänfte durch die Stadt tragen zu lassen. Befremd-lich ist für sie zunächst die ungebärdige Musik einer Janitscha-renkapelle, die der russische Botschafter eigens hat herbeischaf-fen lassen. Ein weiteres Mal werden Lord und Lady Elgin an den osmanischen Hof des Großwesirs in den Topkapi-Palast geladen – und wieder muss sich Mary als »Lord Bruce« verklei-den. Diesmal blickt der Sultan, so berichtet sie in einem Brief an ihre Schwiegermutter, sie so »schrecklich« an, dass sie unwill-kürlich ihre Hand zum Kopf führt, »um zu fühlen, ob er noch drauf sitzt«.

Anders als heute sind zur damaligen Zeit solche Gesandt-schaftsposten schlecht oder gar nicht dotiert und bieten dem Amtsinhaber allenfalls gesellschaftliches Renommee und die Hoffnung auf einen Karrieresprung nach der Rückkehr in sein Heimatland. Da Lord Elgin zwar der Hocharistokratie ent-stammt, aber durch den Bankrott des Vaters selbst finanziell klamm ist, muss seine reiche Frau die immensen Kosten für die Hofhaltung im Gesandtschaftspalais übernehmen. Für Mary ist das eine Selbstverständlichkeit, die Karriere ihres Mannes liegt ihr auch aus Gründen des eigenen Prestiges am Herzen, und die Auslagen sind für sie, die künftige Erbin riesiger Ländereien, leicht zu verschmerzen.

Trotz der vielfältigen angenehmen Zerstreuungen sehnt sich Mary Elgin in jenem Winter 1799/1800 nach etwas mehr Ruhe. Sie ist hochschwanger und bedarf der Erholung. Ungeduldig wartet sie auf den Frühling, dann wollen ihr Mann und sie mit nur wenigen Bediensteten in ein ländliches Domizil ziehen. Zudem bittet Mary ihre Eltern in Schottland wieder und wieder, die lange (und zudem gefährliche) Schiffsreise unternehmen zu wollen und sie in Konstantinopel zu besuchen. »All meine Gedanken sind davon in Beschlag genommen, Papa und Dich hierherzubekommen«, bekennt sie ihrer Mutter gegenüber, »es wäre dann für alles aufs Angenehmste gesorgt [...]. Du hättest ein Schlafzimmer und ein Ankleidezimmer, und Vater ein Ankleidezimmer direkt neben dem Deinen.« Sie verspricht ihren Eltern, die dem Kartenspiel ergeben sind, sogar »bekannte Whist-Spieler«. Doch so rasch können sich die Nisbets nicht auf den Weg machen, zumal das Mittelmeer noch immer Kriegsgebiet ist. Weihnachten 1799 verbringt das Ehepaar Elgin daher allein und etwas wehmütig in Gedanken an das heimatliche Schottland.

Unterdessen wird Mary wiederholt an den Hof des »Captain Pascha« genannten Cousins des Sultans gerufen. Alsbald freundet sie sich mit dessen Schwester Hanum an und darf sogar – inzwischen ganz »regulär« in Frauenkleidern – die Räumlichkeiten des Harems betreten. Beim Pascha ist Mary vor allem als Whist-Spielerin bekannt und beliebt. Und wieder genießt sie die opulenten Speisen und bewundert das exquisite Tafelgeschirr, das man zu Ehren der britischen Gesandtengattin auftischt. Freilich mokiert sie sich in Briefen nach Hause darüber, dass die Türken nicht Messer und Gabel benutzen (obgleich sie Besteck für die Schottin durchaus vorlegen), sondern sich eines »Hornlöffels« bedienen. Zudem bemerkt sie, dass bei aller Reichhaltigkeit der Speisenfolge immer nur ein Gang nach dem nächsten serviert wird, während sie von den Festmenüs in Edinburgh oder London doch »ungefähr zweiunddreißig« Speisen gleichzeitig gewohnt ist. Doch das sind nur kleine Einschränkungen, die sie in Briefen an ihre Eltern anbringt. Alles in allem fühlt sich Mary Elgin – trotz der zunehmenden Beschwerlichkeit ihrer Schwangerschaft – wie eine Prinzessin in Tausendundeiner Nacht, die vom Captain Pascha, vom Großwesir und selbst von Sultan Selim in deren Paläste eingeladen wird. In jenen Monaten wird Mary, die First Lady der britischen Gesandtschaft, zu einem viel umworbenen Star, weit schillernder und interessanter als ihr Gatte, der Botschafter.

Pocken, ein Sieg und ein Ferman

Am 5. April 1800 bringt Mary einen Sohn zur Welt, den sie George William nennen. Das Kind ist kränklich. Zeitlebens wird George, der künftige Lord Bruce, Earl of Elgin und Kincardine, ein schwächlicher Mensch sein und im Alter von vierzig Jahren kinderlos sterben. Mit ihm erlischt der männliche Stamm der alten Familie. Freilich ahnen die glücklichen Eltern von dieser Schicksalswendung nichts. Sie sind enthusiasmiert und bitten den englischen König und die Königin, die Patenschaft zu übernehmen – was ihnen umstandslos gewährt wird. Mitte Mai 1800 endlich verlassen die Elgins mit ihrem kleinen Sohn die Stadt und ziehen hinaus aufs Land, in den Wald von Belgrad bei Büyükdere, rund zwanzig Kilometer nördlich von Konstantinopel gelegen, wo bereits gut achtzig Jahre zuvor eine andere britische Reisende, Lady Mary Wortley Montagu, einen reizvollen Sommer »inmitten von Wald, hauptsächlich Obstbäumen, bewässert von zahlreichen Brunnen«, verbracht hat. Auch die Elgins sind von der Landschaft begeistert. Zum vollendeten Glück fehlen nur Marys Eltern. Doch die sind bereits unterwegs: Sie kommen Anfang Juli im sommerlich heißen Konstantinopel an und fahren kurz darauf hinaus aufs Land, zu den bewaldeten Hügeln von Belgrad. Am 7. Juli 1800 können sich Mary und ihre Eltern nach fast einem Jahr der Trennung wieder in die Arme schließen. Die Nisbets sehen ihren Enkel zum ersten Mal. Es wird ein vollendet schöner Sommer, mit kleinen Ausflügen in die reizvolle Umgebung. Selbst die Pocken, die zu jener Zeit immer wieder auftreten, haben ihren Schrecken verloren. Denn im Osmanischen Reich versteht man sich seit Langem auf die Inokulation, die Pockenimpfung – während sie in England erstmals durch Edward Jenner im Jahre 1796 eingeführt wird, und es noch Jahrzehnte brauchen wird, bis sie sich in ganz Europa durchgesetzt hat. Auch Mary, die viel von der medizinischen Kunst des Orients hält, lässt ihren kleinen Sohn mit den ungefährlichen Kuhpocken impfen – was angesichts der noch weit verbreiteten europäischen Vorbehalte gegen diese neuartige medizinische Methode recht progressiv ist. Sie macht sich sogar für ein behördlich kontrolliertes Netz von Impfstellen stark und lässt Phiolen mit Serum nach Bagdad, an den Persischen Golf und sogar bis nach Bombay in Britisch-Indien senden – all das trotz einer beschwerlichen zweiten Schwangerschaft. Am 31. August 1801 bringt Mary eine Tochter zur Welt, die nach der Mutter Mary genannt wird. Auch dieses Kind wird mit Kuhpocken geimpft, bereits sechs Tage nach der Geburt.

Einige Hundert Kilometer entfernt, geht inzwischen der neapolitanische Zeichner Lusieri seiner Aufgabe im Dienste der Elgins nach und dokumentiert und kopiert antike griechische Stätten und Kunstwerke. Noch ahnen weder Lusieri noch die Elgins, welch eigentümliche Wendung diese Angelegenheit nehmen wird ... Als sich Vater und Mutter Nisbet im Frühjahr 1801 auf den Weg zurück nach London machen, unterbrechen sie die Fahrt in Athen, um sich über den Stand von Lusieris Arbeiten zu informieren. Dabei lernen sie auch den Erzbischof von Athen kennen, der ihnen den steinernen Sessel der antiken panathenischen Spiele zeigt, auf dem einst einer der obersten Schiedsrichter thronte. Später schaffen die Elgins den Sessel nach Großbritannien, heute ist er unter seinem anglisierten Namen »the Biel

Chair« (nach seinem ersten Aufbewahrungsort, dem Hamilton-Nisbet-Herrensitz Biel im schottischen East Lothian) im British Museum zu bewundern. Als im Jahre 1801 der Athener Erzbischof den Nisbets den Sessel zeigt, fangen auch sie Feuer und erwerben von ihm und anderen Athener Bürgern ein paar kleinere »Souvenirs« aus antiker Zeit, die sie mit nach England nehmen. Es entspinnt sich ein reger Briefwechsel zwischen Mary und ihren Eltern über Griechenlands Schätze, die es zu entdecken und zu bergen gilt. Mary macht sich durch Mittelsleute über weitere antike Fundstücke kundig und berichtet im Juni 1801 in einem Brief an ihren Vater, der Kapitän einer britischen Brigg habe soeben mehrere antike Porphyrstücke mit an Bord genommen, die er nach London bringen wolle. In jenen Wochen wird ihr klar, dass es wenig Sinn ergibt, einzelne Ruinenstücke zu erwerben. Diese Zufallsfunde, zu klein und zu unzusammenhängend, können weder der Wissenschaft dienen noch dem englischen Publikum größere Freude bereiten. In Mary reift der – freilich noch geheim gehaltene – Gedanke, ein zentrales Werk der griechischen Antike zu erwerben, möglichst als Ganzes, in seinem architektonischen Zusammenhang, und nach Großbritannien zu schaffen. Aber noch herrscht in der Levante Krieg, noch sind die osmanischen und britischen Kräfte – auch in der Administration – gebunden. Obwohl Admiral Nelson Anfang August 1798 in der Seeschlacht bei Abukir die französische Flotte vernichtete, haben Napoleons Truppen in Ägypten – obgleich vom Nachschub auf dem Seeweg abgeschnitten – militärische Erfolge vorzuweisen. Am 25. Juli 1799 konnte Napoleon die osmanischen Truppen unter Mustafa Pascha in der Feldschlacht bei Abukir vernichtend schlagen. Doch einige Tage nach der Geburt von Mary Elgins Tochter bringen Boten die frohe Kunde nach Konstantinopel, am 31. August 1801 hätten britische und osmanische Truppen Alexandria, das Hauptquartier der Franzosen in Ägypten, erobert. Damit ist Napoleons ägyptisches Abenteuer, das drei Jahre lang Europa und den Orient in Atem hielt, endgültig beendet. Die Nachricht vom glorreichen Sieg wird in Konstantinopel gefeiert. Mary Elgin berichtet ihren Eltern: »Die Türken sind wegen der Einnahme Alexandrias in der größten Fröhlichkeit. Sie feuern Tag und Nacht Kanonenböller ab und haben begonnen, alles zu illuminieren. Man sagte mir, das werde sieben Tage dauern. […] Der Hohe Herr schickte heute Morgen den Dragoman der Hohen Pforte zu Elgin. Wir alle sind in Gala. Ihre Unterredung dauerte zweieinhalb Stunden. Für die guten Leute hier ist das ein erstklassiger Gesprächsstoff.«

Das Osmanische Reich kehrt zum Frieden zurück, und Großbritannien kann seinen militärischen, diplomatischen und wirtschaftlichen Einfluss in der Levante entscheidend ausbauen. Für Thomas Elgin bedeutet das ein gewachsenes Ansehen am Hof des Sultans, er wird von Selim dem Eroberer, wie der Herrscher sich nun nennt, in den neu gegründeten Ritterorden vom Halbmond aufgenommen. Zudem beschenkt der Sultan die britische Gesandtschaft mit einer neuen, eigens für sie erbauten, und vom osmanischen Hof finanzierten Residenz. Elgin darf seine architektonischen Vorstellungen einbringen – und er entscheidet sich für einen Bau nach dem Vorbild seines schottischen Herrensitzes Broomhall. Auch Mary nutzt das gewachsene Ansehen und erbittet vom Sultan die Freilassung der französischen Gesandtschaft und ebenso die von hundertsechsunddreißig maltesischen Sklaven, die bereits seit über dreißig Jahren ein Dasein in Knechtschaft fristen. Beides wird ihr von Selim gewährt. An ihre Eltern schreibt sie: »Ich fühlte mich in meinem Leben noch nie so erfreut. Welch vollendetes Glück, so viele arme Kreaturen von ihrer so lange währenden Sklaverei zu erlösen. Ich konnte vor Freude die ganze Nacht nicht schlafen.«

Die von der Antike berauschte Mary Elgin beschließt in jenen Wochen, die englandfreundliche Atmosphäre im Osmanischen Reich zu nutzen, um ihren Traum vom Erwerb wichtiger Kunstgegenstände in die Realität umzusetzen. Da Elgin in Konstantinopel unabkömmlich ist und Mary nicht allein nach

Griechenland reisen will, schickt sie den anglikanischen Priester Philip Hunt, einen Mitarbeiter der Gesandtschaft, nach Athen, um den Erwerb von Antiken zu sondieren. Zugleich entsendet Elgin seinen Mitarbeiter William Hamilton nach Ägypten, um dort nach antiken Fundstücken zu suchen, die die französischen Wissenschaftler nach der Niederlage der Franzosen haben zurücklassen müssen. Hamilton macht dabei den Stein von Rosetta ausfindig und lässt ihn nach London schaffen (heute befindet er sich im British Museum). Später wird dieser mehrsprachig, ägyptisch und griechisch, beschriebene Stein die Dechiffrierung der altägyptischen Hieroglyphen ermöglichen.

Auch Marys Ansehen ist am Hof der Hohen Pforte gestiegen. Sie wird sogar von der Sultansmutter Mihrisah, der man nachsagt, sie sei die treibende Kraft hinter ihrem Sohn Selim, in deren Privatgemächer eingeladen. Aufgeregt berichtet Mary nach Hause: »Wisst Ihr noch, wie ängstlich ich letztes Jahr war, sie zu sehen, und dann gelang es mir nicht. Sie sind so erfreut über die Einnahme von Alexandria, wir könnten sie dazu bringen, alles für uns zu tun.« Das ist nicht einfach so dahin geschrieben. Durchaus mit Kalkül stattet Mary der Sultansmutter einen Besuch ab. Die nämlich, so weiß die Schottin, verfügt nicht nur über große Macht, sondern besitzt auch Athen als Mitgift. Deshalb kann ein Erwerb antiker Kunstgegenstände aus Athen nicht ohne die Einwilligung der Sultansmutter geschehen. Mary weiß ihren Charme einzusetzen und überredet Mihrisah, ihr einen Sendbrief an die Athener Behörden auszustellen. Zudem erhält Thomas Elgin im Juli 1801 einen »Ferman«, einen von Sultan Selim unterzeichneten Erlass, der ihm das Recht einräumt, antike Marmorreliefs von der Akropolis zu erwerben und nach England zu schaffen: »[…] Auch dürfen sie [Elgins Leute] Gerüste aufstellen und ihre Instrumente benützen. Des Weiteren dürfen sie mit ihren Leitern von allen Dingen Abdrücke mit Mörtel machen. Sie dürfen die Fragmente und alle Ruinen vermessen. Sie dürfen Grabungen an den Fundamenten vornehmen, um auf beschriftete Steinblöcke zu stoßen. Und wenn sie einige Steinblöcke, mit Inschriften oder Figuren darauf, mitnehmen wollen, ist dem nicht zu widersprechen.« Das Wagnis einer der größten Erwerbungen antiker Schätze kann also beginnen.

Weibliche Beredsamkeit, Chuzpe und Schmiergeld

Im Frühjahr 1802 erhält Elgin von der britischen Regierung die Bewilligung für einen Urlaub. Doch jene Wochen im Februar 1802 sind von einer schweren Ehekrise gezeichnet. Thomas Elgin zeigt diffuse Krankheitssymptome, die einer Grippe ähneln. Er wird mit Quecksilber behandelt – was darauf hindeutet, dass er sich mit Syphilis angesteckt hat. Mehr ist darüber nicht bekannt, die damaligen Diagnosen waren zu ungenau, auch hat Mary in ihren Briefen die genauen Hintergründe aus Taktgefühl und Scham verschleiert. Zudem muss Elgin, das deutet ebenfalls auf eine schwere Syphilisinfektion hin, die Nasenspitze amputiert werden. Mary ist über die Entstellung ihres Mannes entsetzt. Auch der erst zweijährige George William, der häufig an Erkältungen leidet, wird mit »süßem Quecksilber« behandelt (was sicherlich zu seiner lebenslang schwachen Gesundheit beigetragen hat). Jedenfalls ist das eheliche Verhältnis damals angespannt. Mary ist erneut schwanger, was nur wenig in ihre Planungen passt. Endlich, am 31. März 1802, besteigt die Familie in Begleitung einiger Bediensteter ein Schiff, das sie zunächst nach Athen bringen soll.

Am 3. April ankern sie im Hafen von Piräus. Sie beziehen Räume im britischen Konsulat in Athen. Länger als ursprünglich geplant, dehnen die Elgins ihren Aufenthalt aus und unternehmen diverse Ausflüge, so nach Korinth, Argos, Mykene, Epidauros, Delphi, Marathon, auf den Berg Parnassus und auf die Insel Salamis. Die antiken Stätten sind – anders als in Ägypten, wo der Wüstensand im Laufe der Jahrtausende vieles unter sich begrub – vielfach bekannt und zu besichtigen. Im Hause des osmanischen Beys in Korinth werden die Elgins gastfreundlich empfangen. Thomas Elgin verhandelt in Nauplia mit dem örtlichen Pascha und erhält die Erlaubnis, antike Güter aus Mykene, Korinth und Olympia nach England zu schaffen. Die Stücke sind immerhin noch so klein, dass sie von Pferden getragen werden können. Diese schenkt ihnen der Pascha. Es sind Prachtrosse, geschmückt mit Paradedecken aus Zobel und Hermelin. Der seltsame Zug macht sich auf den Weg nach Athen. Mary schreibt an die Eltern: »Ich kann Euch versichern, dass so eine Reise ein erstaunliches Unternehmen für eine Frau ist […]. An einem Tag waren wir elf Stunden auf Straßen unterwegs, von denen man glaubte, es sei für ein Pferd unmöglich, darauf Tritt zu fassen, zu Seiten steile Abgründe mit gewaltigen Felsen. Ich bin froh, dass ich den Mut dazu hatte.«

Sie kehren nach Athen zurück. Thomas Elgin will jedoch nach Mittelgriechenland, nach Theben, um die dortigen antiken Stätten zu besichtigen. Mary bleibt in der Stadt und macht sich an die Realisierung ihres lange gehegten Vorhabens: Sie will die sogenannten Metopen vom Fries des Parthenon auf der Athener Akropolis »erwerben« – wie auch immer.

Der Parthenon, das Heiligtum der Göttin Athene, wurde im 5. Jahrhundert vor Christus errichtet. Der griechische Erzfeind Persien war besiegt, der Attische Seebund unter Führung Athens brachte dem Land wirtschaftlichen Wohlstand und einen ungeahnten Aufschwung von Kunst, Kunsthandwerk und Wissenschaften. Die Friesdarstellungen, Marmorreliefs oder Metopen, stellen den Kampf der Menschen mit Titanen und Göttern dar und heroisieren und idealisieren das Menschengeschlecht im Allgemeinen und die attischen Kriege und Leistungen im Besonderen.

Der Parthenon ist, als Mary Elgin ihn mit eigenen Augen sieht, zu großen Teilen zerstört. Bereits im 4. Jahrhundert nach Christus plünderten die Westgoten unter Alarich I. Athen. Im 5. Jahrhundert nahmen Christen bauliche Veränderungen am Parthenon vor und machten aus dem »heidnischen« Tempel eine Kirche (unter anderem errichteten sie eine Apsis, zogen Wände ein und bauten einen Glockenturm). 1458, nach dem Fall des Byzantinischen Reichs, wandelten die Türken den Bau in eine Moschee um, aus dem Glockenturm wurde ein Minarett. Später wurde der Parthenon, da er oberhalb der Altstadt liegt, als Pulvermagazin genutzt, das beim Beschuss durch die Venezianer am 26. September 1687 explodierte, wobei große Partien der antiken Bauteile zerstört wurden. Mit einem Wort: Mary Elgin hatte im Jahre 1802 ein architektonisches Gerippe vor sich, das Umbauten, Zerstörungen und Plünderungen zum Opfer gefallen war. Was in den kommenden Wochen und Monaten geschah, wurde (und wird) von der griechischen Nationalregierung als weitere Plünderung, zumindest als unrechtmäßige Aneignung fremden Eigentums bezeichnet, aus dem Blickwinkel der Elgins heraus musste die Überführung der Metopen nach London als Bergung und Sicherung für spätere Generationen erscheinen.

Der vom Sultan und der Sultansmutter unterzeichnete Ferman allein würde nicht helfen, wäre da nicht Mary Elgins Geld: Während ihr Mann in Mittelgriechenland unterwegs ist, beaufsichtigt sie die Demontage der Metopen, deren Transport zum Hafen, die Anheuerung von Schiffen und deren Beladung. Es ist ein anspruchsvolles Unterfangen. Der Sumpf der örtlichen osmanischen Behörden ist tief, und immer wieder muss Mary Elgin all ihren Charme, ihre Überredungskunst, ihr Verhandlungsgeschick und nicht zuletzt Schmiergeld einsetzen, um die Sache voranzubringen. Es ist auch nicht leicht, englische Schiffe aufzutreiben, deren Kapitäne zu solch einem Transport bereit sind. Manche lehnen ab, mit der Begründung, die Ladung sei zu schwer; andere verweisen darauf, dass ein militärischer Auftrag fehle. Selbst als sich die Botschaftergattin an Admiral Nelson mit der Bitte um Hilfe wendet, weist dieser das Ansinnen zurück. Dabei hätte er allen Grund, etwas Dankbarkeit zu zeigen, wurde doch sein Schiff »Mentor«, das im Besitz der Royal Navy ist, einst mit finanziellen Mitteln Mary Elgins erbaut, die ihren patriotischen Beitrag zum Seekrieg in der Levante beisteuern wollte. Schließlich kann Mary Elgin Kapitän Hoste, einen alten Freund, überreden, das Wagnis des Transports der Metopen zu übernehmen. Ihrem Mann berichtet Mary am 19. Mai 1802: »Ich bin so stolz, Dir mitteilen zu können, dass ich in Deiner Abwesenheit erfolgreich war. Weibliche Beredsamkeit hatte wie üblich Erfolg. Der Kapitän sandte mir eine sehr höfliche Antwort, und zum Tagesanbruch werde ich ihm die drei Kisten [mit Antiken] hinunter [zum Hafen] schicken.«

Nicht nur die Metopen, auch der Biel Chair, diverse Amphoren, Urnen und der berühmte Pferdekopf vom Wagen der Selene werden auf die »Mutine« verladen. Mary Elgin überwacht all diese Arbeiten, schafft noch weitere Kisten von der Akropolis heran, verhandelt mit Behörden und Beamten, bezahlt und besticht, wo nötig. Sie selbst leidet zu jener Zeit an Asthma und an ihrer dritten Schwangerschaft, doch die Begeisterung für die Sache reißt sie mit, sie achtet nicht auf die Beschwerden und Schmerzen und putscht sich stattdessen mit Opiumpillen auf. Ein zweites Schiff, die »Anson«, wird beladen. Endlich ist alles in den Schiffsbäuchen, und Mary kann die beiden Kapitäne zu einem Festdinner einladen. Unterdessen werden die örtlichen Beamten etwas nervös. Sie sind unsicher, ob es wirklich rechtens war, schottische Fremde solche Unmengen an Kunstwerken von der Akropolis einsammeln zu lassen. Deckt der Ferman des Sultans all das wirklich ab? Machen sie, die Beamten, sich nicht strafbar? Am Ende müssen sie um ihre Köpfe fürchten, wenn im fernen Konstantinopel ruchbar wird, dass auch Schmiergelder flossen. Mary Elgin bemerkt die zaudernde Haltung der Beamten durchaus. Sie fürchtet noch in der letzten Minute um ihren Feldzug und lässt in aller Eile drei weitere Kisten an Bord der Schiffe schaffen. Der Dizdar, der Burgwart der Akropolis, schlägt Alarm und will nun doch die Ausfahrt verhindern. Doch die Elgins (Lord Elgin ist eben erst nach Athen zurückgekehrt) sind schneller. Am 29. Mai 1802 lichtet die »Mutine« den Anker und verlässt den Hafen von Piräus.

Noch immer liegen mehrere Kisten mit Antiken im Hafen. Sie werden auf ein drittes wartendes Schiff, die »Narcissus«, verladen. Und selbst Nelsons Schiff »Mentor« (der Admiral hält sich in England auf) wird nun von den Elgins als Transportschiff eingesetzt. Dessen Offiziere sehen sich nicht mehr an die Weisung des Admirals gebunden, da schließlich die anderen Schiffe auch alle zur Royal Navy gehören. Schwer beladen machen sich die Schiffe Anfang Juni ebenfalls auf den Weg Richtung Westen. Die Fahrt geht über Malta und durch die Straße von Gibraltar nach England. Von dort aus gelangen die »Elgin Marbles« nach Schottland. In den Schlössern und Gütern der Elgins und Hamilton-Nisbets, wie etwa Broomhall und Biel, finden die antiken Kunstwerke ihr neues Zuhause. An eine Übertragung der Antiken an den Staat ist zunächst nicht gedacht. Sie sollen einzig und allein der reichsten Erbin des Vereinigten Königreichs, Mary Elgin, sowie ihrer Familie und ihren Nachfahren zur Ergötzung dienen. Erst eine familiäre Katastrophe wird die »Elgin Marbles« ins British Museum verbringen…

Die Elgins begleiten den Kunsttransport nicht. Sie bleiben noch in Griechenland, befahren die Ägäis und werden vor der Insel Delos von Seeräubern verfolgt. Doch Kapitän Donnelly vertreibt die Piraten mit ein paar gezielten Kanonenschüssen. Von Delos mit seinen Tempelanlagen sind die Elgins enttäuscht. Die Insel ist in Marys Augen »eine Wüste, nicht einmal ein Schäfer ist auf ihr«. Sie geraten in einen heftigen Sturm, Mary wird krank, schließlich können sie vor Paros ankern und genießen die dortige üppige Natur mit Orangenbäumen und Bächen. Am 2. August gelangen sie nach Smyrna, am 4. September erreichen sie ihr Sommerdomizil in Büyükdere in den Wäldern nördlich von Konstantinopel. Dort kommt knapp drei Wochen später, am 23. September 1802, die Tochter Matilda zur Welt. Elgin erhält Ende September die Weisung aus London, seinen Dienst zu quittieren und zurückzukehren. Doch auch eine Hiobsbotschaft erreicht sie in Büyükdere: Die »Mentor«, Nelsons Schiff, von Mary Elgin finanziert, ist vor Kythera auf ein Riff gelaufen und gesunken. Der »Biel Chair« und andere antike Kostbarkeiten sind im Meer versunken, das an dieser Stelle glücklicherweise nur wenige Meter tief ist. Die Elgins reisen nochmals nach Konstantinopel. Elgin reicht beim Sultan seine Demission ein und wird feierlich verabschiedet. Am 17. Januar 1803 verlässt die Familie an Bord der »Diane« die Stadt am Goldenen Horn. Vor Kythera passieren sie den Unglücksort, wo die »Mentor« gesunken ist und Elgins Schätze auf dem Meeresgrund liegen. Erst einige Monate später wird es gelingen, die wertvollen Gegenstände zu bergen und nach Schottland zu bringen.

In Geiselhaft

Statt zur See nach England zu fahren, entscheiden sich die Elgins für den Landweg über Italien und Frankreich, da sie einige Städte besichtigen wollen. In Neapel gehen sie von Bord. Über Rom und Florenz reisen sie nordwärts und gelangen nach Frankreich. Nachdem Ende März 1802 zwischen Großbritannien und Frankreich der Friedensvertrag von Amiens geschlossen worden ist, glauben die Elgins ohne Gefahr zur Kanalküste reisen zu können. Frankreich wird in dieser Friedenszeit von britischen Touristen geradezu überflutet. Allein in Paris, so eine zeitgenössische Quelle, halten sich damals rund zehntausend Briten auf. Doch Napoleon, Erster Konsul der Französischen Republik (am 2. Dezember 1804 wird er sich selbst zum Kaiser krönen), unterlässt es, mit Großbritannien einen Handelsvertrag abzuschließen, obwohl das im Friedensvertrag vereinbart worden ist. Daraufhin lässt Großbritannien am 17. Mai 1803 französische Schiffe in britischen Gewässern aufbringen. Frankreich antwortet tags darauf mit Vergeltungsschlägen gegen britische Schiffe. Am 18. Mai erklären sich die gegnerischen Parteien den Krieg. Napoleon lässt rund tausendvierhundert Briten in Frankreich inhaftieren und ihren Besitz beschlagnahmen. Auch die Elgins werden festgenommen. Während die

meisten britischen Gefangenen in Lagern rund um Paris festgehalten werden, nimmt Napoleon rund zwanzig hochrangige
oder wohlhabende Männer und Frauen – darunter auch den Earl
und die Countess Elgin – als Geiseln in Gewahrsam, um sie als
Druckmittel im Krieg einzusetzen. Das britische Parlament protestiert dagegen, stößt bei dem französischen Kriegsherrn jedoch
nur auf taube Ohren. Im staatlichen französischen *Moniteur*
werden unterdessen bösartige Behauptungen über die Spiona-
getätigkeit Thomas Elgins verbreitet, um die Öffentlichkeit gegen ihn aufzuhetzen.

Obwohl die Elgins Gefangene sind, werden sie bevorzugt
und mit aller Respektbezeugung behandelt. Als Geiseln sind
sie zu wertvoll, als dass man ihnen Schaden zufügen wollte. Also
residieren sie im noblen Pariser Hôtel de Richelieu mit Bediensteten und allen materiellen Bequemlichkeiten. Sie können Besuche empfangen, und Mary nutzt die Gelegenheit, in den
noblen Pariser Boutiquen einkaufen zu gehen. Sie, die bereits
wieder schwanger ist, findet Kontakt zu einem anderen britischen Gefangenen, dem 1769 geborenen Geologen Robert Ferguson. Thomas Elgin und Ferguson kennen sich seit ihrer Kindheit, die Güter ihrer Eltern liegen benachbart. So ist es nicht
verwunderlich, dass Elgin den einstigen »Nachbarsjungen« jetzt,
da sie das gleiche Schicksal teilen, gern und häufig sieht und einlädt, und dass er zunächst keinen Verdacht schöpft, was die
Sympathie zwischen Ferguson und Mary betrifft. Ende Juli reisen die Elgins nach Barèges in den Pyrenäen, da Thomas Elgin
krank ist (wohl eine Folge seiner Quecksilberbehandlung) und
sich einer Kur mit dem dortigen Heilwasser unterziehen will. In
Briefen nach Hause (das Korrespondieren ist den Gefangenen
weiterhin erlaubt, wenngleich ein Zensor mitliest) beklagt sich
Mary, sie habe in dem kleinen Dorf Barèges weder ein Klavier,
noch ihre Kinder (die sie nach England zu den Großeltern
schickten), noch Spielpartner für das Whist: »Ich hätte nie gedacht, dass ich meiner eigenen liebenswürdigen Begleitung so
müde werden könnte.« Im September 1803 macht sich Mary

auf den Weg zurück nach Paris – allein. Wieder logiert sie im Hôtel de Richelieu. Ihr Mann hingegen wird auf Napoleons und Talleyrands Betreiben in die Festung Lourdes in den Pyrenäen verbracht. Lourdes ist damals noch keine Marienwallfahrtsstätte, sondern ein Verbannungsort für Schwerkriminelle. Mit dieser ostentativen Schlechterstellung will Napoleon die Briten, die zuvor den französischen General Pierre François Joseph Boyer in Schottland ins Gefängnis gebracht haben, unter Druck setzen.

Unter der psychischen und physischen Belastung verschlechtert sich Thomas Elgins Gesundheitszustand. Auch Mary leidet unter der Trennung von ihrem Mann, ihren Kindern und unter der Ungewissheit. Mehrmals bittet sie den französischen Außenminister Charles-Maurice de Talleyrand um die Ausreisegenehmigung, die er ihr jedoch verweigert. Auch darf sie nicht nach Lourdes zu ihrem Mann fahren. Die britische Regierung widersetzt sich einem Austausch der Geiseln Boyer und Elgin. Das Weihnachtsfest 1803 verbringt die schwangere Mary allein in Paris, ohne Hoffnung auf eine Beendigung der Geiselhaft.

Kein Wunder, dass sie sich in jenen Monaten Robert Ferguson näher anschließt. Er ist ihr Tröster und Freund, bald ihr Geliebter. Elgin wird unterdessen nach Pau in den Pyrenäen verbracht, doch an seinen Haftbedingungen ändert sich nichts. In Briefen an Mary wird er immer ungeduldiger: Sie solle ihn in Pau besuchen und sich in Paris nicht zu sehr amüsieren. Sie widerspricht ihm und verschweigt, dass sie mit Ferguson, Elgins »gutem Freund«, ein Verhältnis hat. Im Februar 1804 wird Elgin nach Orléans verbracht. Weiterhin quält er seine Frau mit Vorwürfen. Sie kontert recht kaltschnäuzig: »Wenn Du mir nicht sagst, wer Dir Briefe mit Gerüchten über mich schickt, so beschuldige ich Dich, dass Du sie erfindest. […] Welch ein Skandal, zu behaupten, ich verlöre meinen Charakter als Frau und als Engländerin.« Er bohrt weiter. Sie wirft ihm – Angriff scheint die beste Verteidigung – die Worte ins Gesicht: »Dein Brief hat mich in jeglicher Achtung zu sehr verletzt, als dass ich fähig wäre, darauf zu antworten.« Am 5. März bringt sie den Sohn William Hamilton Bruce zur Welt. Ferguson verlässt im Mai 1804 Paris, mit Erlaubnis der Franzosen, die sich von ihm eine Vermittlung in Fragen des Austauschs der Geiseln erhoffen, und kehrt nach London zurück. Mary bleibt allein in Paris zurück, immerhin erhält sie die Genehmigung, ihren Mann in Orléans zu besuchen und ihm seinen kleinen Sohn zu zeigen. Napoleon lockert die Arrestbedingungen. Elgin darf Paris nicht betreten, sich aber gemeinsam mit Mary und dem Kind wieder in die Pyrenäen begeben, da er sich dort eine Linderung seiner gesundheitlichen Beschwerden erhofft. Im März 1805 schließlich wird es den Elgins doch erlaubt, wieder nach Paris zu reisen. Am 1. April kommen sie dort an. Auch Ferguson ist wieder in der Stadt an der Seine, und Mary sieht den Geliebten nach fast einem Jahr wieder. Die Begegnung wird vom Tod des kleinen William überschattet, der am 13. April 1805 stirbt und von den Eltern, aber auch von Robert Ferguson, tief betrauert wird.

Ferguson kehrt im Sommer 1805 nach Schottland zurück, wo er eine Laufbahn als Politiker einschlägt (er wird wenig später für seinen Wahlkreis ins Londoner Unterhaus gewählt). Den brieflichen Kontakt zu Mary hält er aufrecht. Die ist zu jener Zeit bereits wieder schwanger – ob von Thomas Elgin oder von Robert Ferguson, bleibt ungeklärt. Sie selbst hat ihrem Mann in Briefen immer versichert, er sei der Vater. Das geschieht jedoch zu einer Zeit, als Elgin vom Ehebruch seiner Frau erfahren hat und sie naturgemäß mit bitteren Vorwürfen und dann auch mit rechtlichen Schritten, dem Antrag auf Scheidung, verfolgt. Ob Marys Beteuerung hinsichtlich Elgins Vaterschaft der Wahrheit entsprach oder nur ein Winkelzug war, um vor Gericht besser bestehen zu können, bleibt ihr Geheimnis.

In jenem Herbst 1805, nach Fergusons Rückkehr nach Schottland, hat Thomas Elgin freilich andere Sorgen: Seine Haftbedingungen verschlechtern sich, als Napoleon ihn – die kostbare Geisel – im September in die Festung Melun, südöstlich von Paris, bringen lässt. Mary hingegen erhält im Oktober endlich eine Ausreisegenehmigung. Sie verlässt Paris und reist nach London zu ihren Eltern und zu ihren Kindern – gegen den Willen ihres Mannes, der sie lieber weiterhin in seiner Nähe sähe. Auf der langwierigen und umständlichen Reise – wegen eines Sturms muss sie mehrere Tage im Küstenort Morlaix ausharren, bevor sie den Ärmelkanal überqueren kann – erfährt sie vom überwältigenden Seesieg der Briten in der Schlacht von Trafalgar am 21. Oktober 1805, bei der die Royal Navy unter Admiral Nelson die Flotten Frankreichs und Spaniens vernichtend geschlagen hat. Nelson, den Mary persönlich kennt, wird in der Schlacht tödlich verwundet. Das Vereinigte Königreich aber ist von da an in seiner Stellung zur See unangefochten und muss eine Eroberung durch die Franzosen nicht mehr befürchten. Napoleons Mythos der Unbesiegbarkeit ist zerstört, seine Position gegenüber Großbritannien geschwächt.

»FREI«

Am 20. Januar 1806 bringt Mary Elgin in London ihre Tochter Lucy zur Welt, es ist ihr fünftes und letztes Kind. Das Herrenhaus Broomhall, Eigentum ihres Mannes, ist verschuldet, und sie muss – während er noch in französischer Gefangenschaft ist – sich um die Sanierung der Finanzen kümmern, als »Man of Business«, wie sie ihrem Mann stolz und zugleich etwas vorwurfsvoll schreibt. Sie macht sich sogar kundig, was denn die Marmorreliefs vom Parthenon wert sind, und trägt sich mit dem Gedanken, sie dem britischen Staat zu verkaufen. Aber sie sind in Thomas Elgins Eigentum. Neben ihren geschäftlichen Aufgaben findet Mary einen weiteren Zeitvertreib: Robert Ferguson besucht sie täglich in ihrer Londoner Wohnung, nicht nur zum Tee. Oftmals verlässt er erst frühmorgens ihr Haus, noch bevor die Bediensteten aufstehen.

Im Jahre 1806 kehrt Thomas Elgin aus der französischen

Gefangenschaft nach England zurück. Doch die Wiedersehensfreude verfliegt rasch. Mary, die die wiederholten Schwangerschaften leid ist, will getrennte Schlafzimmer, was ihr Mann verweigert. Mary zieht sich auf ihre Landgüter Archerfield und Biel zurück. Doch es kehrt kein ehelicher Friede ein. Elgin hat einen glühenden Liebesbrief Fergusons an Mary abgefangen und somit von deren Ehebruch erfahren. Er ist zutiefst verletzt, will und kann seiner Frau nicht verzeihen. Auch Vermittlungsversuche der alten Nisbets, die einen öffentlichen Skandal vermeiden wollen und ihren Schwiegersohn zur Vernunft rufen (auch im Sinne seines gesellschaftlichen Ansehens, seiner politischen Karriere und wohl auch unter finanziellen Versprechungen), scheitern an Elgins Starrsinn und seinen rigiden Ehrvorstellungen. Ein ziviles Scheidungsrecht gibt es damals in Großbritannien noch nicht. Der Scheidungsakt wird nur höchst selten vollzogen, und nur im Rahmen eines »Act of Parliament«, bei dem ein eindeutiger Schuldzuspruch festgestellt wird und der Schuldige die Erziehungsrechte verliert. Am 11. März 1808 befindet das schottische Zivilgericht in Edinburgh im Auftrag des Parlaments über die Ehescheidung zweier hochrangiger Vertreter der Aristokratie (während Flugblätter und die Journaille das Verfahren hämisch begleiten und Indiskretionen ausstreuen): Mary Elgin und Robert Ferguson werden des Ehebruchs für schuldig befunden. Mary verliert das Fürsorgerecht an ihren vier Kindern. Ein Sheriff erscheint in Marys Wohnung und nimmt ihr die Kinder weg, die dem Vater übergeben werden. Die Mutter darf sie nicht einmal mehr sehen. Robert Ferguson schreibt an jenem Tag der Scheidung triumphierend in sein Tagebuch: »An jenem Tag wurde sie von ihm [Elgin] auf IMMER befreit.« Und auch Mary anvertraut dem Diarium ein Wort in Großbuchstaben: »FREI.«

Glücklicherweise leben die Eltern Nisbet noch, sodass das Vermögen, eines der größten des Vereinigten Königreichs, noch nicht auf ihre einzige Tochter Mary übergegangen ist (und damit nach ihrem Schuldspruch dem Ehemann zugefallen wäre). So bleiben die Wälder, Felder, Landgüter, Schlösser, Stadtpalais,

Kunstwerke und Geldanlagen im Besitz der Nisbets und gelangen nach deren Tod (William Hamilton Nisbet stirbt 1822, seine Frau Mary Manners-Nisbet 1834) ungeschmälert und ungeteilt in Marys Hände. Die aber heißt nach der Scheidung von ihrem Mann nicht mehr Elgin, sondern Ferguson. Robert und sie heiraten am 20. April 1808, nur sieben Wochen nach dem Scheidungsurteil. Es wird eine glückliche Ehe, beide reisen viel auf den britischen Inseln umher (und entdecken ein Faible für einsame Gegenden und alte, keltische Kultstätten). Robert wird Mitglied des Unterhauses für den schottischen Wahlbezirk Kirkcaldy, später für die Stadt Haddington in East Lothian, und Mary kümmert sich um die weitere luxuriöse Ausgestaltung ihrer Herrenhäuser mit Möbeln und wertvollen Kunstgegenständen, unter anderem mit Gemälden von Canaletto, van Dyck und Caravaggio. 1819 wird sie sogar Gegenstand der Literatur: Der schottische Romancier Walter Scott zeichnet ihre Lebensgeschichte und ihren tragischen Konflikt zwischen zwei Männern in seinem Roman *The Bride of Lammermoor* frei nach, verlegt allerdings Ort und Zeit ins Schottland des 16. Jahrhunderts. Der Stoff wurde später berühmt durch die 1835 uraufgeführte Oper *Lucia di Lammermoor* von Gaetano Donizetti.

Thomas Elgin heiratet im September 1810 ein zweites Mal. Seine neue Frau ist erheblich jünger als er und leichter lenkbar. Die »Elgin Marbles«, wie sie bereits damals landläufig genannt werden, die reiche Antikensammlung von Thomas und Mary Elgin, vor allem die Metopen vom Parthenonfries, werden 1816 von Thomas Elgin für 35 000 Pfund an das British Museum verkauft, wo sie bis heute zu bewundern sind und einen der Hauptschätze aus der Zeit des klassischen griechischen Altertums darstellen.

1840 ist ein Jahr des Todes: Marys ältester Sohn George William Lord Bruce stirbt mit nur vierzig Jahren am 1. Dezember. Zwei Tage später, am 3. Dezember, stirbt Marys geliebter Ehemann Robert Ferguson. Ihm zu Ehren wird in Haddington eine hohe Säule mit seiner Statue errichtet, die noch heute existiert und auf einer Tafel den »teuren Landlord, freizügigen Spender von Wohlstand, großzügigen väterlichen Freund der Literatur, der Wissenschaft und der Kunst« rühmt. Ein knappes Jahr später, am 14. November 1841, stirbt Marys erster Ehemann Thomas Lord Elgin. Er hinterlässt seiner zweiten Frau und seinem Sohn aus zweiter Ehe James nur einen Schuldenberg. Bis zuletzt fanden Thomas und Mary nicht die Kraft, sich auszusöhnen.

Marys Verhältnis zu ihren Kindern bleibt angespannt. Nur wenige Male gelingt es ihr, das eine oder andere ihrer Kinder in zuvor aufwendig arrangierten Treffen wiederzusehen. Ihnen wurde vom Vater und den Gouvernanten eingeflößt, dass ihre Mutter eine verdorbene, unmoralische Frau sei, die ihre eigenen Kinder im Stich gelassen habe. Diese Vorbehalte tragen sie noch als Erwachsene im Herzen, und so begegnen sie ihrer Mutter mit Abneigung und Unversöhnlichkeit.

Mary Hamilton Nisbet Bruce Ferguson, einstige Countess of Elgin und Kincardine, stirbt am 9. Juli 1855 im Alter von siebenundsiebzig Jahren auf ihrem Landsitz Archerfield. Sie wird neben ihrem Mann Robert Ferguson auf dem Kensal Green Friedhof bei London bestattet.

Die Elgin Marbles jedoch zogen und ziehen jedes Jahr Abertausende von Besuchern aus der ganzen Welt an. In Athen hat man sich mit dem Verlust der Kunstwerke nie abgefunden, obgleich die griechische Regierung erst im Mai 2015 verkündete, man wolle die Rückgabe der Metopen nicht vor einem Gericht erstreiten – die juristischen Chancen hierfür sind aussichtslos. Um aber die kulturelle Wunde, die Leerstelle, zu verdeutlichen, hielt man im 2009 eröffneten Neubau des Akropolismuseums in Athen bewusst einen Platz für die Elgin Marbles frei.

4 Louise Colet (1810–1876)
»Die leuchtenden Länder«

Am 10. März 1871 kehrt die französische Schriftstellerin Louise Colet, von Konstantinopel kommend, nach Paris, den Ausgangspunkt ihrer anderthalbjährigen Reise in den Orient, zurück. Im Gepäck hat sie zahlreiche Notizen über Ägypten, das Osmanische Reich und Griechenland, die sie in den nächsten Wochen und Monaten zu einem Buch ausarbeiten will. Einen Titel hat sie auch schon parat: *Les pays lumineux, Die leuchtenden Länder*. Denn das Licht des Südens, die Strahlkraft des Meeres, des Nilstroms, der Wüste und der blendend weißen Städte haben sie tief beeindruckt. Louise Colet ist eine füllig gewordene Matrone von sechzig Jahren. Sie gilt zu ihrer Zeit neben George Sand als die führende Autorin Frankreichs. Und sie galt in jüngeren Jahren als eine der schönsten Damen des gesellschaftlichen Lebens von Paris, als die »zehnte Muse« der literarischen Szene. Männer wie Alfred de Musset, Alfred de Vigny und Gustave Flaubert waren mit ihr befreundet und zeitweilig auch ihre Liebhaber. Flaubert hat ihr in zahlreichen Briefen über Jahre hinweg seine Poetologie auseinandergesetzt – ein Schatz für die spätere Literaturgeschichtsschreibung – und sie während der langwierigen Entstehung von *Madame Bovary* und *Die Erziehung des Herzens* an seinen Schwierigkeiten mit dem Stoff und der literarischen Gestaltung teilnehmen lassen und um Rat gefragt.

Doch das Paris, in das Louise Colet nach anderthalb Jahren zurückkehrt, hat nichts mehr mit jenem fröhlich-bunten Jahrmarkt der Eitelkeiten zu tun, womit das operettenhafte Zweite Kaiserreich sich so gerne in Szene setzte. Während der Abwesenheit Louise Colets wütet der Deutsch-Französische Krieg. Kaiser Napoleon III. gerät in der Schlacht bei Sedan in preußische Gefangenschaft. In Paris wird die Dritte Republik ausgerufen. Eine Woche später wird der blutige Aufstand der Sozialisten gegen diese Republik ausbrechen, die sich selbst die »Commune« nennen. Louise Colet ahnt nicht, dass sie in einen blutigen und grausamen Bürgerkrieg gerät. Sie hat Fieber, ist von den Strapazen der Reise erschöpft. Sie will nur zur Ruhe kommen, gesunden, ihre Notizen gründlich ausarbeiten, die wenigen Freunde, die ihr noch verblieben sind, wiedersehen. Doch sie scheint der Pariser Welt abhandengekommen zu sein. Die katholische Zeitung *L'Univers* hat die Falschmeldung vom Tod Louise Colets verbreitet. Ob ihre lange Abwesenheit zu dieser Zeitungsente beitrug oder schlicht die Böswilligkeit des katholischen Lagers, das in der kirchenkritischen Autorin und Anhängerin der Republik gern »des Teufels Großmutter« erblicken will, sei dahingestellt. Jedenfalls vermeldete das Blatt kurz zuvor, Madame Colet, »berühmt für ihren revolutionären Drang und den wütenden Hass auf Priester, den Papst und alles, was mit Gott und Religion zu tun hat«, sei gestorben. Die Todesursache, so *L'Univers*, sei eine Geschwulst auf der Zunge gewesen, zweifelsohne die himmlische Strafe für ihre »gotteslästerlichen Reden«. Doch Louise Colet, wenngleich kränkelnd, ist noch keineswegs am Ende. Sie will erst noch ihre Reiseerlebnisse zu Papier bringen und sich zudem weiterhin in die politischen Ereignisse einmischen ...

Von der Provence nach Paris

Louise ist die Tochter des bürgerlichen Postdirektors Henri-Antoine Révoil und dessen aus altem provenzalischen Adel stammender Frau Henriette Le Blanc de Servanes. Sie wird am

15. August 1810 in Aix-en-Provence geboren, der unter König René (1409–1480) einst so prächtigen und stolzen Hauptstadt des Landes. Doch zu Louise Révoils Zeit spiegelt die Stadt nur noch weniges von ihrer einstigen kulturellen Lebendigkeit wider. Sie urteilt später, Aix sei eine »Totenstadt, in der ich geboren wurde, aber nicht sterben wollte«. Louise gilt als das schönste der sechs Kinder der Révoils, mit ihren porzellanblauen Augen und ihren langen blonden Locken fällt sie überall auf. Sie wächst auf dem rund achtzig Kilometer westlich von Aix gelegenen Sommersitz der Familie mütterlicherseits auf, dem Château de Servanes. Noch heute befindet sich das Anwesen im Besitz der Familie und wird als Hotel- und Golf-Resort betrieben. Zu Louises Zeiten freilich besteht die Haupteinnahmequelle der Le Blanc de Servanes – neben dem Direktorensalaire von Vater Révoil – in der Produktion von Olivenöl. Das Schloss von Servanes ist im frühen 19. Jahrhundert keineswegs ein Paradies. Die Wohn- und Lebensumstände sind bescheiden. Zudem gilt Louise, die sich wenig an den Spielen der Geschwister beteiligt und sich vielmehr in die Welt der Bücher zurückzieht, als die Außenseiterin der Familie. Von den Geschwistern wird sie – glaubt man ihrer eigenen Darstellung – wie Aschenputtel behandelt.

Louise eignet sich ihr Wissen weitgehend autodidaktisch an. Die umfassende Bibliothek der Großmutter wird ihr zur zweiten Heimat. Früh schreibt sie Verse und Geschichten. Bereits als junge Frau beherrscht sie Italienisch, Griechisch und Latein, besitzt Grundkenntnisse im Englischen und ist in der Geschichte der Antike und des Mittelalters bewandert. Zudem liest sie früh die Schriften von Madame de Staël und Benjamin Constant. Als 1826 Vater Révoil stirbt, verliert die Familie ihre finanzielle Grundlage. Einer von Louises älteren Brüdern wird Familienoberhaupt. Das Leben in Schloss Servanes wird karg, freudlos und frömmlerisch. Mutter Henriette gibt allem klein bei, nur um den Frieden zu wahren, Louise hingegen bleibt aufmüpfig und widersetzt sich jahrelang allen »lukrativen« Verheiratungsversuchen. Es kommt zu hässlichen Szenen: Die widerstrebende Louise wird von ihrem Bruder wiederholt in eine Kammer gesperrt. In Louise setzt sich in jenen Jahren eine Vision ihrer Erlösung aus diesen engen, philiströsen Verhältnissen fest: Paris. Für sie wird die Stadt zu einem Klischee von Freiheit, Weltoffenheit, romantischer Lebensauffassung. Deren bedeutendster Vertreter ist damals der Dichter François René de Chateaubriand, dem Louise in ihrer provinziellen Abgeschiedenheit etliche ihrer Gedichte widmet. Einziger geistiger Trost wird ihr der Besuch eines privaten Salons im nahen Nîmes. Die gebildete Salonière und Buchhändlerin Julie Candeille lädt in ihren Räumlichkeiten die führenden Geister der Provence ein, und bald gilt die junge, einundzwanzigjährige Louise Révoil als die schöne Muse dieses Kreises. Louise freundet sich mit dem jungen Dichter Arsène Thévenot an, den es ebenfalls nach Paris zieht, um dort Ruhm zu erlangen und der großen romantischen Liebe zu begegnen. Doch die Träume der Gruppe von Nîmes zerstieben: Louise entzweit sich mit Thévenot, im Februar 1834 stirbt Julie Candeille, zwei Monate später Louises Mutter Henriette. Das häusliche Regime in Servanes wird immer drückender. Louise wird wie eine Magd behandelt, ihre Wäscheaussteuer, noch von der Mutter zusammengetragen, verschwindet. Sonntags kommt der bigotte Dorfpriester zu Besuch, der auf Geheiß der älteren Brüder der widerspenstigen Louise die Leviten liest und ihr mit der Hölle droht. Als ihr ein am Tisch sitzender Onkel auch noch ein Glas Wasser ins Gesicht schüttet, steht Louise auf, geht in ihr Zimmer, packt die nötigsten Kleider und ihre Manuskripte und rennt ins Dorf, wo sie bei ihrer alten Amme unterkommt. Tags darauf fährt sie nach Nîmes, bei ihrer Schwester Marie findet sie Unterschlupf. In Nîmes begegnet Louise einem jungen Musiker wieder, den sie ein Jahr zuvor kennengelernt hat: Hippolyte Colet. Der schmächtige, hüstelnde Mann hat in Paris bei dem Komponisten Anton Reicha Harmonielehre und Kontrapunkt studiert. Colet will Komponist werden, und soeben hat er einen Lehrauftrag am Pariser Konservatorium angeboten bekommen. Louise sieht in Hippolyte ihre einzige Chance. Rasch sind sich die beiden einig: Hippolyte, der seit Längerem ein Auge auf die blonde Schönheit geworfen hat, darf sie heiraten, im Gegenzug muss er sie mit nach Paris nehmen. Der Deal ist perfekt. Immerhin empfindet Louise vor Colet keinen Widerwillen, wenngleich der Musiker nicht ihrem unklaren Ideal des romantischen Helden entspricht. Aber diesem Idol – so ihre Hoffnung – wird sie sicherlich in der Hauptstadt begegnen. Die Ehe ist für sie ein Vehikel, von dem man jederzeit abspringen kann. Gegen den Widerstand der Familie Révoil heiraten Louise und Hippolyte am 5. Dezember 1834. Weder bei der standesamtlichen Trauung noch bei der kirchlichen Zeremonie ist auch nur einer von Louises Verwandten anwesend. Wenige Tage später bricht das junge Paar in die französische Hauptstadt auf.

Ein versuchter Mord

Hippolytes Gehalt als »Probeassistent« am Konservatorium ist äußerst bescheiden. Die Colets mieten eine billige Wohnung auf dem Montmartre, damals ein Arbeiter- und Rotlichtbezirk. Louise hat sich ein Leben in den Salons, in Oper und Theater vorgestellt – doch nun steht sie vor der bitteren Realität der Armut und des Arbeitsalltags. Die Salons, in denen die Stars der literarischen Szene – darunter Marie d'Agoult, Eugène Sue, Alexandre Dumas, George Sand und Honoré de Balzac – verkehren, sind ihr verschlossen. Ihr einziges Pfund ist ihre Schönheit und Jugend, denn das Bündel Gedichte, das sie in ihrem Koffer nach Paris gebracht hat, interessiert niemanden. Sie stellt einen Gedichtband mit dem Titel *Fleurs du midi (Blumen des Südens)* zusammen, lässt ihn drucken und schickt Exemplare an den damaligen Großkritiker Charles Augustin de Sainte-Beuve und an Chateaubriand, den Granden der romantischen Schule, doch von Chateaubriand kommen nur ein paar gleichgültige Worte, während Sainte-Beuve ihre Gedichte in einer Rezension mit sarkastischer Wonne verreißt. Doch der Zufall kommt Louise Colet zu Hilfe: Prinzessin Marie, die Tochter König Louis Philippes, findet Gefallen an den *Fleurs du midi* und sorgt dafür, dass die Dichterin eine bescheidene Pension aus dem Etat des Unterrichtsministeriums erhält. Das ist die beste Werbung für die angehende »zehnte Muse« von Paris, und sie weiß diese offizielle Auszeichnung für ihre Publicity zu nutzen. Der Durchbruch gelingt ihr 1839, als sie am Dichtungswettbewerb der Académie Française zum Thema »Das Museum von Versailles« mit einem Gedicht von achtundfünfzig Strophen teilnimmt, das sie angeblich innerhalb von drei Tagen zu Papier gebracht hat. Sie gewinnt den Ersten Preis und ist von da an in aller Munde – obgleich ihr ein Rezensent der bekannten Literaturzeitschrift *Revue de Paris* »parasitäres Attributsgepränge« und »aufgeblähte Gemeinplätze« vorwirft.

Die Türen der Salons öffnen sich ihr – wenngleich noch immer einige der literarischen Größen ihr mit Skepsis begegnen. Aber Louises strahlende Schönheit erobert manches Männerherz und lässt manches Frauenantlitz vor Neid erblassen. Sie wird an den Königshof gerufen, das Unterrichtsministerium gewährt ihr eine erhöhte Pension, und sie lernt den Mann kennen, der in der Académie ihr besonderer Fürsprecher ist: den Philosophieprofessor Victor Cousin.

Bald sind die Dichterin und der Philosoph ein Paar. Ganz Paris weiß es, obgleich die Liaison nicht offiziell ist. Hippolyte Colet, der zunehmend sonderlich wird und in der Öffentlichkeit durch sein kleinbürgerliches Gebaren für die aufstrebende Louise untragbar ist, fügt sich in sein Schicksal, denn Victor Cousin, der über blendende Verbindungen verfügt, hält auch über ihn schützend die Hand, sodass der kleine Assistent bald zum ordentlichen Dozenten am Pariser Konservatorium aufsteigt, eine Position, die sein Gehalt verdoppelt. Die Colets ziehen 1841 in eine vornehmere Straße nahe der Place Pigalle. Hier eröffnet Louise einen literarischen Salon und erfüllt sich damit einen lang gehegten Traum. Literaten, Kritiker und Musiker gehen bei ihr ein und aus. Der Dichter Théodore de Banville beschreibt die Gastgeberin in jenen Jahren emphatisch: »Überragend schön, mit einem freundlichen und eindrucksvollen Gesicht, spiegelte sich der Himmel in ihren sanften und stolzen Augen. Sie bezauberte alle Betrachter durch das lebhafte Purpur ihrer Blütenlippen, ihr treffliches königliches Haupt, ihre weißen Hände mit rosenfarbenen Nägeln [...] und ihre Nase, mit der sie Königreiche stürzen könnte [...].« Selbst der sonst so skeptische Sainte-Beuve wird – vielleicht unter dem Eindruck von Louise Colets guten Beziehungen – zu ihrem begeisterten Parteigänger und nennt ihren neuen Gedichtband *Penserosa* »ein elegantes und brillantes Buch«. Und auch das Unterrichtsministerium erhöht Louises Pension ein weiteres Mal. Sie scheint unangreifbar zu sein, und selbst der Umstand, dass sie schwanger ist – von Victor Cousin, wie ganz Paris weiß –, tut ihrer Berühmtheit und Beliebtheit keinen Abbruch.

Eine Affäre bringt Louise jedoch beinahe zu Fall: Im Jahre 1840 veröffentlicht der Journalist Alphonse Karr, Herausgeber des satirischen Magazins *Les Guêpes (Die Wespen)* einen Artikel, worin er die wahre Vaterschaft von Louise Colets Kind recht anzüglich publik macht. Zwar weiß die Pariser Gesellschaft ohnehin von diesem Sachverhalt, aber es ist ein Unterschied, das doppelte, gesellschaftlich sanktionierte Spiel mitzuspielen oder es moralisch an den Pranger zu stellen. Louise Colet ist nicht nur karrierebewusst, sie ist auch stolz und jähzornig, und sie fasst in der Nacht nach Erscheinen von Karrs Polemik einen folgenschweren Entschluss: »Ich verbrachte die Nacht in einem Zustand der Schlaflosigkeit, Benommenheit und Wut: Das Blut meines Großvaters, Mitglied des Nationalkonvents, das Blut seiner Tochter – meiner stolzen und heiligen Mutter –, wallte in mir auf. Ich hörte auch das Kind in meinem Bauch zittern und einen Schrei ausstoßen: ›Dieser Mann muss sterben!‹« Hochschwanger macht sie sich auf den Weg zu Karrs Wohnung, ein Küchenmesser unter ihrem Mantel versteckt:

»Ich traf ihn am Eingang an, in Hemdsärmeln. ›Ich muss Sie sprechen […].‹ Dies waren meine einzigen Worte. Er bat mich herein, und als er sich zur Portiersloge hinunterbeugte, stieß ich ihn in den unteren Teil des Rückens. Ein paar Tropfen Blut flossen heraus. Das Küchenmesser war abgerutscht. […] er drehte sich rasch um und entwaffnete mich.« Karr ist nur leicht verletzt und so ritterlich, der Frau, die ihm nach dem Leben trachtete, eine Kutsche zu bestellen und der Hochschwangeren beim Einsteigen behilflich zu sein. Louise Colet ist benommen. Hippolyte Colet und Victor Cousin sind entsetzt. Cousin lässt erneut seine Beziehungen spielen und bittet den mächtigen Sainte-Beuve um Vermittlung. Tatsächlich erstattet Karr keine Anzeige und belässt es in der nächsten Ausgabe seines Magazins bei ein paar unverbindlichen, ja entschuldigenden Worten: »Ich glaube nicht, dass [Madame Colet] ganz im Unrecht war. […] ich habe geschmacklos gehandelt und bitte alle Frauen um Verzeihung.« Immerhin kann er sich nicht eine böse Bemerkung verkneifen: »Wenn es nur kein Küchenmesser gewesen wäre. Diese *femmes de lettres* verstehen nichts von Haushaltsdingen.« Wenige Wochen später bringt Louise ein Kind zur Welt, ein Mädchen, das sie nach ihrer Mutter Henriette nennt. Das Leben als gefeierte Dichterin, Salondame und Mätresse kann für Louise weitergehen – ungeachtet der Tatsache, dass sie knapp der lebenslänglichen Haft entging.

Erziehung des Herzens

Vor allem als Mätresse berühmter Männer geht Louise Colet ins kollektive Gedächtnis ein – bis heute. Das stellt – zu Unrecht – ihren Rang und ihre Leistungen als Dichterin und zeitkritische Schriftstellerin und Publizistin in den Schatten. Alfred de Musset, Alfred de Vigny und Gustave Flaubert werden – neben einigen anderen Persönlichkeiten der eher zweiten Reihe – ihre Liebhaber. Besonders mit Flaubert verbindet Louise Colet eine lange, leidenschaftliche, bisweilen tragische Beziehung, die von allen Nuancen der Hassliebe, von tiefer Wesensnähe und opernhaftem Abscheu durchzogen ist. Flaubert ist noch ein »Niemand«, ein völlig Unbekannter in der Literaturszene, als er im Juli 1846, mit vierundzwanzig Jahren, Louise Colet im Salon des Bildhauers James Pradier begegnet. Louise, sechsunddreißig Jahre alt, sitzt damals für eine Skulptur Modell. Flaubert, der Sohn eines Chirurgen, der in Croisset bei Rouen mit seiner eifersüchtigen, verhärmten Mutter zusammenlebt, ist damals noch nicht der feiste Glatzkopf mit Schnauzbart und vom Quecksilber schwarz gefärbten Lippen. Er ist ein junger, hünenhafter, athletischer Mann mit blonden Haaren, ein Prachtkerl, dem die Frauen sehnsüchtig nachblicken. Flaubert ist ein vom Sexualtrieb Besessener, ein begnadeter Trinker und eifriger Bordellgänger, dem alle Spielarten körperlicher Liebe und sexuellen Rausches vertraut sind (was er mit einer Syphiliserkrankung wird bezahlen müssen).

Bald sind die beiden ein Paar. Liebesbriefe gehen hin und her. Flaubert hat später die Briefe Louise Colets vernichtet. Doch seine Briefe an die Geliebte und Kollegin haben sich erhalten und wurden veröffentlicht. Sie lassen ein Psychogramm der privaten und beruflichen Beziehung zweier bedeutender Persönlichkeiten erstehen und liefern zudem interessante Einblicke in Flauberts Poetologie und seine Arbeit an *Madame Bovary* und *Die Erziehung des Herzens*. Die Liaison der beiden gleicht einer Obsession. Dies wird bereits in den ersten Monaten deutlich. Jeder fühlt sich vom anderen angezogen und abgestoßen gleichermaßen, erhöht, gedemütigt und provoziert. Flaubert ist durch Louise Colets Art und Weise herausgefordert, ihre Gedichte so nebenher aufs Papier zu werfen, ohne erkennbare Anstrengung (und oft genug mit einem Hang zur stilistischen Unsauberkeit und zum bildlichen Kitsch). Während Louise ihr literarisches Renommee als Mittel zu persönlicher Bestätigung und Voraussetzung für eine sorgenfreie Existenz sieht, ist Flaubert, der vom Vermögen seiner Eltern zehrt, auf finanzielle Einnahmen nicht angewiesen und betrachtet den Beruf des Dichters als Priesteramt. Das Landgut in Croisset wird für ihn, den Muttersohn, Eremiten, Syphilitiker, Alkoholiker, Epileptiker und Menschenfeind, zum letzten Rückzugsort auf Erden, zu dem er sogar seiner Geliebten den Zugang verwehrt. Recht drastisch drückt er sich in Briefen an seine Freunde Maxime Du Camp und Louis Bouilhet über die »wahre« Wollust des Schreibens aus, die der sexuellen Erregung weit vorzuziehen sei. An Bouilhet: »Spar Deine Dauererektion für den Stil auf, vögle Dein Tintenfass. […] eine Unze verlorenes Sperma ist schlimmer als drei Liter verlorenes Blut.« Kein Wunder, dass aus diesen Gegensätzen viel mehr Verstörung und Missverständnis zwischen den Liebenden resultiert als die sprichwörtliche Anziehung. Weite Strecken der achtjährigen Beziehung Louise Colets und Gustave Flauberts sind von Auseinandersetzungen geprägt; einmal, so hat Flaubert gestanden, sei er kurz davor gewesen, seine Geliebte mit einem Holzscheit zu erschlagen.

Der Ton verschärft sich. Als Louise Colet, neben ihrem Geliebten im Bett liegend, nebenbei äußert, sie würde diesen Augenblick des Glücks »nicht einmal für allen Ruhm Corneilles« eintauschen, kontert Flaubert empört: »Mir scheint, dass Du das Genie nicht genug bewunderst, dass Du bei der Betrachtung des Schönen nicht bis ins Innerste erzitterst.« Zur Strafe für ihre Leichtfertigkeit entzieht er ihr das vertrauliche »Du«. Sie protestiert, auch, weil sie einmal nach Croisset bei Rouen fährt und von Flauberts Dienstmagd drei Mal abgewiesen wird. Er gibt sich beleidigt: »Es ist mir unmöglich, eine Korrespondenz fortzusetzen, die epileptisch wird […]. Sie behaupten, dass ich Sie wie eine *Frau niedersten Ranges* behandle. Ich weiß weder, was eine Frau niedersten Ranges, noch was eine Frau ersten oder zweiten Ranges ist.« Treu sind sich die beiden in den Jahren ihrer an einen Rosenkrieg gemahnenden Liaison keineswegs: Gustave Flaubert besucht weiterhin die Bordelle und hat zudem ein Verhältnis mit Ludovica Pradier, der als sexuell sehr offen geltenden Frau des Bildhauers. Louise Colet wiederum nimmt sich diverse Liebhaber, besonders gern aus den Kreisen der in Paris lebenden polnischen Exilanten, wobei sie einen Hang zu deutlich jüngeren Männern hat.

Als im April 1848 Flauberts engster Freund Alfred Poittevin mit nur siebenundzwanzig Jahren stirbt (die beiden führten eine Männerfreundschaft, die latent homoerotische Züge aufwies), ist Flaubert erschüttert. Er hat den Freund schon einmal verloren, an eine Frau. Nun ist der Verlust endgültig, aber gerade Poittevins Tod befreit den in geistigen Zwängen lebenden Flaubert. An Maxime Du Camp schreibt er die bekenntnishaften Zeilen: »Ich hüllte ihn in ein Leichentuch, ich gab ihm den Abschiedskuss, und ich sah zu, wie sein Sarg zugelötet wurde. Zwei lange Tage verbrachte ich dort. […] ich empfand für ihn ein unbeschreibliches Gefühl der Freude und Freiheit.« Auch Flaubert will frei sein. Während im Juni 1848 die Pariser Arbeiter Barrikaden errichten, ein Aufstand, der wenig später von der Nationalgarde blutig niedergeschlagen wird, bringt Louise Colet einen Knaben zur Welt, der jedoch nach kurzer Zeit stirbt. Noch toben Kämpfe. Flaubert will auch einmal mit einem Jagdgewehr im Anschlag auf einer Barrikade gestanden haben. Später wird er in *Die Erziehung des Herzens* seinen Anti-Helden Frédéric Moreau die Revolution in recht schäbiger Art und Weise verpassen lassen. Und auch sein Schöpfer Flaubert zieht sich nach diesem kurzen, halbherzigen Intermezzo von den Aufständischen zurück, verlässt Paris und geht wieder nach Croisset, in den Dunstkreis der eifersüchtigen Mutter und zum Skript seines neuen Buches *Die Versuchung des heiligen Antonius*. Währenddessen stirbt am 4. Juli François-René de Chateaubriand, der große Dichter der Romantik. Louise eilt zu seinem Sterbebett, schneidet ihm eine seiner silbernen Locken ab, sendet in einem Umschlag ein paar Strähnen und ein eigenes Gedicht nach Croisset. Flaubert antwortet dürr – immerhin duzt er Louise wieder: »Danke für das Geschenk. Danke für Deine sehr schönen Verse. Danke für die Erinnerung. Der Deine, G.« Es ist für mehrere Jahre die letzte Notiz an Louise Colet. Flaubert bricht im Herbst 1849 mit seinem Freund Maxime Du Camp nach Ägypten auf, ohne sich nochmals von Louise zu verabschieden. Der Orient lockt ihn. Es ist eine Folie unklar ersehnter Mysterien, Freiheiten und Freizügigkeiten – auch sexueller Natur. Flauberts Briefe aus Ägypten an Louis Bouilhet erzählen recht freimütig und derb von seinen sexuellen Abenteuern mit feinen Kurtisanen, billigen Huren und willigen Lustknaben: »Als wir nach Beni Suef zurückkehrten, gingen wir zu einer Hure, die in einer so niedrigen Hütte wohnte, dass man auf allen vieren hineinkriechen musste. Wir konnten drinnen nur liegen oder knien. Wir vögelten auf einer Strohmatte zwischen vier Wänden aus Nilschlamm, unter einem Rieddach, im Licht einer Lampe, die an der schmutzigen Wand befestigt war. […] Und da war auch ein anderes dickes Schwein, auf dem ich viel Spaß hatte und das nach Butter roch. […] Du fragst mich, ob ich es im Bad getrieben habe. Ja, mit einem großen, jungen Kerl, der mit Pockennarben übersät war und einen riesigen, weißen Turban trug. Ich musste lachen, das ist alles. Aber ich werde es wieder tun. Um eine richtige Erfahrung zu machen, muss man sie wiederholen.« Zwanzig Jahre später wird auch Louise Colet den Nilstrom aufwärts fahren und die »leuchtenden Länder« bewundern, freilich unter anderen Bedingungen, und mit völlig anderen Erwartungen.

»Nimm Dir doch irgendeinen netten Jungen«

Louise Colet zieht sich in jenen Jahren innerlich zurück. Ihr einstiger Geliebter Victor Cousin, der die Trennung von ihr nie recht verwunden hat, bleibt ihr in gewisser Weise treu und zahlt ihr weiterhin eine Pension. Ihr Ehemann Hippolyte, von dem sie seit mehreren Jahren getrennt lebte, stirbt vierundvierzigjährig im April 1853 an einer Lungenkrankheit. Immerhin ist Louise in den letzten Wochen bei ihm und pflegt ihn. Die wiedergewonnene Freiheit nutzt sie mit der Neubelebung ihres

Salons, zu dem Literaten, Künstler, Politiker und Journalisten vornehmlich aus dem linken Lager strömen. Sie knüpft neue Freundschaften – etwa zu der Dichterin Marceline Desbordes-Valmore – und pflegt neue Amouren, wobei ihre Liebhaber immer jünger werden. Obwohl sie jenseits der vierzig ist, gilt Louise Colet noch immer als große Schönheit.

Flaubert und Du Camp kehren im Frühsommer 1851 nach Frankreich zurück. Als Louise Colet dies erfährt, macht sie sich sogleich auf den Weg nach Croisset. Sie will nicht wahrhaben, dass Flaubert mit ihr gebrochen hat. Wieder wird sie von einer Dienstmagd am Betreten des Hauses gehindert. Endlich erklärt sich der Hagestolz doch bereit, sie auf einem Spaziergang im nahen Rouen zu begleiten. Louise ist über die Erscheinung des kranken Mannes mit beginnender Glatze entsetzt: »Er sah mehr wie ein Seehund als wie ein Wikinger aus.« Wenige Monate später, im Herbst 1851, kommen sich beide wieder näher, zunächst brieflich. Flaubert arbeitet an *Madame Bovary*, womit es nicht so recht vorangehen will, und benötigt eine Vertrauensperson, die etwas vom Schreiben versteht und ein geduldiges Ohr besitzt, um mit ihr seine poetologischen Überlegungen zu besprechen. Am 20. September 1851 schreibt er an Louise Colet: »Meine liebe Freundin, gestern Abend habe ich meinen Roman begonnen. Ich sehe stilistische Schwierigkeiten vor mir, die mir den Atem stocken lassen. Es ist keine Kleinigkeit, einfach zu sein. Ich habe Angst […]. Adieu, liebe Louise, ich küsse Sie auf Ihren weißen Hals. Einen langen Kuss für Sie.« Wenig später sind sie wieder ein Paar. Drei Jahre lang wird der Rosenkrieg fortgeführt, bis zur endgültigen Trennung im Jahre 1854.

Spannungen ergeben sich nicht nur aus unterschiedlichen Lebensentwürfen und Flauberts ungebrochener Weigerung, Louise in sein Eremitendasein in Croisset einzulassen, sondern auch aus beider unterschiedlicher literarischer Anschauung. Flaubert benötigt zwar seine Geliebte, um mit ihr den Schaffensprozess der *Madame Bovary* kritisch zu diskutieren, aber er setzt seine poetologischen Überzeugungen von den ihren hart und zum

Teil recht verletzend ab. In einem seiner Briefe umreißt er seine Ansicht von der Haltung des unpersönlichen Autors: »Der Autor muss in seinem Werk sein wie Gott im Universum, überall gegenwärtig und nirgends sichtbar.« Der Menge, auch der Leserschaft, steht Flaubert ablehnend und gleichgültig gegenüber. Er schafft seine Literatur um ihrer selbst willen: »Zwischen der Menge und uns [den Literaten] gibt es kein Band [...]. [Wir müssen] unseren Elfenbeinturm besteigen und dort wie eine Tempeltänzerin, eingehüllt in ihre Düfte, allein mit unseren Träumen bleiben.« Seine Suche nach dem »mot juste«, dem einzig richtigen, perfekten Ausdruck, gleicht einer Manie, wenn er nachts durch den Garten in Croisset stapft und den einzigen Satz, den er tagsüber unter Qualen zu Papier gebracht hat, vor sich hin brüllt, um Inhalt, Gehalt, Klang und Rhythmus zu überprüfen. An Louise Colet, die mit leichter Hand (und bisweilen etwas *zu* nonchalant) dichtet, schreibt er rügend: »Ausdünstungen der Seele, Lyrizismen, ergeben noch keinen Stil [...]. Verflucht seien alle, die dir von ihrer verlorenen Liebe erzählen, vom Grab ihrer Mutter, von ihren seligen Erinnerungen [...], die den Mond anweinen, beim Anblick von Kindern vor zärtlichen Gefühlen delirieren, am Meer eine nachdenkliche Miene aufsetzen. Witzbolde! Witzbolde! und dreifache Gaukler, die ihr eigenes Herz als Sprungbrett benutzen, um es zu etwas zu bringen!«

Gerade zu jener Zeit der poetologischen Auseinandersetzung mit Flaubert feiert Louise Colet ihre größten literarischen Erfolge: Sie erhält 1852 einen weiteren Poesiepreis der Académie Française. 1853 wird ihr Gedichtband *Le poème de la femme*, veröffentlicht, eine Porträtstudie in Versen diverser Frauentypen, etwa »die Bäuerin«, »die Dienerin«, »die Nonne«, »die Bürgerin« oder »die Künstlerin«. Und sie freundet sich in jener Zeit des beginnenden Zweiten Kaiserreichs mit Victor Hugo an, der im Exil auf der Kanalinsel Guernsey lebt und den Louise mehrmals besucht. Freilich bleibt für Louise Colet der große ökonomische Erfolg aus. In den 1850er-Jahren häufen sich ihre Kla-

gen über finanzielle Einschränkungen, über depressive Verstimmungen und das langsame Verblühen ihrer Schönheit. 1852
hat sie eine Affäre mit dem Dichter Alfred de Musset, der über
zwanzig Jahre zuvor auch der Geliebte George Sands gewesen
ist. War er damals noch ein blendend aussehender junger Dandy
mit den besten literarischen Begabungen, ist er nun nur noch
ein Schatten seiner selbst: verbraucht, verarmt, ein Opfer des
Absinths und der sexuellen Ausschweifungen. Das Abenteuer
mit Louise ist eher ein Ausrutscher zu nennen, dennoch bleibt
Musset eine Zeit lang hartnäckig und verfolgt sie mit glühenden Briefen, aber auch mit Beschimpfungen und unflätigen Beleidigungen, genährt durch seine verletzte Trinkerehre.

Flaubert erfährt durch Klatsch von der Affäre und ist eifersüchtig. Eine Weile bemüht er sich vermehrt um Louise Colet,
bis er doch wieder den unnahbaren Hagestolz hervorkehrt: »Du
verlangst Liebe, Du beklagst Dich, dass ich Dir keine Blumen
schicke? Ach, zur Hölle mit den Blumen! Nimm Dir doch irgendeinen netten Jungen, der gerade geschlüpft ist, einen Mann
mit guten Manieren und herkömmlichen Ideen.« Immer öfter
behandelt er sie, als wäre sie eine seiner käuflichen Dirnen:
»Ich weiß, wo ich eine [Frau] finden könnte, die eine schlankere
Taille hat, aber ich kenne keine, die einen erhabeneren Geist
hätte, jedenfalls solange Dein Hintern, den ich übrigens auch
liebe, ihn nicht absinken lässt.« Wir wissen nicht, wie Louise
Colet im Einzelnen auf solch zynische Bemerkungen reagiert
hat, da Flaubert ihre Briefe vernichtet hat. Nachdem auch noch
Louis Bouilhet gegenüber seinem Freund Flaubert gegen Louise
hetzt und ihn davor warnt, Louise habe nur die Absicht, ihn vor
den Traualtar zu zerren und sich bei ihm in Croisset einzunisten,
kommt es zum endgültigen Bruch. Nicht mit einem lauten Knall,
sondern viel banaler, ohne jegliche Erklärung, ohne dass sich die
beiden ausgesprochen hätten. Bereits im Mai 1854 ist ihr Verhältnis so abgekühlt, dass Flaubert auf Louise Colets Briefe nicht
mehr antwortet. Im Oktober bezieht er am Boulevard du Temple
in Paris eine kleine Wohnung, um hier die *Madame Bovary*, über

deren Entstehung er sich jahrelang mit Louise ausgetauscht hat, zu vollenden. Louise Colet unternimmt mehrere Versuche, mit ihm zu sprechen. Flaubert zieht in jenen Wochen, fährt er mit einer Mietkalesche durch die Stadt, die Vorhänge zu, um inkognito zu bleiben. Sie macht seine Pariser Adresse ausfindig, belagert den Concierge mit Fragen, will ins Haus eingelassen werden. Am 6. März 1855 führt der Chirurgensohn wie mit einem Seziermesser den endgültigen Schnitt: »Madame, ich habe erfahren, dass Sie sich gestern die Mühe machten, bei mir vorbeizukommen, dreimal im Verlauf des Abends. Ich war nicht da. Und da ich fürchte, dass eine solche Beharrlichkeit Ihrerseits Ihnen Beleidigungen meinerseits einbringen könnte, veranlasst mich der Anstand, Sie zu warnen: *Ich werde nie da sein.* Ich habe die Ehre, Sie zu grüßen. G. F.« Louise Colet schreibt an den Rand: »Feigling, Memme und Schuft.« Damit ist eine der bemerkenswertesten Freundschaften der französischen Literaturgeschichte beendet. Nur noch einmal, 1863, sieht Louise den einstigen Geliebten wieder. Aus dem einst unbekannten Provinzschriftsteller ist der Star der Literatur geworden, vor allem durch den Skandal, den seine 1856 erschienene *Madame Bovary* hervorgerufen hat. Bei einem Empfang sieht sie Flaubert aus einiger Entfernung. Syphilis und Alkohol haben ihn verwüstet. Erschrocken flüstert Louise ihrer Tochter Henriette zu: »Mein Gott, ist er hässlich! Sieh, wie hässlich er geworden ist!«

Die italienischen Jahre

Louise Colet bleibt, trotz aller Anfeindungen durch Flaubert und seinen Kreis, die Grande Dame der Pariser Salons. 1854 beginnt die Vierundvierzigjährige ein Verhältnis mit dem dreizehn Jahre älteren Dichter Alfred de Vigny. Das bleibt eine Ausnahme. Auch ihre weiteren Liebhaber, etwa der 1821 geborene Schriftsteller Jules Fleury (Pseudonym »Champfleury«), sind um etliches jünger. Obwohl Maxime Du Camp, Freund

Flauberts und diesem in allem ergeben, Louise Colet bei jeder Gelegenheit herabzuwürdigen versucht und ihre Matronenhaftigkeit und ihren welkenden Teint hervorkehrt, scheint die Dichterin doch für etliche Männer eine attraktive Frau geblieben zu sein. Ihr Ruhm wächst: 1854 gewinnt sie zum vierten Mal den Poesiepreis der Académie Française, im selben Jahr erscheint ihr viel beachteter Lyrikband *Ce qu'on rêve en aimant (Was wir träumen, wenn wir lieben)*, im Jahr darauf ihr Schlüsselroman *Une histoire de soldat*, worin sie die Geschichte ihrer schwierigen Beziehung zu Flaubert wenig chiffriert verarbeitet. Einen weiteren Schlüsselroman veröffentlicht sie 1860 unter dem Titel *Lui*, eine Abrechnung mit Musset, dessen Leben und Liebschaften zur Folie für die Handlung werden. Das Buch wird ein Skandalerfolg, innerhalb weniger Monate erscheinen vier Auflagen, in den Salons und den Feuilletons wird viel darüber gestritten.

Louise Colet entflieht vor dem Gezeter und bricht nach Italien auf. Sie will als politische Reporterin die italienischen Befreiungskämpfe begleiten und darüber ein Buch schreiben. Frucht dieser Reise, die sie unter anderem nach Verona, Padua, Venedig, Mailand, Turin, Pisa, Florenz, Siena, Rom und Neapel führt, ist das vierbändige Werk *L'Italie des Italiens* (1862–1864), worin sie ihre Begegnungen und Gespräche mit Künstlern, Literaten und Politikern beschreibt und ihre touristischen, künstlerischen und gesellschaftlichen Eindrücke von einem Land im Umbruch wiedergibt. Sie lernt den Ministerpräsidenten des Königreichs Sardinien Camillo Cavour kennen und sieht im Golf von Neapel den bereits damals zur Legende gewordenen Freiheitskämpfer Giuseppe Garibaldi: »Ich steige schnell in eine Barkasse, die kurz darauf das Boot des Befreiers kreuzt; ruhig und nachdenklich, wie immer mit rotem Hemd und Halstuch, steht er neben dem Admiral. Als mein Boot nah an seiner Seite ist, übergebe ich ihm die Gedichte, die ich über seinen Einzug in Palermo geschrieben habe. Er schüttelt mir die Hand. Ich sage zu ihm: ›Erlauben Sie mir, Ihnen *au revoir* zu sagen,

General.‹ Im selben Moment schießen die sardischen Schiffe Salven von Artilleriefeuer in die Luft, sodass meine Stimme im Lärm untergeht.« Am 7. September 1860 zieht Garibaldi im Triumph mit seinen Rothemden in Neapel ein, der Bourbonenkönig Franz II. flieht nach Caserta in seine riesige Sommerresidenz. Sechs Wochen später stimmen die Neapolitaner in einem Plebiszit für einen Anschluss an das Vereinigte Königreich Italien unter seinem König Viktor Emanuel II., der eine Woche später mit seinen Truppen in die Stadt einzieht. Louise Colet bleibt noch in Italien, reist im Februar 1861 von Neapel nach Rom, wo der autoritäre Papst Pius IX. um die Existenz des Patrimonium Petri fürchten muss und mit pontifikalen Dogmen und weltlichen Dekreten »modernistischen« und revolutionären Strömungen entgegentritt. Louise mietet sich im vornehmen Hotel Inghilterra ein, nur wenige Schritte von der Spanischen Treppe entfernt. Sie wird von der päpstlichen Geheimpolizei bespitzelt, denn ihr zweifelhafter Ruf ist ihr von Frankreich vorausgeeilt. Sich der Überwachung durchaus bewusst, besucht sie dennoch in einer Mischung aus Neugier und Abscheu ein feierliches Hochamt im Petersdom. Ihr ist der Pomp zuwider. Für den Pontifex maximus, der sich in einer Sänfte von vierzehn Schweizer Gardisten tragen lässt, hat sie nur Verachtung übrig. Die Peterskirche empfindet sie als einen Ort »kalter Pracht [...], bar jedes mystischen oder geheimnisvollen Elements«. Lediglich vor Michelangelos Pietà verweilt sie staunend. Vor dem pompösen Grabdenkmal der schwedischen Königin Christina hingegen bleibt sie voller Verachtung stehen, in ihren Augen ist die prachtliebende Konvertitin lediglich »eine Diebin, eine gewalttätige, freche und verderbte Hure«. Louise Colet, selbst im katholischen Milieu aufgewachsen, hat diese Konfession, vor allem ihre Machtstrukturen, stets als Gängelung und Unterdrückung erlebt und empfunden. Ihr lang genährter Hass auf die Amtskirche bricht in ihrem Buch über Italien eruptiv hervor: »Die Seele des Menschen wird bis auf den heutigen Tag von der katholischen Kirche unterdrückt, einer unmenschlichen Lehre, deren Architekten alle Luft und alles Licht ersticken [...]. Freiheit, Gerechtigkeit, Nächstenliebe, Wissenschaft und Keuschheit sind im Mund der Kirche nur leere Worte. Sie hat sich selbst immer nach den Mächten der Tyrannei und Finsternis ausgerichtet [...] und genau zu dieser Stunde rufen die Mächte der Freiheit und Gerechtigkeit in den Stimmen des italienischen Vaterlands gegen die Kirche aus: ›Warum hilfst du nicht zu unserer Befreiung?‹« Dieser Protest ist auch gegen das französische Kaiserreich gerichtet, denn Napoleon III. stützt den Kirchenstaat gegen die italienischen Revolutionäre durch eine Schutztruppe. Erst im September 1870, als wegen des Deutsch-Französischen Kriegs die französischen Soldaten aus Rom abgezogen werden, können italienische Truppen den Kirchenstaat besetzen und damit die politische Einigung Italiens vollenden.

Mit solchen Eindrücken kehrt Louise Colet, die begeisterte Anhängerin der Revolution, nach Frankreich zurück, in das ihr verhasste Zweite Kaiserreich unter Napoleon III. Sogleich beginnt sie mit der Ausarbeitung ihrer Italien-Erinnerungen, die sie in den folgenden Jahren in vier Bänden herausgibt. In Frankreich freilich bringt man der revolutionären Eskapade der älteren Dame nur wenig Verständnis entgegen. Sie kümmert sich nicht um solche von Neid und Misogynie genährten Anfeindungen. Bereits im Sommer 1864 reist sie erneut nach Italien, verbringt einige Monate in Venedig und fährt wieder nach Rom. Hier begegnet sie Franz Liszt, den sie ein Vierteljahrhundert zuvor in Paris kennengelernt hat. Damals war der diabolische Pianist ein Dandy, Salonlöwe und Frauenheld, jetzt, im Alter, hat er sich ganz in den Schoß der Mutter Kirche begeben. Als Abbé mit den niederen Weihen versehen, lebt er in Rom, komponiert zum Ruhm der katholischen Kirche geistliche Musik und gibt vor ausgewähltem Publikum an ausgefallenen Örtlichkeiten hin und wieder noch Klavierabende. Einen solchen erlebt auch Louise Colet, im Kolosseum in Rom, wo einst die Gladiatoren kämpften und die frühen Christen den Märtyrertod erlitten. Sie geht freilich dem Brimborium nicht auf den Leim und schreibt über den Talmiglanz der Veranstaltung verächtlich: »In dem Dämmerlicht, das seine Person kunstvoll umgab, schüttelte der Virtuose mit dem hellen, wallenden Haar den tatterigen Kopf wie ein delirierender Kater, der Mäuse verspottet. Während sein Körper von links nach rechts balancierte und seine Hände krampfartig über die schrill tönenden Tasten fegten, wirkten seine Augen grotesk durch den Ausdruck der Ekstase, den er ihnen zu geben versuchte.« Nach dem Konzert wird Louise von Franz Liszt zum Abendessen eingeladen. Zum Abschied fragt er sie generös: »Wie kann ich Ihnen in Rom behilflich sein?« Unversöhnlich gibt sie zur Antwort: »Ich wünsche mir nur Roms Feindschaft.« Die nächsten Monate lebt sie in einem Landhaus in Kampanien und schreibt an ihrem Buch *Les derniers abbés*, das sich dem belasteten Verhältnis von Klerus und Bevölkerung widmet. Es erscheint 1868 in Frankreich und wird von der katholischen Kirche sogleich auf den Index der verbotenen Bücher gesetzt. Louise Colets Abrechnung mit der Amtskirche ist unversöhnlich, im Einzelnen sicherlich richtig beobachtet und auf ihren eigenen Erfahrungen und Erlebnissen fußend, in der Verallgemeinerung freilich vereinfachend und undifferenziert: »Der schädliche Einfluss der Mönche und Priester ist die Demütigung im Leben der italienischen Bauernschaft. Obszönität und Falschheit, ein zynischer Sittenkodex und abscheulicher Schmutz haben die Stärke, Kühnheit und natürliche Schönheit des Charakters des italienischen Bauern untergraben. […] Priester verstellen und verbergen das Bild des Einen wahren Gottes.«

Besondere Erfahrungen mit der Kirche macht Louise Colet im Spätherbst 1865 auf Ischia im Golf von Neapel. Sie will den Winter auf der Insel verbringen und mietet sich in einem Haus ein. Doch aus Neapel wird die Cholera eingeschleppt. Louise, die bis dahin mit der Bevölkerung auf ihren täglichen Spaziergängen freundlichen Kontakt hatte, wird nun von den ungebildeten Leuten verdächtigt, sie habe den örtlichen Brunnen vergiftet. Dieses wirre Gerücht wird noch dazu von einem Priester geschürt, der den Bewohnern einimpft, die Krankheit sei eine Gottesstrafe dafür, dass diese »ausländische Heidin« hier auf der Insel beherbergt werde. Der Bürgermeister versucht zu deeskalieren und rät der Urlauberin, die Insel zu verlassen, er könne für ihre Sicherheit nicht mehr garantieren. Währenddessen kommt es vor Louise Colets Haus zu Zusammenrottungen mit Beschimpfungen und Bedrohungen. Die Französin bleibt stur, verbarrikadiert sich und will vor der Meute nicht weichen, zumal sie das als Eingeständnis und feiges Zurückweichen vor der katholischen Kirche empfände. Endlich – die Situation spitzt sich zu, der Mob will eben das Tor aufbrechen – treffen aus Neapel Carabinieri ein, die sechzig Aufwiegler verhaften und Louise Colet Geleitschutz geben. So verlässt sie Ischia erhobenen Hauptes. In ihrem Buch *Les derniers abbés* hat sie für die Machenschaften der Kirche nur Spott und offene Feindschaft übrig: »Die Kirche hat das Licht mit einem Leichentuch verhüllt. [...] Die Seele des Menschen wird bis auf den heutigen Tag von der katholischen Kirche unterdrückt [...].« Sie wechselt auf die Insel Capri, wo sie ohne Anfeindungen ein Jahr bleibt, dann geht sie nochmals nach Rom, bevor sie im Frühjahr 1867 Italien endgültig verlässt und nach Paris zurückkehrt. Sie sitzt im Zug von Rom Richtung Norden, als an der Grenze zwischen dem Kirchenstaat und dem Königreich Italien vatikanische Polizisten die Abteiltür aufreißen und der Staatsfeindin drohen: »Wir wissen, wer Sie sind! Betreten Sie unser Territorium nie wieder!«

Reise zu den »leuchtenden Ländern«

Es wird in jenen Jahren immer einsamer um Louise Colet. Freunde und literarische Gegner sterben, so Charles Augustin de Sainte-Beuve (der ihr noch kurz zuvor abschätzig vorwarf, sie sei »Garibaldis Feldküchenchef«), Marceline Desbordes-Valmore und Alfred de Vigny. Victor Hugo schreibt ihr von Guernsey aus weiterhin freundschaftliche und bewundernde Briefe und rät ihr, auch in Zukunft »schöne und erhabene Verse« zu schreiben und »wunderbare Reisen« zu unternehmen. Tatsächlich lässt ein Traumbild sie nicht los – der Orient, genauer: Ägypten. 1862 ist Gustave Flauberts Roman *Salammbô* erschienen, die Geschichte einer karthagischen Prinzessin. Der bildgewaltige Roman ist die exquisite Feier des dekadenten Orients, eine Projektion unerfüllter abendländischer, spätbürgerlicher Sehnsüchte und uneingestandener Triebe. Louise Colet hat das Buch kurz nach dem Erscheinen gelesen und trotz ihres gebrochenen Verhältnisses zu Flaubert neidlos eingestanden: »Es ist wunderschön, großartig, von unerreichbarem Stil. Die afrikanischen Horizonte, die Söldnerlager, Hamilkar, Hannibal, es sind außergewöhnliche Seiten. Welch ein Werk!«

Eine Idee setzt sich in ihr fest: Auch sie will – ähnlich Flaubert zwanzig Jahre zuvor – endlich den Orient mit eigenen Augen sehen! Ein geschichtliches Großereignis erleichtert der immerhin auf die sechzig zugehenden, beleibten Matrone die Entscheidung: Am 17. November 1869 soll der mit französischem Geld und französischer Ingenieurskunst unter der Leitung von Ferdinand Lesseps erbaute Suezkanal in Ägypten feierlich eröffnet werden. Zu diesem mit allem Pomp ausgetragenen Fest soll eine französische Delegation ausgesandt werden, bestehend aus Politikern, hohen Offizieren, Wissenschaftlern, vornehmen Geldgebern und nicht zuletzt verdienten Künstlern. Louise Colet ist begeistert: »Die erstaunliche Zusammenführung zweier getrennter Meere, die lange für unmöglich gehalten wurde, ist die Leistung des hartnäckigen Willens eines einzigen Mannes.« Es gelingt ihr, von der französischen Tageszeitung *Le Siècle* für die Berichterstattung engagiert zu werden. Rasch packt sie ihre Koffer und ist am 7. Oktober 1869 am Gare de Lyon, wo die versammelte Delegation den Zug nach Marseille besteigt.

In Marseille gehen die Delegierten und Reporter an Bord

eines Schiffes, das sie nach Alexandria bringt. Louise Colet fühlt sich einsam, als einzige Frau der Delegation, als Autorin des linken Lagers unter überwiegend bonapartistischen Männern. Sie hat die Empfindung, von den anderen Passagieren geschnitten und ignoriert zu werden, selbst von Théophile Gautier, einem ebenfalls aus der romantischen Schule stammenden Dichter, der fünfzehn Jahre zuvor regelmäßig Gast in Louises Salon gewesen ist.

Auf ihrer Reise verfasst sie lediglich zwei Berichte für ihren Auftraggeber. Umso fleißiger sammelt sie Materialien für ihr Buch *Die leuchtenden Länder,* das eine unterhaltsame Mischung aus Reiseführer, Feuilleton, Sozialreportage und persönlichen Kommentaren und Anekdoten darstellt.

Bei der Ankunft vor Alexandria ist Louise Colet vom Licht und von den Farben überwältigt: »Um sechs Uhr morgens sind alle Passagiere auf den Beinen und drängen sich auf der Schiffsbrücke. Das flache Ufer Ägyptens taucht vor uns auf. Bald weist uns ein Minarett, das in einen flammenden Azurhimmel stößt, auf die Reede von Alexandria.«

Ägypten ist seit Napoleon Bonapartes Feldzug im Jahre 1798 in den Mittelpunkt des politischen, kulturellen und touristischen Interesses speziell der Franzosen gerückt, und die Eröffnung des Suezkanals stellt einen weiteren wichtigen Schritt zur wirtschaftlichen und touristischen Erschließung des sagenhaften Landes dar. Die westliche Zivilisation macht sich auch hier deutlich breit, nicht immer zum Behagen von Künstlern wie Louise Colet, die in Ägypten das Mystische, Archaische, Unverstellte suchen, nicht begreifend, dass auch sie mit ihrem Besuch, ihren Erwartungen, ihrer publizistischen Darstellung (Flaubert schrieb über seinen Orientaufenthalt die erst 1910 als Buch herausgegebenen Aufzeichnungen *Reise in den Orient*) zum Schwund und zur Verfälschung der vorzivilisatorischen Kultur beitragen.

Louise Colet besichtigt in Alexandria wie eine mustergültige Bildungsreisende die »Kleopatra-Nadeln« genannten Obelisken und die siebenundzwanzig Meter hohe sogenannte Pompeius-säule. Im Vergleich zu ihr seien die Trajanssäule in Rom und die Säule auf der Place Vendôme in Paris nur »Pygmäen«, so ihr Eindruck (sie täuscht sich gewaltig: die Trajanssäule ist, sogar ohne Plinthe gemessen, rund zwei Meter höher, und die erst 1810 errichtete Säule auf der Place Vendôme ist sogar siebzehn Meter höher als die in Alexandria). Bitter stößt der französi-schen Reisenden jedoch auf, dass bei der Pompeiussäule arabi-sche Bettler lagern, auf deren Gesichtern Fliegen und allerlei Ungeziefer krabbeln. Den Bettlern beigesellt sind herumlümm-melnde Soldatenfrauen. Nackte Kinder rennen zwischen den armseligen benachbarten Hütten herum. Das sind Aspekte des gegenwärtigen Alltags in Ägypten, die nicht in Louise Colets bürgerliche Vorstellungswelt vom erhabenen Orient passen. Die Eindrücke auf der Fahrt von Alexandria nach Kairo bleiben zwiespältig, die Französin ist von der Fremdheit der Landschaft und der Klarheit des Lichts überwältigt und zugleich über die bittere Armut der einfachen Bevölkerung bestürzt: »Die Vege-tation und die verschiedenen Pflanzenkulturen, die zu Seiten des gewundenen Wasserlaufs lagen, erfrischten unsere Augen, die von der Intensität des Lichts geblendet waren. Kleine Pal-menhaine wechselten sich ab mit Mais- und blühenden Baum-wollfeldern. Barken mit lateinischen Segeln zogen auf dem ruhigen Wasser dahin. [...] am Ufer des Salzsees [des Mareotis-sees] erheben sich oder besser: kauern ärmliche Fellachendör-fer, wahre Löcher, zumal diese ausgehöhlten Behausungen im verhärteten Schlamm des Nils liegen. Draußen, vor der Öff-nung, die ihnen als Tür dient, wimmeln und tollen ganze Grup-pen nackter Kinder wie die Tiere umher. Die Väter und Mütter bearbeiten das grünende, blühende Land, das diese entsetz-lichen Hütten umgibt.«

Auch von Kairo ist Louise Colet eher enttäuscht. Sie be-sichtigt den großen Basar, die Zitadelle und die Mehmet-Ali-Moschee. Bereits damals herrscht in der Stadt Verkehrschaos: »Man könnte sagen, die Wellen eines Flusses stürzen sich in enge Röhren, die sie nur unter gewaltsamem Druck der Wellen, die nachdrängen, verlassen können. Fahrzeuge, von Fußgängern gestoßen, kommen nur langsam voran, rempeln wiederum Kamele, Esel, Schafe, Ziegen an und – man betrachtet sie als Tiere – auch arme Fellachen, Männer, Frauen, Kinder, unter ihren Lasten erdrückt, auf denen der Stock niedersaust, wenn sie sich nicht schnell genug bewegen, um irgendeinen Reiter durchzulassen, oder den erstbesten Irgendwen, der sich in einem Wagen aufplustert. Die Unbeweglichkeit der türkischen oder arabischen Kaufleute, die – die Beine gekreuzt und die Tschibuk-Pfeife rauchend – in ihren Läden sitzen, die wie Käfige sind, kontrastiert mit der Aufgeregtheit dieser menschlichen Wellen.«

In einem ihrer Berichte für *Le Siècle* klagt sie: »Kairo ist zu einem Ableger von Paris geworden. Ich muss mir die Augen reiben, um mich selbst zu überzeugen, dass die Amur-Moschee nicht das Théâtre des Variétés ist und das Shepheard Hotel nicht unser Grand Hôtel de la Paix [...]. Überall auf den Straßen und in den Basaren sah ich nur Pariser Herren und Dirnen in kurzen Jacken und langen Schleppenröcken [...]. Die Zivilisation überschwemmt hier alles, Zivilisation für die nächste Viertelstunde ist unser großes Geschäft. [...] Ganz Ägypten ist gegenwärtig ein Potemkinsches Dorf.«

Kairo wird von Louise als enttäuschende, blasse Kulisse wahrgenommen. Zudem ist ihr die Stadt zu laut und zu ungeordnet. Besser gefällt ihr die Einsamkeit und Stille der Wüste, die sie auf einer Exkursion zum versteinerten Palmenwald kennenlernt. Obwohl der nubische Kutscher davor warnt, so spät am Tag aufzubrechen, denn man komme in die Nacht hinein, und dann wimmle es in der Gegend von Wegelagerern, Dieben und Raubmördern, besteht die abenteuerlustige Louise Colet auf dem Ausflug, schließlich sei Vollmond, es könne also gar nicht dunkel werden, und das opalfarbene Licht des Mondscheins reize sie ganz besonders. Der Wunsch der zahlenden Europäerin ist Befehl, und so wird eine Kutsche mit vier Pferden angespannt, und die Fahrt geht in Begleitung von fünf arabischen Wächtern in der Abenddämmerung hinaus vor die Stadt. Louise Colet erinnert sich enthusiastisch: »Ich liebe diese glücklichen Zufälle, die einen wachrütteln, diese Gefühle, die einen spüren lassen, dass man lebt. Ich sehe die Grabdenkmäler der Kalifen wieder, die vom flüssigen Gold und dem Purpur der untergehenden Sonne grell erleuchtet sind. [...] Sand bedeckt den Weg, die Pferde versinken bis zur Flanke darin und kommen nicht weiter. Die Sonne ist verschwunden: Ein unermesslicher Schimmer steigt hinter einem Sandhügel auf, das ist der Mond, der leuchtet und am Himmelsraum sein weiches und liebkosendes Licht ausstreut. Die Einsamkeit und die Stille der erhabenen Wüste vergießen wie ein Opiumtrank zuerst ein Gefühl der Besänftigung, dann unaussprechliche Visionen; ich spüre nicht mehr den Husten, der mir die Brust zerreißt; ich sehe nicht mehr die Pferde und die Männer, die direkt vor mir sich bewegen.« In ekstatischer Vorfreude geht es zu Fuß weiter, durch die Nacht und durch die Wüste: »Nach einer mühevollen Wanderung erreichen wir die verstreuten Stümpfe der versteinerten Bäume.« Doch sie ist zu spät dran. Auch hier hat die neue Zeit ihr Zerstörungswerk getan – diesmal jedoch sind die Touristen aus Europa schuld: »Vor zwanzig Jahren noch standen die Palmbäume aufrecht und streckten ihre starren Palmzweige in die Lüfte. Dieses geologische Phänomen bot einen seltsamen und ergreifenden Anblick; zu viele englische Reisende sind hierhergekommen und haben den Wald geschlagen und seine Reste mitgenommen. Nicht ein einziger Palmbaum blieb stehen. Ich sammle einige verstreute Äste, die am Boden liegen. Ali trägt meinen Schatz zurück zum Wagen, und wir denken nur noch an die Freude der Rückfahrt.«

Besser gefällt ihr eine Fahrt auf dem Schiff »Gizeh« nilaufwärts nach Luxor – zunächst jedenfalls. Während Gautier, ein Jahr jünger als sie, die Reise abbricht und vorzeitig nach Paris zurückkehrt, da die Strapazen des Klimas ihn überfordern, glaubt sich die lebenshungrige Louise Colet für die Kreuzfahrt gerüstet. »Ich zähle auf meine starke Konstitution, und noch mehr auf meine moralische Kraft. Die mächtige Anziehung, die das Unbekannte auf mich ausübt, hält mich aufrecht [...]«, schreibt sie in einem Brief an ihre Tochter. Freilich hat die Ausstattung des Nilschiffs wenig mit heutigen schwimmenden Touristenhotels zu tun: Es ist schmutzig, stinkt nach Latrine, in den Kabinen gibt es allerlei Ungeziefer und Unrat. Louise Colets Beschwörung ihrer »starken Konstitution« allein reicht nicht aus, alles unbeschadet zu überstehen: Sie bekommt hohes Fieber und träumt nach eigener Aussage von Flaubert, der ihr als blutrünstiger Vampir erscheint und Besitz von ihrem Herzen ergreifen will. Das mögen Projektionen sein, eine späte (literarische) Abrechnung mit dem Mann, den sie gleichermaßen geliebt und gehasst hat. Der Topos des Vampirs ist in der romantischen Dichtung häufig. Recht real sind hingegen die Kakerlaken, die über die Delirierende herfallen: »Sie krabbelten mein weißes Nachthemd hinauf und spazierten über das Holz der Kabine, ein Dutzend dieser grässlichen Insekten [...]. Ich schüttelte sie von mir ab und zerquetschte sie unter den Sohlen meiner Pantoffeln.«

Erschöpft liegt Louise Colet da, lauscht auf das Stampfen des Motors, fragt sich insgeheim, ob sie nicht besser – wie Gautier – die Reise hätte abbrechen sollen. Was treibt sie hierher, was ins noch weitgehend unzivilisierte Oberägypten? Die antiken Ruinen? Der Reiz der Landschaft, geprägt von dem schmalen Saum der Palmen am Ufer des Nils und der weiten, glitzernden Einöde der Sandwüste? In ihrer seelischen Selbsterkundung ist sie radikal und gesteht sich und der Leserschaft offen ein, was sie dorthin drängt: Sie will Ruschiuk Hânem aufspüren, die ägyptische Kurtisane, der sich ihr Geliebter Flaubert einst so hemmungslos hingegeben hat (»Ich leckte sie wie wild; ihr Körper war schweißbedeckt; sie war vom Tanzen müde, sie fror. Ich deckte sie mit meinem Pelzmantel zu, und sie schlief ein, ihre Finger zwischen meinen«), in deren Armen er eine so süße Lust empfunden hat, womit er sie, Louise, brieflich gequält und zu rasender Eifersucht getrieben hat. Louise kommt zu dem schmerzlichen Resümee: »Gestern wurde mir klar, dass mein Wunsch, die Exkursion nach Oberägypten zu unternehmen, damit zu tun hatte, dass ich eine jener verführerischen Tänzerinnen – vielleicht in Form einer lebenden Mumie – sehen wollte, die mich in [Flauberts] Berichten von seiner Ägyptenreise so aus der Fassung gebracht haben. Der Alptraum dieser Nacht mag daraus entstanden sein […].« Noch fiebrig, schleudert sie Flaubert, »dieser Mann mit seinen unflätigen Händen«, einen Fluch entgegen: »Opfer, du wurdest mit Schande überhäuft, und der Täter wurde in den Himmel gehoben. Doch die Stunde der Rache kommt sicherlich, er wird der Strafe nicht entgehen […]. Erinnere dich an das bekannte arabische Sprichwort: Wenn ein Mann heimlich getötet hat, wird das Gras auf den Feldern es dir erzählen […].« Louise Colet will die Frau wiederfinden, mit der Flaubert sie einst betrogen und gedemütigt hat. Sie will sehen, dass die schöne, verführerische Kurtisane von einst ebenso dem Verfall preisgegeben ist, vom Alter gebeugt, von Runzeln zerfurcht, von der Syphilis – wie Flaubert – zerfressen. Es ist eine recht billige Art des Vergeltungstriebs, aber sehr menschlich, und solche Gedankengänge offenbaren, wie tief sie in ihrer Seele verletzt sein muss.

Sie langt in Oberägypten an, besichtigt wie jeder Tourist die Sehenswürdigkeiten von Luxor, Dendera, Karnak und Edfu, die damals eben erst freigelegt wurden oder noch in Teilen vom Wüstensand, der sich in Jahrtausenden darübergelegt hat, begraben sind. Doch Ruschiuk Hânem, die Fleisch gewordene Salammbô der irdischen Ekstasen Flauberts, kann sie nicht ausfindig machen, obwohl sie im Geburtsort der Kurtisane manisch nach ihr forscht, selbst im Rotlichtviertel, und nicht davor zurückschreckt, sich zu diskreditieren.

In Dendera besichtigen die Passagiere die berühmten Tempelanlagen, danach den Basar der nahe gelegenen Stadt Qina. Doch weit neugieriger ist Louise Colet auf ein Diner, zu dem der arabische Konsul der Provinz eingeladen hat. Wird das Fest endlich das einlösen, was sie sich uneingestanden vom Orient erwartet hat und was auch Flaubert in seiner Sinnenlust damals gefunden zu haben glaubte? Am Arm des Kapitäns geht die französische Autorin zu der abendlichen Veranstaltung:

»Wir durchschritten ein Portal und stiegen eine ziemlich lange Treppe hinauf, die aller Eleganz und aller Ornamente beraubt war. Sie führte uns in einen großen Saal, an dessen Wänden Bänke standen. Ein alter türkischer Teppich bedeckte den Fußboden; in einer Ecke des Saales befand sich ein großer Balkon, die Tür stand offen. Er ging auf den Nil hinaus, ein frischer Luftzug wehte herein. Der Saal füllte sich mit den Passagieren der Flottille und mit einigen türkischen und arabischen Funktionären, die zusammenkamen, um uns die Ehre zu erweisen. Bald traten drei *Almées* [arabische Bezeichnung für Haremsdamen], die aber von einer mittelmäßigen Schönheit waren, ein, gefolgt von mehr oder weniger barbarischen Musikanten. Diese vulgären *Almées* boten sogleich ihre äußerst lasziven Tänze dar, so den Bienentanz, den ich bereits beschrieben habe [bei dem die Tänzerinnen so tun, als würden sie von Bienen verfolgt und müssten ihre Kleidungsstücke abwerfen]. Von einigen eingefleischten Bewunderern dieser leichten Mädchen abgesehen, war die allgemeine Aufmerksamkeit zerstreut und schien wenig zufrieden mit der Vorstellung, die man uns bot. Aber plötzlich erschien eine Tänzerin mit hochmütiger Miene und stolzem Ausdruck; das war die berühmte Badaouïa, die berühmteste *Almée* von ganz Oberägypten. Sie führte mit Noblesse und einer Reinheit in der Haltung den heroischen Schwertertanz auf und enthüllte uns an diesem Abend, was einst die alten *Almées* wirklich gewesen waren. Bravorufe erschollen einstimmig. [...] Aber sehr bald begannen die banalen *Almées* mit einem neuen Tanz, dem ich den Rücken kehrte, um nicht den Eindruck zu verfälschen, den ich von der keuschen Badaouïa empfangen hatte.«

Der Konsul hat für die berühmte Schriftstellerin aus Frankreich noch ein besonderes Bonbon, nämlich den Besuch des Harems, der ansonsten Fremden verschlossen ist:

»Der Assistent des Apothekers kam und teilte mir mit, dass die Eunuchen des Harems an der Türschwelle zum Saal warteten, um mich zu den Wohnungen der Frauen des Konsuls hinabzuführen; ich nahm seinen Arm, den er mir bot, und verließ den überfüllten Saal. Zwei alte Nubier mit abstoßenden Gesichtern und ärmlich in ergraute Tuniken gekleidet, boten mir die Faust für die ersten Treppenstufen an; ›die Kastraten‹, lachte der Neapolitaner, der mich ihrer Obhut überließ.

Ich hatte bereits, wie ich schon sagte, eine Menge dieser Unglücklichen in den Straßen von Kairo gesehen, aber das war das erste Mal, dass ich ihre Stimmen hörte und ihre abstoßende Haut berührte. Ich weigerte mich, die Treppe hinab mich auf ihre nackten Arme zu stützen, die ins Erdgeschoss der Wohnung des Konsuls führte. Aber der Harem war in einer Art Kellerverlies untergebracht, und die Stufen dorthin waren feucht vom Nilwasser; ich sah mich gezwungen, um nicht zu stürzen, mich auf die Faust meiner fremden Führer zu stützen; mir war, als berührte ich voller Abscheu die kalte Haut eines Reptils. […] Endlich kamen wir zu einem Vorhang aus rotem Brokat, den einer der Eunuchen beiseitezog, und ich wurde in ein kleines Zimmer geführt, das von alten Teppichen bedeckt war, der Boden bestreut mit wenig prächtigen Kissen, auf denen drei Frauen saßen, die in Flittergold gekleidet waren. Sie erhoben sich sogleich, um mich freudig zu empfangen und zu umarmen, und boten mir als Ehrensitz das am wenigsten verschlissene Kissen an. Eine dieser Frauen, schon ziemlich alt, war die Mutter des Konsuls; die andere seine einzige Frau (denn die meisten Araber sind nicht reich genug, um von Mohammeds Gesetz, das die Polygamie erlaubt, zu profitieren). Die legitime Ehefrau des alten Konsuls war eine kleine Zwergin ohne Schönheit […]. Sie stellte mir die dritte Frau vor, im selben Alter wie sie, die, so gab sie mir zu verstehen, die Tochter aus einer ersten Ehe ihres berühmten Mannes war. Nach dem Kaffee, der uns von einer Fellachin in blauem Kittel recht bescheiden in Fayence-Tassen serviert wurde […], machten sich die Damen daran, recht familiär mit den Falten meines Seidenkleides und der Kette meiner Uhr zu spielen; mit gutturalen Ausrufen der Verzückung äußerten sie sich über meine Ohrringe und meine recht einfache Brosche, die sie in ihren spitzen Fingern mit von Henna rot gefärbten Fingernägeln drehten. [...] Die alte Mutter bestand zum Zeichen ihrer Gastfreundlichkeit und Sympathie hartnäckig darauf, mich auf ihrer alten Tschibuk-Pfeife rauchen zu lassen. Ein Hustenanfall kam mir zu Hilfe, um ihr zu widerstehen, und gab mir einen Vorwand, um meinen Besuch abzukürzen.

Angewidert verließ ich diesen Harem, den ersten, den ich in Ägypten sah, und der mich verständlicherweise nicht die Großartigkeit des prinzlichen Harems ahnen ließ, in den ich nach meiner Rückkehr nach Kairo zugelassen wurde. Als ich wieder hinauf in den Saal kam, hatten die Tänze eben geendigt; ich wickelte mich in meinen Mantel ein und erreichte wieder die Schiffsbrücke der ›Gizeh‹.«

Tapfer bestreitet Louise Colet nach diesem Ausflug in die wenig märchenhafte Realität arabischer Sitten und Bräuche das weitere touristische Programm und besichtigt Theben, Karnak und Luxor, die Kolosse von Memphis und die Statue des Memnon, Esna und Edfu, Ombos und die Insel Elephantine. Dann geht es zurück nach Unterägypten, von dort zum Suezkanal, an dessen feierlicher Eröffnung Louise Colet teilnimmt. Als sie nach knapp anderthalb Jahren nach Paris zurückkehrt (zuvor hat sie noch Griechenland und Konstantinopel besucht, doch fehlen hierzu Notizen), verfasst sie für ihren Auftraggeber *Le Siècle* nochmals einen Bericht über ihre Reise, der freilich zu einem flammenden Bekenntnis für die Errungenschaften des Humanismus und der Aufklärung wird, ein offener Brief an den Khediven Ismail Pascha (Vizekönig von 1867 bis 1879), ein Schreiben, das Louise Colet in eine Reihe stellt mit aufgeklärten Bürgerrechtlern wie George Sand oder Émile Zola, und ein flammender Appell an die Ägypter, das jahrhundertealte Joch der Osmanen abzuschütteln und die kulturelle und politische Unabhängigkeit zu erlangen:

»Fürst, Sie herrschen über ein Volk von Sklaven, das jahrhundertelang erniedrigt, gequält und beraubt worden ist. Dies ist das große arabische Volk, dessen Genialität in Denkmälern der Kunst, Wissenschaft und Literatur bezeugt ist. […] Ich habe mit eigenen Augen gesehen, wie Ihre Gefolgsleute die armen Araber misshandelten, deren flammende Augen gegen diese Barbarei und die Folterqualen aufbegehrten. Und viele meiner Reisegefährten haben in Ihrer heiligen Stadt Bezirke besichtigt, in denen Männer und Frauen immer noch wie gemeines Vieh verkauft werden. Wenn es wahr ist, Euer Hoheit, dass Sie die Zivilisation aufrichtig lieben, machen Sie den Abscheulichkeiten ein Ende. […] Seien Sie so stolz, nur über Menschen und nicht über Sklaven regieren zu wollen. Das von Ihnen erlöste Volk wird für Ihre ehrgeizigsten Pläne kämpfen, und mit seiner Hilfe werden Sie sich von der Türkei befreien können, die nichts weiter ist als ein Kadaver […].«

Die Niederschlagung der Commune

Als Louise Colet am 10. März 1871 nach Paris zurückkehrt, muss sie erfahren, dass sie von der katholischen Zeitung *L'Univers* für tot erklärt wurde. Mit Freudentränen in den Augen begrüßen die wenigen Freunde sie an der Wohnungstür. Viel Zeit zum Feiern bleibt indes nicht. Denn eine Woche später übernehmen in einem Staatsstreich linke Kräfte, die sogenannte Commune, die Macht in Paris. Die konservative Regierung unter Ministerpräsident Adolphe Thiers flieht nach Versailles. Am 21. Mai befiehlt die Versailler Regierung die Erstürmung von Paris: Rund 130 000 Soldaten erobern eine Woche lang Straße um Straße, Häuserblock um Häuserblock, Barrikade um Barrikade. Es ist der opferreichste Bürgerkrieg, den Frankreich seit der Revolution von 1789 erlebt hat. Es sterben nicht nur Waffenträger, sondern vor allem Zivilisten. Die regierungstreuen Truppen machen keinen Unterschied zwischen bewaffneten

Kämpfern und wehrlosen Männern, Frauen, Alten und Kindern. Am Ende dieser Woche werden aufseiten der Eroberer 870 Tote gezählt, aufseiten der Pariser Bevölkerung rund 25 000. Die meisten Opfer fallen nicht auf den Barrikaden, sondern werden unmittelbar nach der Erstürmung von den Eroberern massakriert. In ihrer Verzweiflung zünden die Communarden repräsentative Gebäude an, so das Tuilerienschloss, das Hôtel de Ville, das Finanzministerium und den Justizpalast. Im Rausch der Zerstörung spielen sie sogar mit dem Gedanken, die Kathedrale von Notre Dame zu sprengen – glücklicherweise wird dieses Vorhaben fallengelassen. Allerdings wird der bereits am 4. April als Geisel für gefangene Communarden genommene Pariser Erzbischof Georges Darboy am 24. Mai ermordet.

Louise verbringt diese Woche zurückgezogen in ihrer Wohnung nahe dem Jardin du Luxembourg. Am 24. Mai erschüttert eine gewaltige Detonation die Stadt. Ein großes Munitionsdepot, in unmittelbarer Nähe von Louise Colets Wohnung gelegen, explodiert. Sie erinnert sich:

»Plötzlich wurde ich von der Explosion auf den Boden geworfen und an Hüfte und Armen von Trümmermassen verwundet. Stimmen riefen, das Haus brenne. Ich versuchte, die Schmerzen zu vergessen, und eilte die Treppe hinunter. Ich rannte über die blutigen Bürgersteige, die unter meinen Füßen so heiß waren wie eine Kraterwand [...]. Blut lief an meinen verletzten Handgelenken hinunter. [...]. Viele Frauen, so unschuldig wie ich, wurden an diesem Tag willkürlich erschossen, nur weil sie verdächtig aussahen. [...] Man hörte immer noch das Pfeifen von Granaten über den Dächern der Stadt und ohrenbetäubende Gewehrsalven, gefolgt von langem, dumpfem Lärm. Der blaue Himmel verschwand hinter roten Lichtern, die wie Blutspritzer über den in Flammen stehenden Gebäuden aufstiegen, als ob ganz Paris in Flammen stünde [...].«

Das Morden geht weiter. Wenige Tage später notiert sie: »Direkt unter meinem Fenster, im Jardin du Luxembourg, ertönten Schüsse; allein an diesem Tag wurden dreizehnhundert Aufständische, darunter Frauen und Kinder, hingerichtet. Um ein Uhr nachts sah ich Karren voller Leichen, die zum Friedhof Montparnasse fuhren.« Nach einer Woche ist Paris zurückerobert. Die Stadt ist in Teilen zerstört, auf den Straßen liegen Leichen, das Pflaster ist mit Blut bespritzt, überall hängt schwer der Geruch von Pulver und verwesendem Fleisch. Louise Colet veröffentlicht ihre Erinnerungen an die Tage der Commune, die Rückeroberung der Stadt und die nachfolgenden Denunziationen, Massenhinrichtungen und Deportationen zwei Jahre später unter dem Titel *La vérité sur l'anarchie des esprits en France*. Das Buch erscheint in Mailand, in Frankreich wird es von der Zensur unterdrückt. Auch nach der Niederschlagung der Commune nimmt das Grauen kein Ende. Louise Colet erinnert sich an den Abtransport der gefangenen Communarden, die von Paris zu Fuß nach Versailles getrieben und von dort in die Festungsgefängnisse des Landes gebracht oder in die Strafkolonie Neukaledonien in Übersee verschifft werden: »In Versailles spucken die Schaulustigen auf die Frauen und alten Männer und zerkratzen ihnen das Gesicht. Unsere Zeitungen beschreiben genüsslich die Lumpen, die Angst und Erschöpfung der Opfer, die nur noch die Kraft haben, um ein wenig Wasser zu betteln, damit sie weitermarschieren können, und die von ihren Aufsehern nichts als Schläge bekommen.«

Die »alte Hexe« von San Remo

Louise Colets Gesundheitszustand verschlechtert sich in den folgenden Jahren rapid: Sie muss sich einen Abszess am Kopf entfernen lassen, leidet unter Bronchitis und Atemnot. Noch einmal bricht sie in den Süden auf, doch diesmal nicht, um als Reporterin zu arbeiten, sondern weil sie sich im milden Klima Besserung erhofft. Seit vielen Jahren sind ihre Einnahmen zurückgegangen. Nun mietet sie sich in einer billigen Pension im damals noch wohlfeilen San Remo ein. Doch der Winter dort ist beinahe kälter als in Paris: Der Mistral stürmt unablässig, es regnet viel, Louise Colet liegt krank im Bett und liest ihr Buch über die Commune Korrektur. Wenn sie sich, ganz in Schwarz gekleidet, durch den Ort schleppt, um etwas Obst zu kaufen, rufen die Straßenkinder der fremden Frau »alte Hexe« hinterher. Hier in San Remo ist die einstige »zehnte Muse«, der die Männer von Paris zu Füßen lagen und die zu den berühmtesten Dichterinnen Frankreichs gehörte, ein Niemand. Knapp zwei Jahre lang bringt sie »in Verlassenheit und Vergessenheit«, wie sie schreibt, im Süden zu, dann reist sie im Frühjahr 1875 zurück und verbringt ein paar Tage im ländlichen Verneuil-sur-Avre in der Normandie bei Tochter und Schwiegersohn. Doch der Aufenthalt ist unerquicklich, Henriette Colet ist eine bigotte, erzkonservative Frau, die sich für die liberale, fortschrittliche, emanzipierte Mutter und ihre »Eskapaden« schämt. Nach wenigen Tagen kehrt Louise Colet nach Paris zurück und bezieht ein Zimmer in einem Hotel. Bis zuletzt arbeitet sie an einer Gesamtausgabe ihrer Gedichte. Manchmal trifft sie sich noch mit dem alten Freund Victor Hugo, der wieder in Paris lebt, zu einem Abendessen. Er ist einer der wenigen, die noch um ihre einstige Bedeutung wissen. Louise Colet stirbt am 8. März 1876. Ihre Tochter Henriette missachtet Louises testamentarischen Wunsch nach einer nichtkirchlichen Beisetzung. Sie lässt den Leichnam nach Verneuil-sur-Avre überführen und im Rahmen eines katholischen Requiems im Grab der Familie ihres Mannes beisetzen. Louise Colets Reisebuch *Les pays lumineux*, ein Torso, erscheint erst posthum, 1879.

Maxime Du Camp, Flauberts Freund, ein Klatschmaul bis zuletzt (er stirbt 1894 in Baden-Baden), hat noch über Louise Colets Tod hinaus nur Hohn für sie übrig. 1882 schreibt er in seinen *Souvenirs littéraires:* »Ihre Grabinschrift wird nicht lang sein. Hier ruht sie, die Victor Cousin kompromittierte, Alfred de Musset lächerlich machte, Gustave Flaubert verleumdete und Alphonse Karr umzubringen versuchte. *Requiescat in pace!*«

5 Amelia Edwards (1831–1892)
Tausend Meilen auf dem Nil

Die versnobten Gäste des noblen Shepheard's Hotels in Kairo, die sich eben zum Tee niedergelassen haben, staunen an jenem Nachmittag des 29. November 1873 nicht schlecht: Zwei recht abgerissene Frauenzimmer, verschwitzt, in staubigen Kleidern und ganz ohne Gepäck, betreten das schicke, mit Sofas und Fauteuils möblierte Foyer. Ein größerer Gegensatz ist kaum denkbar. Während heute das äußere Erscheinungsbild meist weniger gilt als die goldene Kreditkarte in der Gesäßtasche, definiert sich jene Zeit noch ganz über Auftreten, Kleidung und Stil. Und was sich den Augen der betuchten Globetrotter und gelangweilten weltmännischen Noblesse hier in Gestalt dieser fadenscheinigen weiblichen Reisenden darbietet, ist eine Herausforderung an Anstand und Geschmack.

Den beiden Frauen, wohl schon jenseits der vierzig (was man an ihrem bereits grau werdenden Haar ablesen kann), scheinen die indignierten Blicke der vornehmen Hotelgesellschaft indes wenig anhaben zu können. Sie fragen an der Rezeption recht selbstbewusst nach einem Zimmer mit Doppelbett, füllen wie nebenbei den Anmeldebogen aus und ziehen an den wartenden Gepäckträgern vorbei (sie führen ja nur zwei Handtaschen mit sich) zur Treppe, die nach oben führt. Nicht in der Beletage, sondern in einem der obersten Stockwerke beziehen sie ihr Zimmer. Wenig später erscheinen sie im Speisesaal, nun frisch gemacht, und verlangen nach einem Tisch. Der Oberkellner, vom Rezeptionisten bereits auf die ungewöhnlichen Touristinnen aufmerksam gemacht, zieht skeptisch die Augenbrauen hoch, lässt sich dann aber doch herab, den beiden Damen (die er insgeheim kaum für Damen halten dürfte) ein Tischlein im hinteren Teil des Saals anzuweisen, dort, wo die weniger glamourösen Gäste dinieren. Die beiden Frauen nehmen es widerspruchslos hin, was den Oberkellner in seiner Einschätzung bestätigt. Touristinnen eben. Blaustrümpfe wahrscheinlich. Versponnene »spinsters«, so mutmaßt er. Inzwischen hat der Rezeptionist ihm auch gesteckt, dass das Gepäck der beiden Frauen – es sind Engländerinnen – doch noch angekommen ist. Zwei Koffer, immerhin. Die beiden Engländerinnen scheinen also doch Wäsche und Kleidung zum Wechseln mit sich zu führen…

So könnte es sich zugetragen haben, als die zweiundvierzigjährige Engländerin Amelia Edwards und ihre Lebensgefährtin Lucy Renshaw an jenem Novembernachmittag 1873 im schicken Shepheard's Hotel in Kairo ankamen. Sie reisten allein, ohne Begleiter, und ihr Gepäck wurde tatsächlich erst nachgeliefert. Und sie sahen wohl wirklich ziemlich abgerissen, erschöpft und verschwitzt aus, nach einer anstrengenden Schiffsreise vom apulischen Brindisi nach Alexandria, und von dort weiter mit der Eisenbahn, wobei sie nach der Ankunft in Ägypten noch zwei Tage und zwei Nächte in Quarantäne hatten verbringen müssen. Der Grund für die Reise nach Ägypten? »Die Unbilden der Witterung.« So lapidar jedenfalls formulierte es Amelia Edwards in ihrem 1877 erschienenen Buch *A thousand miles up the Nile*, das nicht nur wegen seiner detaillierten, bildreichen Beschreibungen von Land und Leuten am Nil, sondern auch wegen seines humorvollen britischen Understatements zum Bestseller im viktorianischen England wurde und nach über hundertdreißig Jahren unter dem Titel *Tausend Meilen auf dem Nil* auch in einer deutschen Übersetzung auf den Markt kam.

Die »Unbilden der Witterung«? Amelia Edwards und Lucy Renshaw waren – nachdem sie eine Wandertour in den Dolomiten unternommen hatten – im September 1873 in Mittelfrankreich unterwegs, als eine regennasse Schlechtwetterperiode einsetzte und alle Besichtigungs- und Wanderpläne zunichtemachte: »Nachdem wir aus dem Bergland herausgespült worden waren, erging es uns im Flachland nicht besser. In Nîmes regnete es einen Monat lang ununterbrochen. Während wir hin und her überlegten, ob es besser wäre, unsere nassen Regenschirme sofort zurück nach England zu bringen, oder auf der Suche nach Sonnenschein noch weiter vorzustoßen, kam das Gespräch auf Algier – Malta – Kairo, und die Wahl fiel auf Kairo. Noch nie hatte jemand eine weite Reise mit weniger Vorbedacht angetreten.« Spontan und ohne die Globetrottern sonst so eigene penible Vorbereitung machen sich die beiden Frauen auf den Weg. Zunächst geht es per Eisenbahn nach Brindisi in Apulien, von dort an Bord des Dampfers »Simba« durchs östliche Mittelmeer nach Alexandria. Nach der etwas unglücklichen Ankunft im Kairoer Nobelhotel entschädigt der nächste Morgen für alle Strapazen und die herablassende Haltung von Personal und Publikum: »Aber was sollte das Gedächtnis mit Regen an Land oder Stürmen auf See oder den Stunden voller Ungeduld in Quarantäne oder irgendetwas Bedrückendem oder Unangenehmem anfangen, wenn man bei Sonnenaufgang erwachte und durch das Fenster jene graugrünen Palmen sah, die vor einer rosafarbigen Morgendämmerung ihre gefiederten Kronen erhaben einander zuneigten?« Ägypten empfängt die beiden Engländerinnen mit seinem verführerischen Zauber, und sofort erliegen sie der Werbung des sagenhaften Orients. Es ist Liebe auf den ersten Blick, und Amelia Edwards wird dieser Liebe, die sie bis zur ihrem Tod empfinden wird, in ihrem Erinnerungsbuch ein Denkmal setzen.

Dabei schien ihr Leben vorgezeichnet, in den engen Bahnen viktorianischer Konventionen. Keiner hätte ahnen können, dass Amelia Edwards eine der bekanntesten englischen Ägyptenreisenden werden würde, und sogar eine bedeutende Ägyptologin und Förderin der Ägyptologie in Großbritannien.

Geboren wird sie am 7. Juni 1831 in Islington bei London als Tochter des pensionierten Offiziers Thomas Edwards (er diente unter Feldmarschall Wellington) und seiner Frau Alicia. Es sind bürgerliche, aber durchaus bescheidene Verhältnisse, in denen Amelia aufwächst. Durch die Mutter, eine literarisch interessierte Frau, kommt Amelia früh in Kontakt mit dem Theater: Gemeinsam besuchen sie das damals bekannte Sadlers Wells Theater in London. Bereits mit sieben Jahren verfasst Amelia erste Gedichte und Geschichten, mit fünfzehn publiziert sie Erzählungen in diversen Zeitungen. Sie beginnt auch zu malen (eine Wandmalerei auf der Mauer eines Bauernhofs in Suffolk, wo die Familie Edwards die Sommermonate bei einem Bruder von Thomas Edwards verbringt, hat sich lange erhalten) und erhält Unterricht in Gesang und im Orgelspiel. Alles deutet auf eine Karriere als Sängerin hin, als das Schicksal recht unsanft in Amelias Leben eingreift: Als sie neunzehnjährig an Typhus erkrankt, gesundet sie zwar nach einigen Monaten, doch ist ihre Gesangsstimme unwiederbringlich beschädigt.

Sie verlegt sich ganz aufs Orgelspiel und versieht in einer Gemeinde in Middlesex den Kantorendienst, doch gilt das in damaliger Zeit für eine Frau allenfalls als Freizeitbeschäftigung, keineswegs als Lebensinhalt oder Beruf. So verlobt sie sich zwanzigjährig. Die Beziehung scheitert bereits im Jahr darauf, Amelia löst das Verlöbnis kurz vor der Hochzeit. Ihrer Lebensperspektive beraubt, gerät sie in eine tiefe Krise und wird ernsthaft krank. Erst als sie 1853 und 1854 Reisen nach Paris unternimmt, findet sie wieder Freude am Leben und Neugier auf die Welt. Sie korrespondiert mit einem Seelenfreund, den sie in der französischen Hauptstadt kennengelernt hat, und verlegt sich unter dem Einfluss von Charles Dickens ganz aufs Schreiben. In kurzer Folge entstehen Erzählungen und ein erster Roman unter dem Titel *My brother's wife*, der 1855 erscheint und ihr gute Kritiken und beachtliche Leserresonanz einbringt. Bald publiziert Amelia Edwards für führende Zeitschriften und Zeitungen. Mit Geistergeschichten und einem zweiten Roman (*Barbara's History*, 1864) festigt sie ihren Ruf und wird eine der beliebtesten Autorinnen der viktorianischen Ära, die von ihren Veröffentlichungen gut leben kann.

So ist sie finanziell bereits abgesichert, als im Jahre 1860 im Abstand von nur vier Tagen Vater und Mutter überraschend sterben (beide an Lungenkrankheiten). Für Amelia Edwards einerseits ein Schicksalsschlag, andererseits aber eine Befreiung: Von nun an ist sie niemandem mehr verpflichtet. Sie ist unabhängig, finanziell und persönlich, und kann ihr Leben nach eigenen Vorstellungen und Neigungen gestalten.

Sie bezieht mit der Freundin Ellen Braysher ein Haus in Westbury-on-Trym bei Bristol, wenige Jahre später wird sie mit Lucy Renshaw eine Lebensgemeinschaft eingehen. Trotz des beruflichen Erfolgs und des privaten Glücks neigt Amelia Edwards immer wieder zu melancholisch-depressiven Verstimmungen. Dagegen gibt es für sie nur *ein* Heilmittel, das sie in jenen Jahren wiederholt und mit Erfolg anwendet: das Reisen.

»Die tödlich flache Welt der Gemeinplätze«

Eine erste größere Reise führt sie 1862 nach Belgien, wo sie unter anderem Gent und Brügge besucht und darüber Artikel verfasst. In sportlicher Hinsicht anspruchsvoller sind mehrere Trips in die Dolomiten, die damals – anders als die Schweizer Bergwelt – noch nicht vom Tourismus entdeckt sind. Auch darüber wird sie Artikel und Berichte schreiben, die sie 1873 unter dem Titel *Unrodden Peaks and Unfrequented Valleys* in Buchform vorlegt. Ihr Resümee dieser Wanderungen durchs Hochgebirge gleicht eher einer Warnung an die englische Fernweh-Leserschaft: »Die Wege sind zu lang und zu ermüdend für Frauen zu Fuß und sollten nicht von jemandem unternommen werden, der es nicht auf sich nehmen kann, acht und manchmal zehn Stunden auf dem Muli zu reiten.« Die Dolomiten sind damals noch weitgehend unbekanntes Wander- und Kletter-gebiet. »Die Allgemeinheit«, so Amelia Edwards, »ist so wenig darüber informiert, dass es keineswegs ungewöhnlich ist, auf ge-bildete Menschen zu stoßen, die noch nie irgendetwas von den Dolomiten gehört haben, oder die denken, es handle sich um eine religiöse Sekte, wie die Mormonen oder Drusen.« Sie selbst bezeichnet ihre Wanderungen durch die Hochalpen als »ram-ble«, als »Bummel« oder »Streifzug«, aber auch das ist selbstver-ständlich britisches Understatement. Die Gegend ist damals noch von bitterer Armut geprägt. Infrastruktur und Wirtschaft sind unterentwickelt, Land- und Forstwirtschaft bieten neben handwerklichen Betätigungen (etwa der Schnitzkunst) die ein-zigen Erwerbsmöglichkeiten. Der Tourismus steckt, von den wenigen Städten wie Bozen oder dem Kurort Meran abgese-hen, nicht nur in den Anfängen, er ist schlicht noch nicht exis-tent. Entsprechend einfach, bisweilen primitiv hausen Amelia Edwards und Lucy Renshaw auf ihrer gemeinsamen Wander-tour durch die Dolomiten in Dorfgaststätten, auf Bauernhö-fen und in hochgelegenen Almhütten. Immerhin attestiert die verwöhnte, aber weltneugierige Engländerin, »Wucherkünste« seien in den Dolomiten unbekannt, dagegen habe sich »noch die patriarchalische Auffassung von Gastfreundschaft auf wunder-same Weise in den Köpfen der Wirte erhalten«. Zudem, so Ame-lia voller Anerkennung, »liegt es in der Natur der Einheimischen dieser Hügel und Täler, freundlich, hilfreich und uneigennützig zu sein, so wie es in der Natur der Schweizer liegt, habgierig zu sein«. Ihr Resümee: »Hier entrinnt man banalen Sehenswürdig-keiten, überfüllten Hotels, der öden Routine der tables d'hôte [früher übliche gemeinsame Speisetische in Hotels], der Flut von Cook-Touristen [Touristen, die von der Agentur *Thomas Cook* organisierte Reisen unternehmen]. [...] Das Leben in Südosttirol ist noch frei von all diesen Unannehmlichkeiten, die in den letzten Jahren die Schweiz so unerträglich gemacht haben.« Von den Tirolern und ihrer unverdorbenen Wesensart begeistert, wagen die beiden Frauen ausgedehnte Wanderungen, die mit »rambles«, »Bummeln«, wenig gemein haben: Sie erkunden das ladinischsprachige Fassatal, besteigen mehrere Berggipfel, so auch den 2407 Meter hohen Sasso Bianco, und stoßen bis zu den Gletschern vor, die der Engländerin »wie eine schreckliche Hand« erscheinen, die »aus dem Nebel heraus nach unten« reicht. Beim Abstieg ins Tal konstatiert Amelia Edwards etwas betrübt: »Hier ist also wieder die heiße, dunstige, geschäftige, tödlich flache Welt der Gemeinplätze!«

Diese tödlich flache Welt der Gemeinplätze zu fliehen, der trübsinnigen, fantasielosen Verlogenheit der Zivilisation zu entgehen, wird Amelia Edwards' innerster Antrieb. Bald genügen ihr die Berggipfel und entlegenen Täler der Dolomiten nicht mehr. Eine Reise in die einsamen Gefilde des französischen Zentralmassivs fällt buchstäblich ins Wasser einer Regenperiode, und so entscheiden sich die beiden Freundinnen im Herbst 1873 recht spontan, nach Ägypten zu reisen. Es wird eine Liebe fürs Leben werden und eine Aufgabe bis zur Selbstaufgabe – aber davon ahnt Amelia Edwards zu Beginn ihrer Fahrt auf dem Dampfer »Simba« nichts.

Fremdartiger, unwirklicher Orient

Nach dem gesellschaftlich verpatzten ersten Auftritt im versnobten Shepheard's Hotel in Kairo entfaltet sich vor den Augen Amelias und Lucys die Wunderwelt des Orients: Als sie am andern Morgen erwachen, erblicken sie vor dem Fenster hohe Palmen. Irgendwo in der Nähe ruft der Muezzin, und als Amelia hinausschaut, breitet sich vor ihr ein Bild aus, das keineswegs spektakulär ist, aber in seiner fremdartigen Einzigartigkeit überwältigend auf sie wirkt: »Und hier, wo der Garten von einer hohen Mauer und einem fensterlosen Haus begrenzt wurde, sah ich eine verschleierte Frau auf dem flachen Dach mitten in einer Wolke von Tauben gehen. Nichts hätte einfacher als diese Szene und ihr Beiwerk sein können, und nichts gleichzeitig orientalischer, fremdartiger und unwirklicher.«

Gleich nach dem Frühstück machen sich die Freundinnen auf, um Kairo zu erkunden. Sie wollen – zunächst – kein touristisches oder bildungsbürgerliches Programm abspulen, sondern sich einfach treiben lassen, die Atmosphäre genießen, die Sinne schärfen. Erst geht es auf den Basar, mit dem Vorsatz, »dabei weder kaufen, noch zeichnen, noch Auskünfte suchen« zu wollen, »sondern einfach eine Szene nach der anderen in sich auf-[zu]nehmen, mit ihren vielfältigen Kombinationen von Licht und Schatten, Farbe, Kleidung und architektonischen Details«. Die Gassen sind eng, die Häuser drängen sich aneinander, der Himmel ist zwischen »langen Dachsparren und Mattenstücken« kaum zu sehen, »ein staubiger Sonnenstrahl streift« hindurch und wirft »Lichtmuster auf die sich bewegende Menschenmenge«. Die Händler und Marktbesucher sind ein lebendes Panoptikum der Typen, Stände und Völkerschaften, die den Orient bewohnen, »ein lärmender, sich verwandelnder, rastloser und bunter Strom, halb europäisch, halb orientalisch, zu Fuß, zu Pferd und in Wagen. Hier sieht man syrische Dragomane in ausgebeulten Hosen und mit Litzen besetzten Jacken, barfüßige ägyptische Fellachen in abgerissenen, blauen Hemden und mit Filzkäppchen, Griechen in lächerlich steifen, weißen Tuniken, die wie wandelnde Wischtücher für Schreibfedern aussehen, Perser mit hohen mitraähnlichen Mützen aus dunklem Wollstoff, dunkelhäutige Beduinen in wehenden Gewändern, cremefarben mit schokoladenbraunen Streifen von einem Fuß Breite, und Kopftüchern aus demselben Stoff, die über den Augenbrauen mit einem Stirnband aus verzwirntem Kamelhaar festgebunden sind, Engländer mit Hüten aus Palmblättern und in Knickerbockern, die ihre langen Beine über fast nicht sichtbaren Eseln baumeln lassen, einheimische Frauen der ärmeren Schichten in schwarzen Schleiern, die nur die Augen unbedeckt lassen [...].« Amelia sieht abgerissene Derwische und baumlange, ebenholzschwarze Abessinier, Janitscharen mit Säbeln und armenische Priester, Händler und Bettler, Soldaten und Arbeiter, Wasserträger, gekrümmt unter dem Gewicht ihrer »Behälter aus einer Ziegenhaut, deren Beine zusammengebunden sind, deren Hals mit einem Hahn aus Messing versehen ist und an der man die Haare belassen hat, sodass sie entsetzlich aufgedunsen und lebensecht aussieht«.

Neben dem großen Basar gibt es noch eine Vielzahl kleinerer Märkte, und besonders interessant finden die Freundinnen »jene Basare, in denen jedes Gewerbe ein getrenntes Viertel einnimmt. Man geht durch ein altes Steintor oder eine enge Querstraße hinunter, und befindet sich mitten in einer Kolonie von Sattlern […].« Es gibt Basare der Teppichhändler, der Schuster, der Kaffeeverkäufer, der Gold- und Silberschmiede, der Süßigkeitenverkäufer, der Metallhändler, der Tabakhändler, der Schwert- und Kupferschmiede, der Mauren, die Berberwaren verkaufen, ja sogar Basare, die sich auf den Verkauf englischer und französischer Stoffe spezialisiert haben, was bei Amelia Edwards freilich für Erheiterung sorgt, denn unter den Tuchen, die in England eigens für den Orient hergestellt wurden, bemerkt sie »einen ganz scheußlich bedruckten Musselin, der kleine schwarze Teufel darstellt, die auf einem gelben Untergrund herumtollen, und wir erfuhren, dass er sehr begehrt sei für Kinderkleidung«.

Die Engländerinnen lassen sich treiben, und dieses Umherbummeln bevorzugen sie auch, wenn es darum geht, touristische Sehenswürdigkeiten kennenzulernen. Sie haben Zeit und Muße, müssen sich nichts beweisen, kein Programm absolvieren (der wissenschaftliche Bildungsernst erfasst Amelia Edwards erst später, in der Begegnung mit den ägyptischen Altertümern). So flanieren sie durch die Straßen und Gassen (die damals ebenso dicht bevölkert sind wie heute, nur nicht von Autoabgasen verpestet), lassen sich von der Menschenmenge treiben, von Eselskarren zur Seite scheuchen, und entdecken vieles eher »am Rande«, aber gerade deswegen mit umso mehr Enthusiasmus und Neugier: »Da gibt es jede Menge Moscheen, großartige, alte sarazenische Tore, altertümliche koptische Kirchen, das ägyptische Antikenmuseum, und in erreichbarer Entfernung die Kalifengräber, Heliopolis, die Pyramiden und den Sphinx.«

Im Zauber des Kairoer Kosmos

Doch eigentlich sind sie nicht wegen Kairo nach Ägypten gekommen, sondern wegen des Nils und wegen der bis dahin bereits wiederentdeckten und teilweise ausgegrabenen antiken Stätten. Also heißt es, ein Schiff nilaufwärts zu besteigen, und da Amelia Edwards und Lucy Renshaw organisierte Reisen und hinter einem Führer hertrottende Gruppen verabscheuen, müssen sie sich selbst darum kümmern, eine Dahabie (ein schmales, langes ägyptisches Boot mit Segel und kleinen Kajüten) zu chartern und die dazugehörige Besatzung anzuheuern. Das ist leichter gesagt als getan. Sie gehen ins Viertel Bulak, »einem trostlosen Ort am Fluss, wo etwa zwei- bis dreihundert Nilboote, die zu mieten sind, festgemacht liegen. Nun kennen die meisten Leute einiges vom Elend der Wohnungssuche, aber nur diejenigen, die es durchgemacht haben, wissen, um wie viel heftiger das Elend bei der Suche nach einer Dahabie ist. Sie ist verwirrender und ermüdender und wird von besonderen und eigentümlichen Schwierigkeiten verfolgt.« Da sie sich nicht entscheiden können und auch die Verhandlungen mit den Reis, den Kapitänen, die oft Schlitzohren sind und meist nur Arabisch sprechen (eine Sprache, die die Engländerinnen nicht einmal andeutungsweise verstehen), trotz zehntägiger Suche zu keinem Ergebnis führen, verschieben die beiden Frauen die Nilfahrt nochmals um ein paar Tage und wenden sich, um ihren Ärger zu vergessen, doch den touristischen Sehenswürdigkeiten zu: »Einer unserer ersten Ausflüge führte natürlich zu den Pyramiden [von Gizeh]. [...] Wir fuhren nur hin, um sie anzuschauen. Später (nachdem wir inzwischen den Nil hinauf- und hinunter gereist waren und Monate der Übung hinter uns hatten), kamen wir nochmals, diesmal nicht nur mit der gebührenden Muße, sondern auch mit ziemlich viel Verständnis für die mannigfaltigen Entwicklungsstufen, die die Kunst und Architektur Ägyptens seit jenen fernen Tagen von Cheops und Chephren durchlaufen hatten.«

Die Pyramiden von Gizeh hatten die Engländerinnen bereits erspäht, als sie sich mit dem Zug Kairo näherten. Doch aus der Ferne wirkten die Dreiecke am Wüstenhorizont eher enttäuschend, »klein und unwirklich«. Als sie jedoch davorstehen, »und die Große Pyramide in all ihrer unerwarteten Massigkeit und Erhabenheit in der Nähe über einem emporragt, ist die Wirkung ebenso unvermutet wie überwältigend. Sie entzieht den Himmel und den Horizont den Blicken ebenso all die anderen Pyramiden. Sie schließt alles aus, außer dem Gefühl von Ehrfurcht und Erstaunen.« Das Sonnenlicht spiegelt ihnen einen Talmiglanz vor: »Bei einer bestimmten Beleuchtung betrachtet, sehen die Pyramiden aus wie Stapel massiven Goldes.« Doch die Freundinnen können nicht einmal zwei Stunden bleiben (haben aber immerhin den Trost, gegen Ende ihrer Reise noch einmal zu den Pyramiden zurückkehren zu wollen). Also schlagen sie alle Angebote der örtlichen Führer aus, das Innere der Großen Pyramide zu besichtigen oder die riesigen Steinquader zu besteigen, und setzen sich einfach in den Sand, weisen die Touristenjäger und Souvenirhändler mit barschen Worten ab, und vertiefen sich schweigend in den Anblick der architektonischen Weltwunder. Als sie sich satt gesehen haben, fahren sie zurück nach Kairo (die Pyramiden, heute von der Megastadt völlig umwuchert, befinden sich damals einige Kilometer von Kairo entfernt, mitten in der Einsamkeit der Wüste).

Anderntags besichtigen sie die Sultan-Hassan-Moschee, nach Amelia Edwards' Ansicht »die schönste in Kairo, [...] vielleicht auch die schönste in der muslimischen Welt, [...] der Höhepunkt sarazenischer Kunst in Ägypten«. Doch bei aller Bewunderung für die Harmonie der Architektur ist die Engländerin entsetzt über den schlechten baulichen Zustand. Mit Besorgnis sieht sie »einen langen und sich offenbar schnell erweiternden Riss, der dicht beim Minarett fast von der Ober- bis zur Unterkante der Hauptmauer des Gebäudes reichte«. Später urteilt sie recht ungnädig: »[...] da wir noch neu im Orient waren, wunderten wir uns, warum sich die Regierung noch nicht daran gemacht hatte, ihn zu reparieren. Wir mussten noch erfahren, dass in Kairo nichts jemals repariert wird. Hier entstehen [...] rasch neue Gebäude, aber die alten, gleichgültig wie ehrwürdig sie sind, lässt man Zoll um Zoll verfallen, bis nichts übrig ist außer einem Haufen Ruinen.« Nachdem sich die Empörung über den schlechten Zustand der Moschee etwas gelegt hat, wollen die beiden Frauen das Innere besichtigen. Ein Aufseher hat sie beobachtet und spricht sie an. Sie ziehen ihre Schuhe aus und folgen ihm ins Innere. Sie sind überwältigt, vor allem von der Grabeshalle des Sultans Hassan: »Nichts kann ins Auge fallender oder eleganter sein als die Proportionen dieser erhabenen Grabeshalle, deren Wände von als Flachrelief ausgeführtem Maßwerk bedeckt sind, das reich mit Scheiben und Mosaiktäfelchen aus türkisfarbenem Porzellan verziert ist [...].« Sie treten wieder hinaus ins Freie, kommen in den Hof, sehen dort allerlei Menschen hingelagert, dösend oder sich unterhaltend, was sie sehr verwundert. »Damals wussten wir noch nicht, dass eine mohammedanische Moschee ebenso ein Ort der Erholung und der Zuflucht ist wie einer des Gebets [...].« Sie sind neugierig geworden und folgen nun – entgegen der ursprünglichen Absicht – doch den bildungsbürgerlichen Spuren: Zunächst ziehen sie hinauf zur Mehmet-Ali-Moschee, deren »schlanke Minarette und gedrängte Kuppeln [...] von jedem Standpunkt im Umkreis von Meilen sichtbar« sind. Freilich beeindruckt das die ästhetisch verwöhnte Amelia Edwards wenig: »Es ist ein ausgedehntes, kostspieliges, protziges und uninteressantes Bauwerk, an dem nichts wirklich Schönes zu finden ist, ausgenommen der große Marmorinnenhof und der Brunnen.« Von der Außenterrasse der auf einem Hügel gelegenen Moschee haben die Engländerinnen trotz des Dunstes einen weiten Blick bis zu den Pyramiden von Sakkara. Das Fernweh ergreift wieder Besitz von ihnen, und sie müssen daran denken, dass es eigentlich hohe Zeit ist, die Stadt auf einer Dahabie stromaufwärts zu verlassen ...

Als sie hinunter in die Altstadt kommen, tauchen sie wieder ein in das bunte Treiben des Alltagslebens. Sie werden Zeugen des Aufbruchs einer Karawane, die nach Mekka zieht. Sie sind nicht die einzigen Zuschauer: Viele Einheimische haben sich versammelt, aber auch vornehme Gäste aus dem Shepheard's Hotel, die sich dieses Spektakel nicht entgehen lassen wollen – ein seltsamer Gegensatz, wie Amelia Edwards durchaus bemerkt: »Hier saßen wir fast drei Stunden lang, Staubwolken und der sengenden Sonne ausgesetzt, und hatten nichts zu tun, als die Menschenmenge zu beobachten und geduldig zu warten. Das ganze Shepheard's Hotel war da und alle Ausländer von Kairo. Und wir alle hatten schicke, offene Kutschen, die von armseligen Kleppern gezogen und von Arabern mit nackten Beinen gelenkt wurden.«

Noch ein anderes Mal werden sie Augenzeugen eines besonderen Spektakels: Während einer Pilgerprozession treten in einer Säulenhalle Gruppen von Derwischen auf, die bis zur Ekstase tanzen. Amelia Edwards ist von dem Schauspiel geheimnisvoll angezogen:

»So verging eine lange Zeit. Schließlich, als die Zahl der Derwische auf etwa siebzig angewachsen war und jedermann des Wartens müde war, kamen acht Musiker herein – zwei Trompeten, zwei Lauten, eine Kokosnuss-Fiedel, ein Tamburin und zwei Trommeln. Dann bildeten die Derwische, von denen manche alt und weißhaarig, andere nur Knaben waren, einen großen Kreis, Schulter an Schulter, die Kapelle stimmte eine wehleidige, misstönende Melodie an, und ein gewichtiger Mann mittleren Alters, der sich in die Mitte des Kreises stellte und bei jeder Wiederholung seinen Kopf neigte, fing an, den Namen Allahs herzusagen. [...] Der Chorleiter, der selbst kühl und gefasst war, begann den Takt des Chors merklich zu beschleunigen, und es wurde offensichtlich, dass die Teilnehmer von einer zunehmenden Ekstase besessen waren. Bald taumelte der ganze Kreis wie verrückt hin und her, die Stimmen schwollen zu einem heiseren Geschrei an und nur die Trompeten übertönten den Lärm. [...] Endlich, als die Raserei gerade ihren Höhepunkt erreicht hatte und sogar das Gebäude über unseren Köpfen hin und her zu schwanken schien, taumelte ein armer Teufel aus dem Kreis heraus und fiel, sich windend und schrille Schreie ausstoßend, dicht vor unsere Füße.«

Dieses orgiastische Gesicht des Orients war den Engländerinnen bis dahin unbekannt. Sie ahnen, dass das Bild Ägyptens, das sie in sich tragen, recht idealisierend und harmlos ist und mit der Wirklichkeit des prallen Lebens nur wenig gemein hat. Immer tiefer tauchen sie in die Welt des ägyptischen Alltags ein: Einmal beobachten sie einen Hochzeitszug, »der aus einem Haufen Männer, einer Kapelle und etwa drei oder vier gemieteten Kutschen bestand, die voller verschleierter Frauen waren, von denen eine zeigte, dass sie die Braut war. Der Bräutigam ging inmitten der Männer, die ihn aufzuziehen schienen, um ihn herum trommelten und ihm den Weg versperrten, während das Gelächter, das Geschrei, das Klirren der Tamburine und das Klimpern der Darabukkas bei weitem vom schrillen Pfeifen eines Instruments, das genau wie ein Dudelsack klang, übertönt wurden.«

Von so viel Tanz, Ekstase, Musik, Geschrei und Lebensfreude werden die sonst etwas kühlen Engländerinnen mitgerissen und angesteckt. Erschöpft, aber glücklich notiert Amelia Edwards am Abend in ihre Kladde: »Es war ein hervorragender Nachmittag, und wir beendeten unser Tagewerk, wie ich mich erinnere, mit einer Fahrt auf der Schubra-Straße und einem flüchtigen Blick auf die Gärten des Sommerpalastes des Khediven.«

Anderntags besuchen sie die etwas außerhalb liegenden Gärten des Khediven und sind von der Üppigkeit der Pflanzenwelt und der Schwere der Blumendüfte berauscht. Ein Gärtner schenkt den fremden Damen Rosen, und als sie, den Arm voller Blumen, in der Abenddämmerung mit der Kutsche nach Kairo zurückfahren, »sahen wir die Sonne in einem Kranz rosafarbener und goldener Schäfchenwolken untergehen, den Nil wie einen Strom flüssigen Lichts vorbeifließen und eine kleine Flotte von Segelbooten mit einem Hauch Nordwind, der aufgekommen war [...]«. Der Wind und der goldene Strom gemahnen sie erneut, endlich die Fahrt nach Oberägypten anzutreten und sich vom Zauber des Kairoer Kosmos zu lösen.

In Klubsesseln auf dem Oberdeck

Endlich ist eine passende Dahabie gefunden und alles zur Zufriedenheit mit dem Reis (Kapitän) ausgehandelt. Entgegen ihrer ursprünglichen Absicht reisen Amelia und Lucy nun doch nicht alleine. Die Umstände haben sie gelehrt, dass es besser ist, in männlicher Begleitung zu fahren. Sie beschließen, mit flüchtigen Bekannten aufzubrechen. Allerdings wollen sie sich erst in Rhoda, dem südlichen Endpunkt der Eisenbahnlinie, treffen. Das Abenteuer einer Nilfahrt nach Oberägypten und Nubien kann beginnen...

Die Abfahrt verzögert sich freilich. Rasch müssen noch einige mehr oder weniger notwendige Dinge besorgt werden, dann folgen »ein atemloses Zusammenraffen unzähliger Pakete«, »hastige Abschiedsworte auf der Treppe des Hotels«. Amelia Edwards und Lucy Renshaw eilen nach Bulak hinunter, denn mittags wird dort die Drehbrücke für den Bootsverkehr geöffnet, und die reisefertige Dahabie, die »Philae«, liegt am anderen Flussufer. Sie kommen um Minuten zu spät, die Brücke ist bereits geöffnet. Sie rufen und winken. Der Reis an Bord der »Philae« hat die beiden verzweifelten Engländerinnen bereits gesichtet und schickt einen Kahn hinüber, »mit fünf lächelnden Arabern bemannt«, auf dem ein kleiner Union Jack gehisst ist. Sie laden die beiden Frauen zu, dann geht es durch das Gewimmel von Kähnen, Dahabien und Dampfern wieder ans andere Flussufer. »Und nun sind wir an Bord, haben dem Kapitän die Hand geschüttelt und sind so fleißig wie Bienen.« Das Schiff stellt sich als erstaunlich komfortabel heraus: Mit mehreren Einzelkabinen für die Passagiere, zwei Salons, einem Badezimmer, einer kleinen Garküche. »Diese Kabinen waren etwa acht Fuß lang und viereinhalb Fuß breit und enthielten ein Bett, einen Stuhl, befestigte Wascharmaturen, einen Wandspiegel, ein Regal, eine Reihe Wandhaken und unter jedem Bett zwei große Schubkästen für Kleider.« Auch der Speisesalon ist erstaunlich wohnlich: »[…] ein geräumiger, freundlicher Raum, etwa dreiundzwanzig oder vierundzwanzig Fuß lang, im breitesten Teil des Bootes gelegen, und durch vier Fenster auf jeder Seite sowie ein Oberlicht beleuchtet. Die getäfelten Wände und die Decke waren weiß gestrichen und mit Gold abgesetzt. Ein gepolsterter Diwan, der mit elegantem Wollrips überzogen war, verlief an jeder Seite des Raums entlang und ein farbenprächtiger Brüsseler Teppich schmückte den Boden. Der Esstisch stand in der Mitte des Raums und es gab reichlich Platz für ein Klavier, zwei kleine Bücherschränke und mehrere Stühle.« Auch personell ist die Dahabie gut ausgestattet: »Der Reis oder Kapitän, der Steuermann, zwölf Matrosen, der Dragoman [Übersetzer], der Chefkoch, der Hilfskoch, zwei Ober und der Boy, der für die Mannschaft kochte, vervollständigten unsere Ausstattung.« Die üppige personelle Besetzung wird nötig sein, denn mehrmals auf ihrer langen Fahrt wird die »Philae« bei Niedrigwasser auf eine Sandbank auflaufen oder bei Windstille träge im Strom dümpeln. Dann werden die Matrosen mit Seilen ans Ufer geschickt, und mit vereinter Muskelkraft wird die immerhin rund dreißig Meter (hundert Fuß) lange Dahabie nilaufwärts getreidelt, eine Sklavenarbeit, der Amelia Edwards höchste Anerkennung zollt: »Noch nie haben sich gelehrigere, fleißigere, gutmütigere und freundlichere Burschen in die Riemen gelegt. Unkompliziert und vertrauensvoll wie Kinder und genügsam wie Einsiedler, arbeiteten sie fröhlich von Sonnenaufgang bis Sonnenuntergang, wobei sie manchmal die Dahabie den ganzen Tag lang an einem Tau schleppten wie Treidelpferde, manchmal vier Stunden lang stakten, was die allerschwerste Arbeit ist, immer jedoch bei der Arbeit sangen [...].«

In einer neben der »Philae« ankernden zweiten Dahabie sind zwei andere Engländerinnen an Bord, mit ihnen schließen Amelia und Lucy Freundschaft. Sie vereinbaren, einen Teil der Flussfahrt im Konvoi zu fahren. Endlich kann die Fahrt beginnen: Die Halteleinen werden gelöst, die Matrosen stoßen den Schiffsbauch mit Stangen vom Pier ab, Freudenschüsse werden aus alten Gewehren abgegeben, dann bläht sich das riesige Hauptsegel im Wind auf: Die »Philae« gewinnt Fahrt, und Reisende und Matrosen sind froh gestimmt: »Das gute Boot bahnt sich rasch und gleichmäßig seinen Weg. Am Flussufer gleiten Paläste und Gärten vorüber, die wir hinter uns lassen. Die Kuppeln und Minarette von Kairo sind schnell außer Sichtweite. [...] Wir sitzen auf dem Oberdeck, das mit Klubsesseln, Tischen und ausländischen Teppichen ausgestattet ist, wie ein Freiluftsalon, und genießen entspannt die Aussicht.«

Gleich am ersten Abend geben die Männer der »Philae« den Reisenden ein Konzert mit Gesang und Musik auf traditionellen Instrumenten, dem Tar und der Darabukka. Eher skeptisch urteilt Amelia Edwards: »Ich erinnere mich, dass wir ihre Musik in jener ersten Nacht furchtbar fanden, obwohl wir sie, wie es meiner Meinung nach die meisten Reisenden tun, schließlich mochten. Wir indes erwiesen ihnen die Ehre, an Deck zu gehen und ihrer Aufführung zu lauschen.« Der atmosphärische Gesamteindruck überwältigt die Reisenden: »Als nächtliche Kulisse hätte nichts malerischer sein können als diese Gruppe Turban tragender Araber, die im Kreise saßen, die Beine untergeschlagen, mit einer Laterne in der Mitte. [...] Unterdessen ließ die Laterne ihre dunklen Gesichter und ihre strahlenden Zähne aufleuchten. Der Großmast ragte in die Dunkelheit empor. Unten schimmerte der Fluss. Über uns leuchteten die

Sterne.« Und sie gesteht überraschend offen ein: »Wir hatten das Gefühl, tatsächlich Fremde in einem fremden Land zu sein.«

Ein Buch mit sieben Siegeln

Erste Besichtigungsstätte ist Sakkara mit seinen Pyramiden, die Amelia Edwards von der Kairoer Zitadelle aus im fernen Dunst bereits hat liegen sehen. Der Dragoman ordert im Dorf Reit- und Packesel für die Gruppen der beiden Dahabien, doch statt nur acht Tiere zu bestellen (wie mit den Engländerinnen vereinbart), veranlasst er fünfundzwanzig. Nun ist fast das ganze Dorf unter Gezänk und Geschrei auf den Beinen, und der Dragoman sucht in aller Ruhe die besten und schönsten Tiere für die Globetrotterinnen und ihre Begleiter aus. »Ich übergehe den Tumult, der folgte«, berichtet Amelia Edwards halb beschämt, halb amüsiert, »als unsere Gruppe schließlich die acht geeignetsten Tiere bestieg und davonritt, während die empörte Menge zurückblieb, um sich gemächlich aufzulösen.« Sie reiten durch die Wüste. Amelia ist fasziniert vom irisierenden Licht- und Farbenspiel: »Und dann wieder die Farbgebung! – eine Farbgebung, mit der sich keine bisher erfundenen Farbstoffe vergleichen können. Die Felsen der Libyschen Wüste, wie rostiges Gold – der blassere Farbton der Flugsandhänge – die warme Maisfarbe der näher gelegenen Pyramiden, die aus der Ferne betrachtet einen zarten Stich ins Rosé annimmt, wie der rote Flaum auf einer Aprikose [...].«

Endlich gelangen sie zur Ebene von Sakkara. Das Gelände um die Pyramiden ist »über und über mit Bruchstücken von Töpferwaren, Kalkstein, Marmor und Alabaster, ferner mit Splittern grüner und blauer Glasur, ausgebleichten Knochen, Fetzen vergilbten Leinens und Brocken einer sonderbar aussehenden, dunkelbraunen Masse, ähnlich einem ausgetrockneten Schwamm, bedeckt.« Sie fangen an, im Sand und Geröll nach alten Scherben zu wühlen, bis ihnen schockartig und voller Ekel aufgeht, dass »diese verstreuten Gebeine menschlich sind – dass jene Leinenfetzen Fetzen von Leichentüchern sind – dass die seltsam aussehenden braunen Klumpen dort drüben zerrissene Überreste von dem sind, was einstmals lebendiges Fleisch war!« Sie stehen, das wird ihnen plötzlich bewusst, mitten in einem geschändeten Gräberfeld. Doch das Entsetzen weicht bald einer gewissen Gewöhnung und Abgebrühtheit, denn noch mehrmals auf ihrer Reise werden sie solche Gräberfelder entdecken, und immer werden sie feststellen, dass vor ihnen schon Dutzende unautorisierter Schatzgräber auf der Suche nach Wertvollem alles durchwühlt und zerbrochen haben.

Sie erreichen die Pyramiden von Sakkara. Dann besichtigen sie, nur mit einer flackernden Kerze in Händen, geführt von einem Einheimischen, das Serapeum, die Katakomben der Mumien der heiligen Apis-Stiere: »Er [der Führer] ging schrecklich schnell, und bei jedem Schritt schien es, als ob man am Rande eines entsetzlichen Abgrundes stünde. [...] von Augenblick zu Augenblick gingen wir tiefer in den massiven Fels hinein und entfernten uns weiter von der frischen Luft und dem Sonnenschein.« Sie erreichen Kammern und Schächte, mit Hieroglyphen verziert, sehen die leeren Sarkophage der Stiere, drohen in der dumpfen, sauerstoffarmen Luft schier zu ersticken. Endlich gelangen sie wieder heil an die Oberfläche, sind dem Totenreich entronnen, sehen dankbar zur Sonne hinauf. Dann reiten sie nach Memphis, die alte Hauptstadt Ägyptens, viertausend Jahre vor Christi Geburt gegründet. In Herodots Geschichtswerk haben sie von dieser prächtigen Stadt gelesen, einer der großartigsten des Altertums. Nun jedoch erblicken sie nur kärgliche Ruinen, wenige gestürzte, im Schlamm liegende Statuen, kahle Erdhügel, Mauerreste. »Und das ist alles, was von Memphis, der ältesten aller Städte, übrig ist – ein paar riesige Abfallhaufen, etwa ein Dutzend zerbrochener Statuen und ein Name! [...] Memphis ist ein Ort, über den man lesen sollte, nachdenken sollte und dessen man sich entsinnen sollte, aber es ist ein enttäuschender Platz zum Ansehen.«

Ein Name ist gefallen: Herodot. Tatsächlich liest Amelia Edwards in jenen Wochen und Monaten viel über das alte Ägypten. Auch wenn der Entschluss zur Reise an den Nil recht spontan und überstürzt war, so bedeutet das nicht, dass sie nicht entsprechende Reise-, Geschichts- und Forschungsliteratur mit an Bord hätte. Bereits in Frankreich, aber auch in Kairo haben sie sich entsprechend eingedeckt, und nun, während der langen Stunden und Tage, wenn sie irgendwo vor Anker liegen oder die Fahrt wegen einer Windflaute oder widriger Wasserströmungen unfreiwillig unterbrechen müssen, hat sie genügend Zeit, die alten griechischen und römischen Historiker, aber auch die Forschungsliteratur des 19. Jahrhunderts eingehend durchzuarbeiten. Die Leser ihrer Bücher beschwört sie: »Die Wahrheit ist jedoch, dass das bloße Besichtigen von Sehenswürdigkeiten auf dem Nil ein klein wenig Lesen und Organisation erfordert, wenn man es wenigstens genießen will. Wir können nicht alle hochgelehrt sein, aber wir können zumindest unser Möglichstes tun, um zu verstehen, was wir sehen – um Hindernisse aus dem Weg zu räumen – um die Dinge richtig einzuordnen. Denn das Land Ägypten ist, wie ich schon sagte, ein Buch mit sieben Siegeln – nicht in allen Fällen eine leichte Lektüre, aber auf alle Fälle wirklich schon schwierig genug ohne die zusätzliche Verwirrung, wenn man es von hinten liest.« Bereits zum damaligen Zeitpunkt hegt Amelia Edwards ernste Ambitionen, das ägyptische Altertum besser verstehen zu wollen – die große Nilfahrt wird nur die Eröffnung einer lebenslangen hingebungsvollen Beschäftigung mit der Materie sein.

Nicht immer geht die Fahrt so mühelos voran wie in den ersten Tagen nach dem Ablegen in Kairo. Immer wieder müssen die Matrosen ans Ufer, um die Dahabie mit Seilen zu treideln. Diese Schinderei stört das Bild einer geruhsamen und friedlichen Landschaft, zumindest in den Augen einer vom Humanismus geprägten Europäerin: »[...] der Anblick der Treidelmänner vertrug sich irgendwie nicht mit der sanften Schönheit des Bildes. Wir gewöhnten uns daran, wie man sich mit der Zeit an alles gewöhnt, aber es sah wie Sklavenarbeit aus und schockierte unsere englischen Vorstellungen auf unangenehme Weise.«

Die Nächte, wenn sie bei irgendeiner Siedlung vor Anker liegen, erweisen sich mitunter als abenteuerlicher als die beschaulichen Tage. Dann nämlich müssen die Matrosen die Dahabie und ihre schlafenden Reisenden in Schichten bewachen. Manchmal schlafen auch die Wachposten ein – eine willkommene Gelegenheit für allerlei Diebe und anderes Gesindel. Amelia Edwards erinnert sich: »Unsere Wachposten schlafen wieder tief und fest, aber die üblen Gestalten von Beni Suef [einem Dorf] sind sehr wohl hellwach. Ein Herr stattet, zweifelsohne von den freundlichsten Motiven getrieben, den Bagstones [der anderen Dahabie »Bagstones«] einen mitternächtlichen Besuch ab, aber, nachdem er entdeckt, verfolgt und auf ihn geschossen wurde, rettet er sich durch einen Sprung über Bord. Wir sind etwa zwei Stunden später an der Reihe, als die Verfasserin, die zufällig wach ist, hört, wie ein Mann sachte um die Philae herumschwimmt. Ein Licht anzuzünden und jedermann einen solchen Schrecken einzujagen, dass er in eine überstürzte Betriebsamkeit verfällt, ist eine Sache von Augenblicken. Das ganze Boot ist sofort in Aufruhr. [...] Talhamy [der Dragoman] lädt sein Gewehr und der Dieb stiehlt sich in der Dunkelheit wie ein Fisch davon.«

Da starker Gegenwind bläst, gegen den nicht einmal die

Treidler ankommen, bleiben sie mehrere Tage in Beni Suef liegen. Amelia Edwards nutzt die Zeit zu intensiver Lektüre und zum Zeichnen. Sie hat künstlerisches Talent und illustriert ihre Bücher und Aufsätze selbst. Doch oft genug wird sie von Einheimischen angesprochen, die von Booten und Kamelen herab Schmuck und Stoffe anbieten. Amelias Mußestunden nehmen ein jähes Ende, als ein Sandsturm rasch aufzieht – der erste ihres Lebens: »Er kam etwa um die Mittagszeit den Fluss herunter, zeigte sich als gelber Dunst am Horizont und wälzte sich rasch vor dem Wind her. Beim Näherkommen zerriss er den Fluss in stürmische Wellen und verhüllte die Landschaft. Die entfernten Berge verschwanden zuerst, dann die Palmen jenseits der Insel und schließlich die Boote in der Nähe. [...] Der gelbe Staub strömte durch jede Ritze und Spalte in hunderten kleiner Wasserfälle herunter. Aber es war ein Anblick, den man sich nicht ungestraft anschauen konnte. Haare, Augen, Mund und Ohren waren augenblicklich voll Sand, und wir waren gezwungen, im Salon Zuflucht zu suchen. Hier fanden, obwohl jedes Fenster und jede Tür geschlossen worden war, ehe der Sturm kam, Wolken von Sand ihren Weg herein. [...] Dies dauerte gerade eine Stunde und darauf folgte ein heftiger Wolkenbruch, nach dem sich der Himmel aufklarte und wir hatten einen schönen Nachmittag. Von diesem Zeitpunkt an sahen wir keinen Regen mehr in Ägypten.«

Sie nähern sich der Stadt Minia. Es ist Markttag, die Händler haben ihre Warenkörbe ausgebreitet, das Summen der feilschenden Stimmen erfüllt die heiße Luft. Doch vor Amelia Edwards findet der Ort wenig Gnade, er erscheint ihr wie »unvermutet mitten in ein gepflügtes Feld gefallen«. Dennoch schlendern ihre Freundin und sie durch die engen Gassen, werden begafft und von Händlern, Bettlern und Straßenjungen umlagert. »Als wir durch die Stadt zurückkamen, sprach uns eine verhutzelte, einäugige alte Hexe an, die einer wiederbelebten Mumie ähnlich sah und anbot, uns unser Schicksal wahrzusagen.« Amelia hat als aufgeklärte Frau wenig Angst vor solchen

Weissagungen und spielt das Spiel mit. Die Hexe äußert »eine Reihe von Prophezeiungen, wie sie üblicherweise bei solchen Gelegenheiten herauskommen. ›Du hast weit weg einen Freund, und dein Freund denkt an dich. Dich erwartet ein glückliches Schicksal, Geld wird dir zufallen und erfreuliche Neuigkeiten sind unterwegs. […]‹« Weit mehr als diese nichtssagenden Floskeln bestürzt sie der Anblick der vielen Menschen, die auf einem Auge oder gar auf beiden blind sind. Es ist die »ägyptische Körnerkrankheit«, eine bakterielle Infektion, hervorgerufen durch das Bakterium Chlamydia trachomatis, und übertragen von Fliegen. Wenngleich Bakterien damals noch nicht bekannt und klassifiziert sind, so weiß man doch um die Übertragung von Krankheiten durch Insekten infolge mangelnder Hygiene. Amelia Edwards zeigt sich angesichts der vielen Leidtragenden schockiert und empört: »[…] ich glaube, dass es keine Übertreibung ist, zu sagen, dass mindestens jede zwanzigste Person, bis hinunter zu kleinen, watschelnden Kindern im Alter von drei oder vier Jahren, auf einem Auge blind war. […] der Zeitpunkt, wenn diese Leute dazu gebracht werden können, die elementarsten Grundsätze hygienischer Verbesserungen zu begreifen, liegt immer noch in weiter Ferne. Kleine Kinder zu waschen, schadet deren Gesundheit und deswegen lassen es die Mütter zu, dass sie in einen Zustand körperlicher Unsauberkeit verfallen, der alleine schon genügt, um Krankheiten hervorzurufen. Die Fliegen, die um ihre Augen herumsitzen, wegzujagen, ist gottlos, trotz Bindehautentzündung und verschiedener Arten der Erblindung. Ich habe Kinder gesehen, die mit sechs oder acht Fliegen in jedem Auge in den Armen ihrer Mutter lagen. Ich habe gesehen, wie die kleinen, hilflosen Hände tadelnd heruntergedrückt wurden, wenn sie sich der Stelle, wo die Plagegeister saßen, näherten. Ich habe vier oder fünf Jahre alte Kinder gesehen, bei denen das Äußere eines oder beider Augen weggefressen war, und andere mit einer großen, fleischigen Geschwulst, die dort herauswuchs, wo die Pupille zerstört worden war.«

Amelia Edwards ist des schmutzigen Ortes und des Elends, das sie ansehen muss, leid. Sie sehnt sich danach, weiter nach Oberägypten zu fahren. Minia ist die vorletzte Bahnstation Richtung Süden. Es ist Heiligabend 1873, und beinahe hätte sie das Weihnachtsfest unter Palmen und sengender Sonne vergessen – da trifft der Zug aus Kairo ein. Ihm entsteigen die Bekannten, ein orienterfahrener Maler und ein junges Ehepaar, die sie Wochen zuvor in der ägyptischen Hauptstadt kennengelernt hat, und die nun auf die »Philae« zusteigen. So um angenehme Gesellschaft bereichert, genießen die Reisenden doch noch ein schönes Weihnachtsfest, und der muslimische Chefkoch der Dahabie gibt sich alle Mühe, seine Gäste mit den erlesensten Spezialitäten und Spezereien Ägyptens zu verwöhnen.

»Habe ich nicht gesagt, dass es wie ein Traum war?«

Anderntags geht es weiter, es weht eine günstige Brise, und Amelia wird des Schauens nicht müde. Auf der Dahabie ist es laut geworden, denn der Koch hat in Minia eine ganze Schar Hühner, Truthähne und Gänse und sogar ein Schaf für den Verzehr auf der langen Reise gekauft, die nun in kleinen Verschlägen auf dem Oberdeck des Schiffes kauern und ihre tierischen Laute von sich geben. Hin und wieder wird geankert, um Frischwasser zu schöpfen, dann unternehmen die englischen Reisenden Spaziergänge am Flussufer, wobei Amelia eifrig Notizen macht und Zeichnungen anfertigt. Doch nicht lange dauert diese unbeschwerte Fahrt, denn der Nil, damals noch nicht durch den Assuan-Stausee reguliert, hat Niedrigwasser, und immer wieder läuft die »Philae« an Sandbänken auf Grund. »Dann eilen die Männer zu den Stakstangen oder springen in den Fluss wie Wasserhunde und schieben das Boot mit ihren Schultern herunter, wobei sie in einem trübsinnigen Rhythmus stöhnen.«

Es geht Richtung Assiut. Unterwegs beobachtet Amelia Edwards die Tierwelt, vor allem Vögel. Sie entdeckt Geier und Wildgänse, Wiedehupfe und Elstern, Nonnenwebervögel und Falken. Bei einem Spaziergang am Ufer sieht sie zum ersten Mal den Skarabäus, den Pillendreherkäfer, der von den alten Ägyptern als heilig verehrt wurde. Auch sie ist von seinem unbeirrbaren Fleiß beeindruckt: »Es war ein sehr schönes Exemplar seiner Art, auf dem Rücken fast einen halben Zoll lang, so schwarz und glänzend wie ein Skarabäus aus Jett, und fleißig mit der Herstellung einer großen Rissole aus Schlamm beschäftigt, die er bald darauf mühsam die Uferböschung hinaufzurollen begann.«

Sie erreichen Assiut. Die alte Hauptstadt Mittelägyptens, zwischen Palmenhainen gelegen, berühmt für ihre alten Grabstätten, entschädigt die Reisenden nach der Enttäuschung von Minia. »Diese feenhafte Stadt Assiut«, schwärmt Amelia Edwards, »schien ebenfalls wie eine Fata Morgana immer in derselben, unerreichbaren Entfernung zu schweben […].« Sie besuchen den Basar der Stadt, dann reiten sie auf Eseln den Berg hinauf zu den alten Gräbern. Am meisten ist Amelia von der Aussicht beeindruckt: »[…] eine weite Ebene, die in das herrlich zarte Grün ganz jungen Getreides eingehüllt ist, und noch weiter weg die Kuppeln und Minarette von Assiut, die sich mitten aus einem Streifen von Palmenhainen erheben, jenseits von diesen wiederum das flüssige Gold des Flusses, das sich glitzernd, Windung auf Windung, in die Ferne zieht, und über den ganzen Horizont hinweg der endlose Rand der Wüste.« Assiut, unter den Ptolemäern mit dem griechischen Namen Lykopolis (Wolfsstadt) belegt, da es hier als heilig verehrte Wölfe gab, ist nach der Überlieferung der Ort, wo Maria, Josef und das Jesuskind nach der Flucht vor den Häschern des Herodes gelebt haben sollen. Eine fromme Legende, aber nicht ohne Reiz, wie die englische Reisende meint: »Und doch möchte man einer Geschichte Glauben schenken, die den Schauplatz für die Kindheit unseres Herrn mitten in diese schöne und leuchtende ländliche Idylle in Ägypten verlegte. Mit was für einer tiefen und ergreifenden Bedeutung würde es den Ort umgeben!«

In Assiut kauft der Kapitän der »Philae« mehrere Fässer frisches, braunes Brot, das in Scheiben geschnitten und zum Trocknen in die Sonne gelegt wird: haltbarer Zwieback für die noch bevorstehende lange Fahrt. Die Sonne brennt immer unerbittlicher, die Strömung des Flusses ist bisweilen tückisch, die Matrosen und Treidler müssen hart schuften. Fast jeden Tag meldet sich einer der Männer bei Lucy Renshaw, die einen Erste-Hilfe-Kasten mit sich führt. Amelia konstatiert beinahe amüsiert: »Es gab niemals Burschen, die so viel einstecken mussten, wie unsere Matrosen. Immer holten sie sich Quetschungen an den Füßen, verletzten sich die Hände, bekamen Sonnenstiche, Nagelgeschwüre, zogen sich Verstauchungen zu, oder machten sich auf irgendeine Weise arbeitsunfähig. L[ucy]. hatte, mit ihrem kleinen Arzneikasten und ihrer Rolle von Scharpie [Verbandmaterial aus Leinen oder Baumwolle] und Binden, bald eine kleine, aber zuverlässige Praxis, und man hätte sie morgens nach dem Frühstück meist auf dem Unterdeck sehen können, wo sie die geschädigten Alis und Hassans wiederherstellte.« Sie segeln an zahllosen Dörfern vorbei, an Palmenhainen und Felsengräbern, die Vegetation verändert sich allmählich: Die Dumpalme, die in Unterägypten nicht vorkommt, wächst hier bereits. Girga, eine der alten Städte Ägyptens, wird erreicht. Vom einstigen Glanz ist nichts mehr erhalten, aber pittoresk nimmt sich am Ufer die Ruine einer Moschee aus: »Hier unterspült der Nil das Ufer rasch und reißt die Stadt im Sturm mit sich. Eine verfallene Moschee mit Spitzbögen, Säulengängen ohne Dach und einer schiefen Säule, die inzwischen sicher umgefallen ist, steht gleich oberhalb der Anlegestelle. Hundert Jahre zuvor lag sie eine Viertelmeile vom Fluss entfernt […].« So wechselt das Land, das doch als Symbol des Alten und Beständigen gilt, in Wahrheit fortwährend seine Gestalt. Der Nil gibt und nimmt, und alles fließt, der Fluss, das Leben, die Zeit.

Eine eher grausige Begegnung haben die Reisenden hinter Farshut: Dort sitzt oberhalb des Ufers – angeblich seit Jahrzehnten – ein den Ägyptern vertrauter und von ihnen als Heiliger verehrter Asket, der von allen Scheich Selim genannt wird. Aus einiger Entfernung glauben die Engländerinnen in der Dämmerung zunächst, es handle sich bei der gekrümmten, schmutzigen, nackten Gestalt um einen Affen, bis der Dragoman sie eines anderen belehrt: »Und so kommen wir dahinter, dass es kein Affe, sondern ein Mann ist – und nicht nur ein Mann, sondern ein Heiliger. Heiligster der Heiligen, Schmutzigster der Schmutzigen, weißer Kopf, weißer Bart, verhutzelt, gekrümmt und verschlungen, das ist der berühmte Scheich Selim – der, der nackt und ungewaschen während der letzten fünfzig Jahre in der Hitze des Sommers und der Kälte des Winters jeden Tag auf diesem gleichen Fleck gesessen hat, sich nie Nahrung oder Wasser besorgt hat, ja nicht einmal die Hand zum Mund geführt hat und abhängig ist von Wohltätigkeit, nicht nur, was die Nahrung angeht, sondern auch die Nahrungsaufnahme! Er ist nicht schön anzusehen, sogar bei diesem schwachen Licht und aus dieser Entfernung […].« Sie fahren in einiger Entfernung an dem Asketen vorbei, die Matrosen rufen ihm ehrerbietige Worte zu, Amelia Edwards greift zum Zeichenblock und skizziert rasch den frommen Mann (eine Zeichnung, die auch in ihr Buch über die Nilfahrt Eingang finden wird) – dann sind sie schon vorüber und segeln weiter.

Sie gelangen nach Dendera, besuchen den berühmten Tempel aus ptolemäischer Zeit. Doch schlimmer als die Spuren, die Wind und Sand in Jahrtausenden hinterlassen haben, sind die Zerstörungen jüngster Zeit, seit die Tempelanlagen von den europäischen Archäologen wieder ausgegraben wurden und nun der Witterung und den Souvenirjägern schutzlos ausgeliefert sind: »[Jean-Jacques] Ampère [1800–1864], der diese Säulen in einem seiner ersten Briefe aus Ägypten beschreibt, sagt über sie, sie seien immer noch ›brillant und die Zeit hatte nicht die Kraft, die Farben zu tilgen‹. Die Zeit muss jedoch während der dreißig Jahre, die seither vergangen sind, außergewöhnlich fleißig gewesen sein. Denn [...] ich erinnere [...] mich nicht, irgendwelche Überreste von Farbe [...] gesehen zu haben.«

Weiter geht es nach Süden. Am dritten Morgen, als Amelia Edwards an Deck kommt, staunt sie nicht schlecht: Die Dahabie ist mit Palmzweigen geschmückt, der Kapitän hat Strümpfe und Schuhe angezogen. Als sie ihn nach dem Grund für diesen Putz fragt, erhält sie zur Antwort, man nähere sich Luxor, dem schönen Luxor.

Luxor ist damals nur ein großes Dorf, nicht schöner und nicht schmutziger als andere. Doch es steht zum Teil auf den Ruinen der alten Stadt Theben, oder besser: Es liegt zwischen dessen prachtvollen Ruinen, denn die Ägypter haben ihre Lehmhütten und Moscheen in die erhaltenen Tempelanlagen hineingezwängt. Neben dem arabischen Viertel gibt es hier auch eine große Gemeinde von Kopten, und Amelia und Lucy sehen sich alles genau an. Natürlich haben sie an den Läden mit ihren angeblich antiken Souvenirs wenig Interesse. Vielmehr wollen sie die halb versteckten Tempelanlagen zwischen den arabischen Gehöften besichtigen. Nach einigem Hin und Her, Feilschen und Fragen gelingt es ihnen. Sie werden in ein unscheinbares Gehöft geführt: Lehmbauten, Kleinvieh, Gerümpel. Doch die Überraschung ist bei genauerem Hinsehen umso größer: »Hinter diesem Eingang lag ein verräuchertes, schmutziges, verwickeltes Labyrinth von Gassen und Verbindungsgängen. Lehmhütten, turmartige Taubenschläge aus Lehm, Höfe mit Lehmboden und eine aus Lehm gebaute Moschee drängten sich wie Wespennester in den Ruinen und um sie herum, Architrave, auf denen Königstitel eingemeißelt waren, stützten die Dächer verwahrloster Häuschen. Prächtige Kapitelle schauten mitten aus Ställen heraus, in denen Büffel, Kamele, Esel, Hunde und menschliche Wesen zu sehen waren, die sich in unappetitlicher Gesellschaft zusammendrängten.« Amelia Edwards ist enttäuscht, die alten Inschriften so von Schmutz und Unrat verdreckt und entehrt zu sehen. Sie will Luxor rasch verlassen und ins nahe Karnak. Auf einem Esel geht es hinaus. Die berühmte, von Sethos I. erbaute Hypostylhalle, der sogenannte »Säulenwald«, macht sie sprachlos. Sie, die sonst so wortgewandte, literarisch versierte Frau, sieht sich in der Beschreibung der Halle von Karnak an den Grenzen ihrer sprachlichen Ausdrucksmöglichkeiten: »Sie [die Halle] zu beschreiben, in dem Sinne, dass man mittels Worten ein im Geiste erkennbares Bild davon entwickelt, ist unmöglich. Der Maßstab ist zu riesig, die Wirkung zu ungeheuer, das Gefühl der eigenen Sprachlosigkeit, Kleinheit und Unfähigkeit zu vollkommen und erdrückend. [...] Doch das Betrachten lohnt sich, wenn es einem wenigstens gelingt, sich zu erinnern, und die Große Halle von Karnak ist in irgendeiner dunklen Ecke meines Gehirns fotografiert, solange ich mein Erinnerungsvermögen besitze. Ich schließe meine Augen und sehe sie, als ob ich dort wäre [...]. [...] in Wahrheit gibt es auf der ganzen Welt kein vergleichbares Bauwerk. Die Pyramiden sind erstaunlicher. Das Kolosseum hat eine größere Grundfläche. Der Parthenon ist schöner. Doch in der Erhabenheit der Anlage, der Unmenge an Details und in höchster Majestät übertrifft die Säulenhalle jedes Einzelne von ihnen.« Kaum kann sich Amelia Edwards von dem Stein gewordenen Wunder lösen. Erst als es dunkelt, kehrt sie, berauscht und benommen, zum Schiff zurück: »Habe ich nicht gesagt, dass es wie ein Traum war?«

So friedlich das Bild der ägyptischen Landschaft in den Tagen zuvor war, so wild und ungebärdig zeigt sich Vater Nil in der folgenden Nacht: »Der Wind erhob sich etwa um zehn Uhr. Um Mitternacht peitschte er den Fluss zu großen Wellen auf, und unsere Dahabie schlingerte an ihrem Liegeplatz wie ein Schiff auf dem Meer. Der Sand, der in heftigen Windstößen von der Libyschen Wüste herantrieb, schlug wie Hagel gegen unser Kabinenfenster.« Als es dämmert, zeigt sich das ganze Ausmaß des Sturms: Der Nil, sonst so träge dahinfließend, ist aufgewühlt, »auf dem Fluss schlugen die schäumenden Wellen hoch, die Boote waren unter dem Ufer alle auf einen Haufen geworfen und das Westufer war in Sandwolken verborgen«. Die Reisenden müssen sich gedulden, an eine Weiterfahrt ist nicht zu denken. Immerhin schaffen sie es am nächsten Tag bis nach Armant, wo sie den örtlichen Bey (Stadtkommandanten) kennenlernen, der sich als Zuckerfabrikant betätigt und die Engländer zu sich nach Hause einlädt. Die Reisenden statten ihm einen Höflichkeitsbesuch ab – eher widerwillig, denn sie wollen weiter, nach Assuan. Die Stadt liegt unterhalb des ersten Katarakts und ist damals der Endpunkt für die auf Dampfern fahrenden Thomas-Cook-Touristen – auf die Individualreisende wie Amelia Edwards etwas snobistisch herabblicken, denn ihre Dahabien können mit Geschick und unter Gefahr der Havarie den ersten Katarakt überwinden und tief hinein ins sagenhafte Nubien segeln. Nachdem sie den Zuckerfabrikanten endlich losgeworden sind und sich der schäumende Fluss halbwegs beruhigt hat, kann es weitergehen: nach Esna mit seinem damals noch fast gänzlich unterm Wüstensand verschütteten Tempel. Amelia Edwards entdeckt ihn, als sie von Einheimischen in den Hinterhof eines arabischen Anwesens geführt wird: Hinter Lehmwänden und Gerümpel erheben sich, von der Straße aus nicht sichtbar, die gewaltigen Palmblattkapitelle des altägyptischen Tempels! Amelia Edwards fertigt rasch eine Zeichnung des grotesken Bildes an, das sich ihren Augen darbietet, dann muss sie bereits wieder an Bord.

Wettrennen, Kamelreiten, Kataraktrafting und Bergsteigen

Die Reisenden haben sich unterdessen etwas ausgedacht, um das Einerlei der Flussfahrt aufzulockern: Ein Wettrennen dreier Dahabien, der »Philae«, der befreundeten »Bagstones« und eines dritten Schiffs, der aus Eisen gebauten »Fostat«. Die seit jeher spiel- und wettsüchtigen Engländer gehen in dem Rennen ganz auf, und auch die Kapitäne und Mannschaften sind Feuer und Flamme. »Es ist ein Wettkampf um die Ehre«, schreibt die begeisterte Amelia Edwards. »Während die Nacht voranschreitet, kommt noch mehr Wind auf, und in gleichem Maße steigt unsere Erregung. Die Boote jagen sich immer noch den dunklen Fluss entlang, lassen die Gischt vor ihrem Bug auseinander stieben und schleudern breite Schaumspuren hinter sich heraus. Ihre Kabinenfenster, allesamt beleuchtet, werfen flackernde Flammen auf die Wellen darunter.« Amelia und ihre Mitreisenden versprechen dem Reis eine Guinee, wenn die »Philae« als Erste Assuan erreicht. Noch führt die »Philae« das Rennen an, aber die gleich große »Fostat«, die über größere Segel verfügt, dabei jedoch schwerer ist, holt auf. Und auch die »Bagstones« ist nur noch rund hundert Meter hinter der »Fostat«. Doch kurz vor Assuan macht der Fluss eine Biegung, und in dieser Biegung liegen mehrere flache Felsen im Wasser, die nur eine schmale Fahrrinne freigeben, durch die nur *ein* Schiff passt. Wer dieses Nadelöhr als Erster erreicht, wird das Rennen für sich entscheiden. Atemlos vor Spannung verfolgen die Engländer, wie sich die »Philae« und die »Fostat« gleich schnell auf den schmalen Durchlass zubewegen. Kommt es zu einer Karambolage? »Die Felsen sind dicht vor uns – so dicht, dass wir die Brandung, die sich über sie ergießt, und die wirbelnden Strudel zwischen ihnen sehen können. Unser Weg führt durch eine Öffnung zwischen den Steinblöcken. Hinter dieser Öffnung biegt die Fahrrinne scharf nach links ab. Das ist eine Stelle, wo alles vom Verstellen eines Segels abhängt. Wenn es zu früh gemacht wird, verfehlen wir die Marke, wenn es zu spät gemacht wird, laufen wir auf die Felsen auf. Plötzlich reißt unser Kapitän seine Hand hoch, nimmt die Treppe mit einem Satz und stürmt zum Bug. Die Matrosen springen auf die Beine, einige sammeln sich um das Shoghool [eines der Segel einer Dahabie] und einige um das Ende der Rahe. Die Fostat ist gleichauf mit uns. Der Augenblick des Siegens oder des Verlierens ist gekommen.« Doch der Kapitän der »Fostat« begeht einen entscheidenden Fehler: Er verstellt das Segel ungeschickt, die Leine des Shoghools reißt, das Segel flattert. Das ist die Chance für die »Philae«: Kapitän

Hassan kann das Segel genau im richtigen Augenblick verstellen, die Dahabie »taucht haarscharf in das tiefe Wasser ein, während sie ihre Rivalin unumstößlich zwischen den Untiefen zurücklässt«. Sie haben das Wettrennen, das über eine Strecke von achtundsechzig Meilen (109 Kilometern) von Edfu nach Assuan ging, gewonnen, erreichen Assuan als Erste, und Reis Hassan erhält die wohlverdiente Guinee!

Bei Assuan teilt sich der Nil in zwei Arme, hart bedrängt von der Libyschen und der Arabischen Wüste, dazwischen liegt malerisch die Insel Elephantine, der die Reisenden einen Besuch abstatten. Auf dem Basar von Assuan hingegen gibt es kaum Ursprüngliches, am Ende der Route der Dampfer-Touristen hat sich der Souvenir- und Nepphandel breitgemacht: »Hier gibt es keine Skarabäen, keine Begräbnisstätten, keine Gottheiten aus Bronze oder Porzellan, keine Relikte einer vergangenen Zivilisation, sondern im Gegenteil solche Objekte, die nur von einer wilden und barbarischen Gegenwart künden – Straußeneier und -federn, silberne Schmuckstücke in grober nubischer Ausführung, Speere, Bogen, Pfeile, Schilde aus Nashornhaut […].« Freilich sind auch die Engländerinnen gegen die Verführungen von Kram und Krempel nicht vollständig gefeit, und so ersteht Lucy Renshaw einen von den Händlern als »Madame Nubia« titulierten nubischen Gürtel, aus Leder, bestickt mit Kügelchen und kleinen Muschelschalen, und dick mit Rizinusöl, das von den Nubiern als Parfüm geschätzt wird, eingefettet. Fassungslos berichtet Amelia über die Geschmacksverirrung der Freundin: »L[ucy]., die hinsichtlich Kleidung zur Eitelkeit neigt, kaufte einen [Gürtel], der so mit dem Duft imprägniert war, dass er die Philae für den Rest der Reise mit Wohlgeruch erfüllte, und seinen Geruch bis zum heutigen Tag beibehalten hat.«

Nicht nur der Souvenirkrempel des Basars ist touristisches Programm, auch das Reiten auf einem der störrischen Kamele dient der Ergötzung und der hämischen Erheiterung der Einheimischen. Amelia charakterisiert die »Wüstenschiffe« so:

»Man weiß, dass es einen von dem Augenblick an hasst, wo man zum ersten Mal um es herumläuft und sich fragt, wo und wie man mit der Besteigung seines Höckers anfangen soll. [...] Es flucht unverschämt, während man seinen Sitz einnimmt, knurrt wütend, wenn man sich nur im Sattel bewegt, und starrt einem ärgerlich ins Gesicht, wenn man versucht, seinen Kopf in eine andere Richtung zu drehen als die, die es selbst vorzieht. [...] Nun sind das Hinlegen und Aufstehen eines Kamels Vorstellungen, die eigens zu dem Zweck bestimmt sind, seinem Reiter schweren körperlichen Schaden zuzufügen. Indem er zweimal vorwärts und zweimal rückwärts geworfen wird, einen Schlag in die Magengrube bekommt und sein Rückgrat geschädigt wird, erhält der glücklose Anfänger vier deutliche Schocks versetzt [...].«

Mühselig geht es auf dem schwankenden Kamelrücken zu einem antiken Steinbruch, wo ein unvollendeter Obelisk aus Rosengranit, mit fast zweiundvierzig Metern der weltweit größte, zu bestaunen ist.

Das größte Abenteuer, das in Assuan zu bestehen ist, stellt jedoch die Überwindung des ersten Katarakts dar (seit 1971 erhebt sich hier der Assuan-Staudamm, das untere Ende des fünfhundert Kilometer langen Nassersees): Dahinter beginnt Nubien, und damit das eigentliche Afrika. Die Dampfer müssen dort umkehren, die kleineren Boote und Schiffe jedoch können mit der Muskelkraft von Treidlern und dem Geschick von Lotsen über die Felsen des Katarakts geschleust werden. Auch an Bord der »Philae« kommt ein geheuerter Lotse, und weil es sich um noble und wohlhabende Engländer handelt, ist es der Leiter der Lotsen persönlich, der »Scheich des Katarakts«, »ein flachgesichtiger, fischäugiger, alter Nubier, dessen Kopf mit einem schmuddeligen, gelben Seidentaschentuch verbunden war«. Er steht »abgesondert in einsamer Würde am Bug und rauchte einen langen Tschibuk [eine arabische Rohrpfeife]«. Dieser Lotse befehligt eine Menge dienstbarer Geister, die auf seinen Wink oder seinen Pfiff hin hinter den Felsvorsprüngen sichtbar werden. Staunend berichtet Amelia Edwards: »Die Szene, die darauf folgte, war recht kurios. Zwei Seile wurden von der Dahabie zur nächstgelegenen Insel getragen und dort an den Felsen fest gemacht. Von der Insel wurden ebenfalls zwei Seile an Bord der Dahabie gebracht. Dann stellte sich eine Doppelreihe von Männern an Deck und eine weitere Doppelreihe am Ufer entlang der Seile auf, der Scheich gab das Signal und mit einem wilden Gesang als Begleitmusik und einer Bewegung ähnlich einem barbarischen Tanz […] begann ein System doppelten Ziehens, mittels dessen das mächtige Boot langsam und stetig hinauffuhr.« Es geht voran, wenngleich langsam. Der Scheich des Katarakts ist ein rechter Phlegmatiker, zumindest in den Augen der leistungsorientierten Engländer. Drei Tage lang, so seine zögerliche Aussage, werde die – überdies teure – Aktion dauern. Der englische Maler verliert die Contenance und wirft dem Scheich arabische Schimpfworte an den Kopf, die er einer eigens angefertigten Liste von Beleidigungen entnimmt. Der Oberlotse reagiert zu Recht gekränkt: »Der Scheich […] schwor, dass die Philae bis zum Jüngsten Tag bleiben könnte, wo sie war, wenn es nach ihm und seinen Männern ginge, die ihr keinen Fußbreit weiterhelfen würden – sprang in seine eigene, wackelige Sandalie [ein kleines Boot], ruderte fort und überließ uns unserem Schicksal.« Die Mannschaft der »Philae« und die englischen Reisenden sind entgeistert. »Es war aus und vorbei mit uns. […] Sollten wir uns an den Gouverneur wenden oder sollten wir den Maler opfern? Die Mehrheit war dafür, den Maler zu opfern.« Doch der Maler kommt glimpflich davon: Anderntags erscheint wider Erwarten der Scheich des Katarakts wieder, pfeift seine dienstbaren Geister herbei, versöhnt sich mit den Engländern und treibt die Überwindung des Katarakts mit Feuereifer voran. Er hat den Katarakt sogar für andere Schiffe sperren lassen. Der Grund für den Sinneswandel bleibt im Dunkeln. Doch das Unternehmen glückt innerhalb eines Tages.

Erleichtert nehmen sie die Fahrt wieder auf. Am nächsten

Tag erreichen sie die heilige Insel Philae mit dem berühmten Isis-Tempel (der Tempel wurde Ende der 1970er-Jahre versetzt, die Insel ging wenig später in den angestauten Fluten des Nassersees unter). Auch hier hat Amelia Edwards wieder viel zu erkunden, zu notieren und zu zeichnen.

Dann geht es weiter. Das Flussbett wird enger, die fruchtbaren Ufer rechts und links des Stroms werden schmäler, Felsen und Wüste rücken näher. Die Gegend wird unwirtlicher, karger, es sind kaum noch Dörfer und Menschen zu sehen. Vor allem die Sanddünen wirken schön und bedrohlich zugleich: »Diese goldenen Sandströme sind die neueste und schönste Seite der Landschaft. Sie ergießen sich von der Hochebene der Libyschen Wüste herunter, genauso wie die Schneemassen der Schweiz vom Hochplateau der Alpen herabströmen. Durch jede Schlucht und jede Lücke finden sie einen Kanal – hier in winzigen Rinnsalen rieselnd, dort in breiten Strömen fließend, die sich zum Fluss zu verbreitern.« Die Dünen wirken verlockend, und Amelia und Lucy, seit ihrem Südtirolaufenthalt im Bergwandern geübt, wagen mit gutem Schuhwerk den Aufstieg. Doch es erweist sich als schwieriger denn vermutet: »Der Fuß sinkt knöcheltief darin ein, rutscht bei jedem Schritt rückwärts und lässt ein enormes Loch zurück, in das der Sand wieder wie Wasser hineinströmt. Wenn man zurücksieht, kann man seinen Weg durch eine Reihe trichterförmiger Gruben verfolgen, jede davon größer als ein Waschbecken.« Mühsam kämpfen sie sich nach oben. Die Anstrengung lohnt: »Glatt, glänzend, seidig, fein wie Diamantstaub, geschmeidig, wellenförmig und leuchtend, so liegt er [der Sand] in den ausgezeichnetsten Kurven und Girlanden da, wie eine Schneewehe, die sich in Gold verwandelt hat.«

Die geruhsame Fahrt durch Nubien wird von weiteren archäologischen Erkundungen angenehm unterbrochen: Die Tempelanlagen von Dakka und Derr lassen Amelia Edwards' Herz höher schlagen. Eifrig vermisst sie, fertigt Zeichnungen und Notizen an, liest in der an Bord der »Philae« mitgebrachten Fachliteratur. Die Gegend ist karg, die Menschen sind arm. Entsprechend neigen sie zum Betteln und zur Aufdringlichkeit Fremden gegenüber. Amelias Reisegenossen erfahren dies am eigenen Leib: Sie werden bei einem Landgang traubenweise von Einheimischen bedrängt. Erst ein paar Matrosen, von der in der Nähe ankernden Dahabie zu Hilfe gerufen, können die Engländer aus den Klauen der Bettler und Händler befreien.

Das Wunder von Abu Simbel und eine fragwürdige Gesichtskosmetik

Sie nähern sich dem eigentlichen Ziel der Nubienreise: der Tempelanlage von Abu Simbel. Beide Heiligtümer, der große Ramses-Tempel und der kleinere Hathor-Tempel, wurden bereits in der ersten Hälfte des 19. Jahrhunderts von europäischen Archäologen wiederentdeckt und erforscht, doch sind im Jahre 1874 die großen Kolossalstatuen in ihren unteren Teilen noch unter Sand begraben. Auf jeden Fall geht von Abu Simbel damals wie heute (die beiden Tempel wurden 1968 vor der Flutung des Nassersees abgetragen und etwas höher und weiter landeinwärts neu aufgebaut) eine geradezu mystische Faszination aus. Auch Amelia Edwards teilt diese Empfindungen. Dass sie sich auf der Dahabie nur langsam und noch dazu in einer Mondnacht dem Heiligtum nähert, verstärkt ihre Spannung und Erwartung: »Als der Mond höher stieg, erfüllte und überflutete ein Licht, das geheimnisvoller und unwirklicher als das Tageslicht war, die weite Fläche des Flusses und der Wüste. Wir konnten weit entfernt die Berge von Abu Simbel sehen [...]. Endlich war die letzte Biegung umsegelt, und der Große Tempel stand direkt vor uns. Die Fassade, in die Bergflanke vertieft wie ein riesiges Gemälde in einen gewaltigen Rahmen, war jetzt ziemlich klar zu sehen. [...] Zuletzt zeigten sich, obwohl es Nacht war und sie noch nicht viel weniger als eine Meile entfernt waren, die vier Kolossalstatuen, geisterhaft, verschwommen und düster im verzauberten Mondlicht.« Es erscheint den Reisenden, als erwachten die Statuen zum Leben: »Sogar als wir sie beobachteten, schienen sie zu wachsen – sich auszudehnen – sich aus der silbrig glänzenden Ferne auf uns zuzubewegen.« Kaum können sie es erwarten, dass die Dahabie anlegt. Noch bevor die Halteleine richtig festgemacht ist, springen Amelia Edwards und der Maler an Land und klettern die Uferböschung hoch. Überwältigt stehen sie vor der Tempelfassade mit den Kolossalstatuen. »Den Fremden«, schreibt Amelia Edwards von sich und dem Maler in der dritten Person, »[…] erschien der Zeitpunkt, der Ort, ja sogar der Klang ihrer eigenen Stimmen unwirklich. Sie hatten das Gefühl, als ob die ganze Kulisse zusammen mit dem Mondlicht verblassen und vor dem Morgen verschwinden müsste.«

Doch es ist keine Fata Morgana, sondern ein Realität gewordenes Weltwunder. Fast drei Wochen lang erkundet Amelia Edwards die Tempelanlagen, liest darüber, macht sich eifrig Notizen und fertigt Zeichnungen an. Sie dringt tief in das Wesen Abu Simbels ein, nimmt alles nicht nur mit den Augen und dem Intellekt auf, sondern auch mit der sinnlichen Freude des Herzens. Besonders bei Sonnenaufgang, wenn sich die Kolossalstatuen aus der Finsternis der Nacht schälen, ist Amelia Edwards von der scheinbaren Lebendigkeit der Figuren bestürzt. Die Sonnenstrahlen verscheuchen endlich diesen Mahr und lassen die gewaltigen Gesichter wieder zu Stein erstarren: »Jeden Morgen wachte ich rechtzeitig auf, um Zeuge dieses täglichen Wunders zu werden. Jeden Morgen sah ich, wie diese furchtbaren Brüder vom Tod zum Leben übergingen, und vom Leben in behauenen Stein. Ich sah mich schließlich beinahe veranlasst zu glauben, dass früher oder später einmal ein Sonnenaufgang kommen müsse, wo der alte Bann zerreißen würde und sich die Riesen erheben und sprechen würden.« Auch wird sie Augenzeugin des sogenannten Sonnenwunders im größeren der beiden Tempel, wenn ein Lichtstrahl für zwanzig Minuten durch das Portal ins Tempelinnere trifft und drei der an der hinteren Hauptwand befindlichen Götterstatuen hell erleuchtet werden.

Stunden-, ja tagelang bringt Amelia Edwards im Inneren der Tempel zu. Nur wenige Reisende verirren sich damals hierher, oftmals ist sie völlig allein, hält nur eine Kerze in der Hand, die allenfalls spärliches flackerndes Licht an die nächsten Felswände wirft. Dann wird der Hobbyarchäologin die eigene Winzigkeit vor der Größe des Tempels und in der Endlosigkeit der Zeit jäh bewusst: »Der Ort hatte etwas so Unheimliches und Furchtbares an sich, und es wurde um so vieles unheimlicher und furchtbarer, je weiter man hineinging, dass ich mich selten bis jenseits der ersten Halle vorwagte, wenn ich ganz alleine war. Doch an einem Nachmittag […] ging ich bis ganz ans Ende und setzte mich zu Füßen der Götter im Allerheiligsten hin. Mit einem Male […] schoss es mir durch den Kopf, dass ein ganzer Berg – der vielleicht nahe daran war einzustürzen – über meinem Kopf hing. Von einer jähen Panik ergriffen, so wie man sie in Träumen fühlt, versuchte ich zu rennen, aber meine Füße schlurften und der Boden schien unter ihnen nachzugeben. Ich fühlte, dass ich nicht um Hilfe hätte rufen können […].«

Der sie begleitende Maler wird indes mehr vom Jagdfieber als von der Antikenbewunderung erfasst: Am nahen Nilufer, im feuchten Schlamm, hat er frische Krokodilspuren entdeckt. Er träumt davon, eines der urzeitlichen Tiere, die den alten Ägyptern heilig waren, zu schießen und zu Hause in England ausgestopft an die Balkendecke zu hängen. Doch bereits im 19. Jahrhundert sind die großen Panzerechsen in jenen Breitengraden vom Aussterben bedroht und eine Rarität. Auch dem englischen Hobbyjäger kommt zunächst keines vor Korn und Kimme.

Unterdessen haben die Engländer eine etwas groteske Idee zur Restaurierung der nördlichsten Kolossalstatue des Ramses II.: Die nämlich wurde einige Jahrzehnte zuvor, als Archäologen einen Gipsabguss des Kopfes für das Britische Museum anfertigten, durch die weiße Masse recht entstellt, und nun haben Amelia Edwards und ihre Mitreisenden den skurrilen

Einfall, das Gesicht der Figur mit gemahlenem Kaffee einzureiben, der gut in die poröse Gesteinsoberfläche eindringt und dem Antlitz – so glauben sie – wieder seine »ursprüngliche« bräunlich-gelbe Farbe schenkt. So bauen sie ein einfaches Gerüst und schicken Reis Hassan und seine Männer, mit Kaffeepulver und Schwämmen versehen, nach oben. Recht belustigt berichtet Amelia Edwards über diese fragwürdige und nicht autorisierte Restaurierungsmaßnahme: »Ramses' Appetit nach Kaffee war gewaltig. Er verbrauchte ich weiß nicht wie viele Gallonen [1 britische Gallone entspricht ca. 4,5 Litern] pro Tag. Unser Koch war entsetzt darüber, wie seine Vorräte in Anspruch genommen wurden. Niemals zuvor war er genötigt, für einen Gast zu sorgen, dessen Mund dreieinhalb Fuß breit war. Doch das Ergebnis rechtfertigte den Aufwand. Es stellte sich heraus, dass der Kaffee ausgezeichnet zum Sandstein passte […].«

Rückkehr und Aufbruch

Nach fast drei Wochen wird es Zeit, wieder aufzubrechen, zum südlichsten Punkt der Reise, dem zweiten Katarakt: Der ist auch für Schiffe von der Größe einer Dahabie unüberwindlich. Bis zum Dorf Wadi Halfa gelangen sie, und in der Nähe des Ortes, wo es bei Niedrigwasser etliche Sandbänke im Fluss gibt, haben sie auch endlich eine Begegnung der besonderen Art: »Auf einer dieser Sandbänke, nur ein paar Yard oberhalb der Wasserkante, lag ein Klotz Treibholz, wie es schien ein zerschlagener, alter Palmenstamm, an dem noch ein paar Reste abgebrochener Äste hingen, kurz ein Objekt, das meine amerikanischen Freunde ziemlich passend einen ›Baumstumpf‹ nennen würden. Unser Lotse lehnte sich über die Ruderpinne vor, legte den Finger auf die Lippe und flüsterte: ›Krokodil!‹.« Tatsächlich, es ist eines der seltenen Exemplare des Nilkrokodils: »Mit einem Male hob der Palmenstamm seinen Kopf, richtete seinen Schwanz auf, stützte sich auf seine Beine, schoss mit einer unglaublichen Geschwindigkeit laufend, sich windend und schlängelnd die Böschung hinunter und war weg, bevor wir einen Schrei ausstoßen konnten.« Sie treffen bald auf andere Exemplare, einmal bekommt der Maler sogar eines der Tiere vor das Gewehrkorn, er zielt, drückt ab, trifft – doch das Krokodil schleppt sich verletzt ins Wasser und taucht unter, ohne dem Jäger den Gefallen zu tun, tot oder lebendig nochmals aufzutauchen und seinen Weg zum Tierpräparator zu nehmen.

In der Nähe des zweiten Katarakts gehen sie nochmals vor Anker, besteigen einen schmalen Felsgrat, um von hier aus sehnsüchtig nach Süden zu blicken, wo irgendwo der Sudan liegt, dahinter Äthiopien, und noch weiter im Inneren des Kontinents das damals noch weitgehend unerforschte Schwarzafrika. Sie betrachten die Felswände genauer und entdecken, dass sie nicht die ersten Reisenden sind, die hier standen und sehnsüchtig über den Katarakt hinaus blickten: »Der Gipfel des Felsens ist nichts als ein Grat [...] und ganz mit in Stein geritzten Autogrammen bedeckt. [...] Wir fanden [Giovanni Battista] Belzonis [1778–1823, italienischer Ägyptologe] Namen, suchten aber vergeblich nach den Unterschriften von [Jean Louis] Burckhardt [1784–1817], [Jean-François] Champollion [1790–1832], [Karl Richard] Lepsius [1810–1884] und [Jean-Jacques] Ampère [1800–1864].« Wieder geht der Blick südwärts in die Unendlichkeit des afrikanischen Kontinents, der vom blauen Band des Nils durchzogen wird: »Kein Segel findet sich auf jenen gefährlichen Gewässern. Kein Lebewesen bewegt sich auf jenen unwegsamen Sandflächen. [...] wir sind so gut wie tausend Meilen stromaufwärts gereist [die Strecke von Kairo bis Wadi Halfa beträgt in Wahrheit rund tausendzweihundert Kilometer, was in etwa 745 britischen Meilen entspricht], aber was ist das schon verglichen mit der Entfernung, die immer noch zwischen uns und den Großen Seen [Innerafrikas] liegt? Und wie weit jenseits der Großen Seen müssen wir nach der Quelle suchen, die sogar jetzt noch unentdeckt ist?«

Etwas wehmütig nach der unbekannten Ferne, aber zugleich

froh und beglückt, die landschaftlichen und kulturellen Wunder, die sie nilaufwärts hatten sehen dürfen, nochmals zu Gesicht zu bekommen, treten sie die Rückfahrt an. Aus den 745 britischen Meilen werden somit fast tausendfünfhundert Meilen, und damit trägt Amelia Edwards' Buch *Tausend Meilen auf dem Nil*, das sie 1877 veröffentlicht, seinen Titel zu Recht.

Dieses Buch wird ein Verkaufserfolg und macht Amelia Edwards wohlhabend und berühmt, in der Fachwelt, aber auch bei einem breiten Publikum. Von da an widmet sie sich ganz der Ägyptologie. Sie taucht immer tiefer in das Fachwissen ein und gilt bald als eine der führenden Koryphäen auf diesem Gebiet. Vortragsreisen führen sie bis in die Vereinigten Staaten von Amerika, sie schreibt zahlreiche Aufsätze und Artikel für Publikums- und Fachzeitschriften und für die *Encyclopaedia Britannica*. In den Vereinigten Staaten von Amerika verleiht man ihr drei Ehrendoktorwürden. Ihre amerikanischen Vorträge publiziert sie 1891 in Buchform unter dem Titel *Pharaohs, Fellahs and Explorers*. 1882 ist sie Mitbegründerin des »Egypt Exploration Fund« (EEF). Die Stiftung, die 1919 in »Egypt Exploration Society« (EES) umbenannt wurde, existiert bis heute. Sie finanziert britische und internationale Ausgrabungen und publiziert zudem Fachzeitschriften und Monografien.

Amelia Edwards pflegt enge Freundschaften zu Kollegen, so zu den Ägyptologen Reinald Stuart Poole, Erasmus Wilson, Gaston Maspero und Flinders Petrie. Sie stiftet auch den ersten Lehrstuhl für Ägyptologie an der University of London, dessen erster Inhaber ihr Freund und Kollege Flinders Petrie wird.

Privat hat Amelia Edwards weniger Glück: 1891 muss sie sich einer – damals lebensgefährlichen – Brustkrebsoperation unterziehen. Ihre Lebensgefährtin Lucy Renshaw stirbt im Januar 1892 in ihrem gemeinsamen Haus »The Larches« in Westbury-on-Trym bei Bristol. Physisch und psychisch geschwächt, erkrankt Amelia Edwards im Frühjahr 1892 an einer Grippe, der sie am 15. April in Weston-super-Mare/North Somerset erliegt.

6 Isabel Burton (1831–1896)
Heldenhafte Frau eines Helden

Im Sommer 1846 hat Isabel Arundell, eine junge, fünfzehn-
jährige Frau aus einer der vornehmsten englischen Familien, ein
seltsames Erlebnis. Sie verbringt mit ihren Eltern die Sommer-
ferien in Wardour in Lancashire. In der Nähe lagern Zigeuner,
und obwohl es der behüteten Isabel streng verboten ist, wagt
sie dennoch einen Gang zu den fremdländisch anmutenden
Leuten, die vor ihren Zelten und Pferdewagen sitzen, singen
und tanzen. Eine alte Frau namens Hagar Burton, die Matriar-
chin des Zigeunerclans, spricht das Mädchen an und erbietet
sich, ihr die Zukunft zu lesen. Sie erstellt das Horoskop schriftlich, in der Sprache der Roma. Erst später findet Isabel jemanden, der es ihr ins Englische übersetzt. Da steht schwarz auf
weiß geschrieben: »Du wirst das Meer überqueren und in derselben Stadt sein wie deine Bestimmung und es nicht wissen.
Jedes Hindernis wird sich gegen dich erheben, und auch solch
eine Verknüpfung der Umstände, dass es all deinen Mut, deine
Kraft und Intelligenz erfordern wird, ihnen zu begegnen. Dein
Leben wird das eines Menschen sein, der gegen große Wellen
anschwimmt; aber du wirst immer gewinnen. Du wirst den
Namen unseres Clans tragen und wirst stolz darauf sein. Du
wirst sein wie wir, aber viel größer als wir. Dein ganzes Leben
wird aus Wandern, Wechsel und Abenteuer bestehen. Eine
Seele in zwei Körpern in Leben und Tod, niemals lange getrennt.
Zeig dies dem Mann, den du zum Bräutigam nimmst. Hagar
Burton.«

Zunächst erscheinen der jungen Frau diese dunklen Weissagungen unheimlich und unverständlich. Aber wie Schuppen fällt es ihr von den Augen, als sie neunzehnjährig in Boulogne in Frankreich dem Mann begegnet, der ihr Ehemann werden wird, mit dem sie durchs Leben und durch die Welt gehen und dabei unbekannte Länder erforschen und zahlreiche Abenteuer bestehen wird: Richard Francis Burton. Bereits seit der ersten Begegnung ist für Isabel klar: Dieser Mann ist ihre Bestimmung. Es gilt nur noch, die widerstrebenden Eltern und den zunächst ganz auf seine Offizierskarriere fokussierten Burton zu überzeugen…

Eine verwöhnte junge Lady

Isabel Arundell wird am 20. März 1831 in London geboren. Die Eltern, Henry Raymond Arundell und seine Frau Eliza, eine geborene Baroness of Bryn, stammen aus alten, hocharistokratischen Familien. Die Arundells gehören zur Minderheit der englischen Katholiken, sie kamen ursprünglich mit Wilhelm dem Eroberer ins Land. Die Familie bewohnt ein Stadtpalais am Great Cumberland Place, nahe dem Marble Arch. Isabel und ihre Geschwister werden nach strengen aristokratischen und religiösen Maßstäben erzogen. Hauslehrer, Lakaien und Gouvernanten kümmern sich um die Kinder. Isabel erinnert sich: »Es war uns nicht erlaubt zu sprechen, wenn wir nicht angesprochen wurden. Wir durften nicht um etwas bitten, wenn es uns nicht gegeben wurde. Wir küssten die Hand von Vater und Mutter und baten um ihren Segen, bevor wir hinaufgingen, und wir standen die ganze Zeit, wenn wir mit ihnen in einem Zimmer waren, kerzengerade an ihrer Seite.«

Wie für diese Kreise üblich, wird auch Isabel im schulfähigen Alter in ein Klosterinternat gegeben. Sie besucht seit 1841 die Anstalt der Kanonissen des Heiligen Grabes in New Hall. Zum Unterricht gehören Französisch und Italienisch, etwas Latein (allenfalls genug, um der Heiligen Messe folgen zu können, während die römischen Klassiker außen vor bleiben); zudem Geschichte, Arithmetik, doppelte Buchführung, Handarbeiten, die Kunst des Briefeschreibens für jede Gelegenheit, Haushaltsführung, Kenntnisse der Maße und Gewichte in den diversen Ländern, Heraldik, Geografie, Naturgeschichte, Zeichnen und Malen (Blumen und Landschaften, freilich kein Aktzeichnen). Mithin also ein rechtes Sammelsurium aus Kenntnissen der höheren Künste und Wissenschaften und allgemein praktischen Fertigkeiten, um die Schülerinnen auf ein gediegenes und nützliches Leben als Haus- und Ehefrau vorzubereiten.

Natürlich sind Unterrichtsfächer wie Handarbeiten und Haushaltsführung eher nur symbolisch gemeint. Sie dienen der Pflichteinübung und der Demonstration weiblicher Demut. Denn in Wahrheit wird keiner von einer Lady Arundell erwarten, dass sie sich selbst um die »Niederungen« von Haushalt und Küche zu kümmern hat. Sie ist eine gute Partie von schönem Aussehen, Bildung und guten Umgangsformen, Titel und Reichtum – eine Investition, die zu guter Rendite auf den Heiratsmarkt zu bringen ist. Im Sommer 1849 – Isabel hat das Internat der frommen Schwestern verlassen – wird die Tochter aus einem der besten Häuser Englands bei Bällen und Empfängen in die Upperclass des Königreichs eingeführt. Sie scheint allen Erwartungen zu genügen – gleichwohl wird so mancher Anwärter von der strengen Familie sofort des Reviers verwiesen, wenn er nicht seinerseits die Voraussetzungen erfüllt: Adel, Wohlhabenheit, einen exzellenten Leumund und natürlich die katholische Konfession. Isabel selbst hat dies verinnerlicht. Ihrem Tagebuch anvertraut die junge Frau, wie sie sich den idealen Mann vorstellt – und es scheint ausgemacht, dass sie, eine Arundell, ihn auch bekommen wird: »Mein Ideal ist um die sechs Fuß groß [ca. 183 cm]; er hat keine Unze Fett am ganzen Körper; er hat breite und muskulöse Schultern, eine kräftige, gewölbte Brust; er ist ein Herkules an männlicher Kraft. Er hat schwarzes Haar, einen braunen Teint, eine kluge Stirn, scharfsinnige Augenbrauen,

große, schwarze, wundersame Augen […] mit langen, dunklen Wimpern. Er ist ein Soldat und ein *Mann*. Er ist es gewohnt zu befehlen und gewohnt, dass man ihm gehorcht. Finsteren Blicks missbilligt er die gewöhnlichen Dinge des Lebens, aber sein Gesicht erhellt sich immer, wenn er mich sieht. Was seine Kleidung anbelangt, so übernimmt er nie die Zierereien des Tages, aber seine Kleidung steht ihm – sie ist für ihn gemacht und nicht er für sie […]. Mein ideales Glück besteht darin, die Frau, die Kameradin, die Freundin solch eines Mannes zu sein – alles für ihn zu sein, ihm alles zu opfern […]. Nur solch einen Mann werde ich heiraten […], aber wenn ich solch einen Mann finde und hinterher entdecken muss, dass er nicht für mich bestimmt ist, dann werde ich niemals heiraten […]. Dann werde ich eine Schwester der Caritas des heiligen Vinzenz von Paul werden.«
Es sind recht hohe Erwartungen, die die verwöhnte junge Lady hegt, und die Frage mag erlaubt sein, ob es angesichts solcher Hürden nicht angemessener gewesen wäre, sie hätte sich gleich an die Klosterschwestern gewandt, denen sie doch eben erst Adieu gesagt hatte.

Ein Exemplar von einem Mann

Doch ein gütiges Schicksal greift in das erwartungsfrohe Dasein der Prinzessin ein und erfüllt nicht nur deren Wünsche (die mehr als die klassischen drei zählen), sondern auch noch die Weissagung der alten Zigeunerin. Als Isabel im Frühjahr 1851 gemeinsam mit ihrer Familie in einen Erholungsurlaub nach Boulogne fährt, glaubt sie bereits auf der Fahrt über den Ärmelkanal die Weissagung der alten Zigeunerin erfüllt, sie werde das Meer überqueren. Erwartungsvoll schaut sie in Boulogne nach ihrer Bestimmung aus, die nach der Prophezeiung »in derselben Stadt« sein würde, und begegnet eines Tages auf einem Spaziergang, den sie mit ihrer Schwester Blanche unternimmt, dem »idealen Mann«. Verzückt hält Isabel fest: »Er war fünf Fuß elf Inch groß [180 cm], sehr kräftig, dünn und muskulös; er hatte sehr dunkles Haar; schwarze, klar gezogene, scharfsinnige Augenbrauen; einen braunen, wettergegerbten Teint; reine arabische Gesichtszüge; […]« Und so weiter und so fort. Die Litanei, die Isabel anstimmt, gleicht fast genau den überhöhten Vorstellungen, die sie einige Monate zuvor in ihrem Tagebuch festgehalten hat. Nun ist die Weissagung also eingetreten, das »Exemplar« von einem Mann ist ihr in Boulogne, jenseits des Meeres, über den Weg gelaufen und läuft ihr, will man Isabels Erinnerungen glauben, auch prompt nach. Freilich ist es nicht üblich, fremde Damen einfach so anzusprechen, und so schreibt der Fremde, als sie sich von anderen Spaziergängern unbeobachtet glauben, mit einem Stück Kreide die Worte an eine Hausmauer: »Darf ich Sie ansprechen?« Dann geht er weiter seines Weges. Isabel sieht die Nachricht und schreibt darunter: »Nein, Mutter wird wütend sein.«

So verläuft die erste Begegnung zwischen Isabel und dem schönen Fremden gleichsam im Sande der Seepromenade, und alles, was ihr bleibt, ist ein Stückchen Kreide. Wenige Tage später begegnet Isabel dem Prachtkerl wieder. Diesmal flirtet er ein wenig mit einer Freundin Isabels, und bei der Gelegenheit erfährt sie seinen Namen: Richard Francis Burton. Es durchzucken sie die Worte der alten Zigeunerin Hagar Burton: »Du wirst den Namen unseres Clans tragen.« »Wieder durchschauerte es mich durch und durch«, erinnert sich Isabel, »er musste mich für sehr dumm halten, weil ich während der kurzen Begegnung kaum ein Wort sprach.« Wenige Tage später kommt es erneut zu einem Treffen: Auf der Party einer befreundeten Familie ist auch Richard Burton zu Gast. Diesmal fordert er Isabel zum Tanz auf, und wieder ist sie erschüttert: »Richard war wie ein Stern unter Schnuppen! Es war eine Nacht der Nächte. Wir tanzten einen Walzer, und er sprach mich mehrmals an, und ich behielt meine Schärpe an, auf die er beim Walzertanz seinen Arm um meine Taille legte, und meine Handschuhe, die seine Hände umfasst hatten, habe ich seither nie wieder getragen.«

Es steht schlimm um sie, und jede zufällige Begegnung in jenem Sommer 1851 verstrickt sie mehr in eine Verwirrung der Gefühle. Doch es ist ausgeschlossen – das weiß sie –, seine Frau zu werden. Er ist, wie sie erfährt, britischer Offizier in Indien, in Frankreich nur auf Urlaub, und er gehört lediglich zur oberen Mittelklasse. Im Mai 1852 reisen die Arundells aus Boulogne ab und fahren nach London zurück. Isabel verliert Burton, der nach Indien zurückkehrt, aus den Augen. Sie ist liebeskrank, sie konnte sich nicht von ihm verabschieden, ja, sie weiß nicht einmal, ob er überhaupt etwas für sie empfindet.

Isabel ist bereits einundzwanzig, und es wird in den Augen der Arundells höchste Zeit, sie unter die Haube zu bringen. Nach außen gibt sich Isabel gefügig. Doch die Begegnung mit Burton hat sie innerlich verändert. Sie beschafft sich Bücher über Indien und liest alles, was sie über den Subkontinent, seine Bewohner, seine Geschichte, Flora und Fauna, finden kann. Fernweh erwacht in ihr, ein Fernweh, das sie zeitlebens nicht mehr loslässt. Sie will sich an der Seite dieses Mannes bewähren, sein Leben teilen, seine Abenteuer mit bestehen. Und sie macht sich Gedanken über die Rolle der Frau in ihrem, dem viktorianischen Zeitalter: »Wir Frauen sind nur dazu geboren, um zu heiraten und zu sterben. Wer vermisst uns? Warum sollten wir nicht ein nützliches, aktives Leben haben? Warum, ausgestattet mit geistigen und denkenden Fähigkeiten und Energie, sollten Frauen nur für Spinnarbeit und Haushaltsdinge existieren? Es macht mich krank, und ich werde das nicht tun.«

So spricht keine anständige Lady. Die Begegnung mit Richard Francis Burton, ihrer Bestimmung, hat Widerstand in Isabel aufkommen lassen. Sie will nicht mehr in die ihr auferlegte Beschränkung zurück. Aber zugleich weiß sie noch nicht, wo sich eine Tür nach draußen öffnen wird und welchen Weg sie wird gehen können. Während ihre Eltern nach einem geeigneten Heiratskandidaten Ausschau halten, hofft sie auf einen Ausweg aus der vorgezeichneten Bahn und verzweifelt zunehmend.

Freilich spielen Projektionen und Sublimierungen in Isabels brodelndem Gefühlshaushalt eine große Rolle. Denn so ideal und heroisch ist jener Richard Francis Burton nicht. Zudem weiß sie zum damaligen Zeitpunkt so gut wie nichts über ihn. Die Weissagung Hagar Burtons freilich befeuert ihre Sehnsucht. Doch wer ist dieser unbekannte Fremde von der Seepromenade in Boulogne wirklich?

Querulant, Hadschi, Entdecker

Richard Francis Burton kommt am 19. März 1821 in Torquay in der englischen Grafschaft Devon als Sohn des Leutnants Joseph Burton und seiner Frau Martha, einer geborenen Baker, zur Welt. Richard hat zwei Geschwister: Maria und Edward. Die Familie wechselt mehrmals den Wohnsitz. 1825 ziehen sie nach Tours in Frankreich. Hier erlernt Richard das Französische wie eine zweite Muttersprache. 1829 kehren die Burtons nach England zurück und lassen sich in Richmond, Surrey, nieder, beginnen aber wenig später wieder mit einem unruhigen Reisedasein zwischen England, Frankreich und Italien. Richard Burton, der später neunundzwanzig Sprachen und etliche Dialekte beherrschen wird, zeigt bereits als Kind sprachliches Talent und erlernt in jenen Jahren neben Französisch auch Italienisch und Latein sowie den neapolitanischen Dialekt. Auch wird ihm nachgesagt, er habe als Jugendlicher ein Verhältnis mit einer Roma-Frau unterhalten und durch sie auch deren Sprache erlernt.

Richard Francis Burton sieht sich bereits als junger Mann in der Rolle des unangepassten Außenseiters, der überall und nirgends zu Hause ist. Sein Leitspruch wird: »Tu, was dein Menschsein (Mannsein) dir zu tun befiehlt, und erwarte von niemandem außer dir selbst Beifall.« Im November 1840 beginnt er am Trinity College in Oxford zu studieren. Doch in der Eliteuniversität, wo die Stützen der viktorianischen Gesellschaft herangezogen werden, fällt Burton durch seine Unangepasstheit unangenehm auf. Es kommt zu Streitigkeiten und einem verbotenen Duell. In jenen Jahren beginnt sich Burton immer mehr für die Welt des Orients zu interessieren. Er erlernt die arabische Sprache, die Fechtkunst und die Falkenjagd. Wegen fortgesetzter Anzweiflung der universitären und professoralen Autoritäten wird Burton im Jahre 1842 exmatrikuliert.

Um nicht ins gesellschaftliche und finanzielle Nichts zu stürzen, entscheidet er sich für eine militärische Laufbahn, da der Dienst bei den Kolonialtruppen der East India Company ihm als die beste Möglichkeit erscheint, fremde Länder kennenzulernen und sein Fernweh zu stillen. Er hat nichts mehr zu verlieren. Mit dem Mut der Verzweiflung stürzt er sich ins Soldatendasein, zumal er, wie er bitter vermerkt, »für nichts geeignet ist außer, für sechs Pence pro Tag erschossen zu werden«. Erste Station seines Einsatzes ist Bombay in Indien. Hier lernt er mehrere indische Sprachen und vervollkommnet seine Kenntnisse des Arabischen und Persischen. Immer tiefer taucht er in die Welt Indiens und der hinduistischen Kultur und Religion ein, sodass übelwollende Regimentskameraden ihn bald als »den weißen Nigger« verhöhnen. Außerhalb des Dienstes trägt Burton seit jener Zeit gern indische und arabische Kleidung. Zudem hält er sich – ganz extravaganter Dandy und überspannter moderner Faust – eine Menagerie zahmer Affen, in der irren Hoffnung, deren Sprache entschlüsseln zu können.

Er beginnt in den frühen 1850er-Jahren, als Araber verkleidet und unter falschem Namen (»Mirza Abdullah«), die Länder des Orients zu bereisen, zunächst als Spion im Auftrag von General Charles James Napier, später in eigener Regie, als Abenteurer, Forscher und Reiseschriftsteller. Nicht immer dienen seine Undercover-Expeditionen nur militärischen oder kulturhistorischen Zwecken. In Karatschi etwa tut er sich inkognito in einem Bordell um, in dem Lustknaben ihre Dienste anbieten. Richard Francis Burton ist, das legt auch seine spätere Beschäftigung mit erotischer Literatur Arabiens und Indiens nahe, die die Knabenliebe preist, pädophil oder zumindest bisexuell interessiert –

dass er diese Neigung ausgelebt haben könnte, scheint hingegen zweifelhaft, zu stark und rigide sind zu seiner Zeit gesellschaftliche Konventionen und anerzogene Moralvorstellungen. Ins Image eines »Helden« des viktorianischen Zeitalters jedenfalls passten und passen solch »verschwiegene« Neigungen nicht.

1853 quittiert Burton seinen Dienst bei der Armee, um im Auftrag der Royal Geographical Society ein Abenteuer zu wagen, das vor ihm nur ganz wenige Europäer bestanden haben: eine Hadsch, eine muslimische Wallfahrt zu den heiligen Stätten in Medina und Mekka. Er weiß, dass er damit sein Leben aufs Spiel setzt. Zum einen lauern entlang der Karawanenwege Räuber und Halsabschneider, zum anderen würde er, entdeckte man seine wahre Identität, ohne Umschweife als »Ungläubiger« gesteinigt. Burton kann fast perfekt Arabisch, er hat die muslimischen Sitten und Bräuche eingehend studiert – aber wird das seine falsche Identität ausreichend schützen? Wird er sich nicht durch Details verraten? Er wagt das Spiel. Der Einsatz: sein Leben. Burton schließt sich einer Pilgerkarawane an, die von Pakistan aus nach Arabien zieht. Mehrmals wird der Treck von Wegelagerern überfallen, die Pilger setzen sich mit Waffengewalt erfolgreich zur Wehr. Schließlich erreichen sie unbeschadet die heiligen Stätten. Burton alias Abdullah befolgt dort die geforderten religiösen Rituale. Alles gelingt, er kann sein Inkognito wahren. Unbeschadet kehrt er nach Indien zur britischen Armee zurück. Über seine Pilgerreise veröffentlicht er 1855 seinen Erlebnisbericht *A Personal Narrative of a Pilgrimage to Al-Madinah and Meccah*. Das Buch wird in Großbritannien zu einem Verkaufserfolg und macht Burton über Nacht berühmt. Von nun an darf er als Mekka-Pilger den Ehrentitel »Hadschi« tragen. Zudem weiß Burton, was er als seine Lebensbestimmung sieht: Er will als Abenteurer und Kulturhistoriker den damals noch weitgehend unerforschten Orient bereisen und der Wissenschaft eröffnen.

Bereits im Frühjahr 1854 bricht Burton erneut auf, wieder im Auftrag der Royal Geographical Society. Von Aden im Jemen soll es nach Somaliland gehen und von dort tiefer hinein in das noch unerforschte und noch nicht kolonialisierte Schwarzafrika. Burton will zu den großen ostafrikanischen Seen, von deren Existenz und genauer Lage und Ausdehnung man nur Spärliches, von arabischen Sklavenhändlern Hinterbrachtes weiß. In Aden lernt Burton Leutnant John Hanning Speke kennen. Die Expedition führt in das islamische Harar (das erst 1887 von Äthiopien annektiert werden wird). Das Emirat Harar ist bis dahin noch von keinem Europäer betreten worden und gilt als eine Hochburg des Dschihad gegen das christliche Kaiserreich Äthiopien. Ein Europäer, der die Absicht hat, dorthin zu reisen, setzt sein Leben aufs Spiel. Burton, der den ersten Teil der Expedition allein unternimmt, erreicht Harar, wird aber vom dort herrschenden Emir zehn Tage lang als »Gast« gefangen gehalten, bevor er – immerhin unter dem Schutz des Emirs, aber ohne genügend Ausrüstung und knapp vor dem Verdursten – zurück in den Hafenort Zeila in Somaliland reisen darf.

Nachdem dieser erste Versuch kläglich und glimpflich gescheitert ist, plant Burton einen zweiten Trip ins Herz Afrikas. Diesmal sollen ihn die Leutnants Speke, Herne und Stroyan sowie eine Anzahl afrikanischer Träger begleiten. Doch erneut steht die Expedition unter einem Unstern: Bei Berbera in Somaliland werden sie von rund zweihundert Aufständischen überfallen. Die britischen Offiziere wehren sich verzweifelt. Stroyan wird getötet, der schwer verletzte Speke wird gekidnappt, kann aber wenig später entkommen. Burton wird von einem Speer durchbohrt, die Spitze durchstößt beide Wangen. Noch mit dem Speer quer durch den Kopf gelingt es Burton zu fliehen. Zeitlebens bleibt er von Narben entstellt. Burton und Speke können sich in Sicherheit bringen, doch eine Kommission untersucht zwei Jahre lang die Umstände und Hintergründe der gescheiterten Expedition. Zwar wird Burton von aller persönlichen Schuld freigesprochen, aber seine Karriere als britischer Orient-Abenteurer scheint zunächst beendet.

Die »Mission impossible« hat seinen Ruf beschädigt. Enttäuscht wendet er sich vom Orient ab und meldet sich 1855 für den Krimkrieg, der zwischen Russland einerseits und den Alliierten Frankreich, Großbritannien und Osmanischem Reich andererseits ausgetragen wird. Burtons Einheit unter General George Steward Beatson wird auf dem Nebenkriegsschauplatz bei den Dardanellen eingesetzt, dann jedoch, nachdem es wegen unsinniger Befehle zu Meutereien gekommen ist, aufgelöst. Eine Untersuchungskommission befasst sich mit dem Fall, und auch Burtons Name wird zu seinem Nachteil in den Unterlagen genannt.

Die Quellen des Nils

Burton, der gescheiterte Held mit angekratztem Nimbus, tritt die Flucht nach vorne an. Nach dem Ende der Krimkriegs wendet er sich wieder an die Royal Geographical Society. Es gelingt ihm, Unterstützung für einen zweiten Versuch, zu den großen Seen Innerafrikas vorzustoßen, zu erhalten. Da der Landweg über das kriegerische Somaliland offenkundig versperrt ist, wählt man als Ausgangspunkt das Sultanat Sansibar vor der Ostküste Afrikas. Burtons Expedition hat zwei Ziele: Zum einen sollen mögliche Exportgüter und Handelswege von Waren aus Schwarzafrika erkundet werden, zum anderen sollen die großen Seen und vor allem die mythisch umrankte Quelle des Nils entdeckt und erforscht werden.

Und Isabel Arundell? Sie sitzt im fernen England, in Sehnsucht eingehüllt, von Abziehbildern ihres Helden umstellt, und vernimmt durch Zeitungsberichte, aber auch durch heimlich hin und her gehende Briefe von Burtons Abenteuern. Es bahnt sich so etwas wie ein Korrespondenzflirt an, der von beiden Seiten mit Wunschvorstellungen unterfüttert wird. Isabels Eltern sind keineswegs so blind, davon keine Kenntnis zu nehmen. Aber sie bleiben bei ihrer klaren Ablehnung: Der Kandidat in spe mag ein Held sein und die Hadsch nach Mekka und Medina unternommen haben – aber was gilt dies schon in einer erzkatholischen Familie, deren geistiger Mittelpunkt Rom ist und die in einer päpstlichen Privataudienz und der Wallfahrt zu den sieben Hauptkirchen der Christenheit mehr Sinn und Segen erblickt als in der siebenmaligen Umrundung der Kaaba, die im Innern einen schwarzen Meteoriten birgt? Kurz: Burton ist in den Augen der steinreichen, gut katholischen, hochadeligen Arundells ein Hungerleider, ein Wirrkopf, ein nicht Ebenbürtiger der Mittelklasse und ein Häretiker.

Während die Arundells also in ihrer äußerlich wie innerlich festgefügten Welt ruhen, bricht Burton erneut zu einem Abenteuer auf: Ende Juni 1857 lichten Speke und er Anker und verlassen Sansibar. Durch die noch nicht kolonialisierten Gebiete des heutigen Kenia und Tansania erreichen sie nach allerlei Strapazen, von Tropenkrankheiten geschwächt, von Wegelagerern ausgeraubt, im Februar 1858 den Tanganjikasee. Auf dem Rückweg zur afrikanischen Küste wird Burton immer kränker, sodass Speke, der zuvor zeitweilig blind und auf einem Ohr taub war, sich aber mittlerweile wieder erholt hat, allein eine Expedition nordwärts unternimmt. Speke gelangt bis zum größten der ostafrikanischen Seen und tauft ihn nach der englischen Königin Victoria. Die Quelle des Nils können die Männer nicht eindeutig eruieren (fälschlich glaubt Speke, der Viktoriasee sei gleichsam ein großer Quelltopf). Erschöpft und ausgelaugt erreichen Burton und Speke schließlich wieder Sansibar und kehren nach England zurück – getrennt, denn es kommt in Fragen der Expeditionsergebnisse und wohl auch aus ganz persönlichen, karrieristischen Gründen zum Zerwürfnis. Burton verarbeitet seine Erlebnisse und Erkundungen in den beiden Büchern *Lake Regions of Equatorial Africa* (1860) und *The Journal of the Discovery of the Source of the Nile* (1863).

Das Zerwürfnis der einstigen Freunde Burton und Speke wird unterdessen zur wissenschaftlichen Glaubenssache. Speke besteht darauf, der Viktoriasee sei der Quelltopf des Nils, Burton widerspricht dem und vermutet die Quelle weiter südlich (womit er recht behalten sollte). Die Royal Geographical Society verleiht schließlich Speke die Goldmedaille für die Entdeckung der Nilquelle, doch die Auseinandersetzung schwelt weiter. Eine wissenschaftliche Aussprache der British Association for the Advancement of Science wird für den 16. September 1864 anberaumt. Doch einen Tag vorher wird Speke im Wald erschossen aufgefunden. Die Untersuchungskommission gelangt zu dem Ergebnis, es habe sich um einen tragischen Unfall gehandelt. Ganz geklärt wird der mysteriöse Todesfall nie, und die Stimmen, wonach Speke sich unter dem psychischen Druck der Entzweiung mit Burton erschossen habe, verstummen nicht. Die Angelegenheit zieht in der Londoner Gesellschaft Kreise, und wieder fällt ein Schatten auf Burtons Namen, auch wenn er mit dem Tod seines einstigen Freundes direkt nichts zu schaffen hat. Jedenfalls ist sein Ruf in der selbstgerechten Upperclass schwer beschädigt.

Heimliche Hochzeit und ein seltsames Hobby

Solch einen zweifelhaften Helden und mehrmals gescheiterten Entdecker mit dem für Engländer dubiosen Ehrentitel eines Hadschis heiratet Isabel Arundell drei Jahre vor den gerade skizzierten Ereignissen, im Januar 1861. Sie tut dies gegen den erklärten Willen ihrer Mutter, während ihr Vater insgeheim klein beigibt, es sich aber mit seiner Frau nicht verscherzen will. Die Heirat zwischen dem Abenteurer und der Tochter aus höchstem Haus findet heimlich statt. Zuvor haben sie Kontakt zu Kardinal Nicholas Wiseman aufgenommen, der sich bereit erklärt, die Trauung zu vollziehen, obschon Burton nicht katholisch ist. Der liberale Kardinal erwirkt beim Papst einen Dispens, unter der Bedingung, dass die Zeremonie katholisch gefeiert ist, Isabel Arundell bei ihrer Konfession bleibt und etwaige Kinder aus der Ehe ebenso katholisch erzogen werden.

Als alles eingefädelt ist, verlässt Isabell Arundell am Morgen des 22. Januar 1861 heimlich das Haus. Die kirchliche Trauzeremonie findet in aller Stille in der Sakristei der Church of our Lady of the Assumption in der Warwick Street in London statt. Da Kardinal Wiseman erkrankt ist, nimmt ein Vikargeneral die Trauung vor. Richard Burton hat später die »romantische« Hochzeit so beschrieben: »Diese beiden Menschen, ohne ein freudiges Zusammentreffen von Freunden oder Verwandten, ohne Brautausstattung, ohne Geschenke, Karten oder Kuchen, ohne Glückwünsche [...], wurden in die Welt entlassen, Hand in Hand, um zu arbeiten und ihren Weg zu finden und ihr Leben zu leben.« Das Brautpaar bezieht eine eigene Wohnung, und Richard Burton stellt anderntags in einem Brief an seinen Schwiegervater unmissverständlich und selbstbewusst klar: »Mein lieber Vater, ich habe einen Highway-Raub vollzogen, indem ich Ihre Tochter Isabel [...] geheiratet habe. [...] Es bleibt mir nur zu sagen, dass ich keine Verpflichtungen oder Beziehungen irgendeiner Art habe, dass die Hochzeit vollkommen legal und ›seriös‹ war. Ich will durch Isabel kein Geld: Ich kann arbeiten, und ich werde dafür sorgen, dass Sie nichts zu bedauern haben werden.«

Doch der fast vierzigjährige Bräutigam gewöhnt sich nicht so ohne Weiteres an seine neue Rolle: Regelmäßig besucht er die Clubs und Kneipen Londons, trifft sich mit alten Freunden und kommt oft genug erst im Morgengrauen zu seiner Ehefrau nach Hause. Die ist zumindest so pragmatisch (oder naiv?), einer Freundin gegenüber zu betonen, das Eheleben »laufe sehr gut«, ihr Mann bringe »am Morgen stets Milch mit, wenn er nach Hause« komme. Weniger pragmatisch sieht es Lady Arundell: Sie erleidet, als sie die Nachricht von der heimlichen Hochzeit erhält, einen Weinkrampf, doch tragen ihr weichherziger Ehemann und die Kinder, die allesamt ihren Schwager mögen, dazu bei, dass sich alsbald die familiären Wogen glätten und man das Brautpaar sogar offiziell zu einem Dinner einlädt. Es ist ein Friedensschluss, auch um des gesellschaftlichen Rufes willen, und der Frieden wird gewahrt, wenngleich man stets auf den Emporkömmling, der sich so in eine der ältesten Familien Englands eingeschlichen hat, herabblicken wird.

Sieben Monate verbringen die Brautleute mehr oder weniger miteinander, und die Beschäftigungen, die sie sich ausdenken, muten bisweilen etwas skurril und »typisch englisch« an: Nicht nur, dass Isabel sich von Richard gern dazu einspannen lässt, seine Buchmanuskripte zu korrigieren und zu lektorieren (das wird sie zeitlebens tun, und sie wird in späteren Jahren auch vor der Rolle der Zensorin nicht zurückschrecken); sie vertreiben sich die Zeit auch damit, dass Richard seine Frau hypnotisiert und die so gefügig Gemachte recht mutwillig hin und her scheucht. Isabel berichtet: »Er bevorzugte immer Frauen [zur Hypnose] und speziell Frauen mit blauen Augen und blonden Haaren [...]. Er fing mit mir damit an, sobald wir verheiratet waren; aber ich mochte es nicht, und widersetzte mich gewöhnlich, aber nach einer Weile fügte ich mich. [...] er brauchte einfach nur ›schlaf!‹ zu sagen, und ich tat es. Er konnte das auch über einige Entfernung tun, jedoch war es schwierig, wenn Wasser zwischen uns war [...]. Ich konnte nicht widerstehen [...], aber er erlaubte es keinem anderen, und ich auch nicht, mich zu mesmerisieren. Sobald ich mesmerisiert war, brauchte er nur ›sprich!‹ zu sagen, und ich erzählte ihm alles, was ich wusste [...]. Er zog niemals den mindesten Vorteil aus dem, was er auf diese Weise erfahren hatte, und er pflegte lachend jedermann zu erzählen: ›Es ist die einzige Möglichkeit, eine Frau dazu zu bringen, einem die Wahrheit zu sagen.‹ Oft erzählte ich ihm Dinge, die ich besser für mich behalten hätte.«

Wenn sie nicht gerade solch seltsame Experimente üben oder Richard Burton auf Kneipentour ist, besuchen sie auch Intellektuelle, die auf Burtons Abenteuer in fernen Ländern und auf seine junge, aristokratische Frau neugierig geworden sind. So lernen sie den Historiker Thomas Carlyle und den Dichter Algernon Swinburne kennen. Für Letzteren, so behaupten die

Anhänger des Dichters bis heute, sei die Begegnung mit Burton eher verhängnisvoll gewesen, habe doch der standfeste Abenteurer den Lyriker zum Trinken verleitet.

Portwein, grausige Souvenirs und die Huren von Gabun

Der Honeymoon im heimischen London hat ein Ende, als Burton die Stelle eines Konsuls auf der äquatorialafrikanischen Insel Fernando Póo (dem heutigen Bioko) zugewiesen bekommt. Man rät der frisch verheirateten Mrs. Burton davon ab, ihren Mann dorthin zu begleiten, das Klima sei für eine englische Lady zu strapaziös. Eher widerwillig fügt sie sich. Es ist eine der schlechtesten und unbeliebtesten Stellen, die der britische Konsulardienst damals zu vergeben hat, aber Burton nimmt das Angebot an. Er sieht es als Trittbrett zu weiteren Abenteuern und als Möglichkeit, der verhassten und heuchlerischen Welt der englischen Aristokratie, zu der er nie gehören wird, mit der er aber durch seine Heirat nolens volens Kontakt hat, zu entkommen. Burton nutzt in den folgenden Jahren die Gelegenheit, von Fernando Póo aus Teile der westafrikanischen Küste, vor allem den Kongostrom, zu erkunden. Seine Erlebnisse und Erfahrungen fasst er 1876 in seinem Buch *Two trips to gorilla land and the cataracts of the Congo* zusammen.

Mitte August 1861 reisen die Burtons nach Liverpool, dort mieten sie sich im noblen Hotel Alelphi ein. Sie wollen den Abschied bis zuletzt hinauszögern. Immerhin nimmt Richard seiner Frau das Versprechen ab, sie dürfe, wenn sie mit an Bord des Dampfers komme, nicht in Tränen ausbrechen und ihn so vor den anderen bloßstellen. Isabel hält sich tapfer. Später gesteht sie freimütig: »Mein ganzes Leben und meine ganze Seele lagen in diesem Aufwiedersehen, und ich fand mich an Bord des Schleppers wieder, der sich schneller und schneller von dem Dampfer entfernte.« Sie kehrt als Strohwitwe nach London zurück, gibt, um Geld zu sparen, ihre Wohnung auf und zieht – dreißigjährig – in ihr Mädchenzimmer im Elternhaus. Ihrem Tagebuch vertraut sie an, die Monate mit Richard seien eine »Oase« gewesen, die »glücklichste meines Lebens. Selbst wenn ich keine andere hätte, wäre es wert gewesen, dafür zu leben.«

Es stellt sich als gut heraus, dass Isabel auf die Warnungen hörte, nicht nach Fernando Póo mitzureisen: Bereits im ersten Jahr seines Konsulats meldet Richard Burton aus den äquatorialafrikanischen Küstengebieten von Benin und Biafra zahlreiche Todesfälle infolge von Typhus- und Gelbfieberinfektionen. Von den dort lebenden 278 Europäern, hauptsächlich Handelsleuten, seien in einem Jahr 162 gestorben, so der Konsul. Burton selbst führt den glücklichen Umstand, noch am Leben zu sein, auf seine Gewohnheit zurück, tagtäglich eine halbe Flasche Portwein zu trinken. Obwohl die Eheleute mehrere Tausend Meilen voneinander entfernt sind und die Post Monate benötigt, weiß Burton seine Frau durchaus auf dem Laufenden zu halten – im doppelten Sinn: Einerseits informiert er sie über das Gesehene und Erlebte (wobei er ihr auch manches verschweigt, was nicht »ladylike« ist, etwa seine Beobachtungen bezüglich der Dirnen von Gabun), andererseits überzieht er Isabel mit Aufgaben und Aufträgen, sich bei leitenden Stellen in London für ihn und seine Karrierepläne einzusetzen. Er unterfüttert seine Wünsche mit Geschenken, die in kleineren oder größeren Päckchen bei ihr eintreffen und sich auf den Kommoden ihres katholischen Mädchenzimmers zwischen Marienfiguren und Jesusbildern recht seltsam ausnehmen. Da ist beispielsweise der starke, seidengleiche Faden einer Tropenspinne, den Richard Burton seiner Frau in einem Brief beilegt, und den sie nun wie eine Girlande zwischen Kunst und Nippes ausspannen darf; oder – es ist eigentlich ein Geschenk des Königs von Dahomey – eine Halskette, die aus menschlichen Knochen gefertigt ist. Auffälligster Wandschmuck sind die Bildnisse ihres Mannes – Fotografien und Porträtzeichnungen –, die den orientalischen Hadschi und afrikanischen Konsul in diversen Lebenslagen zeigen und das Zimmer wie das eines schwärmerischen Teenagers aussehen lassen.

Freilich bleibt Isabel in jenen Monaten nicht allzu viel Zeit zum Träumen: Richard Burton schickt sie zu diversen Funktionsträgern in Politik, Verwaltung und Militär, mit der Weisung, sie solle sich für seine Karriere einsetzen. Gerne würde er zum Gouverneur der Goldküste (des heutigen Ghana) avancieren, doch verlaufen Isabels Bemühungen im Sande. Burton bleibt Konsul auf Fernando Póo, ein Posten, der zwar nur drittklassig ist, ihm aber genügend Zeit lässt, seinen Leidenschaften nachzugehen. Die bestehen aus weit mehr als der täglichen halben Flasche Portwein. Er besteigt mehrere Gipfel in Kamerun. Einen benennt er nach seiner Königin Victoria, den anderen nach seiner Frau – mit 10590 Fuß Höhe (3228 Meter) ein respektabler Berg. Weniger erhaben, aber ebenfalls eine originelle Liebesgabe ist die Benennung zweier neu entdeckter Tierarten nach Isabel Burton: So tragen ein tropischer Vogel, Cossypha Isabella, und ein Eichhörnchen, Sciurus Isabella, den Namen der englischen Lady. Eine ebenfalls neu entdeckte Schlangenart freilich wird, um bösen Kalauern zuvorzukommen, ganz neutral nach Burton benannt: die Atheris Burtonii.

Richard Burton weiht seine Frau in vieles ein – aber nicht in alles. Seine Besuche bei den Dirnen in Gabun etwa taugen nur als Stoff für prahlerische Briefe an Londoner Freunde: »Größere Huren als die Frauen von Gabun wurden nie erfunden. An einem einzigen Tag wurden mir von denen, um die es geht, zugleich eine Ehefrau, eine Schwester, eine Schwiegertochter und eine Tochter angeboten!« Ob er auf das Angebot einging, lässt er allerdings offen. Doch nicht immer nimmt Richard Burton so viel Rücksicht auf die zarten Nerven Isabels. Wenig Erbauliches hat er ihr über einen Besuch in Benin zu berichten: »Benin ist ein Ort der Schrecken. Das erste, was wir sahen, war ein Mann, den man soeben erwürgt und zu Ehren unserer Ankunft gekreuzigt hatte. Im ›Palasthof‹ [des Königs von Benin] war eine hübsche junge Frau in den Wipfel eines Baums genagelt, eine Bitte um Regen. Sie war tot, und die Geier hatten einen Teil des Körpers gefressen [...]. Die Straßen, die zum Palast führen, sind mit Schädeln und Skeletten übersät. Ich bin an solche Dinge ziemlich gewöhnt, aber der erste Tag machte mich doch beinahe krank.« Nach gut einem Jahr als Konsul und Abenteurer kehrt Burton im Dezember 1862 nach England zurück.

Ein Honeymoon mit »götzendienerischen Abnormitäten«

Wenige Wochen später, im Januar 1863, besteigen die Eheleute ein Schiff, das sie nach Teneriffa bringen soll. Die Flitterwochen wollen anständig nachgeholt werden. Da Teneriffa wegen einer Gelbfieberepidemie jedoch unter Quarantäne liegt, steuern sie Madeira an. Hier verbringen sie sechs angenehme Wochen, umsorgt von Mönchen und einer »spröden« Haushälterin, die von den Patres vermittelt worden ist. Während Isabel, wie Richard süffisant berichtet, »umherrennt, in Kirchen, Kapellen, Konvente und andere Örtlichkeiten götzendienerischer Abnormitäten«, treibt er mit der frommen Haushälterin seine eigenen Späße: »Bei ihr ist jegliches Lebensfeuer so komplett erloschen, dass sie mich, als ich ihr eine kleine Orgie vorschlug, wie den Leibhaftigen anblickte.« Nachdem die Eheleute das katholische Madeira ausgereizt haben – jeder auf seine Weise –, fahren sie weiter nach Teneriffa, wo die Quarantäne inzwischen aufgehoben ist. Höhepunkt im eigentlichen Sinne des Wortes ist die Besteigung des 3718 Meter hohen Pido de Teide, wobei Isabel – es ist auch auf den Kanaren Winter – an der Schneegrenze umkehrt, und Richard sich mithilfe eines Führers und eines Maultiers weiter bis zum Gipfel hinaufquält.

Nach ein paar Wochen ist auch der nachgeholte Honeymoon vorüber, und Isabel kehrt nach London zurück, während Richard wieder auf seinen Konsulatsposten nach Fernando Póo muss. Isabel tat gut daran, gemäßigte Gefilde aufzusuchen, denn ihr Mann wird in Afrika bald sehr krank (es ist wohl die Malaria) und kann sich nur mithilfe von Chinin am Leben halten. Zudem macht er wieder einige recht grause Erfahrungen mit dem Königshof von Dahomey, wo er einmal Zeuge dessen wird, wie in einer einzigen Nacht dreiundzwanzig Mann geköpft und die Leichname aufgehängt werden. Ihr einziges Vergehen: Sie haben eine vom König verordnete nächtliche Ausgangssperre missachtet.

Unterdessen stellt Isabel in London, von Richards Berichten alarmiert, verzweifelte Gesuche bei seinem Vorgesetzten Lord John Russell, ihren Mann auf einen anderen Posten zu versetzen. Russell bleibt höflich, aber stur: Vom »schlechtesten konsularischen Posten« könne nicht die Rede sein, es gäbe noch schlechtere, gleichwohl werde er sich für Burton einsetzen, sobald andernorts etwas frei werde. Das ist nicht Isabels einziger Kummer. In jenen Monaten macht sie in ihrem Tagebuch Eintragungen, sie sei über die Unmöglichkeit, Kinder zu bekommen, zutiefst betrübt. Ob die Ursache bei ihr oder ihrem Mann liegt, bleibt unklar.

Richard Burton geht es unterdessen gesundheitlich besser, das Chinin schlägt an, und er unternimmt 1864 eine Dampferfahrt, die ihn in den Kongo führt. Rund hundertzwanzig Meilen fährt er stromaufwärts, in ein Gebiet, das noch völlig unerforscht ist. Schließlich erhält er seine Abberufung: Im August 1864 kehrt er nach London zurück.

Endlich darf das Paar ein paar Monate miteinander verbringen, und Isabel wird es nicht müde, ihren Mann in höchsten Tönen und waghalsigen Bildern zu loben: »Ich begann zu fühlen, dass er ein glorreiches Schiff unter vollen Segeln war, das jegliche Aufmerksamkeit heischt und Bewunderung einflößt, und manchmal, wenn der Wind nachlässt, segelt es noch immer galant […].«

Doch die traute Zweisamkeit wird unterbrochen, als Richard Burton wieder einen konsularischen Posten erhält, diesmal in São Paulo im Kaiserreich Brasilien. Im April 1865 reisen Isabel und Richard mit dem Schiff nach Lissabon, dort verbringen sie ein paar Tage, bevor Richard sich auf den Weg über den Atlantik macht, während Isabel nach London zurückkehrt, um noch einiges zu ordnen und zu arrangieren, bevor sie ihrem Mann nach Südamerika folgt. Der Aufenthalt im Lissaboner Nobelhotel Braganza gerät für Isabel gleichwohl zum Albtraum: Als sie das Zimmer betreten, sehen sie die Wände und Vorhänge mit Kakerlaken übersät. Isabel Burton tut das Naheliegende: Sie springt auf einen Stuhl und schreit. Das missfällt ihrem Mann, der sie wegen ihres zimperlichen Auftretens rügt: »Ich vermute, du denkst, du sähest sehr hübsch und interessant aus, wie du da auf diesem Stuhl stehst und angesichts dieser unschuldigen Lebewesen schreist.« Isabel nimmt allen Mut zusammen, schlägt die Kakerlaken mit einem Pantoffel tot und sammelt sie, ihren Ekel tapfer verbergend, ein. Von da an, so schreibt sie, habe sie nie wieder Angst vor Insekten empfunden. Wenige Tage später wechseln sie in ein anderes Hotelzimmer. Das kakerlakenverseuchte Zimmer hingegen wird von Lord und Lady Lytton bezogen. Mit Genugtuung berichtet Isabel, sie habe in der Nacht die Schreie Lady Lyttons durch das Hotel hallen hören…

Sie reist nach London zurück, am 9. September 1865 besteigt sie wieder ein Schiff und folgt ihrem Mann nach Brasilien. Das Land fasziniert sie. Sie packt im Haushalt selbst mit an, sehr zum Entsetzen der Bediensteten, die so etwas von brasilianischen Herrschaften nicht gewohnt sind. Zur Entlastung kauft sich Isabel einen fünfunddreißigjährigen Sklaven, einen kleinwüchsigen Schwarzen namens Chico, nur einen Meter zwanzig groß, doch »von perfekten Proportionen«, wie sie schreibt, der für sie zum hilfsbereiten Freund wird. Das Konsulspaar lebt in

São Paulo und Santos, reist aber auch nach Rio de Janeiro und Petrópolis. Richard Burton erwirbt Minenrechte – im Land werden Gold und andere Edelmetalle geschürft – und er träumt davon, bald reich zu werden: »Dann werde ich [...] zum Südpol gehen, bleibe ich arm, nach Afrika.« Der Südpol wird ihm erspart bleiben; zunächst warten vielfältige Aufgaben und Abenteuer in Brasilien auf ihn und seine Frau. Isabel gibt als Konsulsgattin auch Empfänge, und bald ist sie recht beliebt. Eine Offiziersgattin erinnert sich: »Wir liebten sie vom ersten Augenblick an [...]. Sie war eine attraktive, faszinierende Frau, voller Humor und Esprit, und sie bot den besten Umgang. Es war unmöglich, dass man sich mit ihr langweilte, denn sie war eine brillante Erzählerin. [...] Ihrem Mann war sie eine große Hilfe [...], zumal er keineswegs ihre Beliebtheit erreichte.«

Richard Burton nimmt seinen konsularischen Dienst recht locker und begibt sich stattdessen auf einen dreimonatigen Trip ins brasilianische Bergland. Diesmal lässt es sich Isabel nicht nehmen, ihren Mann zu begleiten, allen Gefahren und Strapazen zum Trotz. Im Gebirge kommen sie zu einer sechzig Meter tiefen Schlucht, über die eine Eisenbahnbrücke gebaut werden soll. Die Arbeiten haben erst begonnen, und nur ein paar lockere Balken und Bretter sind über den gähnenden Abgrund gelegt. Isabel ist gerade gut im Wanderschritt und marschiert tapfer voran, auf ihre Begleiter nicht weiter achtend. Auf den schmalen Bohlen überschreitet sie traumwandlerisch die Schlucht. Erst als sie drüben angekommen ist, wendet sie sich um: »Ich sah die ganze Gesellschaft auf der anderen Seite stehen, sie wagten kaum zu atmen, und mein Mann blickte entsetzt [...]. Ich wollte eben wieder zurückgehen, aber sie scheuchten mich mit Gesten zurück, und alle machten sich daran, einen anderen Weg einzuschlagen.«

Im Sommer beziehen sie eine Unterkunft in den Hügeln über São Paulo, wo das Klima besser und gesünder ist, und Isabel beginnt das heruntergekommene Haus selbst einzurichten, wobei sie auch zu Hammer und Säge greift – wieder zum Entsetzen des einheimischen Personals. Einer Brasilianerin, die ihre Verwunderung über das pragmatische, nicht ladylike Verhalten Isabel Burtons zum Ausdruck bringt, antwortet die Konsulsgattin recht ungeniert: »Ja, ich haushalte. Aber ich gebe alles, was ich habe, und spare nicht. Ich zahle meine Schulden und mache es meinem Mann angenehm. Und wir haben immer genug zu essen und sind gut gekleidet und sauber [...]. Das ist die englische Lebensart.«

Isabel nähert sich ihrem Mann in jenen Monaten immer mehr an – auch in ihrer Lust auf Abenteuer, ihrer Sehnsucht nach dem Fremden. An seiner Seite durchreitet sie das brasilianische Bergland und genießt die Freiheit, die sie als Lady im konservativen England so nie hätte atmen können: »Ich komme sehr gut zurecht mit allem, was Ställe und Pferde anbelangt, und reite jeden Tag. Die Wälder sind unvorstellbar schön. Die Bäume sind alle mit schönen Kletterpflanzen verflochten [...]. Alles ist wild, verworren und üppig [...]. Anderntags ging ich los, um zu reiten, und verlor mich selbst viereinhalb Stunden lang in einem Wald [...]. Ich begegnete zwei Bullen und einer großen Schlange (Kobra). Von Ersteren ritt ich weg, und Letztere wickelte sich unter dem Bauch meines Pferdes zusammen – es erschrak darüber.« Isabel und Richard reiten auch zusammen aus, »wie der Wind über die Pampas fliegend«, abends sitzen sie unter einem Bananenbaum und machen Picknick: »Diese südamerikanischen Abendszenerien sind sehr lieblich und von großartigem Ausmaß. Die Kanus paddeln den Fluss hinunter, die Sonne geht hinter den Bergen unter, das riesige Laubwerk und die großen Insekten, die kühle, süß duftende Atmosphäre und eine Art abendliches Summen in der Luft.« Sie wagt sich gemeinsam mit ihrem Mann sogar ein Stück weit im Kanu den San Francisco-Fluss hinab. Allerdings geht sie zu jener Zeit wegen eines Sturzes an Krücken, muss die Expedition vorzeitig abbrechen und – nur von ihrem Diener Chico begleitet – nach São Paulo zurückreiten (»nie genoss ich etwas mehr«), während Richard Burton flussabwärts zu den

Wasserfällen von Paulo Afonso paddelt. Zurück in der Stadt, schreibt Isabel Burton stolz: »Ich bin der Vizekonsul.« Die Fremde und das Abenteuer haben ihr Selbstbewusstsein gestärkt, und sie glaubt – ebenso wie ihr Mann –, unangreifbar zu sein.

Im fernen England sieht man das indes anders. Man stößt sich an Burtons laxer Einstellung zu seinem Amt und an seinen Minengeschäften. Doch der Sekretär im Auswärtigen Amt, der Historiker Lord Henry Stanley (nicht zu verwechseln mit dem Entdecker Henry Morton Stanley), deckt Burton, ermahnt ihn, noch ein paar Jahre in Brasilien auszuhalten, und verspricht ihm den Posten, den Burton sich am meisten wünscht: das Konsulat in Damaskus.

So lenkt Burton ein, geduldet sich, geht mehr schlecht als recht wieder seinen Amtsgeschäften nach und besucht einmal mit seiner Frau eine der Goldminen im Innern des Landes, die sich tief ins Erdinnere gefressen hat, ein wahrer Höllenschlund, an den Isabel nur mit Entsetzen zurückdenken kann: »Wir zogen Bergarbeiterkleidung an, mit der gewöhnlichen Kerze auf den Kappen, und wir stiegen in einen Korb, der wie ein Kessel am Ende einer langen Kette hing, und dann ging es nach unten. Es währte eine Ewigkeit, es ging hinab, hinab, hinab. […] ich denke, Dante muss einen ähnlichen Ort gesehen haben, um sein *Inferno* zu schreiben.« Kurz zuvor ist die Kette des Lastenkorbs gerissen, »wir sahen, wie man die armen zerschmetterten Körper nach oben brachte«. Auch tags darauf reißt die Kette, und man übergibt Isabel als grausiges Andenken die zerbrochenen Kettenglieder.

Doch solche Schreckenserlebnisse mindern das Wohlleben, das Isabel in Brasilien führt, nicht auf Dauer. Sie genießt die Zeit in den Hügeln oberhalb von São Paulo, oder die Stunden an den damals noch einsamen Stränden, wo sie sich eine Hütte einrichten lässt, in der sie, bewacht von ihrem Sklaven Chico, auch die Nächte verbringt, die Tür weit geöffnet, sodass die frische Brise vom Ozean Abkühlung bringt. Freilich achtet sie auch hier auf angemessene Kleidung, eine Bademode wie in unserer Zeit ist damals undenkbar. »Ich war«, betont Isabel Burton, »nicht dekolletiert, auch trug ich keine Blumen oder Diamanten an jener einsamen Küste.«

Damaskus: »der Garten Eden, das Gelobte Land«

Nicht allzu lang hat Richard Burton auf seine Versetzung zu warten: Bereits im Juli 1868, nachdem Richard Burton noch Uruguay, Paraguay, Argentinien und Chile bereist hat, können die Eheleute Südamerika verlassen und nach England zurückkehren. Es ist nur ein Intermezzo, denn bereits 1869 wird Richard Burton nach Damaskus in Syrien berufen, das damals unter osmanischer Herrschaft steht. Richard fährt voraus, Isabel bleibt noch ein paar Wochen in London, um das Diplomatengepäck zu ordern, darunter fünfundzwanzig Kisten à zwölf Flaschen Wein, zudem mehrere Kisten mit Brandy, Portwein und Sherry – Richard Burton will auch im islamischen Orient, wo Alkohol tabu ist, nicht auf seinen Seelentrost verzichten.

Über Alexandria und Beirut reist Isabel ihrem Mann nach. Sie steht am Pier von Beirut und betrachtet, während sie auf einen Abgesandten des Konsulats wartet, die bewaldeten Berge: »Die Luft duftet stark nach Kiefernholz. Jede Stadt im Osten hat ihren eigenen Geruch, und wenn man einmal in einer war, kann man mit verbundenen Augen sagen, wo man ist.«

Sie wird von Vizekonsul Thomas S. Jago abgeholt. Eingepfercht in einer recht schäbigen Kutsche – in dem Karren befinden sich außer Isabel Burton auch ein Dienstmädchen, ein Bernhardinerhund und ein Berg von Koffern und Taschen –, geht es durch das Libanon-Gebirge nach Syrien. Als sie das auf einer Anhöhe liegende Dorf Salahiyeh erreichen, sehen sie unten in der Ebene Damaskus liegen, eine der ältesten Städte der Menschheit, der Überlieferung nach von einem Urenkel Noahs gegründet. Der Prophet Mohammed, so wird berichtet, habe sich von Damaskus abgewandt, da ein Mensch nur *ein* Mal ins Paradies eingehen könne, und er, statt Damaskus zu betreten, lieber Allahs Paradies erwarten wollte. Auch Isabel ist von Damaskus fasziniert: »[...] meine Perle, der Garten Eden, das Gelobte Land. Meine schöne weiße Stadt mit ihren bauchigen Kuppeln und sich verjüngenden Minaretten, ihren glitzernden goldenen Halbmonden, die in das Grüne einer jeden Nische gesetzt sind, sprudelnd von Brunnen und Strömen, mit dem Fluss Abana, der hindurch eilt und die Oase wässert. Das Flusstal breitet seinen grünen Teppich beinahe dreißig Meilen rund um die Stadt und ist mit weißen Dörfern gesprenkelt. Drum herum, wie ein weiterer oder äußerer Rahmen, und als habe die Natur die Grenze zwischen Grün und Gold wie mit dem Lineal gezogen, befinden sich die rauchenden Sanddünen der sonnenverbrannten Wüste.« Es ist Liebe auf den ersten Blick, obschon die arabische Welt ihr fremder und unzugänglicher erscheint als das von Europäern geprägte und kolonialisierte Brasilien.

Doch zunächst kann sie sich wenig auf das Land und seine Leute einlassen. Sie trifft nach monatelanger Trennung ihren Mann wieder und erschrickt: Er ist bleich, schwach, sieht alt und verlebt aus: »Das Klima und die Einsamkeit hatten eine böse Wirkung auf ihn, sowohl geistig als auch körperlich.« Sie ist eine pragmatische, praktisch denkende Frau. Das Stadtklima, so ihre intuitive Diagnose, schade ihrem Mann. Damaskus ist eng bevölkert, die hygienischen Verhältnisse lassen zu wünschen übrig, abends werden die Tore wie in einer mittelalterlichen Stadt geschlossen, dann muss man sich wie ein Gefangener fühlen. Der vormalige britische Konsul hatte das vornehme Stadthaus eines Juden gemietet, doch die Burtons verfügen nicht über so viel Geld. Also will Isabel für sich und ihren Mann eine andere, günstigere und vor allem ländliche Bleibe finden. Sie erinnert sich an das Dorf Salahiyeh, von dessen Höhe herab sie auf Damaskus geblickt hat. Dort findet sie ein sauberes Haus mit einem Garten und mietet es recht wohlfeil. Mit weiblichem Geschick richtet sie die Wohnung in den nächsten Wochen bequem und gemütlich ein. Ihre Bemühungen zeigen bald Erfolg: In der trockenen, reinen Höhenluft gesundet Richard Burton innerhalb weniger Wochen. Beide genießen den Aufenthalt auf dem Land, nur eine Viertelstunde von Damaskus und dem Konsulat entfernt. Zudem bieten die leer stehenden Ställe und Gehege hinter dem Haus für Isabel die Möglichkeit, eine Menagerie, die sie bereits in Brasilien zusammengetragen hat, erneut zu halten: Sie schafft sich Kamele, Esel, Geißen, Katzen und Hunde an – zusätzlich zu dem Bernhardiner, den sie aus Europa mitgebracht hat. Außerdem Truthähne, Enten, Gänse, Hühner und sage und schreibe zwölf Pferde. Selbstverständlich gibt es auch Kammern für das Personal – Diener, Mägde, Koch, Gärtner und Stallburschen. Bedienstete sind billig, und so ist der halbe Bauernhof, den Isabel zusammengetragen hat, immer noch günstiger als ein teures Stadtpalais.

Kaum ist der Haushalt eingerichtet und der Stall voll, durchstreift Isabel neugierig die Stadt. Sie besucht Kirchen und Moscheen, besichtigt das Haus des Ananias, wo Paulus nach seiner Blendung und Bekehrung gelebt haben soll, ebenso die Scharte in der Stadtmauer, durch die der Apostel, vor den Häschern fliehend, in einem Korb hockend, sich abgeseilt haben soll. Sie betrachtet das bunte Leben auf den Straßen und in den Basaren, sieht und hört das Völker- und Sprachengemisch: Araber, Türken, Beduinen, Perser, Kurden, Anatolier, Afrikaner, Juden … Einmal besucht sie sogar einen Hamam – es ist Richard Burtons Wunsch, denn seine Frau soll ihm über diesen Ort erotischer Projektionen Bericht erstatten.

Ihre Spaziergänge durch die Stadt kann Isabel freilich nicht unbegleitet tun. Sie trägt europäische Kleidung und muss sich, um vor Bettlern oder unerwünschten Blicken und Berührungen gefeit zu sein, stets von vier Kawassen (türkischen Wächtern) begleiten lassen. Das ist Isabel nicht immer recht, kann sie sich doch nie, ohne Aufsehen zu erregen, unter die Menschen mischen: »Es bedeutete für mich mehr Qual als Vergnügen, wenn ich sah, wie Maultiere, Pferde, Esel, Kamele, kleine Kinder und arme alte Männer aus dem Weg gescheucht wurden, als wäre ich heilig und sie ein Dreck. Wie müssen sie mich verflucht haben!« Zudem benötigt Isabel Burton auf ihren Erkundungsgängen einen Dragoman, denn sie spricht damals noch kein Arabisch und wird es erst auf Anweisung ihres Mannes erlernen.

Zwei Legenden des Orients: Sitt Mesrab und Abd el Khader

Die wohl bedeutendste und bereicherndste Begegnung jener Jahre ist die mit Lady Jane Ellenborough el Mesrab, einer englischen Abenteurerin, die mit einem arabischen Scheich verheiratet ist und von den Syrern mit dem Ehrentitel Sitt (Hohe Frau) belegt worden ist. Lady Ellenborough ist damals dreiundsechzig Jahre alt und noch immer eine schöne Frau. Einige Monate im Jahr verbringt sie in ihrem palastähnlichen Anwesen außerhalb von Damaskus (auch sie hält sich wertvolle Araberpferde), ein paar Monate mit ihrem Mann und seinem Stamm auf deren Nomadenzügen durch die Wüste. Sie ist bereits zu Lebzeiten ein Idol – wegen ihres abenteuerlichen und emanzipierten Lebenswandels, wegen ihrer zahlreichen Liebschaften, wegen ihrer Freundschaften mit berühmten Männern und gekrönten Häuptern (so verband sie ein inniges Verhältnis zu dem Bayernkönig und Kunst- und Frauenliebhaber Ludwig I.), aber auch wegen ihres Einsatzes während der Pogrome an Damaszener Christen im Jahre 1860: Damals hat Jane Ellenborough unter Gefahr für ihr eigenes Leben Hunderte von syrischen Christen vor der Ermordung gerettet, bis französische Truppen intervenierten und den Pogromen ein Ende bereiteten. Nun freunden sich die beiden Frauen an (sie entdecken zudem, dass sie mütterlicherseits sogar entfernt miteinander verwandt sind) und erzählen sich an langen Abenden oder auf gemeinsamen Ausritten viel von ihren Reiseeindrücken und Abenteuern …

Freundschaft schließen die Burtons auch mit Abd el Khader, dem algerischen Freiheitskämpfer und gebildeten Sufi, der jahrelang im französischen Château d'Amboise inhaftiert war, bevor er von Napoleon III. amnestiert wurde und mit seinen engsten Sympathisanten ins syrische Exil ging. El Khader spricht mehrere Sprachen, hat orientalische Geschichte und Literatur studiert und bewies während der Pogrome von 1860 seinen Mut und seine aufgeklärte Haltung, als er gemeinsam mit Jane Ellenborough Christen versteckte und rettete. Vor allem Richard Burton beginnt mit dem Algerier einen regen Austausch, der nicht nur von gemeinsamen geistigen Interessen genährt wird, sondern auch von beider Abenteuerlust und nicht zuletzt von einer tiefen Sympathie. Isabel ist von dem unkonventionellen Freiheitskämpfer ebenfalls magisch angezogen. Seine Erscheinung und Ausstrahlung beschreibt sie so: »Er kleidet sich rein in Weiß […], eingehüllt in den gewöhnlichen schneeweißen Burnus […]. Wenn man ihn hoch zu Ross sieht und nicht weiß, dass es Abd el Khader ist, würde man ihn herausgreifen […]. Er besitzt das Wesen eines Gentlemans und eines Soldaten. Sein Geist ist so schön wie sein Antlitz. Jeder Zoll an ihm ist der eines Sultans.«

Auch in Damaskus nimmt Richard Burton seine konsularischen Pflichten eher locker. Er reitet durch die Umgebung, trifft sich abends mit Abd el Khader, Jane Ellenborough und deren Freunden, besucht eifrig die reiche Bibliothek der Omajaden mit ihrer bedeutenden Sammlung alter Handschriften arabischer Dichtung und arbeitet an neuen Büchern und Anthologien. Isabel Burton genießt das Dasein einer britischen Konsulsgattin und engen Freundin der in ganz Syrien verehrten »Sitt Mesrab« Jane Ellenborough und gönnt sich einen recht abwechslungsreichen Tagesablauf, der von der Beaufsichtigung des Haushalts und der Stallungen über den Unterricht in arabischer Sprache bis zu Tea-Time-Empfängen für die in Damaskus ansässigen europäischen Damen reicht: »Ich betrachtete es als Selbstverständlichkeit, aufzustehen, Tee und Kaffee zuzubereiten und anzubieten.« Einmal bittet sie die Dragomane, ihr beim Servieren der Getränke zu helfen, rührt damit aber an deren männliches Selbstverständnis: »Sie waren erfreut darüber und reichten sie willig den europäischen Herren und Damen, aber nicht ihren eigenen Damen, die erröteten, um Entschuldigung baten und alle verwirrt waren. Reizvoll blickten sie auf mich, standen auf und baten, nicht bedient zu werden. Und wenn einer, der wirklich in seine Frau, eine schöne Gestalt, verliebt war, ihr die Teetasse reichte, so tat er das, als handele es sich um einen wirklich gelungenen Spaß [...]. Sie beugte sich nach vorn und küsste seine Hand und bat demütig um seine Entschuldigung.« Einer der arabischen Männer sagt angesichts solch neuer Sitten: »Betet darum, Mrs. Burton möge unsere Frauen nicht Sachen lehren, die sie nicht kennen und noch nie gesehen haben.«

Zudem finden sich beinahe täglich Menschen bei ihr ein, die sich von der Engländerin medizinische Hilfe erhoffen. Isabel Burton verteilt aus ihrer mitgebrachten Reiseapotheke, was sie entbehren kann, und gibt Ratschläge zur Wundversorgung und zur Hygiene. Abends spielt sie gern auf einem Pianino, das sie aus England per Schiff hat kommen lassen, und schreibt an einem Tagebuch über ihre syrischen Erlebnisse. Selbstverständlich steht sie auch als Gattin des britischen Konsuls im Mittelpunkt des gesellschaftlichen Interesses, und bisweilen versuchen einzelne Personen, ihren Einfluss auf den Konsul durch Bestechung zu befördern – Isabel unterbreiten sie zu diesem Zweck Angebote in Form von Schmuck und Juwelen, aber auch rassigen Araberpferden. Sie weist solche Versuche aus Prinzip zurück: »Ich liebe Diamanten genauso wie die meisten Frauen. [...] Ich hätte Welten für einen schönen Schimmel hingegeben [...]. Ich musste ehern auf die andere Seite blicken, um dieser Versuchung zu widerstehen [...], da ich wusste, dass das, was dafür getan werden sollte, nicht ganz in Ordnung sein musste.« Die Burtons bleiben unabhängig – entgegen wohlwollenden Warnungen von Einheimischen.

Ritt durch die Wüste

In jenen Wochen wird Richard Burton von einer fixen Idee verfolgt: Er will Palmyra, die alte Oasenstadt, besuchen, die der Legende nach von König Salomon gegründet worden ist und deren große Königin Zenobia in den Jahren 270 bis 272 nach Christus den römischen Truppen unter den Kaisern Claudius Gothicus und Aurelian eine Zeit lang heroischen Widerstand leistete. Nur wenige Europäer, darunter Hester Stanhope und Jane Ellenborough, haben die Ruinenstadt zu Gesicht bekommen. Die Sitt Mesrab war mehrmals dort, als sie ihren Mann Medjuel Mesrab und dessen Beduinenstamm auf den alljährlichen Karawanenzügen begleitete. Doch für Fremde bedeutet ein Ritt durch die Wüste ein sicheres Todesurteil: Räuber und Halsabschneider durchstreifen die Gegenden, und die Mesrabis tun das Ihrige dazu, sich das Monopol des einzig sicheren Geleitschutzes nach Palmyra nicht entreißen zu lassen. Doch als Richard Burton den Entschluss fasst, nach Palmyra zu reiten, ist Medjuel, Jane Ellenboroughs Ehemann, mit seinem Stamm bereits abgereist. Zudem, so hat Burton erfahren, hätte der Stammesfürst zweihundertvierzig englische Pfund für den Trip verlangt. Burton ist als britischer Abenteurer und berühmter Hadschi zu stolz, sich wie ein Pauschaltourist eine Reise nach Palmyra zu erkaufen. Als er Isabel die rhetorische Frage stellt, ob sie ihn begleiten wolle (er erwartet eigentlich ein Nein), antwortet sie, ohne zu überlegen: »Ich werde dir bis in den Tod folgen.« Vielleicht ist das etwas unbedacht gesprochen, denn der Tod lauert in der Wüste hinter jeder Düne, hinter jedem Felsen. Als sich in Damaskus die Neuigkeit verbreitet, die Burtons wollten auf eigene Faust nach Palmyra reiten, melden sich rund einhundert Europäer, die sich den beiden anschließen wollen.

Je größer die Gruppe, so glaubt man, umso sicherer der Zug durch die Wüste. Doch wenige Tage vor dem geplanten Aufbruch der Karawane trifft ein englisches Ehepaar in Damaskus ein, das dem Tod nur knapp entronnen ist: Mr. und Mrs. Law waren in der Wüste unterwegs, als sie und ihre Begleiter von Beduinen überfallen wurden. Ihr Dragoman wurde bei dem Handstreich schwer verletzt, die angeheuerten Bodyguards flohen, die Laws wurden bis aufs Hemd ausgeraubt. Nur einen Ring konnte Mrs. Law retten, den sie sich bei dem Überfall in den Mund gesteckt hatte.

Diese Hiobsbotschaft verbreitet sich wie ein Lauffeuer. Die Abenteuerausflügler sagen fast alle ab, nur der russische Konsul und ein französischer Graf bleiben unbeirrt bei ihrer Zusage, die Burtons auf ihrem Höllentrip begleiten zu wollen. Jane Ellenborough, die sich um die Freunde sorgt, kann sie schließlich überreden, zumindest einen von ihr vermittelten Mesrabi, der die Wüstengegenden wie seine Westentasche kennt, als Begleiter mitzunehmen. Sie hofft, dass die Europäer so einen gewissen ideellen Schutz bei den Beduinen genießen.

Am 7. April 1870 bricht die kleine Karawane auf. Anders als Jane Ellenborough auf ihren Wüstenritten, trägt Isabel Burton, die stolz an ihren europäischen Sitten und Gepflogenheiten festhält, ein englisches Reitkostüm, das sich in der Hitze und im Staub der Wüste bald als unnütz und hinderlich erweist. Immerhin ist sie so klug und vorsichtig, einen Pistolengürtel mit einem Revolver, Patronen und einem Dolch umzulegen. Um den Hals trägt sie eine Schnur mit einer Pfeife und einem Kompass. Das lange Haar hält sie unter einem arabischen Kopftuch versteckt, das Gesicht ist mit einem Schleier vor Sonne und Staub geschützt. Richard Burton reitet kleine kurdische Ponys, die als zäh gelten, doch Isabel, eine Pferdenärrin, führt ihre besten arabischen Hengste mit. Kamele dienen als Lasttiere, sie schleppen das Gepäck, allein siebzehn sind ausschließlich mit Wasserschläuchen beladen.

Acht Tage lang reiten sie durch die Wüste. Abends schlagen

sie im Schutz eines Felsens oder einer Düne ihr Lager auf. Obwohl etliche Bedienstete das Abladen und Aufschlagen der Zelte übernehmen, das Kochen, Auftischen und Abräumen, sieht Isabel immer selbst nach ihren geliebten Pferden, die unter den Strapazen und der Hitze merklich leiden. Isabel hingegen nimmt die Entbehrungen und Anstrengungen gelassen und zäh hin. Noch im Alter schreibt sie: »Ich denke, ich kann ohne Lobhascherei sagen, dass ich viele gute Fähigkeiten besaß, um die Frau eines Reisenden zu sein. Ich konnte reiten, wandern, schwimmen, schießen und mich selbst verteidigen, falls ich angegriffen wurde, sodass ich nicht von meinem Mann abhängig war, und ich konnte mich auch ganz allgemein nützlich machen – ich konnte das Bett machen, das Zelt herrichten, das Abendessen kochen, wenn nötig sogar die Kleider im Fluss waschen, sie flicken und sie zum Trocknen ausbreiten, die Kranken pflegen, Wunden verbinden, ein bisschen von der Sprache aufschnappen, die Einheimischen dazu bringen, mich zu achten und mir zu gehorchen, mein eigenes Pferd striegeln, es satteln, durch Flüsse waten, mit einem Sattel als Kissen auf dem Boden schlafen, und allgemein auf Bequemlichkeit verzichten.«

Die Burtons und ihr Trupp kommen gut und unbeschadet voran. Sie werden sogar von einem der lokalen Warlords, dem wegen seiner Willkür und Grausamkeit berüchtigten Da'as Agha, in dessen Heim eingeladen. Den Burtons scheint es angeraten, gute Miene zum bösen Spiel zu machen, denn wenn sie den Schutz des Bandenchefs genießen, kann ihnen auf ihrem Zug nach Palmyra nichts passieren. Isabel mimt die unterwürfige Frau und verbringt den Abend und die Nacht brav im Haremsflügel, wird aber von den neugierigen, kindischen Haremsfrauen die ganze Nacht durch deren Juchzen und Kichern wach gehalten.

Anderntags ziehen sie unbehelligt weiter, die Halbwüste wechselt in Wüste. Nachts schlafen sie in ihren Zelten, vollständig angekleidet, die Waffen neben sich. Wenn sie das Essen gekocht haben, löschen sie sofort das Feuer, den Kamelen nehmen sie die Glocken vom Hals. Trotz dieser Unannehmlichkeiten ist Isabel wie verzaubert: von der Stille der Wüste, dem Sternenmeer am Firmament, dem Vollmond über der endlosen Wüste, dem nächtlichen Heulen der Schakale. »Es war«, erinnert sie sich, »das Hübscheste, sie [die Schakale] im Mondlicht umherspringen zu sehen.«

Morgens stehen sie auf, starr vor Kälte, kochen Teewasser, bauen die Zelte ab, füttern die Tiere, packen und brechen erneut auf. Rasch steigt die Sonne empor und brennt unnachgiebig herab. Einmal geraten sie in einen Sandsturm. Isabel schlägt ihr arabisches Kopftuch, das Keffiyeh, übers Gesicht, dann galoppieren sie »ins Gebiss des Sturms hinein«, wie sie schreibt. Obwohl sie etliche Schläuche, prall gefüllt mit Wasser, mitgenommen haben, gehen die Vorräte rasch zur Neige. Sie rationieren das kostbare Nass. Isabel achtet darauf, dass die Tiere ausreichend versorgt werden, sie selbst und die anderen Reisenden jedoch leiden Durst: »Die Kehle scheint sich zu verschließen, und bald stellt sich eine Leere im Kopf ein.« Wiederholt sehen sie am Horizont eine Fata Morgana – Oasen und Städte –, doch Richard Burton ist klug genug, nicht auf diese Luftspiegelungen hereinzufallen, und dirigiert die Karawane eisern in die Richtung, die der Kompass ihnen vorgibt.

Sie sind nicht allein, denn die ganze Zeit werden sie schattenhaft von Beduinen begleitet: Sie sehen in der Ferne einzelne Reiter, hören auch Gewehrschüsse, aber die Verfolger scheinen zu wissen, dass es die Karawane der Burtons ist, der Freunde von Jane Sitt Mesrab. Doch der »Führer« aus dem Stamm der Mesrabi, der immerzu lächelt und sich seltsam verdächtig benimmt, ist den Europäern suspekt. Richard Burton ordnet an, dass man dem Mann mit aller Höflichkeit begegnen solle, aber zugleich lässt er ihn entwaffnen, ihn statt auf einem Pferd auf einem Maultier reiten und die ganze Zeit von zwei Wachen begleiten. Wenn sie in der Ferne Gewehrsalven hören, führen sie den Mesrabi in die erste Reihe, um den unsichtbaren Verfolgern zu zeigen, dass man einen der Ihren dabeihabe.

Sie sind nicht die Einzigen, die durch die Wüste wollen: Im Laufe der ersten Tage, als sie noch durch halbwegs besiedelte Gebiete kamen, schlossen sich ihnen ganze Scharen von Reisenden an, um Schutz zu genießen. Schließlich ist die Karawane auf über hundertsechzig Menschen angeschwollen. Für sie alle tragen die Engländer die Verantwortung. Die Wasservorräte gehen zur Neige. Burton hat von einem Brunnen gehört, der in der Nähe sein soll. Mit viel Glück finden sie ihn und können die leeren Schläuche füllen und den Durst von Mensch und Tier stillen. Doch mitten in diese friedliche Pause hinein hallen plötzlich Gewehrsalven wider. Panik entsteht. Richard Burton kann die verängstigten Reisenden schließlich beruhigen. Die Verfolger bleiben unsichtbar. Weiter geht es. Sie gelangen an ein Wasserloch, sehen dort die Spuren zahlreicher Beduinen, die die Nacht hier zugebracht haben. Burton folgt den Spuren, er hat den Entschluss gefasst, die Beduinen direkt zu konfrontieren, anstatt vor ihnen zu fliehen. Der französische Graf sprengt voran, um auszukundschaften, wo die Beduinen sind und wie groß ihre Zahl ist. Einige der mitreisenden Männer machen Anstalten, sich abzusetzen, doch Burton weist sie zurecht: »Den Ersten, der abhauen will, werde ich in den Rücken schießen.« Der Graf kehrt von seinem Erkundungsritt zurück: Einhundertfünfzig Beduinen lagern in der Nähe, sie sind vom Stamm der Seba'ah, die mit den Mesrabi verwandt sind. Das beruhigt Burton. Wahrscheinlich geht von diesem Stamm keine Gefahr aus.

»Als wanderte man in einer vergessenen Welt«

Sie ziehen weiter. Endlich erreichen sie das antike Palmyra. Isabel ist wie benommen: »So etwas Imposantes hatte ich bis dahin noch nie gesehen. So gigantisch, so weitläufig, so unverhüllt, so einsam […], diese prächtige Stadt der Toten […] in ihrer einzigartigen Größe. Man fühlt sich, als wanderte man in einer vergessenen Welt.« Sie weiß, sie ist nach Hester Stanhope und Jane Ellenborough die dritte westliche Frau, die Palmyra sieht, das erfüllt sie mit Stolz. Aus der arabischen Siedlung, die sich zwischen den assyrischen, hellenistischen und römischen Mauern, Bögen und Säulen wie Unkraut festgesetzt hat, kommt eine Abordnung schwerbewaffneter Reiter, um die Fremden mit Gewehrsalven, gezückten Lanzen und Geschrei zu begrüßen. Die Burtons bleiben gelassen, ziehen zu der Siedlung. Die Bewohner, Fellachen, haben weit weniger Kriegerisches an sich, als der Begrüßungstrupp vermuten ließ, wie Isabel bemerkt. Sie sind »hässlich, arm, schmutzig, abgerissen und krank. Jeder leidet an Augenentzündung, und man glaubt, es auch einzufangen, wenn man sie nur anblickt.«

Die Reisenden lassen sich in der Nähe zweier Brunnen nieder. Aus einem trinken sie das klare Wasser, im anderen baden sie. »Manchmal gab es ein paar Schlangen darin«, bemerkt Isabel Burton recht gefasst. Seit den Zeiten, da sie wegen Kakerlaken schreiend auf einem Stuhl stand, hat sie viel erlebt und ist abgebrüht. Sie kleidet sich in jenen Tagen in Palmyra als junger Mann – die Maskerade wird ihr von den Einheimischen abgenommen, glaubt man ihren Erinnerungen. So kann sie sich leichter und vor allem von der Männerwelt unbehelligt in den antiken Ruinen umtun, als »Sohn« des berühmten Hadschi Richard Francis Burton.

Fünf Tage verbringen sie in Palmyra und können sich an den architektonischen Wundern der einst so mächtigen Stadt kaum sattsehen. Burton zeichnet, skizziert und misst, nicht nur architektonische Stätten, sondern auch Münzen, Scherben, menschliche Knochen, Flora und Fauna, und Isabel, sein »Sohn«, assistiert ihm dabei. Sie packen ganze Kisten voller antiker Kunstwerke und Gebrauchsgegenstände, die später ihren Weg ins Britische Museum und ins Anthropologische Institut in London gehen. Es ist der Gipfelpunkt ihrer Reise nach Syrien.

Nach fünf Tagen packen sie ihre Sachen, beladen die Kamele und Maultiere – die Karawane ist nun bedeutend kleiner – und brechen auf, zurück nach Damaskus. Diesmal kennen sie den Weg, und sie benötigen nur vier Tage. Doch Isabel infiziert sich mit Malaria. Fiebrig sitzt sie im Sattel. Richard will die Reise unterbrechen und irgendwo kampieren, aber Isabel hat einen eisernen Willen, weigert sich auch, vom Pferd abzusteigen, und hält bis Damaskus durch. Als sie die syrische Hauptstadt erreichen, erscheint es der Fieberkranken wie das Erwachen aus einem Albtraum: »Man riecht von Weitem das Wasser, und man hört es gurgeln, lange bevor man zu den Bächlein und Brunnen kommt. Man riecht und dann sieht man die Früchte – die Limonen, Feigen, Zitronen, Wassermelonen. Man ist danach verrückt, ins Wasser zu springen […], und im herrlichen Schatten zu schlafen […]. Man fragt sich, ob die geblendeten Augen etwa eine Fata Morgana sehen. Das müde, matte Pferd aber zeigt dir, dass es wahr ist. Es stellt seine Ohren auf, es will in einen sanften Trab fallen. Aufgekratzt, wie es ist, will es aus jedem Bächlein saufen, und mit einem Wiehern der Freude sammelt es aus jeder Saat ein Maul voll Gras.« Endlich ist sie wieder in ihrem Anwesen, erschöpft und krank, aber in Sicherheit. Ihr Haus erscheint ihr »wie ein komfortabler Palast«.

Unwetter ziehen herauf

Es ist die Ruhe vor dem Sturm. In Damaskus bricht eine Cholera- und Scharlachepidemie aus, und trotz aller Angst vor Ansteckung tut Isabel Burton das, was ihr aus Pflicht und Nächstenliebe nötig erscheint: »Mehrere Menschen starben eines schweren Todes […]. Ich tat, was ich konnte […]. Ich ließ die Bauern ihre Häuser schrubben und ausräuchern und ihre Betten verbrennen, und ließ wegen Medikamenten zu mir schicken, wenn jemand erkrankte. […] Ich trug ein altes wollenes Kleid, wenn ich solche Fälle empfing, und das hängte ich in einen Baum und nahm es nie mit ins Haus.« Trotz aller Vorsichtsmaßnahmen infiziert sich auch Isabel, übersteht die Krankheit aber glimpflich. Wenig später begleitet sie ihren Mann nach Beirut, denn im britischen Generalkonsulat wird anlässlich des Geburtstags der Königin ein Ball gegeben.

Als sie nach Syrien zurückkehren, werden sie im Anti-Libanon von einem heftigen Sturm überrascht, der ihr Zelt fortzureißen droht. Isabel Burton erinnert sich: »Wir verbrachten die Stunden damit, die Enden des Zeltes festzuhalten […] und draußen Gräben zu graben, um das Wasser abzuleiten. Wir hatten keine trockene Kleidung mehr, und das ganze Ungeziefer würde kein bisschen davon übrig lassen. So verbrachten wir diese drei Tage. Wir richteten die Gepäckkisten auf und saßen auf ihnen, und lasen *Lothair* von Disraeli […], lasen die Beschreibung der englischen Herrenhäuser und saßen dabei so komisch in diesem schwarzen Schlamm inmitten der Trostlosigkeit.«

Um sich von den Strapazen zu erholen, ziehen die Burtons für einige Zeit in das Bergdorf Bludan, im Gebirgszug des Anti-Libanon gelegen. Das Klima dort ist kühler, und der Weg nach Damaskus dennoch nicht weit. Weiterhin erkunden sie das Land. So reiten sie im Sommer 1871 gemeinsam nach Homs und zu den Ruinen von Baalbek, die Isabel freilich weniger interessant und prächtig erscheinen als die von Palmyra. Im Libanon bewundern sie den alten Zedernbestand, der für das Land geradezu sprichwörtlich wurde. Hier, im Gebirge, kampieren sie zwischen Grasböschungen und Nadelbaumzweigen »voller Schnee, und das im Juli«, wie Isabel erstaunt feststellt. Im Libanon lernen sie auch den Patriarchen der Maroniten kennen, nach Isabels naiver Definition »eine Art Prinz oder Papst im Libanon«.

Zurück in Bludan, erhalten die Burtons Hinweise eines Spitzels, es stünde wie im Jahre 1860 ein ähnlicher »Schlachttag« der Moslems gegen die Christen und speziell gegen die im Land lebenden Europäer unmittelbar bevor. Während Richard Burton nach Damaskus reitet, um dort nach dem Rechten zu sehen und die nötigen Schritte zur Verteidigung anzuordnen, bleibt Isabel mit ein paar Bediensteten in ihrem Haus zurück. Trotzig hisst sie, statt möglichst unauffällig zu bleiben, den Union Jack auf dem Dach ihres Hauses, lässt das Anwesen verbarrikadieren, verteilt an die Dienerschaft Pistolen und Messer und greift auch selbst zum Gewehr, entschlossen, sich gegen Aggressoren mit allen Mitteln zu wehren. Es bleibt bei den Gerüchten, glücklicherweise kommt es zu keinen Übergriffen und Pogromen.

Wie schon in Brasilien, so formiert sich auch in Syrien Widerstand gegen den britischen Konsul Burton. Weniger bei den Einheimischen als bei britischen Reisenden, Handelsleuten und nicht zuletzt bei den Vorgesetzten. Sie alle unterstellen den Burtons eine zu große Nähe zu den Arabern, eine zu menschenfreundliche, tolerante Haltung gegenüber den Moslems, eine zu schwache Vertretung britischer Interessen im Orient. Vor allem der britische Generalkonsul in Beirut Eldridge lässt sich von missgünstigen Einflüsterern aufwiegeln, und auch der britische Gesandte bei der Hohen Pforte in Konstantinopel Henry Elliot wird mit diffamierenden Klage- und Hetzbriefen gegen Burton überhäuft. Einer der Denunzianten behauptet, Richard Burton vertrete nur die arabischen Interessen, nicht die britischen, und entblödet sich nicht, auch unter die Gürtellinie zu greifen: »Ich denke, er [Richard Burton] hat vor langer Zeit schon die einzig nötige Operation an sich ausführen lassen, um seine Kennzeichnung als Mohammedaner oder Araber zu vervollständigen.«

Tatsächlich geraten die Burtons wiederholt in die schwelenden Konflikte der divergierenden Volksstämme und Konfessionen Syriens: Ein jüdischer Junge in Damaskus, der in kindlicher Dummheit die Wände von Moscheen beschmierte, wird von Richard Burton mit ein paar Ohrfeigen zum Reden gebracht. Gleich kursieren Gerüchte unter den Juden, er habe das Kind »gefoltert«. Als es nach den kindlichen Anschlägen auf die Moscheen zu spontanen Protesten der Araber kam, soll, so heißt es, Isabel Burton einen Revolver gezogen und einen arabischen Bettler erschossen haben. All das wird dem Generalkonsul in

Beirut und dem britischen Gesandten in Konstantinopel hinterbracht, ohne Überprüfung des Wahrheitsgehalts dieser Gerüchte. Zwar werden die Behauptungen bald widerlegt, doch bleibt an dem Bild, das man sich an höherer Stelle von dem Ehepaar Burton macht, Schmutz hängen.

»Herrin, der Satan selbst hätte Ihnen nicht folgen können«

In den Augen des Generalkonsuls liegt der grundsätzliche Makel der Burtons im Umstand, dass sie keine Kontaktscheu gegenüber den diversen Volksgruppen Syriens haben und sich relativ unvoreingenommen verhalten. Tatsächlich nötigen die Burtons den meisten Arabern Respekt ab. Als sie einmal bei einem Ritt durch die Wüste Kriegern vom Beduinenstamm des berüchtigten Scheichs Mohammed ebn Dhuki begegnen, werden sie nach anfänglichem Kriegsgeschrei gastfreundlich in deren Mitte aufgenommen. Doch die Beduinen provozieren die Burtons zu einem Pferderennen und zeigen sich konsterniert, als die Engländer die Herausforderung prompt annehmen. Richard Burton sagt zu seiner Frau: »Lass uns diesen Kerlen zeigen, dass die Engländer reiten können. Sie denken, niemand außer ihnen könne reiten und nichts könne ihren Pferden gleichkommen.« Isabel antwortet furchtlos: »Einverstanden. Wohin du mich auch führst, ich folge dir.« Dann besteigen sie ihre Pferde und liefern den reichlich verdutzten Beduinen ein Rennen durch die Wüste. Isabel berichtet: »Als zum Start ihr ›Yallah‹ ertönte, ließen wir einfach unsere Zügel auf den Nacken unserer Pferde schleifen und benutzten weder die Peitsche noch die Sporen, noch sprachen wir zu ihnen – sie gingen durch, obwohl wir auf unserem Ritt schlechte Chancen hatten. Wir erreichten unser Lager in anderthalb Stunden. Salih und seine Männer kamen erst später an. Ihre Pferde waren zusammengebrochen, und die Männer waren feuerrot und verschwitzt. ›Oh Herrin‹, sagte Salih, ›der Satan selbst hätte Ihnen nicht folgen können.‹«

Einmal bekommt sie von einem Pascha einen jungen Panther geschenkt. Sie zeigt sich erfreut über diesen Neuzugang in ihrer »Menagerie«: »Er hatte verwegene, böse Augen, die zu sagen schienen: ›Hab Angst vor mir.‹« Sie hat keineswegs Angst und bekommt das Tier bald zahm: »Er pflegte neben unserem Bett zu schlafen [...] und jagte mit mir durch den Garten und spielte Fangen und Verstecken mit mir [...]. Wenn er zu fest zubiss, zwickte ich ihn in die Ohren.« Leider wird der Panther einige Zeit später vergiftet, sehr zum Kummer Isabels: »Er schwand dahin und nichts, was wir für ihn taten, tat ihm gut, und eines Tages, als ich zu den Stallungen ging, um nach ihm zu sehen, legte er seine Pranke auf mich. Ich setzte mich auf den Boden und nahm ihn wie ein Kind in meine Arme. Er legte seinen Kopf auf meine Schulter und seine Pranken um meinen Bauch, und nach einer halben Stunde starb er. Richard und ich waren in tiefer Trauer.«

Die Burtons bleiben vielen Menschen suspekt. Vor allem aus Kreisen der britischen Upperclass erhebt sich Kritik am unkonventionellen und nicht standesgemäßen Verhalten des Konsuls und seiner Frau. Ein englischer Syrienreisender jener Tage beschreibt Richard Burton in einer Mischung aus Bewunderung und Furcht: »Er hatte die Erscheinung eines Titanen. Seine breiten Schultern und seine gewölbte Brust verrieten ungewöhnliche Stärke [...]. Er war der einzige Mann, den ich kannte, der das altmodische Elefantengewehr von der Schulter aus ohne Verschnaufpause abfeuern konnte. Seine Kondition war einfach bewundernswert, und er konnte Brandy mit einer Heldenhaftigkeit trinken, die Dr. Johnson befriedigt hätte.«

Der Sturz

Als die Burtons sich auf eine Reise nach Palästina begeben, kommt es im Zeltlager vor Jerusalem, das überwiegend von griechisch-orthodoxen Pilgern belegt ist, zu einem bösen Zwischenfall: Der Erinnerung Isabel Burtons zufolge, die in einem eigenen Zelt übernachtet, dringt einer der Pilger frühmorgens bei ihr ein – ob, um sie zu bestehlen oder ihr Gewalt anzutun, bleibt unklar. Diener wollen ihn zurückdrängen, doch er wirft mit Steinen um sich. Durch das Geschrei geweckt, stürzen andere Pilger aus ihren Zelten. Auch Richard Burton erwacht. Es kommt zu Handgreiflichkeiten. Isabel greift zu zwei Pistolen und rennt hinaus, um sie ihrem Mann zu geben. Der weist sie zurück, will eine Eskalation vermeiden. Zu spät: Steine fliegen gegen die Burtons. Der Konsul wird ernsthaft verletzt. Glücklicherweise greifen osmanische Soldaten ein und treiben die Streithähne auseinander.

Richard Burton kümmert sich nicht weiter um den Vorfall und bereist gemeinsam mit Isabel die heiligen Stätten Palästinas. Doch es gehen recht verdrehte Berichte nach Beirut und Konstantinopel zu Burtons Vorgesetzten, die nun in der Sache den Tropfen sehen, der das sprichwörtliche Fass zum Überlaufen bringt. Als die Burtons einige Wochen später wieder Damaskus erreichen, ist die Demission des Konsuls bereits beschlossene Sache. Später notiert Isabel bekümmert über jenen Tag der Rückkunft in Damaskus: »Ich wusste damals nichts davon, aber es war mein letzter glücklicher Tag. Allerlei behördliche Unannehmlichkeiten erwarteten uns.«

Richard Burton wird als britischer Konsul nach Triest versetzt, die österreichische Hafenstadt an der Adria. So pittoresk und glanzvoll Triest heute auch ist: Im Jahre 1871 besitzt die Stadt noch nicht ihre erst gegen Ende des 19. Jahrhunderts entstandenen imperialen Prachtbauten. 1869 ist der Suezkanal eröffnet worden, und erst mit dieser Verkürzung einer der wichtigsten Seehandelsrouten von Europa nach Asien wächst auch die Bedeutung des Triester Hafens für den Personen- und Frachtverkehr. Zu Burtons Zeit als britischer Konsul liegt das noch in den Anfängen. So ist es nicht verwunderlich, dass er sich zurückgesetzt fühlt, in seiner Ehre verletzt, um seine Karriere gebracht, in seinem Ruf beschädigt. »Ich bin ausgebootet«, telegrafiert er an Isabel, »zahle, packe und folge mir umgehend.« Das tut sie auch, und am 6. Dezember 1872 langt auch sie in der österreichischen Hafenstadt an. Bis 1886 werden beide in Triest leben, und erst danach wieder nach England zurückkehren.

So unbedeutend der Konsulatsposten in Triest auch sein mag: Er eröffnet Richard Burton doch die Möglichkeit, an seinen Büchern und Aufsätzen zu arbeiten. Isabel ist ihm weiterhin die rechte Hand: Ghostwriterin, Sekretärin, Lektorin. Beide »stricken« sie an der Legende Richard Francis Burtons, und bis heute gilt er als einer der großen Heroen der nicht immer mit Glanz und Glamour geschmückten britischen Kolonial- und Imperialgeschichte. In jenen Jahren veröffentlicht Richard Burton Bücher über seine Reisen nach Syrien, Schwarzafrika und Sansibar, und er sammelt und übersetzt das indische *Kama Sutra*, die arabischen *Erzählungen aus Tausendundeiner Nacht* und die Hindu-Erzählungen *Vikram and the Vampire*.

Ein marmornes Beduinenzelt

Isabel Burtons Einfluss wächst und wächst, besonders nach dem Tod ihres Mannes, der am 20. Oktober 1890 an einem Herzinfarkt stirbt: Da übernimmt sie auch noch das Metier der Sach- und Nachlassverwalterin, und sie erfüllt diese Aufgabe mit Herzblut und Schweiß. Und sicherlich nach dem damaligen Moral- und Standeskodex mit bestem Wissen und Gewissen. So vernichtet sie etliche nach ihrer Ansicht »kompromittierende« Briefe und Aufsätze ihres Mannes, die ihr als zu freidenkerisch oder gar »pornografisch« erscheinen, darunter auch Teile seiner Übersetzung erotischer arabischer Dichtungen unter dem Titel *The Perfumed Garden*, vor allem die Kapitel, die sich mit der Knabenliebe befassen. Um den Mythos Richard Burtons endgültig zu festigen, veröffentlicht Isabel im Jahre 1893 zudem eine autorisierte Biografie ihres Mannes unter dem offiziösen

Titel *The Life of Captain Sir Richard F. Burton*. Aber auch über ihre eigenen Erlebnisse, vor allem in Syrien und Palästina, verfasst Isabel in den letzten Lebensjahrzehnten mehrere Bücher und arbeitet bis zuletzt an einem Gegenstück zur Biografie ihres Mannes, ihrer unvollendet gebliebenen Autobiografie mit dem blumigen Titel *The romance of Isabel, Lady Burton, the story of her life*, die posthum 1897 publiziert wird.

Dieses umfangreiche biografische und autobiografische Werk verfasst Isabel Burton in ihren letzten Lebensjahren, obwohl sie bereits an Krebs erkrankt ist. Sie verlebt die letzten Jahre in Eastbourne, Mortlake und London. Einen Eindruck vom Wesen der alten, kauzig und frömmlerisch wirkenden Isabel Burton gibt deren Großnichte wieder: »Gewöhnlich besuchten wir sie in ihrem kleinen Haus unweit des Grabes [Richard Burtons] [...]. Ihre Unterhaltung wurde durch die Worte ›liebster Richard‹ unterbrochen [...]. Ich musste wie ein gutes viktorianisches Kind still sitzen und meine kleinen nackten Beine stillhalten, wenn der Mops von Tante Puss [Isabel Burton] ankam und schnaufte und schnüffelte [...]. In dem Zimmer war Onkel Richards Zylinder und sein Spazierstock mit Goldknauf, und in einer Truhe seine Konsulsuniform und sein Hut. Überall gab es Fotografien von ihm. Hinterher besuchten wir gewöhnlich das Grab und knieten im Gras nieder und sprachen ein ›De profundis‹ für seine unartige alte Seele.«

Isabel Burton stirbt am 22. März 1896. Die letzte Ruhestätte findet das berühmte, zum nationalen Mythos gewordene Paar auf dem römisch-katholischen Friedhof von Mortlake, südwestlich von London: In einem riesigen Beduinenzelt, ganz aus Marmor gehauen, ruhen die sterblichen Überreste von Richard Francis und Isabel Burton, die einst auf den Ritten durch die syrische Wüste unter dem großartigen Sternenfirmament des Orients ihr Zelt aufschlugen, um so dem Himmel ein Stück näher zu sein.

7 Vita Sackville-West (1892–1962)
Eine Exzentrikerin in Persien

»Vita ist dazu verdammt, nach Persien zu gehen.« So mitleidig äußert sich die Schriftstellerin Virginia Woolf am 27. November 1925 in ihrem Tagebuch. Sie meint ihre Kollegin, Freundin und Geliebte Vita Sackville-West, die aus einem alten englischen Adelsgeschlecht stammt, das einst das prächtige Schloss Knole von Queen Elizabeth I. geschenkt erhielt. Tatsächlich mutet es seltsam an, eine englische Lady der Upperclass in ein Land fahren zu sehen, das zur damaligen Zeit noch als wild und unwegsam gilt, in Traditionen und Kultur seit der Antike in sich ruht, trotz der Islamisierung. Das Bild von Vita Sackville-West hat sich der Nachwelt vor allem durch die literarische Anverwandlung eingeprägt, die Virginia Woolf in ihrem Roman *Orlando* (1928) vorgenommen hat: Dort erscheint Vita als englischer Edelmann, der durch die Epochen und Länder reist, stets jung und attraktiv bleibt – allerdings sein Geschlecht wechselt und zur schönen Frau mutiert. Diese wundersame und fantastische Geschichte wurde zweifelsohne von dem irisierenden, geheimnisvollen Naturell Vita Sackville-Wests inspiriert. Virginia Woolf selbst schreibt in einem Brief an Jacques Raverat über die Freundin: »[…] alles an ihr ist jungfräulich, ungezügelt, adlig; und warum sie schreibt – was sie mit vollendeter Kompetenz und einer Feder aus Erz tut –, ist mir rätselhaft. Wäre ich sie, ich würde lediglich schreiten, zwölf Elchhunde im Gefolge, durch meine mir angestammten Wälder.«

Nun macht sich »Orlando«, Fleisch geworden, also nach Persien auf, in das von Dichtern viel besungene Land. Der Grund hierfür ist recht trivial: Vita Sackville-West will ihren Ehemann Harold Nicolson besuchen, der in der britischen Gesandtschaft in Teheran tätig ist. Nicolson, selbst ein umfassend gebildeter Schriftsteller, führt mit Vita seit 1913 eine spannungsreiche, aber keineswegs unglückliche Ehe. Beide sind den schönen Künsten und der Literatur zugetan, aber auch dem Reisen. Beide sind snobistisch im besten englischen Sinn. Sie haben zwei Söhne, Benedict und Nigel. Und beide, Vita wie Harold, besitzen recht lockere Anschauungen von ihrer Ehe, die sie hochhalten, wobei sie sich gerade im Vertrauen auf die Unzerbrechlichkeit ihrer Beziehung etliche Affären gönnen – Harold mit jungen Männern, Vita mit schönen und geistreichen Frauen. Und trotz allen Esprits ist Vita Sackville-West keineswegs eine Femme fragile, vielmehr eine tatkräftige, ja, burschikose Frau, die sich durchzusetzen weiß und Gefahren und Widrigkeiten des Lebens mit Mut begegnet. Durchaus günstige Voraussetzungen für einen abenteuerlichen Trip durch die Gebirge Persiens. Leonard Woolf, Virginias Mann, hat Vita später in einer für sie typischen Situation geschildert: »Wenn man an einem Hochsommernachmittag mit Vita durch London fuhr – sie war eine gute, aber ziemlich unorthodoxe Fahrerin – und hörte, wie sie einen aggressiven Taxifahrer zurechtwies, auch wenn sie im Unrecht war, konnte man einen Ton in ihrer Stimme klingen hören, den die Sackvilles […] vor sechshundert Jahren in Kent oder sogar in der Normandie noch dreihundert Jahre früher ihren Leibeigenen gegenüber angeschlagen haben. Sie gehörte tatsächlich zu einer Welt, die völlig anders war als die unsere.«

Vita Sackville-West lernt mit neunzehn Jahren Autofahren – zur damaligen Zeit eine emanzipatorische Ungeheuerlichkeit, was die britische Upperclass der jungen Frau nur nachsieht, weil sie es als eine in ihren Reihen nicht unübliche Neigung zur Spleenigkeit betrachtet. Vitas Liebe zu Automobilen hält ein Leben lang an: Noch mit dreiundsechzig Jahren wird sie sich einen schnittigen Jaguar kaufen und damit von England in die Provence fahren. Eine andere Marotte: Sie hält sich einen jungen Bären, den ihr ein Tanzpartner zum Geschenk gemacht hat, und mit dem sie zum Ergötzen der Passanten lange Spaziergänge unternimmt.

Tragödien auf Schloss Knole

Die Welt, in die Vita Sackville-West hineingeboren wird, ist von Privilegien, Luxus und weltmännischem Snobismus geprägt. Vitas Mutter Victoria hat mütterlicherseits spanische Vorfahren, ihr Vater Lionel entstammt dem alten Geschlecht der Sackvilles und ist überdies der Vetter seiner Frau. Vita wird am 9. März 1892 auf dem Erbsitz der Sackvilles, Schloss Knole, geboren. Vitas Kindheit und Jugend ist äußerlich von Luxus und den Vorzügen eines Mädchens von gehobenem Stand geprägt, das im weltbeherrschenden England aufwächst. Doch die Ehe der Eltern scheitert, Victoria und Lionel leben meist getrennt. Vitas Mutter zeigt zeitlebens hysterische und cholerische Züge. Diesen Spannungen versucht die heranwachsende Vita durch die Flucht in eine Fantasiewelt zu entgehen. Früh beginnt sie zu schreiben, vollendet bereits als junges Mädchen etliche (später verworfene) Erzählungen, Dramen und Romane und übt sich mit Geschick im Zeichnen und Aquarellieren. Zeitgenossen beschreiben die junge Frau als eher reizlos und unweiblich. Weder in ihren Neigungen noch in ihrem herben Äußeren entspricht sie dem femininen Schema. Sie fühlt sich zu Frauen hingezogen. Ihre Erfahrungen mit Männern sind ernüchternd: Als sie sechzehn ist, versucht ihr Patenonkel sie zu vergewaltigen – glücklicherweise kommt ein Hausmädchen dazwischen. Victoria Sackville schreibt über die in sich und ihrer Literatur verschlossene halbwüchsige Tochter in ihrem Tagebuch: »Ich wünschte, sie wäre offener, weniger reserviert. Auf diese Weise erweckt sie den Anschein, allzu unbeteiligt zu sein, und sie hat die Neigung zur Selbstsucht, wenn ihr das auch nicht bewusst ist; es ist ihr Leben als Einzelkind, das dafür verantwortlich ist. Sie ist so in ihr Schreiben vertieft, dass sie leicht alles um sich her vergisst.«

Vita ist weniger verschlossen als ungebändigt. Ihr sind Fesseln der Konvention angelegt, die sie bei der ersten Gelegenheit zu sprengen trachtet. In einem ihrer frühen Romane charakterisiert sie die autobiografisch gezeichnete Heldin so: »Denn die Gedanken hinter diesem zarten und mädchenhaften Äußeren waren von einer unmäßigen Heftigkeit, die einem wilden jungen Mann Ehre gemacht hätte. Sie dachte an nichts weniger als an Flucht und Versteck, sie dachte daran, sich einen anderen Namen beizulegen, sich als Mann zu verkleiden und frei in einer fremden Stadt zu leben.«

Früh schon hat Vita leidenschaftliche Affären mit Freundinnen, doch begegnet sie im Jahre 1910 dem sechs Jahre älteren, angehenden Diplomaten Harold Nicolson, der um sie wirbt und zu dem sie – ihrer eigentlichen sexuellen Disposition zum Trotz – rasch eine »ziemlich kindliche Kameradschaft« empfindet. Aus Kameradschaft entwickelt sich ein vertrauensvolles Verhältnis, das im Laufe ihres weiteren Lebens – ungeachtet aller Spannungen und Seitensprünge – zur tiefen Seelenverwandtschaft anwächst. Am 1. Oktober 1913 heiraten Vita und Harold. Lady Nicolson, wie sie nun amtlich heißt, behält jedoch in ihren Veröffentlichungen ihren Geburtsnamen Sackville-West bei, unter dem sie als Literatin bekannt wird.

Ein exzentrisches Paar

Harold Nicolson ist zu jener Zeit in der britischen Gesandtschaft in Konstantinopel tätig. Es sind die Jahre vor dem Ersten Weltkrieg, als sich das Osmanische Reich, das auf reisende Europäer einen starken exotischen Reiz ausübt, innerlich bereits auflöst. Die Hochzeitsreise des exzentrischen Paares führt nach Ägypten: Im italienischen Brindisi besteigen sie ein Schiff, das sie nach Alexandria bringt. Von dort geht es mit der Bahn weiter nach Kairo, wo sie zehn Tage lang zu Gast beim ägyptischen Vizekönig Lord Herbert Kitchener sind. Vita und Harold besichtigen die Pyramiden von Gizeh und die Tempelanlagen von Luxor. Es ist das übliche touristische Programm, freilich noch ohne die Besuchermassen, die man heute kennt. Vita ist jedoch die südlichen Temperaturen nicht gewohnt, sie erleidet einen Sonnenstich und muss ein paar Tage in Lord Kitcheners Residenz zubringen, der ihr mit seinen klischeebehafteten Urteilen über die Kunst der alten Ägypter zusetzt: »Ich halte nicht viel von einem Völkchen, das seit viertausend Jahren dieselben Katzen zeichnet.« Wieder genesen, fährt das Hochzeitspaar auf einem Schiff nilaufwärts, dann geht es zurück nach Alexandria, wo sie einen Dampfer nach Konstantinopel besteigen. Als Gattin des britischen Gesandtschaftsrats in der osmanischen Hauptstadt wird Vita mit allen Ehrbezeugungen und Annehmlichkeiten empfangen. Einer Freundin beschreibt sie ihr Haus in der Altstadt: »Es ist ein türkisches Holzhaus mit einem kleinen Garten und einer Pergola aus Weinreben und einem Granatapfelbaum, der mit scharlachroten Früchten bedeckt ist. Und welch ein Ausblick über das Goldene Horn, das Meer und die Hagia Sophia! Und an der einen Seite des Hügels haben wir ein ideales Sonnenplätzchen.«

Nach einiger Zeit verlässt Vita, die schwanger ist, Konstantinopel und kehrt nach Knole in England zurück. Die Beziehung zur Mutter gestaltet sich immer schwieriger. Victoria kann es nicht ertragen, dass aus der halbwüchsigen Tochter eine selbstbewusste erwachsene Frau geworden ist, die am 6. August 1914 ihren ersten Sohn Benedict (Ben) zur Welt bringt und zudem zu dieser Zeit mit ersten Gedichtveröffentlichungen literarische Aufmerksamkeit erntet. In jenem August 1914 bricht der Erste Weltkrieg aus. Harold kehrt nach England zurück, wo er im britischen Außenministerium eine Anstellung erhält. Die Situation auf Schloss Knole wird für Vita unerträglich. Victoria

Sackville reagiert eifersüchtig, neidisch und bevormundend. Der Konflikt erreicht einen Höhepunkt mit einem abrechnenden Brief Vitas an ihre Mutter: »Ich weiß jetzt, dass Du mich nicht liebst und dass Du bei der ersten Belastung, die ich Deiner Liebe zugemutet habe, bereit bist, mich wie einen alten Handschuh wegzuwerfen. Ich wusste immer, dass Du nicht so bist wie andere Leute und so hart sein kannst wie Granit, aber ich dachte, zumindest mich hättest Du wirklich geliebt [...]. Du hast mir Deine überschwengliche Großzügigkeit zuteilwerden lassen, doch jene Großzügigkeit des Herzens, auf die ich unendlich viel mehr Wert gelegt hätte, hast Du mir versagt. [...] es ist hart, wenn man den Glauben an jemanden verliert, den man einmal vergöttert hat.« Vita und Harold verlassen im Herbst 1914 Knole und mieten ein Haus in London-Pimlico. Wenige Monate später, im März 1915, erwerben sie ein Haus mit großem Gartengrundstück in dem Dorf Weald, wenige Meilen von Schloss Knole entfernt. Obgleich das Anwesen anfangs abenteuerlich einfach und zudem heruntergekommen ist, regt sich in Vita der Pioniergeist: »Ich finde alles entzückend! Dada [Vater] kam zum Tee. Harold kam früh nach Hause.« Long Barn, so der Name des Anwesens, wird in den kommenden Jahren unter Vitas geschickten und fleißigen Händen und nach ihren fantasiereichen Ideen zu einem angenehmen, wohnlichen Heim. Vor allem der Garten entwickelt sich zu einem kleinen Paradies. Es ist ihr erstes gärtnerisches Experiment. Später wird sie ein anderes Anwesen, Sissinghurst in Kent, aus dem Dornröschenschlaf erwecken und zu einem Gartentraum gestalten, der heute in der Obhut des National Trust steht.

Am 19. Januar 1917 kommt Vitas und Harolds zweiter Sohn Nigel zur Welt. Das frohe Ereignis kittet die Risse in der Ehe nicht. Bei Harold, der immer wieder Affären mit jungen Männern hat, wird eine Geschlechtskrankheit diagnostiziert. Er gesteht seiner Frau alles – und sie versteht. Der Erfolg ihres Gedichtbandes *Poems of West and East* (1917), worin sie auch ihre

Erlebnisse in Konstantinopel literarisch verarbeitet, kompensiert so manches. Auch die Gartenarbeit, die sie mit zunehmender Ernsthaftigkeit betreibt, gibt ihr Kraft. Und sie beginnt ein leidenschaftliches, mehrere Jahre während Verhältnis mit der Freundin Violet Keppel. Ein mehrtägiger Ausflug nach Cornwall wird zum Flitterwochenende, eine Fischerhütte an der Küste zum Liebesnest. Violet versucht Vitas Bedenken zu zerstreuen und ermutigt sie: »Wirf die tristen Kleider der Respektabilität und Konvention ab, mein schöner Paradiesvogel, sie kleiden Dich nicht. Führe das Leben, zu dem die Natur Dich bestimmt hat. Andernfalls wirst Du versagen – Du, die Du vielleicht eine der größten, sprühendsten und romantischsten Gestalten aller Zeiten sein könntest, wirst ›Mrs. Nicolson‹ sein, ›die ein paar hübsche Verse geschrieben hat‹.«

Die Liebesbeziehung wird auch nach Violets Hochzeit mit Denys Trefusis fortgesetzt – unter den Augen und mit Wissen der Ehemänner. Harold ist in jenen Jahren niedergeschlagen, er fühlt sich (obgleich er ebenfalls seine Affären führt) gedemütigt und droht seiner Frau mit Selbstmord. Erst später – Vita unterhält da bereits ein Verhältnis mit der Schriftstellerin Virginia Woolf – wird er sich in sein Schicksal fügen und zwischen amouröser Leidenschaft und ehelicher Kameradschaftlichkeit zu unterscheiden lernen. Außerdem beginnt Harold wieder mit seinen eigenen kleinen Abenteuern, wenn er etwa während eines Aufenthalts in Paris einen, wie er schreibt, »lustigen neuen Freund«, der überdies »sehr attraktiv« sei, aufgabelt und dies Vita nicht nur gesteht, sondern sie damit auch zu provozieren versucht: »Meine Süße – bist Du eifersüchtig? Macht es Dir etwas aus?« Schließlich reißt Harold der Geduldsfaden: Als Vita und Violet im Februar 1920 wieder einmal ein Liebesnest aufsuchen, diesmal in Frankreich, chartern die gehörnten Ehemänner kurzerhand ein Privatflugzeug und tauchen zur großen Überraschung der Ausreißerinnen vor Ort auf – Vita hat die Dreistigkeit besessen, ihren Mann die ganze Zeit über mit Briefen und Telegrammen zu bombardieren, um ihn an ihrem

Glück teilhaben zu lassen, ohne zu bedenken, dass sie ihm damit ihren Aufenthaltsort verrät.

Auch nach Vitas Entfremdung von Violet Trefusis dreht sich das Karussell der Leidenschaften weiter: 1922 lernt sie Clive Bell kennen, der ihr einen Roman seiner Schwägerin Virginia Woolf leiht. Vita findet *Jakobs Zimmer* »interessant und leicht verwirrend«, eine Verwirrung, die zunimmt, als sie wenig später die vierzigjährige Autorin des Buchs kennen- und lieben lernt. Umgekehrt ist auch Virginia Woolf von der adligen Kollegin angezogen. Bereits nach dem ersten gemeinsamen Dinner Mitte Dezember 1922 gesteht sie dem Tagebuch: »Mein Kopf ist zu vernebelt, um etwas zustande zu bringen. Dies ist zum Teil auf das Dinner mit der ansprechend begabten aristokratischen Sackville-West gestern Abend bei Clive zurückzuführen. Nicht ganz exakt nach meinem Geschmack – blühend, schnurrbärtig, papageienbunt, mit jener geschmeidigen Ungezwungenheit der Aristokratie [...].«

Vita gerät bald in Virginias Bann und verkehrt auch mit den anderen Mitgliedern der Bloomsbury-Gruppe – den Literaten und Malern Clive Bell, Duncan Grant, Leonard Woolf und Lytton Strachey –, ohne jedoch mit diesen Freundschaft schließen zu können. Virginia Woolf selbst äußert sich mit der grausamen Abfälligkeit der Boheme: »Ich meine, dass wir sie beide [Vita und Harold] für unheilbar stupid hielten. Er ist gutmütig-derb, aber so distanzlos; sie richtet sich nach ihm und hatte, nach Duncans Meinung, keine Chance, selbst etwas zu sagen. [...] Es war ein knochentrockener, unglaublicher Abend.« Das tut Virginia Woolfs Interesse an Vita Sackville-West indes keinen Abbruch. Auch wenn die geniale Autorin der Bloomsbury-Gruppe von Vita Sackvilles literarischem Talent nicht ganz überzeugt ist, verliebt sie sich doch in sie – besonders in ihre prachtvollen Beine. »Ich versuche, Dich für mich zu erfinden«, gesteht sie ihr am 7. September 1925. Sie hatte zwei Wochen zuvor »eine vollkommen romantische und zweifellos irrige Vision von Dir – in einem großen Bottich in Kent stampftest du Hopfenblüten –

splitternackt, braun wie ein Satyr und sehr schön«. Bald sind beide ein Paar, und Virginia wird die Freundin in ihrem berühmten Roman *Orlando* als ewig schönes, ewig junges androgynes Wesen verherrlichen.

Mit Proust nach Indien und Arabien

Das irrlichternde Spiel mit Träumen und fiktionalen Anverwandlungen und Aneignungen könnte so weitergehen – da erhält Harold Nicolson Ende September 1925 vom Foreign Office das Angebot, als Botschaftsrat nach Teheran zu gehen. Er lehnt zunächst ab, willigt dann aber doch ein, um seine Karriere nicht zu gefährden, und vielleicht auch, um seine Ehe zu retten. Wenn auch Vita als Diplomatengattin nicht nach Persien ziehen will – im Grunde verabscheut sie ein Leben außerhalb des englischen Kulturkreises –, so besteht doch die Aussicht, sie zumindest auf ein paar Wochen oder Monate in den Orient zu locken und sie so aus dem Bannkreis Bloomsburys herauszureißen. Vita ist über Harolds Entschluss »bestürzt«. Im Tagebuch gesteht sie:»Wie quälend das alles ist.«Als Harold am 4. November 1925 abreist, empfindet sie das Alleinsein nicht als Freiheit, sondern als Belastung. So sehr die Ehe in all den Jahren auch eine offene Beziehung gewesen ist, oft durch beider Affären gefährdet: Nun vermissen sie einander und schreiben sich – obgleich der Postweg weit und nicht immer zuverlässig ist – lange und bekenntnisreiche Briefe. Schon am Tag von Harolds Abreise schickt ihm Vita einen Brief voraus: »Ich wünschte, ich wäre mit Dir gegangen und hätte mich um alles andere den Teufel geschert. Ich empfinde ganz stark, dass ich Dir gehöre.« Bereits Ende November entschließt sich Vita Sackville, Harold baldmöglichst nach Teheran nachzureisen, was Virginia Woolf ungläubig und mit Bestürzung konstatiert. Die Tage vor Vitas Abreise verbringen die Freundinnen miteinander, auch ein Abend der intimen Augenblicke gehört dazu, wenngleich

Vita dies anderntags in einem Brief an Harold abstreitet (gerade diese Leugnung ist so verräterisch): »Ich liebe sie, aber ich könnte mich nicht in sie verlieben, also brauchst Du nicht nervös zu werden!«

Nachdem Vita Sackville-West Weihnachten 1925 noch mit den Bells und den Woolfs gefeiert hat, macht sie sich Anfang 1926 an die Vorbereitungen für die Reise nach Teheran. Harold hat ihr aufgetragen, von Long Barn Lampenschirme, Aschenbecher, Teeporzellan und anderes mitzubringen, denn daran mangele es. Auch ist sie vorgewarnt: In der Gesandtschaft gebe es nur ein Trockenklosett und ein winziges Badezimmer. Vita lässt sich darauf ein – sie ahnt nicht, dass bereits das für die damaligen Verhältnisse in Persien luxuriös ist. Sie verabschiedet sich von ihren Söhnen, die in Knole bleiben, sagt der Mutter und ihrem Onkel Eddy Lebewohl und besteigt am 20. Januar 1926 in Victoria Station einen Zug, der sie nach Dover bringt. Mit dabei ist die Freundin Dorothy Wellesley. Das persische Abenteuer kann beginnen!

Nach der Querung des Ärmelkanals geht es mit der Eisenbahn weiter, von der französischen Küste nach Paris, und von dort nach Mailand und Triest. Vita steckt voller Unternehmungslust, sie geht ganz in ihrer Rolle als Globetrotterin auf: »Und wenn ich meine Tasche selbst ins Gepäcknetz hob, konnte ich es so einrichten, dass der Anhänger [mit der Aufschrift »Persien«] keck herunterbaumelte – ein kleines orangefarbenes Banner der Prahlerei.« Ihre Ausrüstung scheint geeignet für den Survival-Trip einer Entdeckerin, die unerforschte Eilande betritt, wie sie – nicht ohne über sich selbst zu schmunzeln – bekennt: »Thermosflaschen werden überbewertet, sie brechen entweder entzwei oder lecken (oder auch beides); [...] Andere unerlässliche Utensilien sind ein Messer und ein Korkenzieher sowie ein Hut, der nicht gleich vom nächsten Windstoß weggepustet wird. Ein Werkzeug, mit dem man Steine aus Pferdehufen ziehen kann, ist nicht notwendig. Chinin braucht man für heiße Länder, außerdem Jod, Aspirin und einen gehörigen

Vorrat an gutem Heftpflaster. [...] Ich hatte einen grünen Schrankkoffer, der mir immer mehr zur Last wurde, bis ich ihn schließlich in Persien zurückließ.«

Sie scheint sich unterwegs weniger nach ihrem Ehemann zu sehnen als nach der in England zurückgelassenen Geliebten. Auf der Zugfahrt schreibt sie an Virginia einen leidenschaftlichen Brief: »Ich bin reduziert auf ein Wesen, das sich nach Virginia sehnt. [...] Ich vermisse Dich einfach, auf eine ganz schlichte, verzweifelte kreatürliche Art. [...] Du hast meine Schutzwälle durchbrochen. Und im Grunde habe ich nichts dagegen.« Aber die Lust auf das Abenteuer, das Neue und Fremde, überwiegt jegliches Heimweh: »[...] das Unbekannte winkt unserer geistigen Rastlosigkeit zu. Das Herz möchte in der vertrauten Sicherheit verharren, aber der Geist lässt nicht locker, will Neues erforschen, andere Ufer sehen.«

Wie schon auf ihrer Hochzeitsreise wird auch diesmal ein Abstecher nach Ägypten unternommen: In Triest schiffen sich Vita und Dorothy ein. Die Passage geht nach Alexandria – es ist Ende Januar und doch »mitten im Sommer« –, von dort per Eisenbahn nach Kairo. Über ihre Fahrt nach Ägypten, in den Irak und nach Persien hat Vita Sackville-West ein interessantes und anschauliches Reisebuch mit dem Titel *Eine Frau unterwegs nach Teheran* verfasst.

Sie sieht die Stätten wieder, die sie bereits 1913 auf ihrer Hochzeitsreise mit Harold besucht hat, doch sie denkt nur ungern daran zurück: »[...] die Erinnerung ist noch immer schrecklich, wie eine Narbe, die schlecht verheilt. [...] Doch diesmal, viele Jahre später, weilte ich ohne jede Verpflichtung in Ägypten.« Sie ist ungebunden, genießt eine Schiffsreise nilaufwärts nach Luxor und Karnak und besucht das Tal der Könige, das sie in seiner Leblosigkeit an »Eliots wüstes Land« gemahnt. Ihre Gedanken sind weniger bei Harold als bei Virginia, der sie von unterwegs lange Liebesbriefe schreibt: »Nein, Du armes Ding, Du ziehst Dein altes, nebliges Bloomsbury und Deine Londoner Squares vor. Der Wunsch, Virginia zu rauben, überkommt mich – sie zu rauben, mitzunehmen und in die Sonne zu stellen [...].«

Harold in Teheran muss sich einstweilen noch gedulden, bis er seine Frau wiedersehen kann, denn Vita und Dorothy besteigen in Port Sudan am Roten Meer ein Schiff, das sie nach Aden im Jemen bringt. Vita Sackville ist von der Hässlichkeit und Trostlosigkeit der Stadt und des Hinterlandes angewidert und meint sarkastisch: »Ich für meinen Teil würde mich eher den Haien zum Fraß vorwerfen, als in dieser freudlosen, salzigen Hölle zu leben. Dass Rimbaud es dort aushielt und das Hôtel de l'Univers ertrug, spricht für die Schrecken von Aden; denn es war zu erwarten, dass sich Rimbaud mit der gleichen Perversität, die ihn im Alter von neunzehn Jahren der Literatur abschwören ließ, ein Leben in der abstoßendsten Ecke der Welt, die sich finden ließ, auferlegte. Es lässt sich jedoch nicht leugnen: Jener Tag in Aden hatte seinen eigenen Stil, falls Stil in diesem Zusammenhang der richtige Ausdruck ist; er war grotesk, alptraumartig.«

Weiter geht es nach Bombay in Indien, das Vita als »entsetzlichen Ort« empfindet, geprägt von »Schmutz, Schmutz, Schmutz«. Während Dorothy Wellesley in Indien bleibt, reist Vita Sackville-West alleine weiter. Mit dem Schiff geht es durch das Arabische Meer und den Persischen Golf. Sie ist angeschlagen, hat sich den Magen verdorben, hat Halsweh und hohes Fieber, fühlt sich missgelaunt und schlapp. Sie ist seekrank, studiert aber – »Fieber schärft den Geist und die Wahrnehmungskraft« – eifrig eine persische Grammatik und liest sich überdies – das hat nun gar nichts mit der orientalischen Welt zu tun – in Marcel Prousts *Auf der Suche nach der verlorenen Zeit* fest, was sie recht snobistisch verteidigt: »Durch den Persischen Golf zu fahren und von Prousts rauschenden Festen zu lesen, ist eine Erfahrung, die ich gerne weiterempfehle.«

Das Schiff fährt in die Mündung des Schatt el-Arab ein, mit dem Zug geht es von Basra nach Bagdad. Der Irak ist nach dem Auseinanderbrechen des Osmanischen Reichs seit 1921 ein arabisches Königreich unter britischem Protektorat. König Faisal I., dem die englische Autorin vorgestellt wird, ist nach ihrem Zeugnis »ein bezaubernder, stattlicher, romantisch wirkender Mann, der schlecht Französisch spricht und unendlich einsam aussieht«. Der König will seinem historisch alten, aber staatspolitisch jungen Land eine Identität verpassen, indem er auf die alte sumerische, assyrische, persische und hellenistische Geschichte verweist. Seine engste kulturpolitische Vertraute und Beraterin ist die britische Archäologin und Reisende Gertrude Bell, die in Bagdad das irakische Nationalmuseum mit gegründet hat und es leitet. Zudem beaufsichtigt sie die archäologischen Ausgrabungen im Zweistromland. Auch bei Miss Bell ist Vita Sackville zu Gast, die beiden Frauen besuchen den Basar von Bagdad, und Vita bestaunt die orientalische Warenfülle. Sie kauft sich einen grauen Sloughi-Hund und schmiedet mit Gertrude Bell, mit der sie sich anfreundet, Pläne für eine Reise zu den archäologischen Stätten Mesopotamiens, wenn sie im Herbst aus Persien zurückkehren würde.

Schließlich kann Vita ihren Mann nicht noch länger warten lassen, zumal in Teheran die Krönung des Schahs ansteht, ein Ereignis, das sie sich nicht entgehen lassen möchte, hat sie doch bereits in Kairo einen ausgefallenen Hut für die Feierlichkeiten gekauft. Mit der Eisenbahn, einem »kleinen, armseligen Zug«, geht es noch verhältnismäßig komfortabel in den gebirgigen Norden des Irak, nach Kurdistan. Dort jedoch endet das Schienennetz. Persien ist noch immer ein Land hinter den Bergen. Das Kaiserreich konnte trotz der kolonialen Interessen Großbritanniens und Russlands seine politische Unabhängigkeit verteidigen und trotz der Islamisierung seine alte persisch-hellenische Kultur im Kern bewahren. Mit einem gemieteten Auto samt Chauffeur geht es weiter, auf einem mit Schlaglöchern übersäten unasphaltierten Weg, der bis zum Ersten Weltkrieg »nur als Karawanenpfad« existierte. Die Verhältnisse sind seit den Tagen Karl Mays, der das »wilde Kurdistan« beschrieb (ohne dort gewesen zu sein), kaum besser, noch immer ziehen Kamel-

karawanen über die Berge, neben maroden, rauchenden Lastwagen. Vita Sackville-West weiß recht Krudes zu berichten:
»Ich fragte meinen Fahrer, ob er auf der Straße jemals überfallen worden sei. Nein, sagte er, aber mehrere seiner Kollegen,
die dumm genug gewesen seien, anzuhalten, als man es ihnen
befohlen habe. ›Wenn jemand etwas von mir will‹, fügte er
hinzu, ›fahre ich einfach auf ihn los.‹ Mit diesen Worten legte er
den Gang ein, und die Fahrt begann.« Es geht über »Löcher, die
durch die Reste einer Straße miteinander verbunden waren«.
Die Strecke ist von vielen Menschen bevölkert, stellt sie doch
die Haupttrasse zwischen dem Irak und Persien dar: »Überall
war Geschrei. Das Ausgraben der gestrandeten Lastwagen kos-
tete große Mühe, und in die Schreie der Männer mischten sich
die dunklen Töne der Kamelglocken und das Quietschen der
überladenen Fuhrwerke.«

Persische Gärten

Anfang März 1926 erreichen sie die Grenze zu Persien, einem
Land, von dem die Engländerin, wie sie selbst gesteht, »keine
Vorstellung« besitzt. Die Sonne geht über den Bergen auf und
offenbart der staunenden Europäerin etwas, »das anders war
als alles, was ich bis dahin gesehen hatte«: »Persien [...] blieb so,
wie es schon vor der Ankunft des Menschen war. Zwar hat er
da und dort ein wenig an der Oberfläche gekratzt, ein wenig
Getreide angebaut, in einer Oase aus Pappeln und Obstbäumen
an einem Bachlauf ein Dorf erbaut, und seine schwarzen Läm-
mer tummeln sich unter Pfirsichblüten; doch über meilenweite
Strecken gibt es kein Zeichen von ihm; es gibt nichts als die
braune Ebene oder die blau-weißen Berge. Unweigerlich stellt
sich ein Gefühl unermesslicher Weite ein.« Es geht Passstraßen
hinauf und über die weiten Hochebenen des riesigen Landes:
»Aber das waren die Hochebenen Asiens. Den ganzen Tag über
fuhren wir so weiter, bis die Dunkelheit einsetzte und die Berge

um uns herum die Form kauernder Tiere annahmen, unheimlich und ungewiss.« Die Nacht bricht herein, und tatsächlich tritt ein, was der Fahrer befürchtet hat: ein Überfall! »[...] unser Gespräch wurde jäh unterbrochen, denn im Licht unserer Scheinwerfer erschien im vollen Galopp ein wilder, farbenprächtiger Reiter. Wie er es vorhergesagt hatte, trat der Fahrer aufs Gaspedal, und das Auto preschte auf den Reiter zu. [...] Leider verfehlten wir ihn.«

Vita Sackville findet zunehmend Gefallen am Abenteuer, an den Unwägbarkeiten und Überraschungen der Reise. Es ist Frühling, aber die Berge, die sie durchqueren, liegen noch unter einer dicken Schneeschicht: »Zu beiden Seiten der Straße, die jetzt nur noch eine schmale Gasse war, wuchsen die Schneewälle immer höher, überragten unser Auto schließlich um fast sechs Meter.« Es ist bitterkalt, sie müssen in traditionellen Karawansereien übernachten, »rechteckige Einfriedungen aus getrocknetem Lehm, ein Hof in der Mitte, wo die Kamele die Nacht verbringen konnten, kleine Kuppeln aus Lehm über dem Tor«. Endlich gelangen sie wieder hinunter ins Tal, wo die Bäume bereits blühen. In der Ferne taucht Teheran auf, das Ziel ihrer Reise.

Nach mehrmonatiger Trennung sind die Eheleute wieder vereint, wohnen in einem Haus, das von der Gesandtschaft zur Verfügung gestellt ist. Vita genießt die Annehmlichkeiten, die man einer Diplomatengattin gewährt: »Ich bin keine Reisende mehr, ich wohne in der Stadt, habe mein eigenes Haus, meine eigenen Hunde und meine eigenen Bediensteten.« Die Engländerin bewundert die weiten Obstgärten vor der Stadt, mit blühenden Pfirsichbäumen, die sich vor der Silhouette des schneeweißen Elbursgebirges abheben.

Teheran ist damals noch ganz von einem Lehmwall umgürtet, »es gibt keine Vororte [...], die Stadt ist die Stadt, und das Land ist das Land, beide sind streng voneinander geschieden«. Doch Teheran gefällt der englischen Reisenden nicht: Es besitze keinen Charme und sei eine »verwahrloste Stadt mit schlechten

Straßen, Abfallhaufen und Scharen von Pariahunden, verrückten kleinen Kutschen mit heruntergekommenen Pferden, ein
paar protzigen Bauten und einer Vielzahl ärmlicher, vom Ein-
sturz bedrohter Häuser«. Weit mehr imponiert ihr das offene
Land, und bei der ersten Gelegenheit unternimmt sie mit
Harold ein paar Ausflüge. Die begeisterte Hobbybotanikerin
entdeckt die persischen Gärten für sich, obschon sie anders sind
als das, was Engländer unter einem Garten verstehen: »Aber
diese Gärten bestehen aus Bäumen, nicht aus Blumen; es sind
grüne Wildnisse. [...] in einem solchen Garten schreibe ich. Er
liegt an einem südlichen Abhang, am Fuß des schneebedeckten
Elbursgebirges, mit weitem Blick über die Ebene. Ein Gewirr
aus Bruyèreholz und grünem Salbei bedeckt den Boden, und
hier und da belebt ein Judasbaum das Weiß der hohen Platanen
mit seinen unglaublich roten Blüten. Eine rosa Wolke unten in
einer Senke verrät die blühenden Pfirsichbäume. Und überall
fließt Wasser, entweder in schmalen, wilden Rinnsalen oder in
kleinen, blaugepflasterten Kanälen, die es zu dem zerborstenen
Brunnen zwischen vier Zypressen leiten. [...] Der Garten ist
ein Ort der spirituellen Gnade, ein Ort der Schatten. Die Ebenen sind einsam, aber der Garten ist bewohnt – nicht von Menschen, sondern von Vögeln, kleinen Tieren und niedrigen Pflanzen; [...] Plötzlich erscheinen Gärten und Parks in England, wo
das ganze Land umgrenzt, überschaubar und sicher ist, völlig
überflüssig, und man beginnt zu verstehen, warum Saadi und
Hafis ihre Gärten so ausführlich besangen.«

Die Eingewöhnung in eine andre Landschaft, eine andere
Sprache, eine andere Kultur geht einher mit der Akzeptanz einer anderen Mentalität. Der akkuraten, disziplinierten, pflicht-
bestimmten Engländerin fällt es anfangs indes schwer, den etwas
schludrigen, nonchalanten orientalischen Anschauungen von
Zuverlässigkeit und Pünktlichkeit zu begegnen: »Resignation
ist die wichtigste Voraussetzung, will man nicht in einem Zustand ständiger Wut leben. Hat man die aus Europa mitgebrachten, vorgefassten Meinungen erst einmal über Bord geworfen,

sieht man das Land mit völlig neuen Augen.« In jenen Wochen und Monaten geht Vita Sackville-West ganz in der fremden Kultur auf, die Vorstellungswelt ihrer Heimat fällt »immer mehr von mir ab, bleibt nur noch als Bild, wie in einem Zauberspiegel«. Die uralten existenziellen Fragen des Menschen stellen sich ihr neu: »Und was bin ich? Wo bin ich? Wo ist mein Herz, im einen Moment heimwehkrank, im nächsten voll von überschäumender Begeisterung? Doch zumindest lebe ich, fühle ich, ertrage die Qualen von Beständigkeit und Unbeständigkeit. Es ist besser, lebendig und empfindungsfähig zu sein als tot und unbeweglich.«

»Gefesselt durch die Liebe zu Persien«

Beweglichkeit und Begeisterungsfähigkeit kann Vita Sackville wenig später auf einer Reise beweisen, die Harold und sie quer durchs Land nach Isfahan und weiter nach Kum führt. Sie machen die Exkursion nicht auf Maultieren, sondern in einem Ford – was kaum bequemer ist: »Schon am Ende des ersten Tages gehörte es zu meinen instinktiven Bewegungen, den Kopf zu drehen und nachzuschauen, ob die festgezurrten Benzinkanister noch nicht heruntergerutscht waren und ob die Segeltuchtaschen, die unser Bettzeug enthielten, auf der Schräge über dem Schutzblech noch einen ausreichend sicheren Halt hatten.« Es sitzt sich nicht eben kommod: »Die emaillierte Waschschüssel lag unter meinen Füßen neben Kupplung und Bremse, das große Schaffell, zuerst undankbar auf dem Rücksitz verstaut, kam bestens zum Einsatz, als der Wind über die zugigen Pässe pfiff. Es ist erstaunlich, wie viel Gepäck sich in einem Auto unterbringen lässt, vorausgesetzt man weiß, wie man es am günstigsten verstaut, und wenn man sich nicht um den Lack scheren muss. Das Beispiel der Perser lehrt einen in dieser Hinsicht einiges, behandeln sie ihre Autos doch genauso wie ihre Lasttiere.« Vita und Harold haben sich entschlossen,

»einfach« zu reisen – das bis oben vollgepackte Auto mag anderes suggerieren –, um möglichst unabhängig von fremder Hilfe und schlechten Unterkünften zu sein: »[...] wir hatten Feldbetten und Decken, Proviantbeutel und Wasserflaschen dabei. Dieser Umstand verschaffte uns ein sehr angenehmes Gefühl der Freiheit, alle Geziertheit und Kleinlichkeit des normalen Lebens und aller unnötige Besitz fielen von uns ab.«

Die als erholsamer Ausflug gedachte Fahrt beginnt mit einem Wintereinbruch: »Schneefall hielt uns auf. So viel Schnee, versicherte man uns, hatte es im April noch nie gegeben [...]: Glyzinien, Flieder, Rosen beugten sich in voller Blüte unter der schweren, weißen Last.« Auf den holprigen, mit Schlaglöchern übersäten Straßen kommen sie nur schlecht voran. Als die Temperaturen steigen, treten die Flüsse über die Ufer und überschwemmen Täler und Senken. Trotz ihres Vorsatzes, möglichst keine fremde Hilfe zu beanspruchen, müssen sie unterwegs in einem Dorf übernachten. Der Vorsteher bietet ihnen ein Zimmer in seinem Haus an. Die Szenerie wirkt zeitenthoben und surreal: »Das mehr oder weniger baufällige Haus war nach dem Muster aller persischen Häuser um einen Innenhof erbaut; ein See aus Mondlicht breitete sich in der Mitte des Hofes aus, und in einer dunklen Ecke kauerten weibliche Gestalten um ein offenes Kohlenfeuer. Das Zimmer, das man uns zuwies, war schlicht und sauber, weiß getüncht und hatte drei Bogenfenster zur Hofseite hin. Es enthielt keinerlei Möbel, nur eine Reihe von Lampen und Teekannen, die in den Nischen standen. Wir nahmen vor den Fenstern Platz, rauchten und schwiegen; eine lange Reise durch Raum und Zeit schien zwischen dem Mondlicht dieses abgeschiedenen persischen Dorfes und der Morgendämmerung bei unserer Abreise aus Teheran zu liegen.«

Es geht über baumlose Ebenen, die zweitausend Meter hoch liegen, begrenzt von schneebedeckten, gezackten Gipfeln. Vita Sackville gewahrt Luftspiegelungen, die Seen und Oasen vortäuschen, sie glaubt ein »sagenhaftes Bergreich« zu schauen, dann wieder eine Meeresküste, und sie zieht Rückschlüsse auf die Mythen- und Sagenwelt eines Landes, das von solchen Phänomenen geprägt wird: »Die zugleich wasserlosen und wasserreichen Ebenen sind sicherlich hervorragende Brutstätten für den Aberglauben. Auch andere Phänomene sahen wir: Staubdämone, die nicht weit von uns entfernt wie Djinns in einer Säule erstanden und fortwirbelten, nicht der Richtung des Windes folgend, sondern in der entgegengesetzten Richtung davoneilend [...].« Nicht nur die Natur scheint der physikalischen Gesetzlichkeit enthoben, auch der Mensch selbst trägt zur Entgrenzung des Bewusstseins bei: Das englische Paar gelangt zu den Schlafmohnfeldern. Acht Jahre später wird hier eine andere bekannte Reiseschriftstellerin, die Schweizerin Annemarie Schwarzenbach, die künstlichen Paradiese suchen, um Frieden vor den eigenen Dämonen zu finden. Auch Vita Sackville-West ist zeitlebens dem Rausch nicht abgeneigt; allerdings verfällt sie nie den Opiaten, sondern beschränkt ihre Mittel zur Weltflucht auf Spirituosen.

So auf dunkle Geheimnisse eingestimmt, erreichen Vita und Harold das sagenhafte Isfahan, dessen Name, aus alten Erzählungen und den Gedichten der persischen Sänger bekannt, bereits einen »Rauschwert« besitzt. Doch Vita Sackville ist enttäuscht. Gerade hier hat die Geschäftemacherei mit Sehenswürdigkeiten die Traditionen bereits überlagert und den alten Zauber aus Tausendundeiner Nacht zerstört: »Klüger handelt, wer die Städte mit wohlklingenden Namen der rein geistigen Pilgerschaft vorbehält. [...] Auf dem Meidan saß ein Derwisch auf dem Boden und erzählte der Menge eine Geschichte; mit aufgesperrten Mündern hockten die Menschen im Kreis um ihn herum; es fielen ihnen fast die Augen aus dem Kopf, während sich der heilige Mann angesichts der Heldentaten, von denen er erzählte [...], in einen Zustand der Raserei versetzte. [...] Am einen Ende des weitläufigen Meidan erhoben sich der blaue Torbogen und die türkisfarbene Kuppel der Moschee, am anderen Ende klaffte der Eingang zu den dunklen Basaren: Religion und Gier waren eng benachbart. Fanatismus, Tauschhandel, Dämmerung und der Geschichtenerzähler – alles drängte sich in dieser östlichen Stadt zusammen.« Vita Sackville-West will weiter, sie steigt auf einen Turm und blickt sehnsüchtig Richtung Süden, »wo sich die Straße nach Schiraz und Persepolis zwischen Berghängen und Schluchten verlor«. Dorthin will sie, aber Harolds Terminplan lässt es nicht zu, außerdem steht die Krönung des Schahs an. Also schwört sie sich, diese beiden sagenhaften Städte im Jahr darauf zu besuchen. Sie wird ihren Vorsatz erfüllen. Mit einem Mal empfindet sie eine innige Anhänglichkeit an dieses Land: »Hatte ich nicht gehofft, mich zu befreien, indem ich mich von meinen Wurzeln losriss? Und nun war ich schon wieder gefesselt, diesmal durch die Liebe zu Persien.«

Sie verlassen Isfahan, fahren weiter nach Kum, die heilige Stadt. Autos sind damals in dem Ort noch eine Seltenheit, Touristen noch mehr. Hunde bellen, kleine Jungen malen mit den Fingern im Staub auf dem Lack der Kotflügel, Bettler recken den Engländern die Hände entgegen. Ein Lakai tritt an Vita und Harold heran und richtet ihnen aus, sein Herr schätze sich glücklich, sie als seine Gäste beherbergen zu dürfen. Sie folgen dem Lakaien im Schritttempo durch die engen Gassen des Basars, das hochbeladene Auto ist *die* Sensation: »Freiwillige meldeten sich, kauerten sich Gott weiß wo auf unser Gepäck, stellten sich auf unser Schutzblech, hängten sich an unser Auto wie die Affen, hielten sich mit einer Hand fest und winkten wild mit der anderen. So setzten wir uns wieder in Bewegung und tauchten in die dunkle Geschäftigkeit des Basars ein. [...] Alle schrien – und der ungewohnte Anblick eines Autos in ihrem Basar ließ sie noch lauter schreien.« Der Lakai sitzt auf dem Schutzblech des Autos und hält mit der Spitze eines Regenschirms die herandrängenden Kinder in Schach. Vita Sackville, die als exzellente Fahrerin gilt und auch jetzt das Auto chauffiert, bekennt: »Ich war erleichtert, als wir die Basare hinter uns ließen, ohne jemanden umgefahren zu haben [...]. Aber auch außerhalb der Basare waren die Straßen so eng, dass unser

Auto gerade zwischen die Lehmwände passte; es schlingerte so heftig von Furche zu Furche, dass ich kaum das Steuerrad festhalten konnte.« Sie gelangen zum Haus ihres unbekannten Gastgebers und werden mit Hochachtung und allen Annehmlichkeiten empfangen: »Ich erinnere mich an das Hühnchen, das sie für uns im Saft von Granatäpfeln und Walnüssen kochten, an die große Schüssel mit goldgelbem Reis. Ich erinnere mich an das wohlige Gefühl, meine müden Glieder auf einem Haufen Decken auszustrecken.« Das Märchen aus Tausendundeiner Nacht scheint hier nochmals aufzuerstehen: »Die Eindrücke aus Kum sind in meinem Gedächtnis aufgehoben wie Miniaturen – persische Miniaturen, hell, klein und scharf. Ich sehe im Hintergrund die Arkaden, im Vordergrund menschliche Gestalten und den mit kleinen Blumen bedeckten Boden, und all das mit der feinen Detailgenauigkeit jener alten Gemälde. Jedes Bild ist in sich vollständig, [...] zeitlos und dennoch klassisch.«

Die Krönung des Schahs

Sie müssen zurück nach Teheran, denn die Krönung von Schah Reza Khan soll am 25. April 1926 mit allem Pomp begangen werden. In Teheran werden hölzerne Triumphbögen errichtet und antike Helden und Götter aus Drahtsilhouetten und Gips geformt. Ein prachtvolles Feuerwerk soll den nächtlichen Himmel illuminieren. Die Wände der Häuser werden mit Teppichen behängt, »so dass die schäbigen Gebäude hinter den Arabesken von Kirman und dem blutroten Samt von Bokhara verschwanden: Teheran war keine Stadt aus Backstein und Lehmputz mehr, sondern ein großes, luxuriöses, zum Himmel hin offenes Zelt.« In seltsamem Kontrast zu dem betriebenen äußeren Aufwand zeigt sich jedoch die eigentliche Zeremonie: »Gegen halb drei saßen wir auf unseren Plätzen und schauten von einem erhöhten Podium auf eine wogende Menge aus Gehröcken und Uniformen hinab. [...] Man erwartete Trompeten und Fanfaren, feierliche, triumphierende Akkorde, doch es war nichts zu hören. Schließlich leierte jemand eine Ansprache herunter, dann las der Schah etwas vom Blatt. Mit eigenen Händen nahm er die Kappe ab, mit eigenen Händen ergriff er die Krone und hob sie sich über den Kopf [...]. Dann ließ eine Gewehrsalve von draußen die Fenster erzittern und verkündete den Massen in den Straßen, dass Reza Khan König der Könige und Mittelpunkt des Universums geworden ist.« Auch das weitere Prozedere ist eine Mischung aus Pomp und Trivialität, aus wohlvorbereiteter Planung und orientalischer Improvisation: »Wie Aschenputtel kam der Schah in einer Glaskutsche, die im Schritttempo von sechs Pferden gezogen wurde. Reitknechte mit bunten Hüten, die aussahen wie Gestalten aus einem russischen Ballett, gingen neben den Pferden her. Hinter der Kutsche des Schahs ritten die Minister seines Kabinetts, die sich in ihren Ehrengewändern aus Kaschmir auf dem Rücken ihrer Pferde sichtlich unwohl fühlten. [...] Wenn er [der Schah] das Stadttor erreicht hatte – aber auch erst dann –, würde die unvermeidliche Ernüchterung einsetzen: Der Schah würde aus der Kutsche steigen, dort, mitten zwischen den Dreckhaufen und Ziegen, seine Krone abnehmen und in einem schlichten Auto Platz nehmen, das ihn zu einem Landsitz brächte.«

Ähnlich gespalten ist Vita Sackvilles Eindruck, als ihr als Gattin des britischen Botschaftsrats gestattet wird, die kaiserlichen Kleinodien und den Thronschatz zu sehen, dies, wie sie in einem Brief an Virginia Woolf berichtet, »in einem schmutzigen Raum mit schmuddeligen teetrinkenden Persern [...]. Es war wie ein Märchen aus Tausendundeiner Nacht, ausgestattet von den Sitwells.« Der in solch geschmacklosem Ambiente untergebrachte Schatz freilich macht alles wett: »Ich bin blind«, schreibt sie enthusiasmiert an Virginia, »geblendet von Diamanten. Ich bin in Aladins Höhle gewesen. Säcke von Smaragden wurden vor unseren Augen ausgeleert. Säckeweise Perlen. *Buchstäblich*. Beim Fortgehen schüttelten wir uns die Perlen aus den Schuhen. Schnüre mit ungeschliffenen Smaragden. Schwert-

scheiden, überzogen mit kostbaren Steinen. Große Priester-
kronen.«

Nach zwei Monaten neigt sich Vitas Aufenthalt in Persien
dem Ende zu. Obwohl sie nicht ständig als Diplomatengattin
im Orient bleiben will, macht der Abschied sie doch traurig:
»Herzlos schmiedeten sie ihre Pläne, die Menschen, für die das
Leben kontinuierlich weiterfloss, während ich wie eine zum
Tode Verurteilte daneben saß. [...] das Auto stand vor der Tür;
Gepäck wurde hinausgetragen; [...] *jetzt* war alles vertraut,
Plätze voller Erinnerungen und Assoziationen, die ich zurücklassen musste.« Das Auto bringt Vita nach Rescht am Kaspischen Meer. Sie will – anders, als ursprünglich geplant – nicht
über den Irak zurückreisen (weshalb sie auch Gertrude Bell
nicht wiedersehen wird), sondern über Russland, das für viele
Intellektuelle des Westens – nicht nur für die Kommunisten –
ein interessantes gesellschafts- und kulturpolitisches Experiment darstellt. Harold trennt sich nur schwer von seiner Frau,
beim Abschied in Rescht bricht er in Tränen aus. Doch seine
Trauer ist nur von kurzer Dauer, denn er hat in Teheran bereits
wieder einen jungen Mann zum Freund – während Vita sich
nach England zurücksehnt, nicht nur an ihren Schreibtisch,
sondern auch zu Virginia Woolf.

Im Gegensatz zu anderen Intellektuellen ihrer Zeit ist Vita
Sackville-West vom sowjetischen System keineswegs fasziniert.
In Begleitung eines persischen Generals durchquert sie mit dem
Zug den Kaukasus und die südrussische Steppe, »le long ennui
de la plane« (»die große Langeweile der Ebene«). Am Bahnhof
in Moskau warten zwei mit Union Jacks bewimpelte Limousi-
nen auf die Schriftstellerin und Diplomatengattin und bringen
sie schnurstracks zur britischen Botschaft. Die Menschen in
Stalins Reich sind von Angst besetzt, das spürt Vita Sackville
sofort: »Meinem Eindruck nach drückten sich die Leute ver-
stohlen an den Wänden entlang – ein Volk, das sich duckt und
ausweicht, eine Nation, deren Hoffnungen zurückgestutzt wurden wie eine Gartenhecke.« Ihr Urteil über das sowjetische Sys-

tem fällt klar und unbestechlich aus: »Der Kommunismus kämpft um sein Leben, er ist skrupellos, brutal, kriminell.« Sie bleibt nur ein paar Tage, dann fährt sie mit dem Zug Richtung Polen, kann aber nicht nach Warschau, da in der polnischen Hauptstadt revolutionäre Unruhen herrschen, sondern muss über kleine Nebenstrecken nach Königsberg in Ostpreußen. Durch den »Korridor« gelangt sie endlich ins Deutsche Reich und nach Berlin, wo sie im noblen Hotel Kaiserhof einkehrt, was nicht zu ihrem durch die Reise abgerissenen Äußeren zu passen scheint und ihr vonseiten der Kellner und Gäste Nase-rümpfen und strafende Blicke einbringt: »Ich rächte mich an ihnen, indem ich nach dem Oberkellner verlangte, das beste Menü und den teuersten Wein bestellte und aus meinem Bün-del amerikanischer Banknoten üppige Trinkgelder verteilte. Da ich seit der Abreise aus Moskau keine richtige Mahlzeit mehr verzehrt hatte, ließ ich mir Zeit, um mein Essen ausgiebig zu genießen.« Sie hat genug von dem schnöseligen Publikum und nimmt noch in der Nacht den Zug nach Amsterdam. An der Grenze macht die hochgewachsene, männlich wirkende Lady solch einen Eindruck auf den niederländischen Zollbeamten, dass sie sich mit einem spontanen Heiratsantrag konfrontiert sieht. Nach einer stürmischen Überfahrt erreicht sie endlich die englische Küste, besteigt den Zug und langt am Londoner Vic-toria Station an, dem Ausgangspunkt ihrer langen Reise: »Die orangefarbenen Anhänger baumelten im Schein der elektri-schen Lampen. PERSIEN, stand darauf. PERSIEN.«

»Wo kein Weißer je zuvor gewesen ist«

Vita Sackville-West ist erst gut ein halbes Jahr zurück in Eng-land – eine Zeit, in der sie sich ihrem Garten in Long Barn, der Niederschrift ihres Reisebuchs *Passenger to Teheran* (dt. *Eine Frau unterwegs nach Teheran*) und der Liebe zu Virginia Woolf widmet –, als sie sich im Januar 1927 entschließt, gemeinsam mit vier Freunden erneut nach Persien aufzubrechen. Die Fahrt geht diesmal mit dem Zug über Moskau, und Vita schreibt Virginia Woolf lange Briefe und schildert darin Szenerien aus der tiefverschneiten, frostklirrenden Stadt – woraus diese Anregungen für das Winterkapitel in *Orlando* ziehen wird.

Die Wiederbegegnung mit Persien ist wie die mit einem alten Bekannten. An Virginia schreibt sie: »Ich bin über diese vertrauten Berge gekommen und überquerte diese vertraute Ebene, und von Anfang an war mir so, als wäre ich nie fortgewesen.« Der Aufenthalt in Teheran wird allerdings von der Nachricht überschattet, Harold müsse ein weiteres Jahr im diplomatischen Dienst in Persien zubringen, eine Aussicht, die er mit dem Wort »Exil« abfällig belegt. Um dem Druck und der Enttäuschung zu entfliehen, beschließen Harold, Vita und drei Freunde aus Großbritannien und den Vereinigten Staaten, eine zwölftägige Exkursion von Isfahan über die Bakhtiari-Berge zu unternehmen. Das Gebirge (nicht mit der seleukidischen Provinz Baktrien in Nordostpersien zu verwechseln) ist damals von der Zivilisation noch weitgehend unberührt, und Vita erhofft sich ähnlich starke landschaftliche Reize und existenzielle Erfahrungen wie ein Jahr zuvor. Sie beschließt, die Reise im Notizbuch festzuhalten und daraus ein Buch zu gestalten. *Zwölf Tage in den Bakhtiari-Bergen* erscheint im Jahr darauf in England.

Das Abenteuer scheint größer zu werden als im Vorjahr, schon wegen der äußeren Umstände: »Nur aus Höflichkeit nämlich spricht man von der ›Bakhtiari-*Straße*‹, in Wirklichkeit ist es nicht mehr als ein schmaler Pfad, der, bald steil bergauf, bald steil bergab, durch ein wildes, zerklüftetes Land führt; und was den Verkehr auf Rädern angeht, so könnte man noch nicht einmal eine Schubkarre darauf vorwärtsbewegen.« Die Ausrüstung ist diesmal schmal, so schmal wie die Gebirgspfade, die nur mit Maultieren bewältigt werden können: »Wir kramten unsere Campingausrüstung hervor und stapelten sie im Treppenflur: zwei Betten, zwei Schlafsäcke, ein Klappstuhl, ein Klapptisch, ein grüner Wassersack, zwei Feldflaschen, eine blaue Blechwaschschüssel. Meine Kamera. Meine Filme in kleinen Blechdosen. Eine Amphore mit Aprikosenmarmelade. Das war alles, was Harold Nicolson und mir zur Verfügung stand.«

Sie brechen auf. Das erste Stück bis Schalamzar geht es noch auf einer holprigen Straße voran, und Vita Sackville, die sportliche Automobilistin, sitzt selbstverständlich am Steuer, vier weitere Passagiere im Fond, während die Maultierkarawane mit dem Gepäck schon einmal vorausgeschickt worden ist: »Was ihm [dem Auto] an Zuverlässigkeit mangelte, machte der Ford durch grelle Farben wett: Motorhaube und Windschutzscheibe waren mit fröhlichen gelben und roten Sträußen aus getrockneten Federn geschmückt. Einen ganzen Tag lang holperten wir so, durch manche Reifenpanne aufgehalten, von Dorf zu Dorf, ehe die Straße auch für Kettenfahrzeuge unbefahrbar wurde.« Erst jetzt beginnt das eigentliche Abenteuer, und Vita hat recht hohe Ansprüche an sich selbst: »Ich will dort sein, wo kein Weißer je zuvor gewesen ist, in Orten, von denen man noch nie gehört hat. Unser Globus ist viel zu klein und viel zu genau kartografiert, und das Kino leistet eine allzu gründliche Arbeit.« Schalamzar ist bereits Siedlungsgebiet des alten arischen Stammes der Bakhtiari, und Vita sieht mit Verwunderung, wie offen und selbstbewusst sich die hiesigen Frauen im Gegensatz zu den arabischen geben und bewegen: »Da die Bakhtiari-Frauen keine Bedenken haben, sich ohne Schleier zu zeigen, gingen wir sie besuchen. Ich fand es sehr schade, dass sie nicht mehr die alte Tracht der Bakhtiari trugen, die bei [Austen Henry] Layard beschrieben wird: weite Hosen, weiße, bis zur Taille offene Blusen, die die Brüste unbedeckt lassen, goldbestickte Samtjacken und Kinnbänder aus Goldmünzen, die wie Zaumzeug klimpern.« Die Engländerin bewundert die hohe Teppichwebekunst der Bakhtiari-Frauen, ein besonders edles Stück wird vor ihr ausgerollt: »Er war in sich selbst so vollkommen wie ein lyrisches Gedicht – vollkommen in Muster und Farbe. [...] Mitten in den ärmlichen Frauenräumen, zwischen Webstühlen, Lumpen und Kinderwiegen, sprang uns die Einzigartigkeit dieses Teppichs regelrecht ins Auge [...].«

Anderntags wird der Ford stehen gelassen, es geht nun nur noch auf Maultieren weiter. Freilich gehört zur Ausrüstung der Karawane auch das nötige Personal: »Uns standen gemeinsam drei Diener zur Verfügung: Sultan Ali, der als unser Koch agieren sollte, Rahim, der sich als echter Pechvogel erwies, und Bagh'er, der Harold Nicolson gehörte [...]. Außerdem hatten wir noch drei Wächter [...].« Vita Sackville muss zum ersten Mal in ihrem Leben auf dem Rücken eines Maultiers reiten, einer Stute, der sie den Namen »Mouse« gibt. Zunächst weigert sich die Engländerin, aus Trotz und falscher Scham, schließlich gibt sie doch nach, als sie einsieht, dass es allein zu Fuß über das Gebirge nicht geht: »Geistige Niederlagen haben ja durchaus ihre interessanten Seiten, doch hier handelte es sich um eine rein körperliche Angelegenheit – um die simple Frage von blauen Zehen und blasenübersäten Fersen. Ich würde auf den Rücken eines vierbeinigen Tieres klettern müssen und mich von ihm transportieren lassen wie ein Stück Gepäck [...]!«

So macht sich die Karawane auf den Weg, es geht sogleich steil bergan, bis auf eine Höhe von dreitausend Metern. Von der ersten Passhöhe blicken sie hinab auf das Land der Bakhtiari: »Bergkamm an Bergkamm, so weit das Auge reichte.« Einmal schicken sie die Gepäckkarawane voraus, die prompt an einer Weggabelung falsch abbiegt, und die fünf Abenteurer müssen einen großen Umweg machen, um die Maultiere mit der lebenswichtigen Ausrüstung wieder einzufangen. Die erste Nacht in einem Zelt wird zur Herausforderung für die an die Bequemlichkeiten der Zivilisation gewöhnten Touristen. Im Nachhinein freilich lässt sich darüber mit dem typisch englischen Humor gut witzeln: »Wer noch nie in einem Zelt gelebt hat, kann sich wohl kaum vorstellen, welchen Reiz, aber auch welche Unbequemlichkeiten das Nomadenleben mit sich bringt. Der Reiz ist rein romantischer Natur und erweist sich daher auch recht bald als trügerisch.« Unabhängigkeit? Fehl am Platz! Ganz existenzielle Fragen stellen sich den Campern: »Wasser zum Beispiel ist wichtiger, als man es sich in einem Land, in dem es durch bequeme Rohrleitungen in die meisten Dörfer transportiert wird, vorstellen kann. [...] Ebenso verhält es sich mit dem Brennmaterial: Die Nächte sind kalt, und ein gutes Feuer ist ein Luxus [...].« Vitas Resümee: »Ein oder zwei Tage genügen, um den Romantiker auf den Boden der Tatsachen zurückzuholen.« Jede Nacht im Zelt wird zum Überlebenskampf gegen Nässe, Kälte und umherstreunende Räuber: »Der Boden hingegen war normalerweise feucht und dreckig; außerdem war es im Bakhti-ari-Gebirge nicht empfehlenswert, etwas auf den Boden zu stellen, denn hier gab es räuberische Hände, die während der Nacht unter die Zeltwände griffen und alles an sich nahmen, was sich in Reichweite befand. [...] das bedeutete, dass Kleider, Kameras und Gepäck außer Reichweite in der Mitte des Zeltes gestapelt werden mussten, wo sie möglicherweise feucht werden konnten.« Vita Sackville, sonst im eigentlichen Sinne nicht fromm, vertraut unter den Strapazen dieser Reise gern auf den Beistand einer Fürsprecherin: Eine wurmzerfressene gotische Figur der heiligen Barbara, die Harold ihr einst in Spanien geschenkt hat, wird zum Talisman: »Die weitgereiste Barbara! Sicherlich war keine spanische Heilige je in Gegenden entführt worden, die von ihrem ursprünglichen Altar so weit entfernt lagen.«

Die Strapazen nehmen zu, die Stimmung sinkt. Eine große Flasche Wein, für einen romantischen Lagerfeuerabend unter Sternen gedacht, zerbricht. Einer der Diener stürzt vom Maultier und verletzt sich am Rücken. Vita Sackville-West ist schlecht gelaunt, vor allem wenn sie am frühen Morgen, noch vor Sonnenaufgang, wachgerüttelt wird. Das Frühstück gleicht dem der Hirten in den unwirtlichen Bergen: »Wir schlürften große Schüsseln *mast*, geronnene Milch, in die wir Aprikosenmarmelade rührten, so dass goldene Strähnen das Weiß durchzogen.« Das Zusammenpacken der Zelte und der Ausrüstung ist zeitraubend. Einmal schlägt ein bereits hoch bepacktes Maultier aus, reißt sich los, galoppiert durchs Camp und »verstreute dabei den Inhalt seiner Satteltaschen«. Doch die überraschenden Ausblicke und Eindrücke machen all diese Unbill mehr als wett: »Plötzlich erschien die Sonne über dem Kamm des benachbarten Berges, schwang sich hoheitsvoll die Hänge hinunter und kroch auf uns zu, bis das Licht in flachen, goldenen Wellen unsere Füße umspülte.«

Es geht weiter hinein ins Gebirge, zum Pass Barreh Murdeh (»Totes Lamm«), der seinem Namen alle Ehre macht. Es ist unwirtlich, der Pfad kaum noch zu erahnen, rechts und links fallen die Bergflanken steil ab, Tierkadaver und -skelette liegen umher, darüber kreisen die Geier. Die Globetrotter geraten in einen Schneesturm, stolpern und schlittern übers glatte Geröll, Kleidung und Gepäck sind durchnässt. An eine Rast ist unter diesen Umständen nicht zu denken, noch weniger an eine Nacht im Camp. Sie müssen weiter, »in endlosen Serpentinen folgten wir dem Pfad hinunter ins Dorf Gandom Kar«.

Anderntags geht es hinab in eine enge, unwegsame Schlucht: »Dort war es sehr dunkel, und der Pfad löste sich in Wohlgefallen auf. Also mussten wir uns unseren Weg selbst bahnen, uns tief bücken, um den Zweigen der Bäume zu entgehen. So rutschten und stolperten wir über den glitschigen, schwarzen Boden [...].« Die Nerven der Engländer liegen blank – so hat man sich ein Reiseabenteuer doch nicht vorgestellt: »Bis zu diesem Zeitpunkt hatten Harold Nicolson und ich es peinlichst vermieden, irgendwelche Kommentare über unsere Reise zu machen, doch jetzt wurde unser stillschweigender Vorsatz fallengelassen. ›Dieses verfluchte Land!‹ schimpften wir, den Tränen nahe. ›Warum sind wir je hierhergekommen?‹ Wir bestätigten uns gegenseitig, dass uns nicht einmal die Landschaft gefiel. ›Ich hasse Berge!‹ sagte er, bis zu den Knien im Schlamm versunken. ›Und ich hasse Zelte!‹ entgegnete ich. [...] Die Schimpferei hellte unsere Stimmung auf, und wir kämpften uns weiter vorwärts durch die enge Schlucht [...].« Die Widrigkeiten nehmen kein Ende: Heftiger Regen setzt ein, und Harold Nicolson, der vergessen hat, einen wasserfesten Mantel mitzunehmen, kauft einem Bauern dessen Filzumhang ab, dessen »halblange Ärmel gerade angesetzt waren und zu beiden Seiten abstanden wie Stümpfe«, was den würdevollen englischen Diplomaten aussehen lässt wie einen »Pinguin, aber zumindest hielt ihn der Umhang trocken«.

Endlich finden sie ihre Maultierkarawane mit den Dienern, die schon vorausgegangen sind und das Camp »in den zerstörten Mauern des alten Karawanenserails« errichtet haben, wo das stachelige Unkraut hüfthoch wächst und erst mühsam niedergetreten werden muss. Erschöpft lassen sie sich nieder, als ein berittener Bote in der Finsternis auftaucht, auf dem Sattel ein frisch geschlachtetes Schaf: das Willkommensgeschenk einiger Khane, die von den seltsamen Fremden vernommen haben. Die wundersame Gabe der Könige aus dem Morgenland wird am Lagerfeuer gegrillt und mit Genuss verzehrt. So hat sich der strapaziöse Tag doch noch zum Guten gewandt. Der andere Morgen bricht mit strahlendem Sonnenschein an, es ist »das erste Mal, dass wir ihre Wärme spürten. […] Der Fluss rauschte melodisch durchs Tal, und auf dem gegenüberliegenden, sonnenbeschienenen Bergrücken weideten Schafe und Ziegen.« Das hindert die englischen Reisenden freilich nicht daran, Griesgram zur Schau zu tragen: »Da hätten wir ja ebenso gut nach Tirol fahren können.«

Doch schon bald ändert sich das vertraute Ambiente: Ein eleganter junger Mann reitet heran, »auf einem herrlichen Pferd in Begleitung eines Dieners […]. Es war Nosratollah Khan, Sohn des Sardar Zaffar, des Il-Khani.« Der junge Bakhtiari-Edelmann überbringt eine Einladung in das Lager der Nomaden. Die Globetrotter nehmen sie gerne an und werden zu den Zelten der Einheimischen geführt, die in schwindelerregender Höhe auf einem Felsvorsprung über einer Schlucht platziert sind. Die Khane kommen heraus, um die Fremden zu begrüßen, geleiten sie in ein Zelt, worin Teppiche ausgebreitet sind, bieten ihnen Süßigkeiten an, wollen Neuigkeiten aus der großen weiten Welt erfahren. Die Bakhtiari, so Vita Sackville, leben damals noch relativ unabhängig: »Sie wählen ihre eigenen Führer, den Il-Khani und den Il-Begi, obgleich sie die Oberherrschaft des Schahs formal anerkennen; aber der Schah ist in Teheran, und Teheran ist weit.« Doch das Leben der stolzen Nomaden ist bedroht, von der Zivilisation, von der Zentralpolitik in Teheran, von den im Süden des Stammesgebietes entdeckten reichen Ölquellen – und seit eh und je auch von den Widrigkeiten der Natur. »Wer hier gewesen ist«, so Vita Sackville ernüchtert, »weiß, dass die Idylle des Hirtenlebens im Wesentlichen ein literarisches Klischee ist. In Wahrheit ist die Natur ein ebenso unerbittlicher Zuchtmeister wie die Zivilisation, und unter solchen Bedingungen besteht das Leben aus harten Tatsachen.«

Zeitreise ins Altertum

Schließlich brechen die Europäer auf, denn vor ihnen liegt noch eine lange Tagesetappe, die durch eine Schlucht und erneut eine Bergflanke hinan führt. Sie betrachten inzwischen die Gegend und die in ihr lebenden Menschen nicht mehr durch die Brille der weltmüden Zivilisationsflüchtlinge, sondern als Protagonisten eines harten, mitleidlosen Überlebenskampfes: »Auf der Straße nahm man nur Härte, Gewalt und Erschöpfung wahr. Das lahmende Pferd, das sterbende Schaf, die Frau kurz vor der Niederkunft, der Mann mit einer blutenden, in Lumpen verbundenen Wunde – all dies waren schmerzliche Anblicke, noch schmerzhafter durch das Wissen, dass es keine Ruhepause und keine Erleichterung gab.« Dann wieder versöhnen grandiose Aussichten und malerische, unberührte Täler. Als sie abends im Tal von Deh Diz ihr Camp aufschlagen, werden sie binnen einer Viertelstunde von einem über das Land fegenden Orkan überrascht. Eilends verstauen sie ihre Habseligkeiten, schaufeln kleine Gräben rings um die Zelte – da bricht der Sturm auch schon los: »Wir fünf hatten uns im größten Zelt versammelt und hielten mit vereinten Kräften die Zeltstange fest. Wir rechneten jeden Augenblick damit, samt Zelt davongeblasen zu werden, so heftig fegten die plötzlichen Windböen heulend durch das Tal. Hagel prasselte hernieder, und wir dachten dankbar an unsere kleinen, hastig ausgehobenen Gräben. [...] Wenn wir vorsichtig durch den Schlitz in der Zeltwand nach draußen schauten, sahen wir das Tal von gewaltigen Blitzen erleuchtet; der Schnee auf den fernen Bergrücken funkelte, und das Tal zeigte ein gespenstisches Grün, während der Himmel aussah, als würde er von einem schnell geführten goldenen Schwert in Stücke zerrissen.« So rasch der Sturm gekommen ist, so rasch zieht er weiter. Die Reisenden kriechen erschöpft und zitternd unter ihre Decken. Als sie am andern Morgen erwachen, ist das Tal mit Schnee bedeckt. Die Zelte sind durchnässt und schwer. Die Europäer müssen einen Tag Zwangspause einlegen. Trotz dieser Widrigkeiten geht es am nächsten Tag frohgemut weiter. Es geht, so Vita begeistert, »durch die schönste Landschaft, die wir bisher gesehen hatten«. Auf einem Bergfriedhof entdecken sie »zwischen blutroten Mohnblumen uralte Steinlöwen«, die »an die Tapferkeit verstorbener Bakhtiari gemahnten«. »Löwen«, so hat Vita Sackville gehört, »sollen in diesem Gebirge einst sehr zahlreich gewesen sein [...]«, und noch immer soll es hier, hat man ihr versichert, Bären, Leoparden und Schneeleoparden geben.

Immer tiefer gelangen sie ins wilde Bakhtiari-Gebirge, es ist wie eine Zeitreise, weit zurück in die Epoche vor der Ausbreitung des Islams: »Zwei Eindrücke traten deutlich hervor: die Einsamkeit und der Anachronismus. Wir hatten uns nicht nur räumlich weit von zu Hause entfernt, wir waren auch in der Zeit zurückgegangen. Wir waren ins Altertum zurückgekehrt.« Im bewaldeten Tal von Cheshmeh Khatun strömen ihnen Nomadenzüge entgegen, auf einem Pfad, der so schmal ist, dass nicht einmal zwei Menschen nebeneinander gehen können. Wieder stehen Schönheit und Entsetzen nah beieinander: »Ich habe bisher wenig über die gewalttätigen, unheimlichen Seiten der Bakhtiari-Straße geschrieben. Eine Blutlache am Wegesrand war kein ungewöhnlicher Anblick – und meist war es unmöglich festzustellen, ob dort jemand geboren oder getötet worden war. Geburt und Tod rückten rasch in die gleiche Perspektive; es waren bloße Ereignisse, das eine am Anfang, das andere am Ende ein und derselben Reise.«

Hinter der scheinbaren Gleichgültigkeit und Schicksalsergebenheit der Menschen verbergen sich indes bittere Armut und Hilflosigkeit. Immer wieder kommen Kranke, die an Schwindsucht, Augenentzündungen oder Syphilis leiden, zu den Europäern, weil sie sich von ihnen wirksame Medikamente erhoffen. Vita und ihre Freunde verteilen, was sie haben: Verbandszeug, Aspirin, Salben, »von denen wir zumindest wussten, dass sie keinen Schaden anrichten konnten. […] Also nahmen sie ehrfürchtig unsere kleinen Gaben entgegen, so wie wir vielleicht den Ring eines Zauberers entgegengenommen hätten, trugen sie in der hohlen Hand fort wie kostbare Schätze – und ließen uns mit dem bedrückenden Wissen zurück, dass wir ihnen keinen unfehlbaren Talisman gegeben hatten.« Vita Sackville hält ihre Eindrücke nicht nur in schriftlichen Notizen fest, sie fotografiert auch selbst – eine erhaltene Aufnahme zeigt sie auf dem Rücken ihres Maultiers »Mouse«, einen langen Stock in Händen, auf dem Kopf einen breitkrempigen Hut, vor einer gewaltigen Gebirgskulisse. Sie fotografiert besonders gern Menschen, manchmal heimlich, meist jedoch bittet sie die Porträtierten höflich um Erlaubnis. Als sie einmal ein in leuchtend farbiger Tracht gekleidetes schönes Bakhtiari-Mädchen ablichten will (»es war ein herrliches Bild, wild und schön, das Mädchen und sein Pferd zwischen den Felsen, das Wasser umspülte ihre Füße«), bemerkt die junge Frau das und sucht schreiend das Weite. »Schließlich blieb sie, hoch über dem steilen Ufer, stehen, klammerte sich an einen Felsen und schaute schreckerfüllt zu uns herunter. […] Hätte sie gewusst, wie hinreißend sie aussah in ihren bunten Gewändern, jederzeit zur weiteren Flucht bereit, die großen, dunklen Augen schreckhaft aufgerissen, ängstlich an den Fels geklammert – sie wäre nicht böse gewesen, wenn ich einen ganzen Film verknipst hätte.«

Der Albtraum der Ölfelder

Nach zwölf Tagen der Reise durch das wilde, urweltliche Gebirgsland geht es hinter dem Sarrak-Pass hinunter in eine weite Ebene. In der Ferne erblicken sie Rauchsäulen. Es sind die Fackeln der Erdölfelder, es ist das Zeichen des Einbruchs der Zivilisation: »Ich vergaß die Anstrengungen unserer mühsamen Reise. Ich wäre am liebsten umgekehrt, wäre wieder einge-taucht ins Gebirge und für immer darin verschwunden.« Die Reisenden verbringen den letzten Abend unter Oleanderbü-schen und Granatapfelbäumen im Tal von Murdafil, sie trinken lauwarmen Champagner, den einer der Freunde während der ganzen Expedition mitgeschleppt hat. Doch rechte Freude mag nicht aufkommen, sie werden von »sentimentaler Trauer über-wältigt«: »Vor uns stieg die schwarze Rauchfahne der Erdöl-felder senkrecht in den Himmel. Wir aber hatten das Gefühl, unsere Begeisterung in den Bergen und Tälern zurückgelassen zu haben, die sich nun für immer hinter uns geschlossen hat-ten.« Sie fühlen sich ausgestoßen aus dem Garten Eden, die Pforte hat sich hinter ihnen auf immer geschlossen. Sie gelan-gen in die Gegend der Ölfelder: asphaltierte Straßen, ein leer stehendes Haus mit einem Telefon. »Harold nahm den Hörer ab, und eine diensteifrige Stimme fragte: ›Ihre Nummer, bitte?‹ [...] – ›Hallo. Hier spricht Nicolson ...‹ Und zu uns gewandt, sagte er: ›Ich habe ganz vergessen, wie man telefoniert.‹«

Sie sind in die Zivilisation zurückgekehrt, und doch Fremde geworden. Es ist wie in der Erzählung *Rip Van Winkle* von Washington Irving: Rip geht in den Wald hinaus, begegnet dort seltsam altmodisch gekleideten Menschen und fällt in einen tie-fen Schlaf. Als er anderntags in sein Dorf zurückkehrt, muss er erkennen, dass er in Wahrheit zwanzig Jahre fort war und ihn keiner mehr kennt. Auch Vita Sackville macht diese verstörende und zugleich beglückende Erfahrung: »In unserem Empfinden hatten sich die wenigen Tage in den Bergen unendlich ausgedehnt. Zwölf Tage? Es müssen wohl zwölf Jahre gewesen sein. [...] Aus dem intensiven Kontakt mit einem Leben, das sich auf die einfachsten Dinge beschränkt, spazierten wir direkt in die Hölle der Zivilisation.« Nach der Erfahrung der archaischen Welt der Bakhtiari-Berge erscheinen die »Segnungen« der Zivilisation, denen Vita und Harold am Rande der Erdölfelder begegnen, teuflischen Ursprungs zu sein: »In den Regalen der Lebensmittelläden standen die vertrauten Büchsen und Flaschen. [...] Es gab Tennisplätze, auf denen sich junge Frauen in Sommerkleidern und junge Männer in weißen Flanellhosen tummelten. Es gab menschliche Gesellschaft, Intrigen und Gerüchte. Schon beim Gedanken daran erschauderten wir. Ein schwerer Gasgeruch überlagerte alles; [...] diese Siedlung befand sich nicht in den englischen Midlands, sondern in der fantastischen, fast schon grotesk anmutenden Landschaft der persischen Ölfelder. [...] Schon für sich allein betrachtet, wäre diese Landschaft seltsam genug gewesen; durch die Maschinerien zur Ölgewinnung verwandelte sie sich in eine Alptraumwelt.«

Anfang Mai 1927 kehrt Vita Sackville-West, nachdenklich geworden, nach England zurück. Nichts erscheint ihr mehr sicher, nichts selbstverständlich: »Es erscheint mir nicht ganz so abwegig, zu fragen, ob im Laufe der Jahrhunderte die persischen Ölfelder nicht zur Einsamkeit der Bakhtiari-Berge zurückfinden werden, während London, Paris und New York zerstört am Boden liegen, wilde Blumen über ihre Steine wachsen und der Wind über Kornfelder streicht, die die Bevölkerung einer weit entfernten Hauptstadt ernähren, deren Namen wir heute noch gar nicht kennen.«

Harold quittiert den diplomatischen Dienst und kehrt ebenfalls nach England zurück. Als Schriftsteller werden beide Eheleute in den folgenden Jahren und Jahrzehnten immer bekannter. Vita reüssiert mit Romanen, worin sie die untergehende britische Upperclass kritisch porträtiert, zudem veröffentlicht sie Gedichte, zwei Bücher über ihre Reisen nach Persien und Biografien über Aphra Behn, die heilige Teresa von Avila und Anne Marie Louise von Orléans, die sogenannte »Grande Mademoiselle«. Ihre besondere Liebe gehört jedoch Virginia Woolf und dem 1930 gekauften Anwesen Sissinghurst, das sie zu einem blühenden Paradies gestaltet.

Als sich am 28. März 1941 die unter Depressionen und Kriegsängsten leidende Virginia Woolf im Fluss Ouse das Leben nimmt, ist Vita Sackville im Innersten getroffen. Liebevoll und voller Bewunderung schreibt sie über die Freundin: »Zartheit und Reinheit waren in ihrem Vornamen und eine Andeutung des Reißzahnes im Nachnamen.« Doch gerade der Tod der Geliebten bindet Vita wieder mehr an ihren Mann, für den sie eine vielleicht nicht leidenschaftliche, aber vertrauensvolle und kameradschaftliche Liebe empfindet. Sie bekennt ihm: »Ich habe über mich nachgedacht, wie man das wohl tut, wenn man allein ist und irgendetwas Beiläufiges tut wie Dahlien eintopfen. Ich dachte: ›Wie sonderbar! Ich schätze, Hadji [Kosename für Harold] und ich sind einander so untreu gewesen, wie man das aus konventioneller Sicht nur sein kann, ja schlimmer noch als untreu, wenn man Homosexualität hinzunimmt, und doch schwöre ich, dass keine zwei Menschen sich nach all diesen Jahren einander mehr lieben könnten.‹«

Sie überdauern den Krieg im südenglischen Sissinghurst, das gleichwohl von den Kampfflugzeugen und V1- und V2-Raketen, die vornehmlich nach London fliegen, ebenfalls bedroht ist. Einmal geht in unmittelbarer Nähe eine Bombe nieder, in Vitas Wohnturm zerbersten etliche Fensterscheiben, sie selbst kommt mit dem Schrecken davon. Britische Truppen requirieren einen Teil des Parks von Sissinghurst, Soldaten werden im Schloss einquartiert, Panzer stehen zwischen den Parkbäumen und Blumenrabatten. Vita empfindet das als Verletzung ihres Innersten: »Ich habe allen Spaß am See und sogar am Wald verloren, seit Soldaten eingedrungen sind und sie der Abgeschiedenheit beraubt haben, die ich so liebte […]. Ich wünschte, ich könnte mir Klarheit darüber verschaffen, was ich über diese neue Welt denke. Ich glaube, man sollte in der Lage sein, sich anzupassen, und nicht versuchen, in eine überholte Tradition zurückzukehren und darin zu leben. […] Ich spüre, dass ich und der See und der Wald für immer beschädigt und verdorben sind – und das geht mir sehr nahe. Im Grunde unsere verlorene Jugend.«

In den Jahren nach dem Zweiten Weltkrieg werden Vita Sackville-West und ihr Garten bereits zu einem nationalen Mythos. Der »Sissinghurst-Stil« wird überall nachgeahmt und doch nie so fantasievoll wie an seinem Originalschauplatz umgesetzt. Vita Sackville schreibt über Gartenkunst und ihre Idee von Sissinghurst Bücher und Artikel für Zeitschriften, Zeitungen und Anthologien. Längere Reisen unternimmt sie kaum noch, allenfalls zu Autotouren mit dem Sportwagen durch Frankreich und Italien bricht sie noch hin und wieder auf.

Einmal noch unternehmen Vita und ihr Mann eine lange Reise: Freunde schenken Harold zu seinem siebzigsten Geburtstag eine Kreuzfahrt, die sie von Mitte Januar bis Mitte März 1957 von Rotterdam über Kapstadt nach Indonesien und zurück führt. Harold Nicolson hat darüber ein gleichermaßen feuilletonistisch-unterhaltsames wie kluges Buch mit dem Titel *Reise nach Java* geschrieben. Die Fahrt gilt beiden vornehmlich als Arbeitsaufenthalt auf hoher See: Harold Nicolson schreibt an einer philosophischen Abhandlung über die Natur der Unzufriedenheit und der Melancholie, was ihn freilich nicht von fleischlichen Anschauungen an Deck abhält: »Wie oft hatte ich diese jungen Männer, die jetzt nackt im Becken schnaufen, wegen ihrer Anmut bewundert […].« Vita Sackville hingegen

arbeitet intensiv an ihrer Biografie über die »Grande Mademoiselle«, bereitet eine Edition ihres Briefwechsels mit Virginia
Woolf vor und brütet zudem den eigenartigen Spleen aus, zu
befürchten, der Kapitän könne sich »verfahren«, und sie, die
englische Aristokratin, müsse ihn über die Himmelsrichtungen
aufklären. Währenddessen räsoniert Harold Nicolson mit Wohlgefallen über die päderastische Natur der Delphine und zitiert
ausgiebig Plinius und andere antike Autoren, die von den Toll-
heiten der Meeressäugetiere berichteten. Der Kapitän indes findet die angesteuerten Häfen mühelos, auch ohne Vitas Beistand, und die Nicolsons verbringen erholsame Wochen, ihren
»Nachsommer«, wie Harold Nicolson schreibt, auf einem
»Traumschiff«.

Vita Sackville ist bereits krank und schwach, als sie im Spätherbst 1961 acht ihrer Manuskripte zu gutem Preis verkauft
(die Romanskripte von Virginia Woolfs *Orlando* und *Mrs. Dal-
loway*, die ihr die Freundin geschenkt hat, bewahrt sie indes und
weist verlockende Angebote von Autografensammlern strikt
zurück). Mit dem Geld will sie sich nochmals eine Kreuzfahrt
gemeinsam mit Harold gönnen: Es soll in die Karibik gehen.
Am Neujahrstag 1962 brechen beide auf, fahren mit dem Zug
von Waterloo Station nach Southampton. Doch bereits diese
kurze Zugfahrt steht unter einem schlechten Stern: Vita erleidet einen Blutsturz. Dennoch besteigen sie das Schiff. Sie erreichen zwar Martinique, doch Vita hat hohes Fieber. Krank kehrt
sie nach London zurück. Sie stirbt am 2. Juni 1962 in ihrem
geliebten Sissinghurst. Harold Nicolson verfällt nach Vitas Tod
rasch. Obgleich beide etliche Affären pflegten und Abenteuern
kaum je abgeneigt waren, standen sich die Eheleute seelisch
sehr nahe. Er stirbt am 1. Mai 1968 auf Sissinghurst Castle. Im
Jahr zuvor übergab er Schloss und Garten von Sissinghurst dem
National Trust, um dieses Lebenswerk seiner Frau für nachkom-
mende Generationen zu bewahren.

8 Freya Stark (1893–1993)
Reisende im Tal der Assassinen, Schatzsucherin
in Luristan

Die Reiseschriftstellerin Freya Stark konnte auf ein langes, von
Abenteuern, Erfolgen und Ehrungen geprägtes Leben, das ein
ganzes Jahrhundert währen sollte, zurückblicken. 1972 wurde
sie von Queen Elizabeth zur »Dame« geadelt. Das Reisen war
für sie existenziell, »the joy of running away«, wie sie es nannte,
»die Freude, wegzurennen«. Speziell die Begegnung mit dem
Orient wurde für sie – sie war bereits fünfunddreißig – zur
Offenbarung ihres Lebens. In einem Brief, datiert vom 7. April
1928, beschreibt sie den Eindruck, den die Wüste in ihr hinter-
ließ:

»Gestern war ein wunderbarer Tag, da ich die Wüste entdeckte! […] und dann geschah das Wunder: Kamele erschienen
zu unserer Linken: zuerst ein paar hier und da, dann mehr und
mehr, bis die ganze grasende Herde daherkam, fünfhundert
oder mehr […]. Die zwei Beduinenführer, farbenprächtig gekleidet, saßen hoch auf und schaukelten leicht im Takt ihrer
Tiere […]. Ich kann nicht ausdrücken, was für ein wunderbarer
Anblick das war: Als wäre man plötzlich in den Anfängen der
Welt unter dem Volk Abrahams und Jakobs. […] Ich habe mir
nie vorgestellt, dass der erste Anblick der Wüste mit solch einer
Erschütterung der Schönheit über mich kommen und mich
unterjochen würde.«

In ihrem 1940 erschienenen Buch *A Winter in Arabia* führt
Freya Stark für das Reisen fünf Beweggründe an: »Um die Sor-

gen hinter sich zu lassen; um den Lebensunterhalt zu verdienen; um zu lernen; um gute Verhaltensweisen zu praktizie-
ren; und um ehrenwerten Menschen zu begegnen.« Es ist kein
Zufall, dass sie an erster Stelle den Kampf gegen die Sorgen
nennt, denn manches in ihrem Dasein, das sie bisweilen ein
»nicht annehmbares Leben« nannte, war dazu angetan, ihr den
Mut zu nehmen und sie in Verzweiflung zu stürzen …

Ein Akt der Befreiung

Freya Stark kommt am 31. Januar 1893 in Paris zur Welt. Ihre
Mutter Flora Stark ist zu jener Zeit bereits seit fünfzehn Jahren unglücklich mit ihrem Cousin Robert Stark verheiratet, der
als Kunstmaler in Devon lebt. Offiziell gilt das Mädchen als
Roberts Tochter, erst später erfährt sie den Namen ihres leiblichen Vaters, Obediah Dyer. Die Eheleute Stark könnten verschiedener nicht sein: Robert Stark stammt aus der nebelver-
hangenen, mystischen Landschaft Dartmoor in der Grafschaft
Devon, seine Frau und Cousine hingegen ist Italienerin, die die
Freuden und die Leichtigkeit des Südens über alles liebt und
jede Gelegenheit nutzt, die Ehe zu fliehen und die sonnigen
Länder am Mittelmeer zu bereisen.

Als Freya vier Jahre alt ist, büxt sie von zu Hause aus: Sie will
die Straße nach Plymouth nehmen, dort ein Schiff besteigen,
und – wie ihre Mutter es gern tut – nach Italien fahren. »Die
Freude, wegzurennen, kam mir zu Bewusstsein. […] Das Verlockende zählt, und nicht der ins Schloss fallende Riegel hinter dir; und das ganze Leben hindurch hält der gegenwärtige
Augenblick der Befreiung noch das Entzücken der ganzen Welt,
die kommt, um dir wie eine Welle zu begegnen.« Das Entzücken über den ersten Aus- und Aufbruch in die Welt währt freilich nur wenige hundert Meter, dann ist das Abenteuer bereits
beendet.

Wenige Jahre später – Freya ist zehn – kommt sie mit der

Mutter doch in die »weite Welt« hinaus: Mrs. Stark trennt sich von ihrem Mann und fährt mit ihren beiden Töchtern Freya und Vera nach Dronero, einem Städtchen im piemontesischen Mairatal in Italien. Hier eröffnet Mrs. Stark zusammen mit dem italienischen Grafen Mario di Roascio eine Teppichfabrik. Die zivilisatorischen Zustände in Dronero sind erbärmlich, die Menschen arm und vielfach ungebildet. Mrs. Stark und ihre Töchter werden von den Einheimischen ängstlich und abweisend beargwöhnt. Die Fabrik läuft schlecht, die englische Start-up-Unternehmerin, unerfahren in ökonomischen Belangen und unbedarft in finanziellen Dingen, kann für sich und ihre Töchter kaum das Notwendige erwirtschaften. Als Freya dreizehn ist, kommt es zu einem tragischen Unfall: Beim Besuch der Teppichfabrik geraten ihre langen Haare in eine laufende Maschine. Der herbeieilende Graf kann Freya retten, aber die Hälfte ihrer Kopfhaut samt Haar und rechtem Ohr werden von der Maschine heruntergerissen und zerfetzt. Freya überlebt schwer verletzt, aber zeitlebens wird sie durch diesen Unfall gezeichnet bleiben und unter dem Verlust ihrer Schönheit leiden. Die daraus resultierenden psychischen Hemmnisse tragen dazu bei, dass sie auch privat nie das Glück finden wird, das sie sich erhofft.

Kaum wiederhergestellt, wird Freya als Jugendliche zum Arbeiten in die Teppichfabrik geschickt. Jahrelang muss sie am Ort ihres Unglücks ausharren – eine schwere seelische Belastung. Als sie achtzehn ist, verlässt sie Italien und kehrt nach England zurück. Die Jahre in der italienischen Provinz, an den Maschinen der Fabrik, haben der wissensdurstigen jungen Frau kaum geistige Nahrung geboten. Nun besucht sie das Londoner Bedford College, doch 1914 bricht der Erste Weltkrieg aus, das College wird geschlossen, und Freya kehrt trotz der Kriegsereignisse nach Italien zurück. In Bologna meldet sie sich als Schwester für den Lazarettdienst. Mit einem der Krankenhausärzte unterhält sie eine Beziehung, doch bald verlässt er sie und kehrt zu seiner früheren Geliebten zurück. Freya Stark, zum damaligen Zeitpunkt ohnehin nicht von starkem Selbstbewusstsein, bleibt enttäuscht und traumatisiert zurück. Lebenslang wird sie unter der Angst leiden, sie sei – auch bedingt durch ihre Entstellung – nicht begehrenswert genug. Erst 1947, mit vierundfünfzig Jahren, wird sie sich wieder binden und einen acht Jahre jüngeren Mann heiraten, den Kolonialoffizier Stewart Perowne, dessen Homosexualität sie naiv ausblendet. Die Ehe wird bereits nach wenigen Jahren geschieden.

Nach dem Ende des Ersten Weltkriegs jedenfalls kehrt Freya Stark zur Mutter zurück. Freyas Vater kauft ihnen ein Haus bei Mortola an der italienischen Riviera – damals noch eine Gegend mit günstigen Immobilienpreisen. Die beiden Frauen bringen sich mit Gelegenheitsarbeiten und dem Verkauf von Obst und Blumen durch, die sie im eigenen Garten anbauen und ziehen. Es ist ein Leben in Bescheidenheit und beinahe klösterlicher Zurückgezogenheit, und der Frauenhaushalt, der altjüngferliche, biedermeierliche Züge trägt, könnte bis zum Tode so weitergeführt werden…

Wäre da nicht der Orient! Freya Stark hat zu ihrem neunten Geburtstag von einer Tante die *Erzählungen aus Tausendundeiner Nacht* geschenkt bekommen und sie seither wieder und wieder gelesen. Die Welt, der diese Märchen entstammen, wird selbst zum Märchen, und Freya setzt mit erstaunlichem Kalkül und Planungswillen alles daran, ihren Traum, diese Märchenwelt zu bereisen, zu erfüllen. Sieben Jahre lang, von 1920 bis 1927, erlernt sie mithilfe von Lehrbüchern die arabische Sprache. 1927 erhält sie von ihrem leiblichen Vater eine größere Geldsumme. Das legt Freya nicht in Schmuck und schönen Kleidern an, nicht in einer Aussteuer, um vielleicht doch noch zu heiraten. Nein, sie kauft sich ein günstiges Schiffsticket auf einem Frachter und fährt Anfang 1928 in den unter französischem Protektorat stehenden Libanon. Dort und im benachbarten Syrien hat sie ihr orientalisches Schlüsselerlebnis. Sie besucht die syrische Hauptstadt Damaskus, wo vor ihr bereits ihre Landsmänninnen Jane Ellenborough und Isabel Burton gelebt haben, und ist ebenso hingerissen. Und es gelingt Freya

Stark, zu den Drusen – Mitgliedern einer Glaubensrichtung, die sich jahrhundertelang erfolgreich gegen die osmanische Besatzung und auch gegen die französische Kolonialisierung zur Wehr gesetzt haben – vorzustoßen, als eine der ersten Europäerinnen überhaupt.

Der Orient lässt sie nicht mehr los. England ist von da an nur noch das Basislager, um sich zu erholen, Bücher und Artikel zu schreiben, Geld zu verdienen, Expeditionen vorzubereiten und Auftraggeber zu werben. Sie will die entfernten Regionen der Türkei, Arabiens und Persiens bereisen und erforschen, damals zum Teil noch unerkundete Gebiete, in denen Stämme und Clans herrschen, die sich nur formal den Zentralmächten in Konstantinopel, Teheran, Paris und London gebeugt haben, in Wahrheit jedoch seit den Zeiten Mohammeds eine kulturell eigenständige und politisch eigenwillige Existenz führen.

Bereits 1929 kehrt Freya Stark in den Orient zurück, und von da an wird sie beinahe jedes Jahr zu einer neuen, außergewöhnlichen und gefährlichen Expedition aufbrechen. »Der Orient«, gesteht sie in ihrer Autobiografie, »überfiel mich bei dieser zweiten Ankunft mit einer Verzückung, wie ich sie niemals kannte, ausgenommen meine Wiederentdeckung der Alpen nach dem Krieg.«

Über dreißig Bücher hat sie im Laufe der Jahrzehnte über ihre Reisen verfasst. Damit ist sie einem Millionenpublikum, vornehmlich in ihrer Heimat Großbritannien, aber auch in zahlreichen anderen Ländern, ein Begriff geworden – der Lebendigkeit ihrer literarischen Darstellung wegen geliebt und um ihres Mutes und ihres abenteuerlichen Freiheitsdranges willen bewundert.

Auf ihren Expeditionsreisen trägt Freya Stark stets die Kleidung der Einheimischen, vornehmlich Männerkleidung. In arabische Gewänder gehüllt, lässt sie sich gern fotografieren. Ihr nächstes Ziel muss auf nüchterne Zeitgenossen wie der Plan einer Wahnsinnigen wirken, wie die leichtsinnige Herausforderung des Schicksals: Sie will ins Gebiet der Assassinen, jener in Syrien und Persien beheimateten Sekte, deren Mitglieder im Mittelalter als »Opferbereite«, als Selbstmordattentäter, die den Gottesstaat auf Erden gewaltsam errichten wollten, unter Drogeneinfluss Anschläge auf politische Gegner ausführten und damit Angst und Schrecken verbreiteten. Über Berichte der Kreuzfahrer und des Weltreisenden Marco Polo wurden die Assassinen bereits im Mittelalter auch in Europa ein Begriff. Der Name der Assassinen hat als Lehnwort »assassins« (Attentäter) Eingang ins Englische und in andere europäische Sprachen gefunden.

Obwohl die Assassinen seit der Zerstörung ihrer Burgen im späten 13. Jahrhundert durch die einfallenden Mongolen keine politische Bedeutung mehr hatten, leben ihre Nachkommen in diversen abgeschiedenen Gegenden in Syrien und im Iran bis heute. Und zu einem dieser Siedlungsgebiete im nördlichen Persien, nahe dem Kaspischen Meer, will Freya Stark im Jahre 1930 aufbrechen. Wie zur Entschuldigung schreibt sie ihrem Vater, sie wolle »eine Art Geschichtsschreibung mit Reisenotizen über die Festungen der Assassinen verbinden [...], die eine Reihe von Burgen zwischen Aleppo und den Grenzen Persiens hatten«.

Unter ihrem Anführer Hasan i Sabbah (um 1034–1124) radikalisierten sich die Assassinen und wurden zur überregionalen Großmacht in Persien, Syrien und Palästina. Hasan, so Freya Stark, »führte, offenbar aus eigener Initiative, eine neue Idee in die Staatswissenschaft seiner Zeit ein und behandelte den Mord wie die Suffragetten den Hungerstreik, indem er ihn zu einer

anerkannten politischen Waffe machte. Schon zu seinen Lebzeiten erwuchs ihm daraus eine Macht, die von Nordpersien bis
zum Mittelmeer wirksam war.« Zu jener Zeit kamen auch die
Kreuzritter mit den Assassinen und ihrer Ideologie in Berüh-
rung, und die grausige Kunde von den »Assassinen«, den »Mördern«, gelangte rasch ins Abendland.

Hasan i Sabbah wurde indes von seinen Feinden hart bedrängt. Er zog sich in eine Burg im Tal Alamut südlich des Kaspischen Meeres zurück, das seither landläufig den Namen »Tal
der Assassinen« trägt, und verschanzte sich dort mehr als dreißig Jahre lang. In einem geheimen Garten habe er sich mit dem
engsten Kreis seiner Getreuen umgeben, die er weiterhin mit
seinem sektiererischen Glaubenseifer und seinen Gewaltfanta-
sien demagogisch beeinflusst und zu Mordanschlägen angestif-
tet habe. Als »Alter vom Berge« ging Hasan in die persischen
Volkslegenden und bald auch in die Geschichtsbücher ein.

Doch die Schreckensherrschaft der Assassinen, die den Heiligen Krieg propagierten, währte nicht lange. Bereits unter dem
Mongolenherrscher Hulagu Khan (1217–1265), einem Enkel
des Dschingis Khan, wurden die Assassinen hart bedrängt, ihre
Festungen in Persien und Syrien eine nach der anderen erobert
und zerstört.

Die Assassinen, oder das, was von ihnen übrig geblieben war,
zogen sich in die tiefste Unwegsamkeit der nordpersischen
Berge zurück, in das Tal Alamut. Doch auch die Burg Alamut
wurde 1256 von den Mongolen eingenommen, die letzte Festung der Assassinen fiel im Jahre 1272 in Syrien.

Die Assassinen lebten weiter, verdeckt, ohne Aufhebens von
sich zu machen – bis heute. Der Agha Khan, geistiger Führer
der weltweit lebenden Ismaeliten, angeblich einer der reichsten
Männer des Globus, führt seine Abkunft in direkter Linie auf
Hasan i Sabbah zurück und genießt unter seinen Anhängern
einen ähnlich verehrungswürdigen Nimbus wie der ferne Vor-
fahre, wenngleich unter geänderten geistig-religiösen Voraussetzungen. Das einstige Zentrum der Assassinenherrschaft, das

Tal Alamut, liegt heute wie ehedem abseits. Dessen Bewohner »wissen nichts mehr«, so Freya Stark im Jahre 1930, »von ihren alten Herren«.

Dieses geheimnisvolle Tal einer gewaltbereiten, fanatisierten Sekte aufzusuchen und zu erforschen ist das Ziel der abenteuerbegierigen Engländerin. Doch es stellen sich zunächst ganz praktische Schwierigkeiten und Hindernisse: »So zum Beispiel konnte ich das Tal nicht auf meiner Karte finden. Es gab da zwar einen Bezirk Alamut, aber kein Dorf Alamut, und es gibt auch in Wirklichkeit keines, wie ich entdeckte, als ich das Tal erreicht hatte.«

Eine Landkarte voll weißer Flecke

Mit einer Landkarte, auf der nur der Fluss Alamut und zwei oder drei Gipfelnamen eingezeichnet sind, wagt Freya Stark im Frühjahr 1930 die Reise ins Tal der Assassinen. Mit einem Gruppentaxi, das außer ihr eine persische Familie transportiert, geht es von Bagdad über Hamadan nach Kazwin, von dort auf Maultieren ins Gebirge, über einen Pass hinüber ins Tal von Alamut. Wieder ist die Globetrotterin von der Weite der Landschaft, von der Wildnis und Unberührtheit überwältigt und befreit zugleich: »Um mich die weiten, persischen Ebenen, die aufgetürmten Gebirge: Die schöne Welt voll von Überraschungen, ins Unbekannte durch den Raum geschleudert, sie war mein, und ich konnte eine Weile nach meinem Willen in ihr wandern.« Begleitet wird sie von einem einheimischen, ortskundigen Maultiertreiber namens Kerbelai Aziz. Die Karawane erweist sich zu Freya Starks Überraschung als größer denn erwartet: Kerbelai Aziz hat mehrere Familienmitglieder und »Untertreiber« mitgebracht, sodass er sich selbst als Expeditionsleiter fühlen kann. Doch die Engländerin ist solche orientalischen Usancen und Übertreibungen bereits gewöhnt und verzichtet darauf, Protest einzulegen. Sie nimmt die fremde Sippe in Kauf, um nur möglichst rasch und konfliktfrei ihr ersehntes Reiseziel zu erreichen. Der Weg führt durch die Orte Aschnistan und Dastgird hinauf zum Taschala-Pass. Obwohl die Gegend nur spärlich besiedelt ist, kommen ihnen von der Passhöhe Karawanen entgegen: Es sind persische Händler, die auf Maultieren Säcke mit Reis vom Kaspischen Meer ins Innere Persiens transportieren.

Endlich stehen sie oben auf der Passhöhe und blicken hinab ins Tal von Alamut, das Tal der Assassinen. Freya Stark erinnert sich voller Dankbarkeit und Enthusiasmus: »Es ist immer ein großer Augenblick, wenn man, sei es auch noch so fern, das Ziel der Wanderschaft vor sich sieht. Was so lange nur in der Welt der Fantasie existiert hat, wird plötzlich ein Teil der Wirklichkeit. Es bedeutet gar nichts, dass noch so viele Bergketten, Flüsse und versengte, staubige Straßen zwischen dir und deinem Traum liegen: Er ist jetzt für immer und unverlierbar dein.«

Sie machen sich an den Abstieg hinunter ins Tal. Doch es stellen sich zwei Probleme: Zum einen ist der Pfad äußerst schwierig und selbst für die einheimischen Maultiertreiber kaum zu erkennen. Zum anderen versagt die Landkarte, die Freya Stark mit sich führt. Also beschließt sie, alle Einheimischen, denen sie begegnet, nach den Namen der umliegenden Gipfel, Pässe und Gießbäche, die in die Schluchten stürzen, zu fragen. Freilich stößt sie selbst mit dieser praktikablen kartografischen Methode bald an eine Grenze, denn die Einheimischen haben oftmals ein und denselben Namen dem Tal, dem Fluss und einer Ortschaft gegeben, noch öfter aber die Örtlichkeiten gar nicht benannt, sei es aus Fantasielosigkeit, Trägheit oder Gleichgültigkeit. Also bleiben auf Freya Starks Landkarte mehr weiße Flecken denn benannte Lokalitäten, zumal sie bald dahinterkommt, dass so manche Auskunft unrichtig oder unwahr ist – sei es aus Scham über die eigene Unwissenheit, oder weil man sich mit unlauteren Angaben über die fremde weiße Frau lustig machen will.

Mühselig geht es durch eine Klamm hinunter ins Tal, von dem einst sogar der venezianische Weltreisende Marco Polo vernommen hatte, das er selbst aber nicht bereiste. Wenig reizvoll und ärmlich liegt der Talgrund vor den Blicken der Engländerin: »Tief unter uns lag flach und dürr, und von den Gewässern vielgeschlungener Flüsschen schimmernd, das Tal von Alamut und weit in der Ferne seine erste Oase Badascht.« Die Menschen in diesem Teil des Tales kennen nicht einmal Ackerbau, und entsprechend arm und zivilisatorisch zurückgeblieben sind sie. Selbst die Oase Badascht, was so viel wie »Garten der Wildnis« bedeutet, spricht ihrem blumigen Namen Hohn, wie die Reisende enttäuscht vermerkt. Und als sie die ersten Talbewohner trifft und sie auf die historischen Assassinen und die Figur des Hasan i Sabbah anspricht, wissen diese von nichts, die Erinnerung an die große Historie ist im kollektiven Gedächtnis längst erloschen.

Die Bewohner des Tals sind zwar etwas scheu, doch zumeist freundlich und aufgeschlossen. Eine besondere Art des Interesses beweist ein junger Polizist, der von der Zentralregierung in Teheran hierher, in die tiefste provinzielle Einsamkeit, beordert worden ist, und der sich sehr für Freya Starks lückenhafte Landkarte interessiert. »Das sind also die Bilder, die Sie mit dem schwarzen Kasten machen und die Sie niemandem zeigen«, meint er, indem er auf die Landkarte und auf den Fotoapparat deutet. »Meine schwachen Versuche«, so Freya Stark, »den Unterschied zwischen einer Landkarte und einer fotografischen Aufnahme deutlich zu machen, fanden keinen Glauben. Er war jedoch die Höflichkeit selbst und für die Abwechslung dankbar […].«

Immerhin können die Einheimischen der Engländerin sagen, wo sich Hasans Burg, worin er sich mehr als dreißig Jahre lang verschanzt hielt, befindet. Für den anderen Tag verspricht ihr der Führer, sie zu der Ruine oben am Berg zu führen. Aufgeregt legt sich Freya Stark zur Ruhe und kann lange nicht einschlafen. Als sie endlich einschlummert, ist der Schlaf tief und fest. »Am nächsten Morgen schien schon die Sonne«, erinnert sie sich, »denn ich hatte verschlafen. Der Wasserfall plätscherte freundlich vor meinem Fenster, und die Pappeln glitzerten im Blau. Ich erwachte mit dem köstlichen Gefühl, so nah dem Ziel meiner Reise zu sein und einen schönen Tag vor mir zu haben. Man brachte uns Tee, Brot und Honig auf die Terrasse, und dann brachen wir auf […].« Sie durchqueren das Bett eines Baches, der eine Klamm gegraben hat, dann steigen sie über verwilderte Wiesen einen Berg hinauf und sehen in der Höhe eine Burgruine stehen. In Freya Starks Vorstellung erwachen die Figuren und Ereignisse ferner Jahrhunderte wieder zum Leben: »Da gestattete Hasan, dass Wein im Tal getrunken wurde, schaffte die formellen Gebete ab und sagte dem ägyptischen Thron die Untertänigkeit auf. Die alten Bücher, die er studierte, die sein Namensvetter geschrieben hatte und die mit vielen anderen in der Bibliothek der Burg aufbewahrt wurden, könnten manches Licht auf die Ideen werfen, die damals das Tal beherrschten: manichäische und magische Ketzereien, ja vielleicht Überreste heidnischer Philosophie […].« Doch in den Ruinen, das weiß sie nur zu gut, wird sich nichts mehr finden lassen, keine Schriftstücke, kein Inventar, nicht einmal Reste von Fresken oder Verzierungen: »Dann kamen die Mongolen, und ihre schlitzäugigen Heere müssen die Wintermonate hindurch auf diesen Matten kampiert haben, bis der Felsen kapitulierte und die Horde zerstörend heraufstürzte. Die ketzerische Bibliothek wurde verbrannt und für immer vernichtet. Die Burg fiel in Trümmer […]. Nur ein paar Tonscherben erzählen noch ihre Geschichte.« Tonscherben sind auch auf der weiteren Reise durch das Gebirge von Alamut – neben Ruinenresten – die einzigen sprechenden Zeugen jener großen Zeit unter Hasan i Sabbah. Scherzhaft meint die englische Globetrotterin: »[...] wir segneten die Zerstörungswut der assassinischen Serviermädchen von alters her.« So müssen statt archäologischer Entdeckungen die spektakulären Ausblicke und die schroffen Gebirgsansichten einen ästhetischen Ersatz schaffen – und tatsächlich ist die Engländerin, die schon einiges von der Welt gesehen hat, keineswegs enttäuscht. Wieder inspiriert die wilde Landschaft sie zu Tagträumereien: »[...] dieser große Fels ist ein finsterer Bursche. Hinter ihm erhebt der Mount Haudegan seine schieferigen Hänge, die von granitenen Felstürmen überragt sind. Ein grüner Fleck hoch oben im Berg zeigt den Ursprung einer kleinen Quelle, aus der [...] die Burg in einer langen Leitung ihr Wasser bezogen haben soll. [...] Hier, von einem Pfeiler der Burgmauer aus, konnte Hasan i Sabbah die Rückkehr seiner Fedawi [Handlanger] erwarten. [...] Und von hier aus sah er wahrscheinlich den Sendling wieder den [Berg] Gasir Rud heraufschreiten, mit der Meldung, dass das Werk des Mörders getan sei.«

Früher als gedacht müssen sie ihre Exkursion abbrechen, denn die wenigen Räume und Zisternen, nur in Teilen erhalten, sind »ohne Kletterschuhe nicht zugänglich, und diese hatte ich nicht bei mir«. Zudem zeigen die einheimischen Führer und Hirten, die Freya Stark begleitet haben, eine ängstliche Scheu vor der Erkundung und nennen der englischen Lady den Grund: »Dort unten [...] bewachen sieben schwarze feuerschnaubende Hunde den Schatz, entfliehen aber – merkwürdigerweise! –, sobald man sich ihnen nähert.« So geht es also wieder talabwärts, über steile Geröllhalden und durch enge Schluchten, ohne den ominösen Schatz entdeckt oder die feuerschnaubenden Hunde aufgeschreckt zu haben.

Sie gelangen ins Heimatdorf des Führers Aziz, wo sie gastfreundlich aufgenommen werden – nur Aziz selbst erhält von seiner Frau eine Standpauke, wo er sich denn so lange herumgetrieben habe? Die Dörfler erzählen der Engländerin von einer weiteren Burg, die Festung des Schahs Newisar, die unweit liege, hoch oben im Schiefergebirge, noch schlechter zugänglich als die Burg Alamut. Auch um diese Ruine ranken sich Legenden und Schauergeschichten: Der Burgherr Newisar, der von den Assassinen belagert wurde, soll sich mit Beihilfe seiner Mutter, einer Hexe, in einen Widder verwandelt haben und so durch das einzige Tor entkommen sein, an den Belagerern vorbei, die dem Tier aber hinterhersetzten und es bei einem Felsen erschlugen, der noch heute vom Axthieb gespalten sei … Solch eine krude Mischung aus Volkssage und historischer Wirklichkeit lässt sich die abenteuerhungrige Hobbyarchäologin natürlich nicht entgehen, und sie überredet ihre Begleiter, anderntags mit ihr dort hinauf zu steigen.

Der Marsch dauert anderthalb Tage. Und wieder entschädigt die wilde, ungebändigte Natur mit ihrer mystischen Gestalt für alle Strapazen und die spärliche archäologische Ausbeute: »Bei Sonnenuntergang kamen wir nach Garmirud. Eine ungeheure Felswand, die hinter Garmirud aufragt und durch die sich der Alamut-Fluss eine schmale Schlucht gefressen hat, leuchtete wie eine Fackel im letzten Sonnenlicht. […] Einen überwältigenderen Zugang zum Wohnsitz der Assassinen hätte die Fantasie nicht ersinnen können. Dies war der zweite Berg, von dem Marco Polos Reisende erzählt hatten. Und darüber, ›auf dass niemand ohne seine Erlaubnis in dieses köstliche Tal seinen Weg nehme‹, erhob sich über einem Absturz von tausend Metern nackter Felsen die Burg Newisars, die, wie man sich erzählte, noch kein Franke [Europäer] je erklommen hatte.« Mühselig ersteigen sie die Hänge, die so steil sind, dass die »Maultiere beinahe auf den Hinterbeinen stehen mussten«. Auf einer Anhöhe unterhalb der Burg entdecken sie einen alten Friedhof, doch die Gräber sind offen und wurden wohl schon vor langer Zeit geplündert. Endlich finden sie spärliche Zeugnisse einer Besiedelung: »Beim Klettern sah ich blaue Glasur zwischen den Steinen glänzen und hob eine Scherbe der gleichen Keramik auf, die wir zwei Tage zuvor beim Felsen von Alamut gefunden hatten. Keramik aus dem 13. Jahrhundert an dieser einsamen Stelle, tausend Meter über der nächsten menschlichen Behausung! Ich nahm dieses Bruchstück als erwünschten Beweis mit mir: Hier musste die Burg Marco Polos gestanden haben, am Taleingang, ganz wie er sie beschreibt.«

Endlich gelangen sie hinauf zur Burg des Newisar, doch sie finden nur wenige Mauern und ein Stück des Bergfrieds, außerdem Reste einer kleinen Siedlung. Überwältigend ist der Blick hinab und hinüber zum schneebedeckten Elburs: »Auf allen Seiten stürzen natürliche Felsmauern ab. Und von dem höchsten Punkt aus, mindestens 3300 Meter, denn mein Aneroid-Barometer stieg nicht mehr weiter, überblickt man im Osten einen großen Halbkreis von Bergen, die schneebedeckt sind und auf meiner Karte noch keinen Namen tragen.«

Am Nachmittag wandern sie wieder hinunter ins Dorf, der Abstieg gelingt weit schneller als der Aufstieg. Freya Stark und ihre Begleiter werden wie Helden empfangen, denn schon seit Langem, so wissen die Dorfbewohner, habe sich keiner mehr zu der sagenumwobenen Burg gewagt. Abends schlendert die Engländerin am Fluss entlang, der sich durch das Tal windet. Sie ist glücklich. Ihren Enthusiasmus, der sie zu solch abenteuerlichen Reisen treibt, ungeachtet aller Gefahren und Strapazen, fasst sie für die Leserinnen und Leser ihrer Bücher in die folgenden Worte – und straft die Stubenhocker, die die Globetrotterin verachten und doch insgeheim beneiden, Lügen:

»Menschen, die nichts davon verstehen, behaupten, der Genuss einer Landschaft, die man für sich allein besitzt, sei deswegen um nichts größer. Aber das ist nicht wahr. Dieser Genuss ist einzigartig, dem Verstand nicht zugänglich und doch durchaus real. Es liegt in ihm etwas vom Charakter und von der Intensität der Liebe. Er bedeutet die Teilnahme an einem köstlichen Geheimnis, eine Verbindung, die ein Dritter entweihen würde. Die einsamen und majestätischen Orte der Welt aus erbärm-

lichen Motiven aufzusuchen, sie zu billiger Reklame oder ober-
flächlichem Zeitungsgeschwätz zu missbrauchen, ist für den
wahren Freund der Berge eine Kränkung, gleichsam eine geistige Form der Prostitution. Die hinreißende Schönheit der Einsamkeit erschließt sich nur dem freien Geist. Und oft liegt sie
unerwartet vor einem unbedachten Menschen, der nur in Geschäften eine entlegenere Straße ziehen musste: So findet er
plötzlich einen Zauber auf seinem Weg, den er später als ein
Geheimnis durch sein Leben trägt.«

Überglücklich und mit dem Geheimnis der Schönheit beschenkt, verbringt Freya Stark ihren letzten Abend im Dorf der
Assassinen. Am folgenden Tag bricht sie auf, überquert den
Salambar-Pass, der nordwärts aus dem Tal führt, und gelangt
nach Arud, dann über Kuschkuh nach Schahsawar am Kaspischen Meer. Von hier aus nimmt sie die Straße nach Teheran.
Sie ist zurück in der Zivilisation, die so reich an Gütern des
Wohlergehens ist, und doch so arm an Mythen, Geheimnissen
und urwüchsiger Schönheit.

Ins wilde Luristan

Freya Stark kann sich nicht an ein bequemes koloniales Leben
in Salons und auf Dinnerpartys gewöhnen. Sie sucht erneut das
Abenteuer. Bereits im Oktober 1930 überquert sie, von Bagdad
kommend, den Warasan-Pass im südwestlichen Persien. Dahinter befindet sich das von hohen, teils kahlen Gebirgszügen und
fruchtbaren Flusstälern durchzogene Luristan, das zum Kaiserreich Persien gehört, dessen Bewohner, die Luren, jedoch eine
eigene Sprache sprechen, eine eigene Kultur besitzen und auch
politisch sich nie den jeweiligen Machthabern vollständig un-
terworfen haben. Gerade zur damaligen Zeit jedoch versucht
die persische Zentralregierung in Teheran die Luren durch eine
Reihe von Zwangsmaßnahmen und Anordnungen bei Strafe in
das staatliche Gefüge einzugliedern – mit mäßigem Erfolg. Just,

als Freya Stark die Provinz besucht, ergeht eine Weisung des Schahs Reza Khan, dass die Luren ihre traditionellen Gewänder gegen moderne westliche Kleidung tauschen sollten. Zudem wird der Druck auf die noch weitgehend nomadisch lebenden Luren erhöht, in von der Zentralregierung gebaute Siedlungen zu ziehen, um sesshaft zu werden, Handwerke auszuüben und Ackerbau zu betreiben. Dieser Zivilisationsprozess vollzieht sich nicht konfliktfrei. Freya Stark jedenfalls ist eine der ersten westlichen Reisenden, die Luristan erkunden und es noch weitgehend in seinem historischen, traditionsgebundenen Zustand vorfinden.

Vor allem aber will Freya Stark sich auf die Suche nach frühzeitlichen Gräbern und Grabbeigaben machen, denn in der Bronzezeit war Luristan das Siedlungsgebiet einer hochentwickelten Bevölkerung. Die englische Reisende weiß, dass sie sich mit ihrem Vorhaben beeilen muss, denn seit einigen Jahren sind auch russische, armenische und jüdische Grabräuber und Schwarzhändler in der entlegenen Region unterwegs, um Bronze-Artefakte – nicht immer legal – zu erwerben und sie auf dem europäischen und amerikanischen Antiquitätenmarkt mit satten Margen zu veräußern.

Nur in Begleitung eines persischen Führers überquert Freya Stark den Warasan-Pass – es ist der einzige von regierungstreuen Wächtern gehaltene Pass in das abgeschottete Land. Im Gepäck hat sie ein gefälschtes Empfehlungsschreiben an den Gouverneur der Provinz – damit hofft sie unbeschadet durchzukommen.

Einsam steht sie auf der Passhöhe und sieht hinunter in die dünnbesiedelte Wildnis: »Diese Gegend bereist niemand, der nicht die Freiheit eines Stammes oder einen anderen mächtigen Schutz besitzt. Kein Bauer oder Handelsmann stieg über den Pass. Nur Luren in ihren weißen Röcken musterten uns mit misstrauischen, furchtlosen Blicken.« Der erste Eindruck von den Einheimischen ist zwiespältig, wie Freya Stark kalauernd feststellt: »Die Luren sind […] sehr nett, wenn sie nett sind, wenn sie aber nicht nett sind, sind sie abscheulich – und man kann selten im vornherein sagen, was einem bevorsteht. Es sind angstvolle Minuten, wenn man einen fremden Stamm besucht und der Dinge harrt, die da kommen sollen.« Nachdem sie Kontakt mit diversen Ortsvorstehern und Stammesführern gehabt haben, gelangen sie nach Fort Alischtar, wo – gut verschanzt – der von der Teheraner Regierung eingesetzte Gouverneur residiert. Sein Benehmen lässt freilich zu wünschen übrig, wie die Engländerin amüsiert konstatiert: »Schweigende Versammlung: Der Gouverneur las Petitionen und warf zwischen zwei Dokumenten ein oder zwei Fragen ein. Er erkundigte sich dann, ob ich ihn fotografieren könne. In einer Pause stand er auf, trat an die eine Schmalseite des Raumes und blieb dort stehen, während zwei Diener ihm in ein Paar sehr eleganter Hosen halfen. Wir andern blieben schweigend sitzen, den Blick taktvoll auf Fußboden oder Decke gerichtet. Als die Operation beendet und auch ein entsprechender Rock gebracht worden war, gesellte sich der Gouverneur wieder zu uns. Er teilte mir in sichtlich gehobener Stimmung mit, dass er zur Aufnahme bereit sei, und wir zogen alle in den Hof, wo ich ihn in feierlicher Stellung neben einem Brunnen fotografierte.«

Sie verlassen das Fort und ziehen weiter hinein ins Land der Luren. Gastfreundlich werden sie von Hirtenstämmen aufgenommen, schlafen in Zelten, leben unter einfachsten Bedingungen: »Hier unter den Nomaden hat sogar der sonst unvermeidliche persische Samowar noch nicht seinen Weg gefunden; man erhitzt das Wasser für den Tee in einem geschnäbelten Kupferkessel, den man in der Glut beinahe begräbt. Waschwasser hatte man sich im Freien zu suchen, und da dieses Wasser sehr kalt war und die Prozedur sich in aller Öffentlichkeit abspielen musste, wusch man sich nur selten. Seife kannten die Luren nicht, sie hielten aber streng darauf, sich vor und nach der Mahlzeit die Hände zu spülen, wobei sie das zweite Mal warmes Wasser benutzten, der gründlicheren Reinigung halber.« Bei den Nomaden, die die Örtlichkeiten in- und auswendig kennen, fragt Freya Stark nach bronzezeitlichen Gräbern und Artefakten und verspricht eine gute Bezahlung. Tatsächlich werden ihr abends am Lagerfeuer einige mehr oder minder wertvolle Fundstücke zum Kauf angeboten, und die Engländerin, die keinerlei Erfahrung mit dem Antiquitätenmarkt besitzt, beginnt zu feilschen, wobei sie auf die Ehrlichkeit des örtlichen Führers Abdul Khan angewiesen ist: »Die geltenden Preise kannte ich überhaupt nicht, obwohl die Stammesleute natürlich unterrichtet sein mussten, da ja ganz Europa heute mit Altertümern aus Luristan (darunter vielen Fälschungen) überschwemmt ist. Abdul Khan wies mich ab und zu mit bemerkenswerter Uneigennützigkeit darauf hin, wenn ich zu viel gab, und schob mir einen Dolch oder eine Schale für einen Shilling anstatt für zwei zu, sehr zum Ärger dessen unter seinen Sippengenossen, dem er gerade gehören mochte.« Doch Freya Stark gibt sich damit nicht zufrieden: Sie forscht nach bislang unentdeckten Gräbern aus der Bronzezeit. »Am anderen Morgen, als ich beim Frühstück saß, verkündeten Rufe und atemlose Botschafter die Auffindung eines Schädels. Wir rannten den Hang hinauf und fanden einen Schwarm erregter Stammesleute um ein Grab versammelt. Es gehörte in die früheste Periode. Das wohlerhaltene Skelett lag mit angezogenen Knien, den Kopf nach Süden, auf der rechten Seite. An Beigaben fanden sich nur ein bearbeiteter Feuerstein und drei Scherben sehr primitiver Keramik.« Die archäologischen Methoden der Engländerin sind dilettantisch und wirken zum Teil eher zerstörerisch: »Ich kaufte den Krug, ließ den Schädel aufnehmen – er zerfiel mir in der Hand und musste sehr sorgfältig verpackt werden – und begab mich zurück […].« Vor den Lesern (und den Geldgebern der Royal Geographical Society und des Britischen Museums) verteidigt sich Freya Stark für ihre etwas rüden und im Übrigen illegalen Methoden: »Ich war mir bewusst, dass ich mich unmittelbar gegen dieses Gesetz [des Verbots, archäologische Funde aus Persien auszuführen] verging. Andererseits durfte ich mildernde Umstände in Anspruch nehmen. In einem Lande, das die Polizei unmöglich wirklich unter Aufsicht halten kann, nimmt das Plündern einen stetigen Fortgang. Wenn einmal die Zeit da ist, dass eine organisierte Expedition es wagen kann, hierher zu reisen, wird nur noch wenig übrig sein, das Ausgrabungen lohnte. Ich hielt mich deshalb für berechtigt, da ich nun einmal an Ort und Stelle war [...].« Doch ihr Sinn strebt nach mehr: »Was ich nun aufzufinden hoffte, war eines jener Gräber, in denen Mann und Ross zusammen bestattet sein sollen. Sie stammen aus der Bronzezeit, und aus ihnen sollen die schönen Pferdegebisse und Wagengeschirre herrühren, die das Interesse an den Luristanfunden der letzten Jahre so sehr gesteigert haben.«

Weiter begibt sie sich hinein in die Tiefe des Landes. Abenteuerlust und die Gier nach bronzezeitlichen Funden treiben sie an. Es geht durch menschenleere Gegenden – vermeintlich menschenleer, denn hinter jedem Felsen, jedem verkrüppelten Baum lauern Räuber und Halsabschneider: »Bei jeder Wegbiegung muss man einer Kugel gewärtigen. Kiram [ein lurischer Führer], für den unsere Expedition nichts als ein lustiger Streich war, murmelte im Reiten gelegentlich vor sich hin: ›Die Hand der Dame hat den Zauber von Luristan gebrochen!‹ und versicherte mir, keine europäische Frau habe sich je hier herauf gewagt.« Immer muss Freya Stark um ihre Expeditionsausrüstung fürchten, denn »Stehlen ist der nationale Sport«. Selbst ihr englischer Damenhut, der sich in der Gebirgseinsamkeit ohnehin höchst seltsam ausnimmt, wird begehrlich betrachtet und befingert: »Große Anziehungskraft übte stets mein Hut aus, dessen Filz feiner war als die in Luristan üblichen, und ich musste des Öfteren darauf hinweisen, dass es ein Damenhut war und ein Mann sich darin nur lächerlich machen würde. Worauf man ihn mir dann mit Bedauern zurückzugeben pflegte.« Sie kommen zu anderen Siedlungen und Stämmen, und die Engländerin trägt überall ihr Begehr vor, Gräberfunde kaufen zu wollen. Doch scheitert sie immer wieder am patriarchalischen Stolz der Luren: »Sie lehnten es jedoch ab, in Abwesenheit ihres Häuptlings für mich zu graben. Keine Frau, stellten sie fest, sei jemals durch Luristan gereist. Sie glaubten mir auch nicht, dass ich eine Frau sei.« Man zeigt ihr einen prähistorischen Friedhof, und mit einer Spitzhacke macht sich Freya Stark selbst ans Werk: hackt und gräbt unter sengender Sonne, kann aber nichts finden. Offensichtlich hat man ihr einen Friedhof gezeigt, der schon längst von armenischen Händlern geplündert worden ist. Ein rothaariger Lure schließlich verspricht der Fremden, sie anderntags zu einem Friedhof zu führen, wo Reiter und Rosse begraben seien. Sie willigt ein, gemeinsam ziehen sie hinaus in die Felsenwüste. Es wird eine schlaflose Nacht, die Freya Stark und ihre Begleiter am Lagerfeuer zubringen, während sich immer wieder schattenhafte Gestalten dem Camp nähern, die es auf die Pferde und die Ausrüstungsgegenstände abgesehen haben. Der folgende Tag wird zur Enttäuschung: Der Rothaarige entpuppt sich als Schwätzer, sein Gerede von den unentdeckten Gräbern entbehrt aller Grundlage, und unverrichteter Dinge kehren sie zurück in besiedelte Landstriche.

Nach zwei Wochen des Umherstreifens und Suchens entschließt sich Freya Stark, ihre Expedition durch Luristan abzubrechen und nach Bagdad, in die Zivilisation, zurückzukehren. Ihre Gefühle gegenüber Land und Leuten sind gespalten: »Trotz ihres schlechten Rufes trennte ich mich ungern von den Stammesleuten und ihren Bergen. Gewiss, wenn sie an einem der Pässe auf einen Reisenden stoßen, so ziehen sie ihn bis aufs Hemd aus und kümmern sich dann nicht mehr weiter um ihn. Wie völlig entblößt von allem man bei solchen Gelegenheiten zurückbleibt, können sie sehr anschaulich machen, indem sie in ausdrucksvoller Weise an ihrem Zeigefinger saugen. In ihren Zelten aber zeigten sie sich immer äußerst liebenswürdig und freundlich, sie verstanden Spaß und waren glänzende Unterhalter. Und es ist eine Erholung, sich dann und wann unter Menschen zu bewegen, die ihr Leben leicht nehmen, die dieser vergänglichen Welt nicht allzu viel Bedeutung beimessen und nicht so vollständig in der Sorge um die Erhaltung ihres Daseins aufgehen, dass sie keine Zeit und Kraft für den Genuss des Lebens selbst übrig haben.«

Mit solchen Gefühlen verabschiedet sich Freya Stark von ihrem lurischen Führer, »[ich] gab ihm, was ich noch an Kleingeld besaß, und ritt hinab in das Land der Automobile, wo ich um einen Wagen nach Kermanshah telefonierte«. Das Abenteuer Luristan ist – zunächst jedenfalls – beendet.

Eine Schatzkarte

Doch so rasch lässt das geheimnisvolle, wilde Luristan die Engländerin nicht los: Bereits wenige Monate später lernt sie in Bagdad einen jungen Mann kennen, der ihr eine geradezu »märchenhafte« Geschichte auftischt, die – so unglaubwürdig sie auch erscheinen mag – Freya Stark in ihren Bann schlägt. Bei einer Abendgesellschaft wird sie von jemandem gefragt, was sie denn zu einer Schatzsuche in Luristan sagen würde? Sie erwidert spontan: »Mit dem größten Vergnügen!« Ihr Gegenüber meint: »Ausgezeichnet. Morgen stelle ich Ihnen Ihren Komplizen vor.« Die Sache nimmt ihren Lauf. Freya Stark erinnert sich:

»Der Komplize war ein junger Lure von etwa achtzehn Jahren, der in früher Kindheit in die Stadt gebracht und dort erzogen worden war. Der Erziehungsprozess war indessen, wie es mir vorkam, nicht sehr tief gegangen. Er hatte sich im Wesentlichen auf die Bekanntschaft mit Arrak und Zigaretten beschränkt, auf ein europäisches Hemd ohne Kragen und den leidenschaftlichen Wunsch, einmal in Ferangistan (Europa) leben zu können, mit einer Ferangi-Frau, deren Nationalität nach der Auffindung des Schatzes noch näher zu bestimmen war.

Der Schatz befand sich in einer Höhle in den Bergen. Nun ist, besonders seit dem Aufschwung der Archäologie, noch niemals jemand im Nahen Osten gereist, ohne dass man ihm auf

Schritt und Tritt von vergrabenen Schätzen erzählt hätte. Es braucht nur irgendwo eine einzige Goldmünze – oder auch eine Kupfermünze, wenn sie nur wie Gold aussieht – gefunden zu werden, um das Erzählertalent eines ganzen Bezirks in Bewegung zu setzen. So stand ich der Nachricht von dem Schatz skeptisch gegenüber. Als die Geschichte aber nach und nach ins Detail ging [...], kam ich doch zu einer positiveren Einstellung [...]: es war offenbar ›etwas daran‹.«

Der junge Lure erzählt der Engländerin eine Geschichte, die zunächst wie aus *Tausendundeiner Nacht* erscheint. Doch Freya Stark lässt sich wie eine Traumwandlerin auf die orientalischen Fantasien ein: »Vor einigen Jahren nun hatte ein Stammesgenosse dem Burschen eine Geschichte erzählt: Er sei hoch im Gebirge vom Sturm überrascht worden und habe in einer der Höhlen Schutz gesucht [...]. Da habe er ganz in der Tiefe etwas schimmern sehen und zwanzig Kisten mit Goldschmuck, Dolchen, Münzen und Götterfigürchen gefunden. Soviel er in den Falten seiner Abba [Umhang] unterbringen konnte, habe er mitgenommen und seinem jungen Herrn ein halbes Dutzend Dolche und eine Handvoll Juwelen gebracht. Hasan sei nie selbst dort gewesen, er kenne aber den Platz. Er habe eine Skizze, die er mir zeigen wolle. Da er aber von dem Wert der Sachen nichts verstehe und auch nicht wisse, wie er das Ganze allein aus Persien und dem Irak herausschaffen solle, brauche er einen zuverlässigen Engländer, der ihm helfen könne.«

Die Sache scheint relativ einfach zu sein (nur der Weg dorthin, durch das von Räubern wimmelnde Luristan, ist es nicht). Doch natürlich hat auch diese Schatzsuche einen »Haken«. Freya Stark berichtet: »Als der Stammesmann seinerzeit die erste Beute gemacht hatte, hatte Hasan die Sachen und auch die Skizze seinem besten Freund und Schulkameraden gezeigt und zur Aufbewahrung übergeben. Der Freund zeigte alles seinem Vater, einem angesehenen Araber aus Mosul und früheren Wesir. Dieser bemächtigte sich des Fundes und weigerte sich nicht nur, die Beute herauszugeben, sondern verlangte auch eine Teilhaberschaft an dem, was sich noch in den Bergen befand. Dieser Mann werde alles tun, was in seiner Macht stand, meinte Hasan, um zu verhindern, dass jemand ohne seine Zustimmung dorthin gelange […].«

Trotz aller Bedenken von Freya Starks Bagdader Freunden, trotz der Absurdität der Geschichte, trotz der offensichtlichen Gefahren, in die sie sich begäbe: Die Engländerin hat Blut geleckt, sie will sich nicht mehr davon abbringen lassen und erteilt bereits die nötigen Anweisungen: »Ich erklärte, ich wolle alles tun, um dorthin zu gelangen, Hasan sollte zwei oder drei Tage nach meiner Ankunft zu mir stoßen, wir wollten forttragen, soviel uns möglich war, und dann gemeinsam beraten, wie man die Verbindung mit einem Museum und mit der persischen Regierung aufnehmen konnte.«

Um etwaige Verfolger in die Irre zu leiten, will Freya Stark vorausreisen, Hasan soll ihr folgen. »Er brachte mir die Skizze: ein schmutziger Fetzen Papier, auf dem ein mit Bleistift gezeichnetes Oval die Gärten des Stammes vorstellen sollte. Ein Fußweg führte in ein Tal und von dort wieder aufwärts. Er folgte einem Höhenzug und endete nach Überquerung von zwei Gießbächen an einem dritten, wo in einer Höhle, vor deren Eingang fünf Terpentinpistazien standen, der Schatz verborgen lag.« Mit solch spärlichen Hinweisen ausgestattet, macht sich Freya Stark im Automobil auf den Weg Richtung persische Grenze. Begleitet wird sie von einem alten persischen Führer, der eher einem Bettler denn einem Ortskundigen ähnelt und zudem eine Neigung zum philosophierenden Bramarbasieren hegt.

Sie kommen zur scharf bewachten persischen Grenze und versuchen, möglichst harmlos auszusehen. Mit geradezu diebischer Freude erinnert sich Freya Stark:

»Der große und nahezu einzige Vorzug, den man genießt, wenn man eine Frau ist, besteht darin, dass man sich immer als dümmer ausgeben kann als man ist, ohne dass sich jemand wundert. Als die Polizei in Badrah unsern Wagen anhielt und fragte, wo wir wohnten, sagte ihnen der Fahrer, der es nicht wusste, sie sollten die Dame fragen.

›Das hat keinen Sinn‹, sagte der Polizist. ›Es ist eine Frau.‹

›Richtig‹, sagte der Fahrer. ›Aber sie weiß alles. Sie spricht Arabisch.‹

Der Polizist fragte mich. Ich hatte nicht die leiseste Idee, wo wir übernachten sollten, und sah ihm mit einem idiotischen Lächeln ins Gesicht, das er ganz natürlich fand.«

Der Polizist, der sich von der Dämlichkeit der Frau und der Harmlosigkeit der Reisegruppe überzeugt hat, winkt sie einfach durch.

Schwierigkeiten gibt es bei der nächsten Zollstation. Freya Starks Führer hat seinen Pass verloren. Doch sie wissen sich zu helfen: Ein Schmuggler und Fälscher bietet sich an. Nach ein paar Stunden kommt er mit einem Pass wieder, der zwei Toman (etwa zwei Euro) kostet: »Er [der gefälschte Pass] war aus gelbem Papier, trug fünf Stempel und war ein in jeder Hinsicht eindrucksvolles Dokument. Der Nachmittag war schon fortgeschritten, und Fragen sind in derartigen Fällen nicht ratsam. Wir brachen also ohne viele Umstände auf und suchten im letzten Tageslicht durch dichtes Unterholz den Weg zur Zollstation.« Anstandslos werden sie auch hier durchgewinkt.

Sie fahren nach Luristan, müssen bald vom Automobil auf Maultiere wechseln. Sie übernachten in mitgebrachten Zelten, manchmal werden sie von Nomaden eingeladen. Einmal, als sie bei einer lurischen Hirtenfamilie nächtigen, tobt draußen ein Sandsturm. Das heftige Brausen, aber auch die Neugier der lurischen Frauen hindern die Engländerin am Schlaf: »Als ich mich entkleidet und gewaschen und, zu ihrem schaudernden Entzücken, die Wirkung meiner Cold Cream an den Gesichtern zweier junger Frauen versucht hatte, blieb ich in Einsamkeit und Finsternis zurück, während der Sand in Schauern durch das trockene Laub des Daches zu meinen Häuptern rieselte. [...] Am Morgen sah ich sehr früh hinaus und entdeckte dort drei Haufen rötlicher Erde, die vor meiner Hütte lagen. Im wachsenden Licht lösten sie sich auf in die schlafenden Gestalten meiner Gefolgsleute, die unter dem Wüstensand halb begraben lagen.«

Auf Schmugglerpfaden gelangen sie über den Gildar-Pass. Von der Höhe blicken sie »über ein unwirtliches Land, ein Chaos von Gesteinsschichten und Mulden. Die flachen Höhenzüge, die sich friedlich über den Grund eines vorzeitlichen Meeres erstreckt hatten, waren gewaltsam nach oben getrieben und in seltsame Lagen geschleudert worden, waren bedeckt mit schwarzen Muschelfossilien, die den Meeresboden bewohnt hatten, und in öde Täler, zerklüftet durch Gewässer, die im Frühjahr zerstörend hinabstürzen, im Sommer aber versiegen und nur da und dort Salz und ungenießbare Quellen hinterlassen.« Das Land ist abweisend, feindlich, beinahe möchte Freya Stark das Unternehmen entmutigt abbrechen. Aber ihr eiserner Wille und die Gier nach dem verheißenen Schatz treiben sie weiter, aller besseren Vernunft zum Trotz.

Sie kommt über Höhenzüge und durch Schluchten, durchquert versteppte Ebenen und gelangt zu spärlichen Oasen, verschilften Wasserlöchern und teils ausgetrockneten Flussläufen, an denen Nomaden ihre Zelte aufgeschlagen haben. Meist wird sie von den lurischen Stämmen, die untereinander häufig verfeindet sind (obgleich sie seit Jahrhunderten gar nicht mehr wissen, was die Ursache der vererbten Fehden war), gastfreundlich aufgenommen. Die Menschen in Luristan, meist bitterarm, teilen mit der Fremden aus England das wenige, das sie besitzen, ohne große Worte darum zu machen und ohne irgendeinen Vorteil daraus zu ziehen.

Der Weg führt über Stock und Stein – im wörtlichen Sinn –, und nicht immer geht es ohne Stürze und Schürfwunden ab. Einmal fällt der persische Führer, den Freya Stark etwas abfällig den »Philosophen« nennt, zusammen mit seinem Gaul in eine Schlucht, wie die Engländerin mit britischem Understatement beschreibt: »Seine Mähre, ein bösartiger Grauschimmel, der auf einem Auge blind war, war bei unserem Abstieg vom Gildar-

Pass den Hang hinuntergerutscht, der Hang war nicht ganz senkrecht, und das Tier rutschte auf allen vieren, während der Schmuggler sich hinten angehängt hatte, den Schwanz als Steuerruder benutzend. Das Unternehmen fand sein Ende auf dem Grund einer kleinen Schlucht, nicht zum Schaden, aber zur erheblichen Überraschung aller Betroffenen; […] als wir uns am anderen Morgen wieder auf den Weg machten, waren seine Meditationen leicht melancholisch gefärbt.«

Ein archaisches Land

Das Land, durch das sie reiten, ist wie aus einem vorzeitlichen Mythos. Der persische Staat und die islamische Religion haben sich nur als ein Schleier darüber gelegt. Wer es versteht, diesen leichten Besatz zu lüften, blickt in ein archaisches Gesicht von Land und Leuten. »Wir begegneten«, erinnert sich Freya Stark, »jetzt Menschen, Malikschahs in ihren Filzkleidern, den Turban um die Mütze gewunden, die Schärpe, in der der Dolch steckte, über der Abba. Sie trugen das Haar noch lang, und die Delila [Weisung] der Regierung, die den persischen Stämmen die Locken schert, hatte sie offenbar noch nicht erreicht. Unsere Schmuggler erzählten, dass Polizisten diese Straße so gut wie nie nehmen.« Das Leben der Luren vollzieht sich nach archaischen Gesetzen, die Decke der Zivilisation ist dünn und löcherig und schützt allenfalls die Mitglieder der eigenen Familie und des eigenen Stammes. Das muss auch Freya Stark erkennen. Einmal begegnet sie am Rande einer Zeltsiedlung der Nomaden einem Mann, der etwas außerhalb haust. Er ist von einem anderen, weit entfernten Stamm und wird hier nur geduldet. Doch hinter dem abgerissenen Äußeren des Mannes verbirgt sich eine familiäre Tragödie. Freya Stark, die Frau aus dem fernen England, wird von ihm als letzte Hoffnung angesehen. Sie erinnert sich nicht ohne Erschütterung: »Es stellte sich heraus, dass dieser Mann einen kleinen Sohn von ungefähr zehn Jahren hatte, der vor acht Wochen von einer Schlange gebissen worden war. [...] Ich kletterte mit ihm zu einer Gruppe von Zelten hinauf, und dort, in einem Kreis lärmender Besucher, lag auf dem Erdboden das kranke Kind, das sich mit aller Lebenskraft seines Alters gegen ein Siechtum wehrte, das einen europäischen Erwachsenen schon längst dahingerafft hätte. [...] Das Gift hatte sich dann aufwärts gezogen, und erst war die Hand, dann der Unterarm weggefault, so dass vom letzteren nur noch der Knochen im Gelenk hing. Jetzt hatte das Gift auch den Oberarm bis zur Schulter hinauf angegriffen, und die Nachbarn hatten diese geschwollene Masse rohen Fleisches mit einem Brei fauliger Eichenblätter und einem schmutzigen Leinenfetzen bedeckt. [...] Ich gab ihm höchstens noch zwei Tage zu leben, tat aber, was ich konnte, indem ich den Arm, von dem ich jede Spur des Laubumschlages entfernt hatte, mit einer starken Permanganatlösung wusch.«

Der Anblick bitterer Armut, schicksalhaft hingenommenen Leids, vermischt mit unverschuldeter Unwissenheit, bringt die Reisende oft genug an ihre psychischen und physischen Grenzen. In langen Tagesritten und -märschen nähern sie sich mühsam dem Ort, an dem laut der Kartenskizze der ominöse Schatz verborgen sein soll. Doch immer wieder müssen Freya Stark und ihre beiden Begleiter Um- und Irrwege in Kauf nehmen. Die Pferde erweisen sich als sture, lahme Mähren, und manche der desillusionierten Einsichten Freya Starks gleichen alten (und chauvinistischen) Weisheiten des Orients: »Ein widerwilliges Pferd, ein Kind, das sich mitziehen lässt, und eine Frau, die darauf besteht, ihre Beweggründe auseinanderzusetzen, sind die drei Dinge auf der Welt, die am ehesten geeignet sind, einen Menschen aufzureiben.«

Sie nächtigen bei Nomaden, müssen sich vor Dieben und Wegelagerern in Acht nehmen, versuchen das Vertrauen der Einheimischen zu gewinnen und sie günstig zu stimmen, denn ohne deren Ortskenntnisse und vor allem ohne deren Einverständnis würden sie nie lebend aus dem Labyrinth Luristans, wohin nicht einmal der lange Arm des Teheraner Gesetzes hinlänglich reicht, herauskommen. Da tut es gut, einmal, mitten in der Gebirgswüste, ein Bad nehmen zu können, das die freundlichen Nomadenfrauen bereiten: »Die Frauen des Stammes brachten einen Kessel zum Sieden des Wassers und verhängten mitten in dem Zelt, in dem sie saßen und wo sie aus schwarzer Ziegenwolle Seile drehten, einen Platz mit Decken. Eine Kupferschale wurde gebracht, in die ich mich stellen musste, und eine zweite Schale, mit der ich mir das heiße Wasser über den Leib gießen sollte. Dann zogen sie sich zurück, kehrten aber bald wieder, sahen gespannt über den Rand des Vorhangs, als ich wehrlos war, und murmelten unter vielen ›Allah sei gelobt!‹, wie weiß und weich meine Haut doch sei, während sie zugleich die Ärmel ihrer Gewänder zurückschlugen, um mir den Gegensatz zu ihrer dunkleren Haut begreiflich zu machen.«

Freya Stark ist eine pragmatische Frau, und obwohl sie im Innersten hofft, den sagenhaften Goldschatz heben zu können, hält sie auch stets Augen und Ohren offen, um unversehrte Gräber aus der Bronzezeit (und vor allem deren kultische Beigaben) aufzuspüren. Die Einheimischen, so ihre Einschätzung, wissen mehr, als sie einer westlichen Reisenden verraten wollen. Denn die inoffiziellen Antiquitätenhändler, Schmuggler und Hehler bieten ein Vielfaches von dem, was Freya Stark aus ihren Mitteln bezahlen kann, und vieles, das besser in die Museen gehörte, wird auf dem Schwarzmarkt teuer verhökert (wobei die Gräber nur geplündert, aber nicht wissenschaftlich ausgewertet werden). Freya Stark jedenfalls scheut keine Mühen, die Einheimischen zu umgarnen und ihnen ihre kleineren und größeren Geheimnisse zu entlocken. Sie nimmt es sogar in Kauf, von einem Rudel halbwilder Hunde angefallen zu werden, die ihr die Kleider zerfetzen und ihr Bisswunden zufügen. Ihr trockener englischer Kommentar: »Die Besucher vor den Hunden zu schützen, ist eine der vornehmsten Pflichten des Gastgebers. Ich war immer zerstreut und verursachte gerade dadurch, dass ich mich von Natur aus vor Hunden nicht fürchtete, dauernde Ungelegenheiten.«

Über steile Bergpfade, vorbei an fast senkrecht abstürzenden Schluchten, gelangt die kleine Truppe zu den letzten Vertretern des Stammes der Larti und Hindimini, die sich noch lange der Islamisierung widersetzt und sich deshalb in einsame, schwer zugängliche Gebirgsregionen zurückgezogen hatten. Archaisch muten die Wohnverhältnisse der Larti an, doch hinter der romantischen Ursprünglichkeit stecken kaum verborgen nur Armut und Schutzlosigkeit: »Droben wohnte jede der Larti-Familien um eine Eiche geschart, deren Krone ein natürliches Dach bildete, deren Äste als Garderobe und Speisekammer zugleich dienten, während die Wände von einer Palisade aus geflochtenem Schilf gebildet wurden. Eine einfachere Form der Behausung war nicht zu denken, und auch die Bewohner waren einfache Menschen, die in Lumpen gekleidet gingen. Um die Kinder flatterten diese Fetzen mit jener der Naturgesetze spottenden Freiheit, die man auf den Bildern von Göttern und Göttinnen bewundert, wobei man sich immer fragt, wie es kommt, dass das Zeug sich überhaupt am Leibe hält.«

Schließlich kommen sie ins Gebiet von Lakistan, das »blau und lockend […] in der Ferne« liegt. Doch von einem ihrer Begleiter wird Freya Stark gewarnt: »›Die Frauen sind dort grausamer als bei uns die Männer‹, sagte er. ›Als sie im vergangenen Jahr mit der Regierung im Krieg lagen, bekam eine von ihnen ein Kind. Als ihr Mann das Kind sehen wollte, rief sie: ›Das ist keine Zeit für Kinder!‹, packte es bei den Füßen und warf es gegen den Felsen. Viele von ihnen verstehen mit dem Gewehr umzugehen und ziehen als Krieger mit ihren Stämmen aus.‹« Trotz dieser offenen Warnung ihrer lurischen Begleiter, die auch nicht eben für ihre Zimperlichkeit bekannt sind, will Freya Stark nach Lakistan weiterziehen. Zuerst jedoch gelangen sie zu einem kleinen Dorf der Hindimini, einer ebenfalls seit Jahrhunderten in kultureller Bedrängnis und Zurückgezogenheit lebenden Volksgruppe. Zunächst wird Freya Stark dem dörflichen

Derwisch vorgestellt, der sie mit »noch aus prä-islamitischen Tagen stammender Überlegenheit« mustert und sie fragt, was sie als Engländerin denn hier, in diesem fernen Land, zu suchen habe? Warum er als Nomade denn reise?, fragt Freya Stark zurück. »›Um zu betrachten‹, sagte er. ›Wir sind alle auf der Reise‹, bemerkte ich, ›auch wenn wir zu Hause bleiben.‹« Damit ist das Eis gebrochen: »Dieser philosophische Beitrag wurde mit beifälligem Gemurmel aufgenommen, und ich wurde akzeptiert als ein Mensch, mit dem eine vernünftige Unterhaltung nicht unmöglich war.«

In der Nähe des Dorfes, so hat Freya Stark erfahren, soll es alte Gräber geben, »aber der Herr des Zeltes hielt sie für mohammedanisch und schien den Gedanken eines Sakrilegs zu scheuen. Die Stadt der Ungläubigen, sagte er, liege drunten in der Schlucht.« Die Ungläubigen: Das sind aus Sicht der Mohammedaner nicht nur die Christen, sondern auch die frühzeitlichen Bewohner dieses Landes, und nach eben deren Relikten ist Freya Stark auf der Suche. Also überredet sie die Hindimini, sie dorthin, zu den Gräbern der »Ungläubigen«, zu führen.

Anderntags geht es zu den nahen Ruinen einer untergegangenen Stadt, dort finden sich auch mehrere Begräbnisstätten. Sofort machen sich Freya Stark und ihre angeheuerten lurischen Helfer an die Arbeit. Sie stoßen auf ein unversehrtes Grab und heben den steinernen Deckel: »Mit Stöcken und mit den Fingern, damit uns ja kein Schatz entginge oder in seiner Lage verändert würde, legten wir nun das Skelett frei, das genau wie diejenigen der Larti ausgestreckt in seinem Grabe lag, den Kopf auf die Seite gedreht, die Füße nach Südosten, aber sonst war nichts zu finden. Ein paar unglasierte Tonscherben; ein Stück Mörtel, das offensichtlich nicht aus prähistorischer Zeit stammen konnte […].« Die Freude der Hobbyarchäologin ist gedämpft: Ein frühes Grab sicherlich, vermutlich sogar aus der Bronzezeit (der Hinweis auf die Lage des Körpers beruhigt die Luren, denn ein muslimisches Grab, in dem die Bestatteten in Richtung Mekka liegen, dürfte so nie »geschändet« werden) –

doch keine wertvollen Beigaben, schon gar keine Artefakte aus Bronze. Auch die einheimischen Helfer sind enttäuscht: Wenn es sich schon um das Grab eines »Ungläubigen« handelt, so erwarteten sie doch, dass aus dem Schädel Hörner wachsen, denn dies, so die Überlieferung, sei bei jenen vormohammedanischen Urbewohnern Luristans der Fall gewesen. Eine andere Grabung wenige Tage später zeitigt das gleiche magere Ergebnis. Diesmal jedoch entwendet Freya Stark den Schädel und wickelt ihn in den Burberry (Regenmantel) ihres lurischen Führers, »sehr zum Leidwesen meines Philosophen, der sich seines Festkleides beraubt fühlte«.

Sie reiten weiter. Überraschend taucht in dem dünn besiedelten Gebiet, das sich störrisch gegen die Zentralgewalt Teherans wehrt, ein kleiner Trupp Polizisten auf, die von der Fremden aus England, die auf der Suche nach bronzezeitlichen Schätzen ist, durch Gerüchte erfahren und sie seit Tagen gesucht haben. Freya Stark zeigt ihren britischen Pass, was den Anführer der Polizisten immerhin etwas beeindruckt. Dann lädt sie den Offizier ein, »auf dem gegenüberliegenden Zipfel meines Teppichs Platz zu nehmen. Das Zelt, das wollte ich zu verstehen geben, gehörte für den Augenblick mir, er sei mir aber als Gast durchaus willkommen.« Der Offizier stellt der Reisenden, die er für eine Spionin hält, Fragen nach dem Woher und Wohin, und was sie denn in Luristan suche? »Er warf«, berichtet Freya Stark, »einen Seitenblick auf meine Satteltasche. Ob er sehen wolle, was ich gefunden hatte, fragte ich. Wir hatten an drei verschiedenen Stellen gegraben, aber ich hatte nichts von Interesse mitgenommen als einen Schädel. Der Leutnant, der immer mehr in Verwirrung geriet, sah mit langem Gesicht zu, als das Stück aus meinem Burberry gewickelt wurde. Ich reichte es ihm hin. Ich wolle es, erklärte ich ihm, in das Irak-Museum bringen, wo man sich auf solche Dinge verstehe.« Schließlich kann Freya Stark den Offizier beruhigen und seinen Verdacht, sie sei eine Spionin, ausräumen: »[…] kein Motiv konnte an einem Menschen verwunderlich erscheinen, der mit einem Schädel reiste.

Er hörte mich an, während ich versuchte, ihn in die historischen Probleme seines Landes einzuführen [...].« Der Offizier lässt die skurrile, anscheinend etwas verwirrte Engländerin ziehen. Die Schatzsuche kann weitergehen – so zumindest glaubt Freya Stark vorschnell. Denn die Polizei lässt noch nicht von ihr ab ...

Die Suche nach dem Schatz

Nachts liegt Freya Stark schlaflos in ihrem Zelt unter dem prächtigen Sternenhimmel und überlegt sich eine Taktik, wie sie möglichst unauffällig (und lebend!) zu dem auf der Skizze angedeuteten Schatz kommen könnte. Hasan, von dem sie den Hinweis bekam, sitzt in Bagdad fest; seinem Feind, dem Wesir, ist es gelungen, ihn an der Ausreise aus dem Irak zu hindern. Also kann sie von dieser Seite auf keine Hilfe bei der Suche und dem Abtransport des Schatzes hoffen. Auch von ihrem Diener, dem Möchtegern-Philosophen, kann sie keine Unterstützung erwarten: Er begnügt sich mit Bramarbasieren und scheinklugen Kommentaren. Sie muss selbst, am besten ganz allein, die Expedition wagen, gegen die Unbill der Wildnis, die Gefahren durch Wegelagerer und unter Täuschung der sie beobachtenden Polizei. Nach einer schlaflosen Nacht steht ihr Entschluss fest: »Mein Herz hob sich. Für ein paar Stunden gab ich mich wieder der Hoffnung hin, das Schatztal aufsuchen und dazu den Fluss überschreiten zu können. Am anderen Morgen wies ich Schah Riza [den Diener] an, die Pferde zu satteln.« Der behauptet, es gebe im Lager der Nomaden keine Pferde. Ungläubig starrt Freya Stark ihn an. Nach einem Wortgefecht mit ihrem Diener, der offensichtlich nur nicht den gefährlichen Trip wagen will, mischt sich ein Anführer der Nomaden ein: »Du sollst so viele Pferde haben, wie du willst. Schließlich sind es meine Pferde. Und morgen werden wir dich nach Tarhan bringen, wenn du möchtest, ohne Rücksicht auf das, was andere

Leute sagen.« Freya Stark atmet auf. Doch kurz darauf, als sie dem Nomadenanführer das Ziel ihrer Expedition nennt, nämlich in den gefährlichsten Teil Lakistans zu gehen, zieht der seine Zusage zurück, »das werde er nicht riskieren, selbst wenn er fünf Stammesleute als Verstärkung mitbekäme«.

Nun bleibt Freya Stark nichts anderes übrig, als ausgerechnet einen ihrer Gegner, die Polizei, demütig zu bitten, sie auf ihrer Expedition zu begleiten. Sie schreibt ein Brieflein an den tags zuvor abgeschüttelten Offizier – und der reagiert umgehend und zu ihrer Überraschung gentlemanlike: Einer seiner Polizisten, ein junger Mann, werde sie begleiten, der Expedition (deren wahres Ziel Freya Stark freilich verschweigt) stehe nichts im Wege. Fieberhaft bereitet sie sich vor: »Am anderen Morgen zog ich mich vor Tagesanbruch in der üblichen Weise an, nicht ohne kleine Abänderungen an meiner Ausrüstung. Ich leerte den Kartenbehälter, den ich um die Hüften trug, und ersetzte seinen gewöhnlichen Inhalt durch eine Taschenlampe, eine Kerze, eine Schachtel Streichhölzer und ein kräftiges Messer, das geeignet war, Schatzkisten zu öffnen, wenn wir auf solche stoßen sollten. Einen kleinen Kopfkissenbezug, der sich unter meinen Sachen fand, steckte ich unter dem Rock fest. Und dann betrachtete ich noch einmal die Bleistiftskizze und versuchte, sie mir fest einzuprägen. Wenn das Glück mir günstig war und es mir gelang, den Polizisten und die Stammesleute loszuwerden und die Höhle zu entdecken, war ich gerüstet, unbeobachtet ein paar Proben von dem Schatz mitzunehmen. Sie würden jedenfalls ausreichen, um ein Museum oder einen Kenner zu interessieren.«

Dann geht es endlich los: Der »Philosoph« wird zurückgelassen, was dieser mit Erleichterung aufnimmt. Dafür begleiten der junge Polizist, der Nomadenführer und zwei seiner Knechte die wagemutige Schatzsucherin. »Sie waren alle zu Fuß, denn die Straße galt als schwierig. Nur für mich stand die graue Stute bereit. Ein Wassersack, der am Sattelknopf hing, musste für den Tag ausreichen.« Freya Stark spielt ein doppeltes Spiel: Sie darf ihr wahres Ziel nicht verraten, und sie muss versuchen, im entscheidenden Augenblick, bevor sie die Schatzhöhle erreicht, die anderen abzuschütteln: »Ich hatte die Stammesleute vorbereitet, indem ich ihnen erzählte, ich hoffe, auf der Höhe die Ruinen einer Befestigung aus der Zeit Nuschirwans zu finden, so dass sie, wenn es mir nicht gelang, sie ganz loszuwerden, nach den Trümmern suchen würden, während ich nach der Höhle Ausschau hielt [...].« Sie machen sich auf den beschwerlichen Weg. Es geht durch unwegsames, steiles Gelände, über bröckelndes Kalkgeröll. Freya Stark nimmt das gewieft in Kauf: »Das Pferd kam hier nicht recht voran. Der weiße Fels bröckelte unter seinen Hufen wie Pulver, und der Pfad nahm keine Rücksicht auf die Steigung. Unter gewöhnlichen Umständen wäre ich abgestiegen. Mein Plan war aber darauf aufgebaut, dass ich meine Begleitung erschöpfte, während ich selber frisch blieb, und so blieb ich sitzen und sah die Männer mit dem leichten Schritt des Älplers den Berg hinansteigen.«

An einer Engstelle, die bei den Nomaden verrufen ist, weil dort oft Räuber lauern, springt tatsächlich ein Mann hinter einem Felsen hervor und hastet die kleine Schlucht hinunter. Der Polizist greift nach seinem Gewehr und feuert, verfehlt den Flüchtenden jedoch. Voller Abenteuerlust schreibt Freya Stark: »Es war, wie ich bei mir dachte, das erste Mal in meinem Leben, dass ich einen Briganten sah, und ich kann nicht behaupten, dass ich etwas anderes empfand als eine angenehme Erregung. Ein Stück die Straße hinunter hatte sich eine kleine Bande von ihnen eingenistet, und unser Polizist, Sa'id Scha'far und Ali näherten sich ihnen schnell, aber mit Vorsicht, als ob sie erwarteten, beschossen zu werden.« In der Engländerin regen sich romantische Gefühle: »Ich hielt mein Pferd unter einem kleinen Dornbaum an und beobachtete die Operationen wie das Edelfräulein einer mittelalterlichen Romanze in der Hoffnung eines Gefechtes.« Doch die Briganten treten die Flucht an, das erhoffte Gefecht bleibt aus. Die kleine Karawane setzt ihren Weg fort. Angestrengt betrachtet Freya Stark die Gebirgsformationen und sucht sie mit den spärlichen Angaben auf der Schatzkarte in Einklang zu bringen. Sie ist sich nicht sicher. Die topografischen Anhaltspunkte sind karg und ähneln sich. Endlich glaubt sie in unmittelbarer Nähe des Hortes zu sein. Nun heißt es, die anderen abzulenken: Nach einer kleinen Teepause »übergab ich ihnen ein Päckchen Zigaretten und bemerkte, da sie zu Fuß hatten gehen müssen, während ich geritten war, dürften sie sich nun auch ein wenig ausruhen, während ich für mich allein eine kleine Wanderung antrat, um mich nach den Ruinen umzusehen. Wenn sie Lust hätten, könnten sie später nachkommen.« Ihre Begleiter schöpfen keinen Verdacht. »[…] die Gegend«, so beruhigt Freya Stark sie, sei »sicherlich nach den Ereignissen des Vormittags für acht Tage von Banditen gereinigt […]. Dann begann ich zu laufen, so rasch ich konnte. Im Nordwesten musste das Wadi des Schatzes liegen.«

Sie ist allein, unbeobachtet, bis hierher scheinen sich auch keine Räuber vorzuwagen. Nur ein paar Steinböcke besiedeln die Bergeinsamkeit und jagen erschrocken davon, als die wagemutige Engländerin in ihr Revier einbricht. Hastig, so rasch das schwierige Gelände es zulässt, durcheilt Freya Stark die Geröllhänge. Sie hat nur zwei Stunden Zeit. Benötigte sie länger, würden ihre Begleiter besorgt nach ihr fahnden und damit die gesamte Schatzsuche verderben.

Fiebrig sucht sie das unübersichtliche, abweisende Gelände ab, die Schatzkarte im Gedächtnis eingeprägt. Doch sie findet sich, obwohl sie weiß, dass sie in der richtigen Gegend sein muss, nicht zurecht: »Hier musste eigentlich der Schatz liegen. Ein schwarzer Felsen sollte von links überhängen, wenn man hinabstieg. Eine Gruppe von vier Terebinthen und eine Eiche sollten den Eingang markieren. Zwischen dem Felsen und den Bäumen sollte dann die Pforte zur Schatzhöhle liegen.« Sie hastet über das Geröll, an Felsen und Krüppelbäumen vorbei, aufgeregt und erschöpft gleichermaßen, »meine Knie und meine Hände zitterten«. Sie steigt, nein, fliegt beinahe eine Schlucht hinunter, weil sie dort unten eine Höhle vermutet, alle Vorsicht außer Acht lassend: »In fünf Minuten war ich eine Strecke hinabgeklettert, die mich beim Aufstieg das Vierfache an Zeit kosten musste. Und die Schlucht wurde immer schwieriger. Und es wimmelte von schwarzen Felsen, die mich mit Öffnungen möglicher Höhlen narrten.« Stundenlang irrt sie in der flirrenden Hitze umher, wird von Fliegenschwärmen, die sich auf ihre Augen und Lippen setzen, gequält, lässt sich mehrmals von Felsformationen täuschen, die sich dann doch nicht als die erhoffte Schatzhöhle offenbaren. Sie sieht den Begleiter Husein näherkommen, der sich aufgemacht hat, sie zu suchen. Sie verbirgt sich hinter einem Felsen, da sie sich noch nicht geschlagen geben will.

Schließlich macht sie sich doch auf den mühsamen Weg zurück, zum Rastplatz ihrer Begleiter. Beschämt muss sie sich ihr Scheitern eingestehen: »Das war das Ende der Schatzsuche. Und was in der Berghöhle ruhen mag, bleibt noch immer ein Geheimnis.«

Sie wandern zurück zum Lager der Nomaden. Immerhin hat Freya Stark ihren lurischen Begleitern den wahren Beweggrund ihres Ausflugs verhehlen können. Freilich schrickt sie zusammen, als einer der Nomaden sie unterwegs fragt, ob sie denn die Höhle gesehen habe? »Welche Höhle?«, fragt sie entsetzt zurück. »Ganz drüben auf der andern Seite, eine große Höhle in der Nähe des Flusses«, erhält sie zur Antwort. Sollte es sich um die Schatzhöhle handeln? Soll sie umkehren, auch wenn die anderen Verdacht schöpfen? Doch schon schiebt ihr Begleiter die Erklärung nach: »Es ist eine große Höhle, aber es ist nichts drin.«

»Und das«, schließt Freya Stark ihren Bericht von der Suche nach dem sagenhaften lurischen Goldhort, »war das Letzte, was ich von dem Ort des Schatzes hörte, bevor ich nach Bagdad zurückkehrte.«

Doch sie ahnt, dass ihr Gegner in Bagdad, der ebenfalls auf der Suche nach dem legendären Schatz ist, sie weiterhin verfolgt und ihr vielleicht gar nach dem Leben trachtet (erst später erfährt sie, dass er sechs Schergen, denen er ein reichliches Kopfgeld versprach, ausgesandt hatte, um die englische Schatzsucherin auszuschalten). Also ist sie klug genug, für die Rückreise nach Bagdad eine andere, weiter südlich gelegene Route zu wählen. Sie kommt durch die einsamen, pittoresken Wälder von Aftab und kann sich an dem »dichten Gewand von Eichengrün, prächtigen, vom Sonnenlicht gesprenkelten Baumkronen« kaum satt sehen. Die Waldeinsamkeit inspiriert die romantisch veranlagte Engländerin zu unzeitgemäßen und doch überzeitlich gültigen philosophischen Betrachtungen:

»Einsamkeit […] ist ein tiefes Bedürfnis des menschlichen Gemüts, dem unsere Sitten niemals Rechnung tragen. Man betrachtet die Einsamkeit als eine Bußübung oder Strafe, nie aber als unentbehrlichen Bestandteil eines gesunden Lebens, das sie doch ist, und diese mangelnde Anerkennung verursacht die Hälfte unserer privaten Schwierigkeiten. […] auch unsere moderne Erziehung nimmt keine Rücksicht auf das Bedürfnis nach Einsamkeit. Daher der Verfall der Religion, der Literatur, die Verderbtheit aller tieferen Gemütsregungen: eine krankhafte Sucht, immer etwas zu tun, als ob man niemals ruhig sitzen und das Marionettentheater vor sich abrollen sehen könne. Eine Unfähigkeit, sich dem Wunder und dem Geheimnis hinzugeben, während um uns, wie eine Welle, die uns zu neuen Ufern trägt, die Weltgeschichte sich entfaltet.«

Sicherlich, sie hat den Schatz nicht gefunden und ist nach bürgerlichen Maßstäben des Erfolgs und der pekuniären Bereicherung gescheitert. Aber sie ist reif geworden für die Wunder, die sich ihr am Wegesrand bieten, und für das Wunder in ihr, das Schauen der Einsamkeit und das Lauschen auf die Stille. Mit solch tröstlichen, bereichernden Gedanken langt sie schließlich in Bagdad an und ist bald wieder vom Trubel des Alltags und der Zivilisation umfangen. Und: Sie ist stolz auf ihre wagemutige Expedition durch das wilde Luristan, denn kurz vor der persisch-irakischen Grenze, in der Region Puscht-i-Kuh, wurde sie vom Gouverneur eingeladen, der der Abenteurerin seine respektvolle Bewunderung zum Ausdruck brachte: »Es ist nicht verwunderlich, dass Ihre Nation so mächtig ist. Bei Ihnen unternehmen Frauen Dinge, an die sich bei uns nicht einmal die Männer heranwagen.«

»Ich sehe mich selbst als eine Pilgerin auf meinem Weg«

Freilich ist ihr auf der vierwöchigen Reise durch Luristan auch bewusst geworden, dass sie das Land und seine Bevölkerung in einem Zustand des Übergangs vorgefunden hat: Sie konnte wohl als eine der Letzten deren Sitten und Gebräuche weitgehend unverfälscht von der Zivilisation beobachten und bewundern. Wenige Jahre später würden die familiären, sozialen und kulturellen Prägungen und Strukturen durch Zivilisation, Politik und westlichen Konsum verdorben sein und zerbrechen. Doch die Luren, wie Freya Stark sie noch kennenlernen durfte, sind Nomaden, die sich den Zwängen von Sesshaftigkeit, Untertanengeist und Utilitarismus noch nicht gebeugt haben: »Ihr Schatz ist die Freiheit ihres Geistes. Verlieren sie diese, so haben sie alles verloren. Und wenn Kultur ein Gleichgewichtszustand ist, in dem ein ungefesselter Geist sich freiwillig unter das Gesetz beugt, so sind Freiheit und Zucht die beiden Säulen, auf denen sie ruht.«

Freya Stark bleibt eine Wanderin zwischen den Welten und Zeiten. In ihrem langen, hundertjährigen Leben unternimmt sie noch etliche Reisen in fremde, oft verschlossene Länder und scheut sich weder vor Gefahren noch vor Strapazen. So erkundet sie das Herkunftsland des Weihrauchs, das südliche Arabien, sie folgt den Spuren der Heerzüge Alexanders des Großen durch Kleinasien, Persien und Afghanistan, sie erforscht Indien, den Irak und Ägypten. Und sie schreibt darüber eine Vielzahl Bücher, die sie berühmt machen und sie bereits zu Lebzeiten zu einer Legende werden lassen. Im Zweiten Weltkrieg dient sie ihrem Vaterland Großbritannien als Beraterin in der Kolonialverwaltung im Jemen, in Ägypten, dem Irak und Indien, wo sie ihre vielfältigen sprachlichen, ethnologischen, soziologischen und historischen Kenntnisse einsetzen kann. Auch nach dem Krieg bereist sie weiterhin die Welt. In Indien lernt sie Mahatma Gandhi und Jawaharlal Nehru kennen. Sie wird zum Ehrendoktor der Universität Glasgow ernannt. Noch mit sechsundachtzig Jahren wagt sich die zähe, kerngesunde Lady, die 1972 von Queen Elizabeth II. in den persönlichen Adelsstand einer Dame erhoben wird, in den Himalaja.

Ihre große Lebensreise geht am 9. Mai 1993 in Asolo in Italien zu Ende, gut drei Monate nach ihrem hundertsten Geburtstag. Über den Sinn des Lebens schrieb die weise alte Dame: »Wir sind in einer Welt von Raum und Zeit, aber wir bewegen uns auf die zeitlose Welt zu. Ich sehe mich selbst als eine Pilgerin auf meinem Weg; alles, was geschehen ist, ist Episode, nicht endgültig. Mir kommen viele Reiseberichte so langweilig vor – sie tun so, als ob Reisen ein höchstes Lebensziel in sich selbst wäre, was es natürlich nicht ist.«

9 Ella Maillart (1903–1997)
Durchs wilde Kirgistan

Moskau, im Juli 1932. Das kulturelle, politische und wirtschaftliche Herz der Sowjetunion wirkt auf viele ausländische Intellektuelle wie ein Magnet. Nicht nur erklärte Anhänger der marxistischen Ideen kommen hierher, um sich in ihren Vorstellungen bestätigen zu lassen (manche freilich mutieren unter dem Erlebten auch zu erklärten Gegnern des Kommunismus). Allgemein bringt man im westlichen Ausland dem sowjetischen Experiment Sympathie und Interesse entgegen. Es sind die Jahre nach dem Ende der blutigen Revolutions- und Bürgerkriegswirren, dem Tod Lenins (1924) und dem Beginn der Alleinherrschaft Jossif Stalins. Noch herrscht – zumindest offiziell – politisches und kulturelles Tauwetter; so jedenfalls wird es den westlichen Intellektuellen vermittelt.

Eine der interessierten Russland-Reisenden ist die Schweizerin Ella Maillart. Die Neunundzwanzigjährige ist nicht nur mit mehreren Reisebüchern hervorgetreten, sondern sie ist auch für die auflagenstarke Pariser Tageszeitung *Le Petit Parisien* unterwegs, um den fernsüchtigen Leserinnen und Lesern Eindrücke aus den abgelegenen Regionen und Republiken der Sowjetunion zu vermitteln. Bereits zwei Jahre zuvor, 1930, war Ella Maillart in Moskau. Dort lernte sie den bekannten Filmregisseur Wsewolod Pudowkin kennen und bereiste anschließend die unzugänglichen, wilden Regionen des Kaukasus und die Halbinsel Krim. Nun, 1932, hat sie die Absicht, nach Innerasien, in die Großregion Turkestan zu reisen, genauer: in die Länder

Kasachstan, Kirgistan und Usbekistan. Sie gehören als eigenständige Republiken zur Sowjetunion. Zentralasien mit seinem überwiegend muslimisch geprägten Völkergemisch ist zwar im 19. Jahrhundert von Russland erobert worden, doch noch bis weit ins 20. Jahrhundert hinein gibt es gewaltsame, nationalistisch und religiös getragene Unabhängigkeitsbestrebungen (1992 werden diese Republiken mit dem Ende der Sowjetunion tatsächlich ihre Souveränität erlangen). Auch zu Beginn der 1930er-Jahre gelten die zentralasiatischen Sowjetrepubliken als politische und religiöse Unruheherde. Deshalb erteilt die Zentralregierung in Moskau Ausländern im Regelfall keine Reiseerlaubnis. Dadurch soll verhindert werden, dass Nachrichten über eine unzureichende staatliche Autorität in den Westen gelangen und so das Ansehen der Sowjetunion in der Welt beschädigen.

Was also soll die junge Journalistin und Abenteurerin Ella Maillart tun, um ins »verbotene Turkestan« zu gelangen? In jenen Tagen in Moskau irrt sie von einer staatlichen Stelle zur anderen, sie bekniet Parteifunktionäre, Beamte und Minister, fragt bei staatlichen Touristikstellen und universitären Einrichtungen um Genehmigungen nach, sie gerät in die endlos mahlenden Mühlen der sowjetischen Bürokratie. Vergebens. Doch Ella Maillart lässt nicht locker: »Nein. Ich will um jeden Preis nach dem Osten. Das Leben der Nomaden zieht mich an. Ihre Rastlosigkeit sagt mir zu, sie ist der meinigen verwandt wie die der Seeleute, die auch von einem Hafen zum anderen fahren, überall und nirgends daheim, jede Ankunft nur neuer Aufbruch.«

Doch die Hürden sind allein mit einem eisernen Willen nicht zu überwinden: »Man wünscht in diesen Grenzgebieten nahe Afghanistan und Indien keine Ausländer, die vielleicht feindliche Absichten haben könnten.« Schließlich erfährt Ella Maillart von der Forschungsexpedition zweier russischer Paare nach Kirgistan, an die Grenze zu China. Sie nimmt Kontakt auf und stellt sich ihnen vor. Es folgt eine peinliche Befragung nach den

Fähigkeiten, den Absichten und der Ausrüstung der Schweizerin. Sie spiegelt vor, gut reiten zu können (dabei hat sie es nie erlernt), eine gute Outdoor-Ausrüstung zu besitzen (was gelogen ist), über ausgezeichnete Kletterfähigkeiten zu verfügen (was Russen von einer Schweizerin wohl stillschweigend annehmen, in diesem Fall aber nicht zutrifft). August, der Expeditionsleiter des Teams, sagt zunächst zu. Tags darauf widerruft er, weil er für eine Ausländerin auf solch einer gefährlichen Tour keine Verantwortung übernehmen will. Ella Maillart ist verzweifelt. Doch wenige Stunden vor der Abreise der Forscher gelingt es der Schweizerin – mit Überredungskünsten, nötigenden Falschbehauptungen, Tränen und Bestechungsgeld –, eine Zugfahrkarte dritter Klasse nach Frunse in Kirgistan zu ergattern (es ist normalerweise unmöglich, ein Eisenbahnticket einfach zu kaufen). Dann eilt sie zur zuständigen Stelle, um ihr Visum auf sechs Monate – denn so lange soll die Expedition dauern – verlängern zu lassen. Es ist wenige Minuten nach fünf, und in der gesamten Behörde ist kein verantwortlicher Beamter mehr zu finden. Ella Maillart eilt durch die Korridore, wo sich nur ein paar Putzleute tummeln. Schließlich begegnet sie doch noch einem jungen Herrn in Anzug und Krawatte, dem sie ihr Leid klagt. Der weiß von der Schweizer Globetrotterin und ist so kulant, ihr eigenmächtig eine Art Visum auszustellen (was ihm später eine Rüge seiner Vorgesetzten einbringen wird). So mit einer provisorischen Genehmigung und einer Zugfahrkarte ausgestattet, fährt Ella Maillart zum Bahnhof. Sie muss um ein freies Taxi streiten, in wortwörtlich letzter Minute erreicht sie den abfahrbereiten Zug, springt hinein, sinkt erschöpft, »an Nerven und Gliedern gebrochen vor Ermüdung«, auf eine der Holzbänke. Sie hat den ersten und wichtigsten Schritt getan. Nun kann sie sich sechs Tage lang der Kraft der Lokomotive überlassen und die langsam wechselnden Landschaften an sich vorüberziehen lassen. Sie liegt auf der oberen Bank, in ihren Schlafsack gemummelt, von Wanzen zerstochen, und blickt hinaus auf die schier endlosen Weiten, den Wechsel von Wäldern, Feldern, Flüssen und Seen. Der Zug quert bei Orenburg den Ural und erreicht schließlich den Aralsee. Ella Maillart ist in Asien. Sie taucht ein in eine Welt archaischer Langsamkeit und Fremdartigkeit: »Parallel zu dem Zug sehe ich plötzlich – wie erregend! – den Karawanenweg, der nach Turkestan führt, und ein paar Tiere, die sich so langsam bewegen, dass sie kaum vorwärts kommen. […] Der gleichförmige Horizont ist kreisrund wie auf dem Meer. […] Die verbrannte Erde riecht nach Wermut. Ich ahnte damals nicht, dass ich sechs Monate später, nach vierzehntägiger Wüstenreise, von Süden her auf dem Rücken eines Kamels bei fünfundzwanzig Grad Kälte wieder hierher kommen würde.« Asien hält sie umfangen. Das Land ist wie eine Mutter, aber auch wie ein gefährliches Raubtier. Ella Maillart wird sich in dieses Land und seine Bevölkerung verlieben und etliche Abenteuer und Prüfungen zu bestehen haben...

Seglerin, Skifahrerin, Stuntfrau

Ella Maillart, die später als Reiseschriftstellerin ein Leben voller Unwägbarkeiten, körperlicher Entbehrungen und Gefahren führt, wird – dem entgegengesetzt – in ein Milieu der Sicherheit, des Wohlstands und der Ordnung hineingeboren: Sie kommt am 20. Februar 1903 in Genf als Tochter des Pelzhändlers Paul Maillart und dessen aus Dänemark stammender Ehefrau Dagmar Klim zur Welt. Die Mutter ist eine sportliche Frau, deren Bewegungsdrang Ella bereits im Kindesalter nacheifert. Äußerer Anlass hierzu ist der Genfer See, der – vor der grandiosen Kulisse der französischen Alpen – zum Schwimmen, Rudern und Segeln einlädt. 1913 zieht die Familie ins Dorf Creux-de-Genthod, das, sieben Kilometer von Genf entfernt, direkt am Ufer des Sees liegt. Ella Maillart lernt Hermine de Saussure, Miette genannt, die Tochter eines französischen Marineoffiziers, kennen. Ella erinnert sich: »Miette trug stets ein

Matrosenhemd und einen Plisseerock aus gestreiftem Stoff. Sie hatte einen Pagenkopf mit kastanienbraunem Haar, an der Stirn blond, klare graue Augen, und ein offenes und zartes Lächeln – in ihrem Gesicht war ein Leuchten. Als ich später Homer las, empfand ich, dass Pallas Athene wie sie ausgesehen haben muss.« Die beiden unzertrennlichen Mädchen erkunden bald die »weite Welt« direkt vor ihrer Tür: den Genfer See. Hier rudern und paddeln sie und sind auch mit dem Segelboot unterwegs. Mit dreizehn Jahren gewinnt Ella bei einer Regatta. Im Winter locken die Alpen zum Skilauf – damals eine extravagante Sportart für begüterte Snobs, und keineswegs etwas, das sich einer jungen Frau »gebührt«. Ella und Miette kümmert das wenig. Fotos zeigen Ella im Jahr 1915 mit Skiern und Stöcken vor der Kulisse der verschneiten Berge: Es wird im Rock gefahren, nicht aus »gutem Anstand«, sondern weil es spezielle Sportkleidung noch gar nicht gibt. Auch anderweitig ist Ella Maillart sportlich aktiv: Mit sechzehn Jahren gründet sie den ersten Feldhockey-Club für Frauen in der französischsprachigen Schweiz.

Es sind die Jahre des Ersten Weltkriegs. Die Schweiz ist eine Insel des Friedens, wiewohl sich in den Städten, allen voran Zürich und Genf, viele exilierte Pazifisten aus Deutschland und Frankreich aufhalten. Ella und Miette verachten den Krieg. Wenngleich nicht direkt von ihm betroffen, sind sie in jenen Jahren doch von ihm eingeschlossen. Immer mehr drängt es die heranwachsenden Mädchen in die Ferne. Sie wollen fremde Länder und Menschen kennenlernen, vor allem aber die Weite des Meeres. Der Genfer See genügt ihnen als Segelrevier schon lange nicht mehr. Als Krieg und Nachkriegswirren endlich vorbei sind, wagen sich die beiden jungen Frauen hinaus aufs Mittelmeer: 1922 kauft Miette eine sieben Meter lange Jacht, die »Perlette«. Von Marseille aus stechen sie in See, segeln bis Korsika und zurück zum französischen Festland, wo sie in Cannes anlangen. Sie haben den Wind der Ferne im Haar. Die Tour, wenngleich auf der Seekarte recht überschaubar, hat ihnen einen Begriff von der Weite des Meeres gegeben. In Cannes lernen sie Alain Gerbault kennen, der wenig später mit seiner »Firecrest« seine berühmte Einhand-Segeltour über den Atlantik wagen wird. Ihn nehmen sich die jungen Frauen zum Vorbild. 1924 heuert Ella Maillart als Schiffsjunge auf englischen Jachten an, die den Atlantik queren. Hier schnuppert sie zum ersten Mal die frische Brise des Ozeans – Erlebnisse, die sie später in ihrem Buch *Gypsy Afloat – Vagabond of the Sea* (1942) (deutsch unter dem Titel *Vagabundin des Meeres*) spannend und anschaulich beschreiben wird. Ebenfalls im Jahr 1924 nimmt Ella Maillart, nun einundzwanzig Jahre alt, bei den Olympischen Spielen in Paris im Regattarennen teil – als einzige Frau in dieser Sportart. Immerhin gelingt ihr mit dem 9. Platz unter siebzehn Nationen ein Achtungserfolg. Im Jahr darauf beteiligt sie sich gemeinsam mit vier anderen jungen Frauen (darunter auch Miette) an einer Segeltour auf einer Vierzehn-Tonnen-Jolle, die von Marseille über Korsika, Sardinien und Sizilien zu den Ionischen Inseln und nach Ithaka führt. Die Route ist kein Zufall: Sie haben Homer gelesen und sind – voll der Antiken-Begeisterung – auf den Spuren der Irrfahrt des Odysseus. Später wollen sie auf der Jolle »Atalante« der legendären Atlantik-Überquerung Alain Gerbaults nacheifern. Doch bereits vor der britischen Küste müssen sie das anspruchsvolle Unterfangen aufgeben, da Miette schwer krank wird. Wenig später löst sich die freundschaftliche Symbiose auf, als Miette den französischen Archäologen Henri Seyrig heiratet und bald Kinder bekommt.

Ella Maillart muss sich umorientieren. Nach und nach wird sie zur Alleinkämpferin auf ihren immer ausgefalleneren Abenteuertrips, die sie um die ganze Welt führen werden. Doch zunächst ist da das leidige Geld: Sie hat keine abgeschlossene Ausbildung, und ihr Vater, der Pelzhändler Paul Maillart, will seine erwachsene Tochter und deren Hobbys nicht länger finanzieren. Also verdingt sich Ella Maillart in den folgenden Jahren als Sekretärin, Handlungsreisende, Modell für den Bildhauer

Raymond Delamare, Kleindarstellerin am Theater in Genf, Französischlehrerin in Wales, Stuntfrau in den damals aufkommenden Bergfilmen der UFA (mit denen auch die junge Leni Riefenstahl ihre ersten Erfolge feiert), ja, sogar als Kapitänin des Schweizer Feldhockey-Teams. All das erfüllt sie nicht recht, sie ist sich ihres Weges unsicher und gerät in eine Sinnkrise, wie sie der Geschichtsphilosoph Oswald Spengler in seinem Buch *Der Untergang des Abendlandes* als Phänomen einer im Sinken begriffenen Kulturepoche geprägt hat. Später gesteht Ella Maillart sich und ihrem Publikum ein: »Wenn ich nicht segelte oder Ski fuhr, fühlte ich mich verloren, nur halb am Leben. Alles, was ich sah oder las, war niederdrückend. Der ›Krieg, um den Krieg zu beenden‹ zog in seinem Gefolge nur Kompromisse nach sich, künstliche Ideale und Geschwätz, das nicht imstande war, einen richtigen Frieden zu gründen. Eine schwindende Leichtigkeit und das Fehlen von Sicherheit schienen zu bestätigen, was Spengler den ›Untergang des Abendlandes‹ genannt hatte.« Weitere sportliche Erfolge als Skiläuferin beim Welt-Champion-Rennen im schweizerischen Mürren (1931), in Cortina d'Ampezzo (1932), Innsbruck (1933) und St. Moritz (1934) sind zwar Glanzpunkte in ihrer Vita, dennoch stillen sie ihre Sehnsucht nach wahren Abenteuern in der Fremde nicht.

Die Begegnung mit Russland und den Russen wird zum Wendepunkt in Ella Maillarts Leben. Bereits 1929 schließt sie in Berlin Freundschaft mit einigen der dort zahlreich lebenden russischen Exilanten. Sie lernt russische Filmkünstler kennen und verfasst über sie Zeitschriftenartikel. Und sie findet Kontakt zur Witwe des 1916 verstorbenen amerikanischen Schriftstellers Jack London. Diese, durch die Welterfolge ihres Mannes steinreich, finanziert der lebenshungrigen jungen Frau deren erste Reise nach Russland. 1930 fährt Ella Maillart nach Moskau. Auch hier findet sie rasch Anschluss zu illustren Persönlichkeiten: Sie ist bei der Gräfin Tolstoi und dem Filmregisseur Wsewolod Pudowkin zu Gast. Wenig später bereist sie den Kaukasus und die Krim. Nach Paris zurückgekehrt, publiziert sie ihre russischen Erlebnisse in ihrem Buch *Parmi la jeunesse russe – De Moscou au Caucase* (1932). Das Buch wird ein Erfolg, die Tantiemen und ein Auftrag des *Petit Parisien* ermöglichen es Ella Maillart, 1932 zu einer zweiten Reise in die Sowjetunion aufzubrechen – diesmal jedoch soll es in die Steppen und Gebirge Zentralasiens gehen.

»Unvergessliche erste Nacht auf Asiens Boden!«

Nach etlichen Hindernissen und Hürden sitzt Ella Maillart endlich im Zug, der von Moskau über Orenburg nach Frunse in Kirgistan fährt. Er erreicht den Aralsee. Der Horizont ist kreisrund und gleichförmig. Ella Maillart sieht mit Staunen die ersten Kamelkarawanen. Dann geht es weiter nach Frunse (das heutige Bischkek), die Hauptstadt Kirgistans. Sie begeht den Fehler, auf dem Bahnhof zu fotografieren. Sofort konfisziert ein sowjetischer Milizionär ihre Kamera (die er ihr wenig später gleichwohl zurückgibt): Es ist unerwünscht, dass Nachrichten und Dokumentationen über die rebellischen, unterentwickelten zentralasiatischen Republiken nach außen gelangen. Ella Maillart weiß von diesem Zeitpunkt an, dass sie nur heimlich und vorsichtig ihre Recherchen betreiben darf. Die Beschlagnahme der Kamera und der Notizen wäre noch das geringere Übel: Unterwegs sieht sie Gefangenentransporte, die auf dem Weg in die gefürchteten sibirischen Straflager sind. Die Sowjetregierung kennt keine Gnade mit Gegnern der kommunistischen Idee und wird das Land in den kommenden Jahren und Jahrzehnten in ein riesiges Gefängnis verwandeln und dabei noch mehr als mit roher Gewalt mit der Angst operieren, die die vermeintlich befreiten »Proletarier« in allen Daseinsbereichen lähmt.

In Frunse logieren sich Ella Maillart und ihre Expeditionsgenossen im ersten Stock eines kirgisischen Teehauses ein: »Vom Balkon aus bietet sich ein fesselndes Bild: rechts gegen den

Horizont hohe, schneegefleckte Berge, im Vordergrund das Grün der Bäume und zu unseren Füßen das Gewimmel des Hauptplatzes, wo der Basar abgehalten wird.« Von Frunse wollen die Wissenschaftler zum Issiksee (Yssykköl), der mitten im Gebirge Kirgistans, nahe der chinesischen Grenze, liegt und das »Herz des Tianshan« genannt wird. Doch das angekündigte Postlastauto kann nicht fahren, da es kurz vorher geregnet hat und die Wege verschlammt sind. Also heißt es warten, kirgisischen Tee trinken und sich pflegen, so gut es geht: Ella Maillart nutzt ein am Stadtrand liegendes Badehaus, eine russische »Banja«, um sich nach der langen, anstrengenden Zugfahrt im engen, verwanzten Waggon endlich richtig waschen zu können und die Läuse loszuwerden. Zudem erfährt sie, dass ein russischer Dissident, dem sie vor Jahren in Paris begegnet ist, und der die Unvorsichtigkeit beging, in seine Heimat zurückzukehren, in Frunse unter Hausarrest steht. Ihn will sie besuchen, und nach einigen Irrläufen durch die von niedrigen Lehm- und Holzhäusern gekennzeichnete Stadt gelangt sie tatsächlich zur Hütte ihres Bekannten, der angesichts des unerwarteten Besuchs aus Westeuropa aus allen Wolken fällt.

Nach ein paar Tagen gelingt es dem Expeditionsteam, ein Lastauto zu mieten, mit dem sie sich auf den Weg Richtung Issiksee machen. Die Fahrt geht über Stock und Stein: »Bei jedem Schlagloch macht unser Lastauto einen Luftsprung, und wir mit ihm, samt unserm Gepäck, zwei Ersatzrädern und drei Benzinkanistern. Man fällt zurück, wie's grade kommt, alles durcheinander […].« Mehrmals haben sie eine Panne, mal platzt ein Reifen, mal bricht eine Achse, und sie müssen die Hilfe von Dorfbewohnern in Anspruch nehmen. »Aber unser Chauffeur«, meint Ella Maillart mit trockenem Humor, »fährt auch wirklich wie ein Idiot: Kaum sieht er ein paar Meter vor sich ein Schlagloch, so verliert er völlig den Kopf und saust mit Vollgas darauf los.« Irgendwie schaffen sie es dennoch weiter durch die Steppe und über Gebirgspässe, auf den alten Karawanenpfaden, die schon vor Jahrtausenden von Händlern und

Nomaden benutzt wurden: »Wir rollen durch die Felder der weiten Ebene, die in der Ferne von kahlen, durch Erosion zerklüfteten Gipfeln begrenzt ist. [...] Unser wildes Gehupe treibt die Ochsenkarren beiseite, die mit ihren runden Strohdächern langsam dahinschleichen, Fahrzeuge, wie sie schon bei den Völkerwanderungen in Gebrauch waren [...].« Abends ist Ella Maillart von den grandiosen Sonnenuntergängen überwältigt, die das Tianshan-Gebirge, das sich durch Kirgistan zieht und in dessen Mitte der Issiksee liegt, in Brand setzen: »Die Abendluft ist so klar, dass alles wie lackiert aussieht. Die sinkende Sonne wirft die tiefen Schatten der golden angeleuchteten Pappeln einer Allee auf eine weite Grasfläche. Diese Allee führt auf die Berge zu, deren Kämme sich scharf gegen die Unendlichkeit des Himmels abzeichnen.« Weiter geht es mit dem Lastauto zur Stadt Tokmak, östlich von Frunse gelegen. Im 7. Jahrhundert war es die Hauptstadt Turkestans unter seinem Herrscher Khan Yong. Mit dem Untergang der selbstständigen turkischen Reiche verfiel auch Tokmak und wurde aufgegeben, bis es 1864 von den russischen Eroberern als Garnisonsstadt neu gegründet wurde. Das Team hält sich nicht lange dort auf. Sie wollen weiter nach Ribatschi an der Westspitze des Issiksees. Nachdem das Lastauto zusammengeflickt und betankt ist, wagen sie die Fahrt südwärts, über einen Pass der Alexanderberge, hinein ins Herz des Tianshan. Erst hier beginnt das eigentliche Zentralasien. Der lange Arm des Zarenreichs und später der Sowjetunion hat im Tianshan, der Hochburg turkischer Rebellen, stets nur unzureichend zugreifen können. Ella Maillart ist sich staunend bewusst, sich im Herzen Asiens und seiner Geheimnisse zu befinden, als sie nachts im Alexandergebirge unter dem Sternenhimmel ihr karges Lager aufschlägt: »Unvergessliche erste Nacht auf Asiens Boden! Innige Gemeinschaft mit der harten Erde, die mich an allen Ecken meines Körpers wund drückt; mit dem Himmel, der sich nun endlich schrankenlos wölbt über meinem unersättlichen Blick; mit dem Wind, dem großen Wind, der wie seit Urzeiten über einen ganzen Kontinent dahergebraust kommt. [...] ich muss alle List aufwenden, um Luft zum Atmen zu finden ...«

Das Herz des Tianshan

Durch die Schlucht von Boam erreichen sie das Tal, das sich zum Issiksee hin öffnet. Schließlich liegt unter ihnen das »Herz des Tianshan«, der Issiksee. Er ist mit einer Fläche von rund sechstausendzweihundert Quadratkilometern und einer Tiefe von bis zu 668 Metern der zweitgrößte Gebirgssee der Erde, elf Mal größer als der Genfer See, auf dem Ella Maillart in ihrer Jugend das Segeln erlernt hat. Doch ans Bootfahren denkt die Schweizerin in jenen Tagen kaum. Sie ist überwältigt von der weiten, spiegelnden blauen Wasserfläche (es ist Salzwasser) und von den schneebedeckten hohen Gipfeln des Tianshan, die im Osten auf über siebentausend Meter Höhe ansteigen und auf die Reisenden aus Europa wie eine Verheißung wirken. Die kleine Forschergruppe gelangt nach Ribatschi an der Westspitze des Sees. Von dort wollen sie an die Ostspitze, nach Karakol. Die hundertachtzig Kilometer, die der See in der Länge misst, könnten am bequemsten mit einem Dampfer bewältigt werden, denn es führt keine Eisenbahnlinie entlang des Ufers, nur eine schlaglochübersäte Piste. Doch die Dampfer verkehren unregelmäßig und sind von Passagieren – Händlern, Auswanderern, Glückssuchern aller Art – stets überfüllt. Zudem erhält man – auch das unterliegt der Planwirtschaft der Sowjetunion – nicht ohne Weiteres Tickets.

Also fahren sie mit dem Lastwagen zunächst bis Tscholpan-Ata, ein Dorf am Nordufer des Sees. Hier erleidet der Motor einen Totalschaden, und die Reisenden müssen sich nach einem anderen Gefährt umsehen. Das gelingt ihnen nicht so schnell, und so nehmen sie Quartier in einer Kolchose, die sich auf Pferdezucht spezialisiert hat und von einem ausgewanderten Litauer mit deutschen Wurzeln geleitet wird. Doch Pferde sind in

Kirgistan wertvoll und keineswegs als bloße Reit- und Lasttiere erhältlich. Wieder sind sie zu einem mehrtägigen Aufenthalt gezwungen. Sie nutzen die Zeit zu einem erfrischenden Bad vor atemberaubender Kulisse: »Zweimal täglich gehen wir an das sandige Ufer hinab und schwimmen in diesem alpinen Meer, haben vor uns, in achtzig Kilometer Entfernung, einen schneeigen Gebirgswall von sechstausend Metern Höhe!« Als sich weder ein Auto noch Pferde ausfindig machen lassen, wollen sie die Weiterreise doch auf dem Wasserweg versuchen. Da es keine verlässlichen Fahrpläne gibt, sitzen sie tagelang an der Mole und starren auf die schier endlose Wasserfläche hinaus. Endlich ist ein Schiff auszumachen, das in der Ferne um ein Vorgebirge biegt und langsam näher kommt. Es legt an: Die Decks sind schwarz von Menschen. Ella Maillart und ihre Mitreisenden wittern ihre einzige Chance, drängeln sich mitsamt ihren Rucksäcken und Ausrüstungsgegenständen an Deck, kämpfen sich trotz aller Proteste unter Einsatz der Ellbogen hindurch und ergattern nach einem Wortwechsel mit der Besatzung einen Platz auf der Brücke, »dem einzigen Teil des Schiffes, der noch nicht nach allen Richtungen hin mit menschlichen Leibern und Gliedmaßen vollgepfropft ist«. Nach einer wenig annehmlichen Nacht erreichen sie am nächsten Morgen die kleine Ansiedlung Koi Sara, die sich großspurig Kurort nennt, jedoch »in einer öden Ebene liegt und aus nichts als einer Menge Jurten und einem neuen langen Holzgebäude besteht«. Wiederum nach einem Tag ist Karakol in Sicht, am östlichen Ende des Sees gelegen. Die Passagiere des Dampfers, in der Mehrheit Einwanderer, die auf Vermittlung der Sowjetbehörden die noch weitgehend unbewohnten Täler östlich und südlich des Issiksees besiedeln sollen, strömen an Land. Auch die fünf Expeditionsreisenden machen sich, schwer bepackt, auf den Weg vom Hafen in die wenige Kilometer entfernt gelegene Altstadt. Von Karakol aus sind es nur noch hundertfünfzig Kilometer bis zur chinesischen Grenze – dahinter liegt das von China annektierte Ost-Turkestan.

Die Stadt Karakol macht einen gepflegten Eindruck, die Straßen sind breit und von Pappeln gesäumt, es gibt eine Moschee und eine russisch-orthodoxe Basilika. Ein großer Basar dient der Versorgung der Bevölkerung. Bauern, Händler und Handwerker aus der Stadt und der gesamten Umgebung strömen hierher. Für Ella und ihre Mitreisenden beginnt erneut der Kampf mit allen möglichen staatlichen Stellen. Es ist ein undurchschaubares Netz von Behörden, ein eifersüchtiges Gerangel um Zuständigkeiten, und nur mit viel Geduld, ein wenig Chuzpe und Schmiergeld kann man zu seinem Ziel gelangen. Parallel zu den Behördengängen feilschen die Reisenden auf dem Basar und in den Handwerksbetrieben um Lebensmittel und Ausrüstungsgegenstände, die sie für die Weiterfahrt ins Hochgebirge benötigen. Den Europäern bietet sich ein buntes, vom Sowjetsystem noch weithin unverfälschtes, reges Marktleben: Hier erstehen sie Obst und Gemüse, Sättel und Zaumzeug (für Pferde, die sie noch gar nicht besitzen). Es ist ein Völkergemisch aus der Region Turkestan und aus anderen Gebieten Asiens und der Sowjetunion: Kirgisen und chinesische Dunganen, Russen, Kasachen und Usbeken: »Jedermann bietet hier etwas zum Verkaufe feil, sei es, was es sei; man kommt an, kauert sich nieder und legt alles, was man hat, am Boden aus: altes Eisen, Messer, Schuhe, Stoffe, Gläser, Kochtöpfe.« Es gibt zudem vielerlei Dienstleistungen: Garküchen und Hausiererkram, Fotografen und Barbiere, Bäcker und Hufschmiede. Und schließlich gelingt es den Reisenden über Beziehungen, gutes Zureden und unterschwellige Drohungen bei den Behörden doch noch, an acht Pferde zu gelangen: ein Reitpferd für jeden der fünf Europäer, eines für den angeheuerten Führer Dschokubbai, eines für den Dolmetscher Matkerim, und ein Packpferd. Alle Stuten sind trächtig – von Eseln –, und die Reisenden freuen sich über den Handel, haben sie doch die Absicht, nach ihrer Rückkehr aus dem Tianshan-Gebirge die Pferde in Alma-Ata »mit Vorteil wieder zu verkaufen, ohne den Esel zu erwähnen, versteht sich«. Eilig rüsten sie sich zu der Expedition in den äußersten Osten Kirgistans, ins gletscherbedeckte Hochgebirge, ins Grenzgebiet zu China: Ella Maillart lässt sich im Gefängnis – denn dort sitzen die fähigsten Handwerker ein – ihre Wanderschuhe mit Nägeln beschlagen. Bereits in Moskau hat sie sich gute Steigeisen und sonstige Bergausrüstung beschafft...

Bei den Gebirgsnomaden

Dann geht es los, zunächst noch durch die fruchtbaren Ebenen nahe am See. Hier gibt es Hirseäcker und Weiden, dazwischen auch Mohnfelder. Ella Maillart wird sieben Jahre später mit der Schweizer Abenteurerin und Schriftstellerin Annemarie Schwarzenbach nach Afghanistan reisen und angesichts der Drogenabhängigkeit der Kollegin die künstlichen Paradiese von ihrer anderen, dunklen Seite kennenlernen. Jetzt, im Hochsommer 1932, nehmen sich die prallen Kapseln des Mohns pittoresk und unschuldig aus: »Die zarten Farben der großen Mohnblüten auf den Feldern scheinen mir frischer denn je. Aber von den meisten sind die Blätter schon abgefallen, und auf steilem Stängel ragt nur die runde, mit einer Zackenkrone gezierte Kapsel voll Samenkörnchen. [...] Der hier herausperlende, bittere braune Saft wird mit Löffeln eingesammelt und später, wenn er hart geronnen ist, in Blütenblätter gehüllt. In Form von Pillen bringt er Schlaf und in Form von Körnchen, die man raucht, gefährliches Vergessen.«

Der Weg geht nach Süden und steigt stark an. Die weite blaue Fläche des Issiksees verliert sich aus dem Blick. Sie reiten zwischen Föhren dahin. Die kleine Karawane kommt auf den enger und steiler werdenden Pfaden nur schwer voran: »Dschokubbai trabt voran, den Spitzhut auf dem Kopf, den Karabiner überm Rücken, das Packpferd am Zügel führend, dessen Fracht von den Zeltpfählen eingerahmt wird. Hinterdrein folgen wir, wie es gerade trifft, möglichst den Staub vermeidend, den die anderen Pferde aufwirbeln. Auf den Kruppen der Tiere sind die Schlafsäcke untergebracht; an den Seiten hängen die Gepäck- und Proviantsäcke, miteinander verbunden durch einen Gurt, der unterm Sattel wegführt: Wenn sie nicht gleich viel wiegen, fangen sie an zu rutschen, und man stößt bei jedem Schritt dagegen.« Sie gelangen ins Dorf Tschalba. Es ist eine typische Kirgisensiedlung, »überall das braune Rund einer Jurte neben jedem Hause. Die Einwohner sind hier noch weit davon entfernt, sesshaft zu sein; zwischen vier Wänden ersticken sie: Sie schlagen sich über dem Feuerherd ein großes Loch in die Decke, oder sie tun gar das Vieh ins Haus und wohnen im Zelt.« Es ist das letzte Dorf halb-sesshafter Kirgisen, bevor sie ins Gebirge gelangen. Von nun an campieren sie im Freien oder suchen – um vor Wölfen und Bären sicher zu sein – Unterschlupf in einem Aul, einem kleinen kirgisischen Lager aus Jurten.

An einer Furt queren sie einen Gebirgsfluss, der schäumend durch ein Geröll- und Kieselbett schießt. Ella Maillarts Pferd stemmt sich gegen die Strömung, gerät in eine Gumpe, wird beinahe von den Wassermassen mitgerissen. Dann geht es steil bergauf, in eine Klamm hinein. »Wie und wo in aller Welt sollen wir hier durchkommen?«, fragt sich die verängstigte Schweizerin, die im Übrigen zum ersten Mal in ihrem Leben für längere Zeit auf einem Pferd sitzt (Reiterfahrung war ja Grundbedingung für ihre Teilnahme an der Expedition – und in Moskau hat sie munter drauflosgelogen). »Unser schwindelerregender Pfad steigt steil aus der Schlucht empor, im Zickzack an einem felsigen Hang entlang. […] Die Tiere lassen sich von Fels zu Fels fallen, auf die Gefahr hin, sich die Beine zu brechen. […] die Sprünge meines Gauls haben das Gepäck aus dem Gleichgewicht gebracht: Der Sattel nebst allem Übrigen ist um eine Vierteltour nach seinem runden Bauch zu verrutscht.« Ella Maillart ist erschöpft, Rücken, Gesäß und Beine tun ihr weh. »Mein Gesicht brennt wie Feuer von der Sonne, aber die feuchte Abendluft ist kalt, ein Schneegipfel schließt das Tal ab.« Als sie vor Schmerzen nicht mehr im Sattel sitzen kann und das Pferd nur noch störrisch ist, steigt sie wütend ab, geht zu Fuß weiter und zerrt den Gaul hinter sich her, ihn mit »Flüchen aller Sprachen« belegend. »Aber das Schweizerdeutsch scheint mir besonders reich an solchen bemerkenswerten Qualitäten!« Der Höhenmesser versagt, aber sie wissen aus ihren Karten, dass der Dschugutschakpass am Ende des Tals viertausendzweihundert Meter hoch liegt.

Endlich erreichen sie einen kirgisischen Aul. Sie werden von den Bewohnern gastfreundlich aufgenommen. Die Europäer teilen sich eine Jurte mit einer Nomadenfamilie: »Unser Gastgeber hebt den Türvorhang, nachdem er sich vergewissert hat, dass die Frauen zu unserem Empfang bereit sind. Ein kleines Feuer brennt am Boden in der Mitte des Wohnzelts; einige Decken werden am Ehrenplatz, gegenüber der Tür, ausgebreitet [...].« Die Reisenden teilen ihr aus Frunse mitgebrachtes Brot mit den Nomaden (gerade noch kann Ella Maillart eine mitgebrachte Wurst aus Schweinefleisch wegstecken, da die Nomaden Muslime sind und solch ein Angebot als Affront betrachten würden). Umgekehrt bieten die Kirgisen den Fremden Kumyss, gegorene Stutenmilch, an. Davon hat Ella Maillart in Frunse voller Ekel gekostet. Doch als sie hier den Napf an die Lippen setzt (die Höflichkeit gebietet es), ist sie überrascht, »als ich unverhofft einen frischen, würzigen Geschmack auf der Zunge spüre, der an leichten Weißwein erinnert und nicht die geringste Ähnlichkeit hat mit dem des Getränks in Frunse«.

Als es Zeit zum Schlafen ist, wird die Tür der Jurte mit einem doppelten Vorhang aus Filz verschlossen. Dann verkriechen sich alle, die Nomaden unter ihre Filzdecken, die Reisenden in ihre Schlafsäcke. Ella Maillart bekommt einen Platz neben einem Kälbchen zugewiesen, das man zum Schutz vor der eiskalten Nacht in die Jurte gebracht hat. Die kreisrunde Öffnung im Scheitelpunkt der Jurte bleibt offen und gewährt einen freien Blick in den Sternenhimmel hinein. Ella Maillart ist entzückt: »Es ist kalt. Nur die Asche glüht noch. Die Hunde heulen die Wölfe an. Durch die Filzwand hört man Geblök und Pferdegestampf. Hier ist endlich einmal ein Dach, wie ich es mir wünsche; ein Dach, durch das man vor dem Einschlafen die Sterne sehen kann! Fern, von dem hölzernen Rund umrahmt, glitzern sie wie aus der Tiefe eines Fabelbrunnens her…«

Doch die Nachtruhe ist nicht ungetrübt: Flöhe machen sich über die Schlafenden her: »Stell dir vor, du liegst behaglich im dunklen Zelt, warm in deinen Schlafsack verkrochen, zwischen zwei Gefährten, an die du anstößt, wenn du dich rührst. Schon halb eingeschlafen, spürst du etwas, das dich belästigt, sich in deine Haut drückt wie ein Brotkrümel. Ein Floh? Oder nur ein alter Biss, der wieder zu jucken anfängt?« Ella Maillart zeigt bei der Jagd auf die winzigen Plagegeister einen gehörigen Pragmatismus: »Aber du spürst genau, wo es sitzt, just in der Mitte des Handgelenks; behutsam stiehlt sich die andere Hand zu ihm hin; ein Finger stürzt sich auf die Beute, quetscht sie zusammen, rollt sie hin und her und packt sie mithilfe des Daumens. Aber um das Ding mit Sicherheit zu töten, muss man es in zwei Teile knipsen. […] Aber schließlich und endlich: Zunge und Zähne sind geschickter als die Fingernägel, und siehe da, die Sache erledigt sich ganz einfach: Die Zunge fasst das ›Ding‹, die Zähne zerbeißen es, und es wird ausgespuckt. Endlich ist man den Feind los und kann wieder schlafen!«

Am nächsten Morgen werden sie von einem rhythmischen Stampfen geweckt: Die Frauen haben bereits die Stuten gemolken und stoßen die Milch im Fass zu Butter. Nach dem Frühstück verabschieden sich die Reisenden von den gastfreundlichen Nomaden und begeben sich weiter auf den beschwerlichen Aufstieg zur Passhöhe. Vieles an der Topografie und der Flora erinnert Ella Maillart an ihre Schweizer Heimat (nur dass in Kirgistan die Berge höher und gewaltiger sind und die Natur einsamer ist) – wären da nicht die Kamele: »Die beherrschende Erscheinung – höchst grotesk in dieser Alpenlandschaft – ist das Kamel.«

Im nächsten Aul kommen die Reisenden mit den Nomaden zu einem Festessen – fettem Hammel – zusammen. Als alle um den großen Kessel sitzen, in dem das Fleisch gart, unterhält man sich. Die Nomaden fragen Ella Maillart, wo denn ihr Mann sei? Noch bevor sie wahrheitsgemäß und naiv antworten kann, sie sei ledig, antwortet eine der Russinnen für sie: Ellas Mann sei in Frunse und warte dort auf ihre Rückkehr. Und auf Französisch sagt sie zu der Schweizerin: »Du musst bedenken, dass diese Leute sich nicht vorstellen können, dass eine Frau ohne ihren Mann reist.« Der Führer erklärt den Nomaden, Ella Maillart sei eine »Farangi«. Das Wort leitet sich von »Franke« her und fand in der Zeit der fränkischen Kreuzzüge über den Orient bis nach Innerasien hinein Verbreitung, bedeutet aber ganz allgemein »Europäer«. Die Nomaden lachen und schwatzen durcheinander, und der Führer sagt zu Ella Maillart: »Sie machen allerlei Bemerkungen über die Abwesenheit Ihres Gatten und über die Seltenheit blonder Frauen. Sie werden gut daran tun, sich nicht ohne Begleitung zu weit vom Aul zu entfernen.« Ella Maillart, die sich als emanzipierte Europäerin wie selbstverständlich frei und unbesorgt bewegt, stutzt. Ihr wird bewusst, dass sie hier, in einer zivilisationsfernen, archaischen Gesellschaft, anderen Gesetzen unterliegt: »[…] ich weiß, dass ich die Gefahr nicht herausfordern werde, obwohl ich sie immerhin schon in Betracht gezogen habe, indem ich für den schlimmsten Fall in meiner Reiseapotheke auch Neosalvarsan [gegen Syphilis] mitgenommen habe.«

Anderntags versucht sie sich mit ihrer Gastfamilie ohne Hilfe des Dolmetschers zu unterhalten, mit Händen und Füßen, Mimik und Gesten und ein paar Brocken Russisch. Die Familienmutter gibt ihr zu verstehen, ihr Bruder lebe in der Ukraine, und Ella Maillart, die weiß, dass die Nomaden keine Vorstellung vom Globus und von der Entfernung von Kirgistan nach Frankreich haben, antwortet: »Ukraine zehn Tagereisen, Francia noch zehn Tagereisen mehr mit der Eisenbahn.« Auf ihre Frage »Sowjets, jakschi?« (Sind denn die Sowjets gut?) erhält die

Schweizerin in abgehackten russischen Brocken die vieldeutige Antwort: »Schlecht, o schlecht. Pferde, Schafe, keine! Francia, gibt es Schafe?« Ella Maillart resümiert: »Für sie sind natürlich die Bestrebungen und Ziele der Sowjetregierung unverständlich; man muss abwarten, bis ihre Kinder ihnen erklären können, was vor sich geht. Als ich die Frage bejahe, glänzen ihre Augen vor Neid. Hierzulande bedeutet Geld nichts; das einzige Zahlungsmittel sind Schafe.«

Skitour auf fünftausend Metern Höhe

Nach ein paar Tagen brechen sie auf, sie wollen weiter, über den Dschugutschakpass südwärts ins Quelltal des Flusses Naryn, auch Syrdarja genannt, der durch Kirgistan, Tadschikistan, Usbekistan und Kasachstan fließt und in den Aralsee mündet. Bereits im Altertum war der Fluss unter dem Namen Jaxartes bekannt. Steil geht es zur auf viertausendzweihundert Metern gelegenen Passhöhe hinauf, sie lassen die Baumgrenze und die letzten vereinzelten Jurten hinter sich: »Rechts eine gewaltige, in einem Zug aufsteigende Felswand; vor uns eine riesige, sehr steile Moräne; links, hoch droben, eine Gletscherzunge, die in der Richtung auf uns abfällt. Riesengroße Adler schweben über uns, jede Feder ihrer mächtigen Schwingen zeichnet sich gegen den Himmel ab; andere sitzen auf Felsblöcken unweit des Pfades.« Sie kommen an Schafs- und Pferdekadavern »in einem abscheulichen Übergangszustand« vorbei, einmal blickt ihnen ein menschlicher Totenschädel aus leeren Augenhöhlen entgegen. Endlich ist der Gletscher des Naryn erreicht, »ein endloser Sattel bis in den Himmel hinein; lange Risse, kaum Spalten zu nennen, erschrecken unsere Pferde«. Dann überschreiten sie den Pass und gelangen in ein weites Hochtal, das in dreitausendsechshundert Metern Höhe liegt und in dessen Mitte ein Steinwürfel auszumachen ist. Beim Näherkommen erkennen sie: Es ist das Gletscherobservatorium des Tianshan, das nicht

nur meteorologischen Zwecken dient, sondern auch der Überwachung der Eismassen, die den Naryn, die Lebensader Turkestans, speisen.

Außerhalb des Hauses sind die meteorologischen Geräte
angebracht, zum Schutz vor Wölfen und Bären hinter Stachel-
draht. Im Innern des Gebäudes befinden sich eine Küche und
Schlafkammern, zudem ein Aufenthaltsraum für die acht hier
tätigen Personen: »Ein runder Ofen, ein großer Tisch, eine Bibliothek wissenschaftlicher Bücher und Nachschlagewerke, Ak-
kumulatoren für den Funkverkehr; denn von hier wird täglich
der Wetterbericht nach Taschkent gesandt, neunhundert Kilometer weit in der Luftlinie.« Auf dieser Höhe ist es bitterkalt,
im Jahresdurchschnitt herrscht eine Temperatur wie auf dem
arktischen Archipel Franz-Joseph-Land. Oberhalb des Ob-
servatoriums erhebt sich stolz der schneebedeckte Bergriese
Sari Tor mit knapp fünftausend Metern Höhe. Ella Maillart hat
leichtes Fieber. Sie fürchtet, ernsthaft krank zu werden. Also
bleibt sie am ersten Tag auf ihrem Zimmer, während ihre Reisegenossen Wolodja und dessen Frau Capa den zweitägigen Aufstieg zum Gipfel wagen wollen. Sehnsüchtig blickt die Schweizerin ihren Kameraden nach. Fiebernd und erschöpft geht sie
zu Bett, wird aber mitten in der Nacht von einem der Meteo-
rologen, die den Funkverkehr auf Kurzwelle überwachen, aus
dem Schlaf gerüttelt: Sie solle mitkommen, er habe einen Ber-
liner Radiosender auf Empfang. Widerwillig, aus Höflichkeit
steht Ella Maillart auf und begibt sich zum Funkgerät: Sie hört,
auf dem Dach der Welt befindlich, »einen schwach vernehmba-
ren Tango. Der einschmeichelnde Rhythmus, aus der die Sinne
berauschenden Atmosphäre irgendeines ›Eden‹ – mit Gläserge-
funkel und Blumenleuchten auf weißen Tischtüchern –, klingt
ganz unwirklich und absurd hier in sechstausend Kilometern
Entfernung, im Herzen eines öden Gebirges. Wirklich ist in diesem Augenblick nur eines: der Wind, der über den Schnee da-
herrauscht und die heulenden Wölfe verjagt.«

Nach zwei Tagen kehren Wolodja und Capa zurück. Sie

haben den Gipfel des Sari Tor bezwungen und unterwegs auf dem Gletscher genächtigt. Nun hält es die Schweizerin, die noch immer etwas fiebert, nicht mehr: Sie hat auf der Station ein paar alter Skier entdeckt, bastelt sich aus Kupferdraht eine Bindung und bohnert die Bretter in Ermangelung von Wachs mit einer teerhaltigen Flüssigkeit, die eigentlich zum Streichen des Daches bestimmt ist. Am anderen Morgen geht es los. Die Skier auf dem Rücken, steigt sie den Abhang hinan. Als der Schnee tiefer wird und sie einsinkt, schnallt sie die Skier an und steigt damit langsam in die Höhe. Hin und wieder sieht sie in einiger Entfernung einen schwarzen Punkt vor sich. Ein Bär? Ein Wolf? Sie zögert weiterzugehen, bis sie bemerkt, dass sie einer Sinnestäuschung unterlag: Es handelt sich nur um vereinzelte schwarze Felsbrocken, die aus dem Schnee ragen. Stunde um Stunde steigt sie bergan, den Gipfel des Sari Tor vor Augen. Sie versucht zu fotografieren, packt ihre Kamera aus: »Um die Filmspule meiner Leica zu drehen, muss ich meinen dicken Handschuh ausziehen: Meine Finger bleiben an dem eisig brennenden Metall haften. Mir kommen die Tränen vor Schmerz.« Endlich erreicht sie den Gipfel: »Noch eine letzte Anstrengung, nur ein paar Schritte noch … und ich bin oben, im Windschutz eines Vorsprungs, über dem sich, nur fünfzehn Meter mir zu Häupten, der überhängende Gipfel türmt […].« Es bietet sich ihr ein gewaltiger Rundblick über das Dach Zentralasiens: »[…] ein Meer regungsloser, eisumhüllter Gipfel. Im Osten umgibt eine dichte Anhäufung schwarzer Wolken den siebentausenddreihundert Meter hohen Chan Tengri [tatsächlich ist der Berg 7010 Meter hoch], diesen Riesen, dessen ganzer Südosthang noch ›unerforschtes Gebiet‹ ist – oh, der Zauber in diesen zwei Worten!«

Die Abfahrt ist für die routinierte Skifahrerin ein pures Vergnügen: »Ich sause hinab, der Wärme zu … und wie! Die Schnelligkeit ist groß, ich bremse und tauche im nächsten Augenblick kopfüber in die weiße Masse.« Selbst jeder Sturz ist weich, der »tiefe, kalte Schnee ist so leicht, dass ich bei meinen Bemühun-

gen, mich herauszurappeln, das Gefühl habe, gegen Federn an-
zukämpfen«. Dann wird der Schnee fester und pappiger, und
Ella Maillart fährt in eleganten Schwüngen, »die ihre Spuren
auf diesem Grat zweifellos für alle Zeiten hinterlassen werden«,
ins Tal hinab. Als sie am Observatorium ankommt, sind ihre
Kameraden überrascht, dass sie – nach nur einem Tag – bereits
wieder zurück ist, während sie selbst doch zum Gipfel hinauf
und wieder hinunter zwei Tage gebraucht haben. »In Capas
Gesicht kann man lesen, wie in einem offenen Buch. Sie ist enttäuscht, dass sie nun nicht mehr die einzige Frau ist, die den
Sari Tor bestiegen hat.« Und das Beste: Ella Maillarts Fieber ist
wie verflogen!

Die große Versuchung

Sie wollen weiter zur Grenze nach Sinkiang, der chinesische
Teil Turkestans, jenseits der höchsten Bergkämme des Tianshan. Der Pfad führt über mehrere Bergpässe: den Ak-Bel-Pass,
den Dschengart-Pass, den Akogus-Pass, bis in Höhen von über
viertausendfünfhundert Metern. Die Landschaft erinnert die
Schweizerin stark an ihre Heimat: Gletscher und türkisblaue
Bergseen, Murmeltiere, Steinböcke, Bergziegen, die Grasmatten
zwischen den Firnfeldern übersät mit Edelweiß. Aber Einsamkeit und Weite sind viel größer als in den Alpen: »Großartige
Öde. In dieser Eintönigkeit nimmt auch das geringste Gesche-
nis ungewöhnliche Bedeutung an, wie auf dem Meer.« Ihre
Rastplätze auf den spärlichen Grassoden zwischen den Schnee-
und Geröllfeldern müssen sich die fünf Reisenden erst suchen:
Nicht überall können sie ihr Zelt aufschlagen, sondern nur dort,
wo vor ihnen kirgisische Nomaden mit ihrem Vieh lagerten,
denn nur dort gibt es getrockneten Pferde- und Kuhmist, den
»Kisiak«, zum Anheizen des Lagerfeuers: »[…] wir schleppen
Arme voll Dungfladen herbei; man dreht sie immer erst mit
dem Fuß um, bevor man sie aufhebt, um zu sehen, ob sie auch

auf der Unterseite gut getrocknet sind. Sie brennen ohne Flammen, aber geben viel Glut, wie glühende Kohlen, und dies ist der Geruch, der von allen Nomaden ausging, denen ich begegnet bin.« Doch die ununterbrochene Strapaze von steilem Aufstieg, Hitze bei Tag und Eiseskälte bei Nacht zehrt an den Reserven von Mensch und Tier. Geschwüre bilden sich auf den Rücken der Pferde, wo das schwere Gepäck aufliegt und scheuert. Ella Maillart leidet unter einem schmerzpochenden Backenzahn, den sie sich beim Kauen eines harten Brotbrockens zersprengt hat.

Kirgisische Jäger kommen ihnen entgegen, die ähnlich der Falkenbeize auf Beutezug gehen. Allerdings nutzen sie die Könige der Lüfte: Adler, die sie mit Geduld und Geschick auf die Murmeltierjagd abgerichtet haben. Diese Jagdadler sind äußerst wertvoll, auf dem Markt erzielen sie einen Preis von mehreren Pferden. Ella Maillart sieht zu, wie ein Murmeltier von einem Adler erlegt wird, und ist begeistert: »Falkenbeize, Kunst des Mittelalters, hier ist deine Wiege! Ich denke an Attila, der einen Falken im Banner trug.«

Sie gelangen ins Weideland von Ak-Tschiriak. Die Bäche, die hier entspringen, fließen nicht in den Naryn und damit westwärts in den Aralsee, sondern nach Süden, das Wasser »wird in den Sandwüsten Chinas versickern«. Die Expedition wird immer anstrengender, Spannungen zwischen Ella und Capa trüben den Teamgeist. Sie haben bereits die Bergkette des Kokschal vor Augen, die Grenze zu China, eine Gegend, die bis nach dem Ersten Weltkrieg Freizone war, weder von Russland noch von China besetzt, und nur von wenigen kirgisischen Nomaden durchwandert. Irgendwann verlieren sich sogar die letzten Pfade, und es heißt durch Schneefelder und Geröll zu ziehen, mitunter müssen die Pferde durch reißende Flüsse gepeitscht werden, wobei ihnen das eiskalte Wasser bis zur Brust schäumt.

Endlich gelangen sie zum Dschengart-Pass, der auf viertausendsiebenhundert Metern Höhe liegt. Die Luft zum Atmen ist hier dünn, der Körper ermüdet schnell, auch die Konzentration fällt schwer. Die Hufe der Pferde brechen durch gefrorene Wasserlachen. Sie steigen wieder in ein Hochtal hinab, müssen einen Gletscher überqueren, an gefährlichen Spalten vorbei, die so tief sind, dass man den Grund nicht sieht. Ein letztes Mal geht es hinauf, zum Akogus-Pass, der auf viertausendfünfhundert Metern Höhe liegt. Er bildet die Grenze zu China, wenngleich diesseits und jenseits turkische Nomaden leben, die dieselbe Sprache sprechen, dieselbe Kultur haben. Nur anderthalb Jahrzehnte zuvor wurde dieser Gebirgspass zum Schauplatz einer humanitären Katastrophe: Als im Ersten Weltkrieg auch Kirgisen zum Dienst an der russischen Front eingezogen werden sollten, wehrten sie sich gegen diesen Krieg des Zaren, den die Nomadenvölker nicht als ihren Belang ansahen. Aus stillem Widerstand heraus brach mit erbittertem Eifer eine Rebellion los, die von zaristischem Militär mit aller Härte (und vor allem mit den besseren Waffen) niedergeschlagen wurde. Nach der Oktoberrevolution und der Machtübernahme durch die Sowjets regte sich in den turkischen Ländern des Riesenreichs erneut Widerstand. Die dortigen Völker – Kasachen, Usbeken, Turkmenen, Tadschiken und Kirgisen – forderten ihre eigenen, nationalen Republiken, und abermals wurde der Aufstand von moskautreuen Truppen blutig niedergeschlagen – diesmal unter der Parole sozialistischer Brüderlichkeit unter den Völkern. Zudem wurde eine aggressive Politik der Russifizierung betrieben, etwa durch Ansiedelung Zehntausender Russen und durch Enteignung und Aufteilung der traditionell in Gemeinschaftsbesitz der Nomaden befindlichen Weiden. Tausende Kirgisen wurden aus ihren angestammten Gebieten vertrieben und wanderten auf einem Todesmarsch über die vereisten Pässe des Tianshan-Gebirges nach Ostturkestan, das seit wenigen Jahren von der chinesischen Zentralregierung in Peking beansprucht wurde. Doch auch jenseits des Gebirges fanden die Flüchtlinge kein Aus- und Unterkommen, und so machten sie sich – geschlagen und geschwächt – bald auf demselben Weg zurück in ihre alte Heimat, um sich dort mit den neuen Verhältnissen und Machthabern irgendwie zu arrangieren. Ella Maillart berichtet: »Nach und nach wurden den Flüchtlingen [durch die Chinesen] ihre Herden gestohlen, so dass sie schließlich, all ihrer Habe beraubt, wieder heimzukehren beschlossen. Es war im Winter, und sie kamen unterwegs zu Tausenden um. Die ihre Dörfer erreichten, mussten die Entdeckung machen, dass sich inzwischen in ihren Besitzungen Russen eingenistet hatten, von denen natürlich erst recht keine Hilfe zu erwarten war. [...] Wie dem auch sei, jene Unglücklichen zogen jedenfalls desselben Weges, auf dem ich mich jetzt befinde, obwohl dieser Pass sonst wenig begangen wird [...].« Die Schweizerin blickt von der Passhöhe hinab, nach Ost-Turkestan hinein: »In dieser Richtung wären es nur noch ein paar Kilometer bis zur ersten chinesischen Stadt, Turfan.« Dann geht ihr Blick weiter hinaus, zum Horizont. Dort entdeckt sie etwas, das zunächst wie eine optische Täuschung erscheint, sich aber ganz rational erklären lässt: »[...] was ist das für ein gelbliches, lang hingestrecktes Etwas, das da zum Himmel empor flimmert wie ein Staubmeer? Dort, wo das Gelb in das Himmelsblau verfließt, zieht sich kaum erkennbar die Linie des Horizonts hin [...]. Das kann nur die [Wüste] Gobi sein, der grenzenlose Sandozean, die gefürchtete Takla Makan...Da liegt nun zu meinen Füßen eines der Ziele, die ich mir gesteckt hatte: das von Kirgisen bewohnte chinesische Bergland, das von widerstreitenden Strömungen zerrissene Sinkiang.« Die Versuchung ist groß, die Passhöhe ostwärts hinabzusteigen, nach Sinkiang hinein: »Ich habe alles bei mir, was ich brauche, außer meinem Schlafsack. Ich könnte allein nach Turfan weiterreisen, ein paar Kilometer zu Fuß können mich nicht schrecken. Nur, ich habe kein Visum.« Also gibt sie – schweren Herzens – der Versuchung nicht nach. Es reicht, dass sie nur halb-legal, das Durcheinander der sowjetischen Bürokratie nutzend, in Kirgistan unterwegs ist. Wenn sie jedoch jenseits des Passes im chinesischen Sinkiang von Milizionären gefasst würde, müsste sie mit Verhaftung oder Verschleppung rechnen – durch ihren Schweizer Pass wäre sie davor nicht gefeit. »Nein, ich habe nicht Schneid genug! [...] Ich wende dem Ziel meiner Sehnsucht den Rücken. Betrübte Umkehr, langer Abstieg unter sich bewölkendem Himmel.«

Eigentlich wollen die Reisenden einen anderen Rückweg nach Karakol einschlagen, doch schlechtes Wetter macht die Pfade unbegehbar. Also entscheiden sie sich, auf demselben Weg zurück zum Issiksee zu reiten. Erneut nächtigen sie bei wildfremden Nomaden, werden in deren Jurten herzlich aufgenommen, teilen mit ihnen das wenige, was die Kirgisen auftischen können. Sie kommen in entlegenen Hochtälern an kleinen Bergseen vorüber, die »wie Rosenkranzperlen« aneinandergereiht sind. »Große Gletscher reichen hie und da bis in ihr Wasser hinab, so dass man meint, man wäre in Grönland; [...] ihre schwarzen Moränen überragen einen See von einem unvorstellbaren Türkisgrün, das die Augen blendet und entzückt und so befriedigt, dass sie sich nicht davon losreißen können.«

Endlich geht es aus dieser weltenthobenen, lebensfeindlichen Höhe hinab ins Tal. Körper und Geist der verausgabten Reisenden atmen auf: »Ein Tal mit grünen Triften breitet sich zu unseren Füßen, und, o Wunder, Bäume tauchen auf, ein ganzer Wald von Tannen, die ersten, die wir nach so langer Zeit wieder zu Gesicht bekommen!« Ella Maillart, die nach den Tagen und Wochen der erschöpfenden Strapazen langsam wieder zu Kräften kommt, singt zum Ergötzen ihrer russischen Kameraden Schweizer Volkslieder: »Ich kann keine anderen, und ich pflege sie anzustimmen, wenn mir besonders wohl ums Herz ist.« Sie kommen in die Ebene vor Karakol, passieren Marinowka, »eine Kolonie von Dunganen, chinesischen Mohammedanern, die sich im Jahre 1883 mit Genehmigung der Behörden hier niedergelassen haben«. Auf den Feldern arbeiten kleine, gelbhäutige Männer, die den Opiumsaft der angeritzten Mohnkapseln ernten. Was gesetzlich streng verboten ist, wird hier, am äußersten Rand des Sowjetreichs, doch praktiziert, ob mit oder ohne Wissen der Bestechungsgelder nicht verschmähenden Behörden, das wird Ella Maillart nie erfahren. Endlich sind sie wieder in Karakol und am Ufer des Issiksees, des Herzens des Tianshan-Gebirges.

Durchs Rebellenland nach Alma-Ata

Die fünf Abenteurer einigen sich darauf, gemeinsam nach Alma-Ata, damals die Hauptstadt der Sowjetrepublik Kasachstan, zu reiten, die im äußersten Osten des riesigen Landes liegt, nur etwa hundertsechzig Kilometer Luftlinie von Karakol entfernt. Dort wollen die Russen den Zug nach Moskau besteigen, während die Schweizerin, die verzweifelt auf Geldanweisungen per Post wartet (und in Karakol auf dem Amt vergebens nach den längst überfälligen Zuwendungen aus Paris fragt), sich irgendwie ins westlich gelegene Usbekistan durchschlagen will. Doch gerade die vermeintlich kurze, letzte Etappe gerät zu einer wahren Marter, denn das Kungei-Gebirge und der Ak-Su-Pass, die die Grenze zwischen Kirgistan und Kasachstan bilden, sind zu überwinden. Ella Maillarts Reitpferd und das Packpferd werden ernstlich krank und müssen zurückgelassen werden. Immerhin gelingt es ihnen, bei einem kirgisischen Händler die Pferde gegen kleine kräftige Ponys einzutauschen, mit denen sie bis Alma-Ata zu gelangen hoffen. Sie machen sich Richtung Gebirge auf, ein letztes Mal nächtigen sie bei gastfreundlichen Nomaden in einem Aul.

Dann geht es hinein ins Kungei-Gebirge, das zwar nicht so hoch ist wie die Berge des östlichen Tianshan, sich aber doch auf bis zu fünftausend Meter Höhe erhebt und zudem stark zerklüftet ist. Trübsinnig notiert Ella Maillart: »Einöde. Keine Bäume mehr. Nur Steine.« Das Pferd des Dolmetschers Matkerim verliert ein Hufeisen. Sie einigen sich darauf, dass er zum Issiksee zurückkehrt, während die Russen, Ella Maillart und ein in Karakol angeheuerter junger Führer weiterziehen. Sie erklimmen den viereinhalbtausend Meter hohen Ak-Su-Pass, dahinter geht es steil bergab, über schattige Schneeferner, deren Spalten gefährlich weit klaffen. »Aber ich sehe uns immer schon im nächsten Augenblick in die Tiefe verschwinden«, notiert die Schweizerin und muss sich eingestehen: »Ich, die ich besessen bin von dem Verlangen, mir selbst zu beweisen, dass ich imstande wäre, den Spuren meiner Lieblingshelden, der Himalajabesteiger und Nordpolfahrer, zu folgen, ich zittere bei der geringsten Schwierigkeit vor Angst und frage mich nur immer: ›Wozu um Himmels willen bin ich hierhergekommen?!‹« Sie gelangen heil über die Gletscher, kommen in ein Tal mit dürftiger Grassode – und haben die Gefahren noch nicht überstanden. Denn dieses Gebiet, das Ödtal von Kebin, gilt als Niemandsland zwischen Kirgistan und Kasachstan, deren Regierungen sich nicht über den genauen Grenzverlauf einigen können und deshalb hier weder Polizei noch Militär stationieren, was wiederum Gesindel und Wegelagerer anlockt. Zudem ist die Gegend Rückzugsgebiet der sogenannten Basmatschi, der national gesinnten muslimischen Rebellen, die eine Loslösung von der Sowjetunion erkämpfen wollen. Der junge kirgisische Führer reitet mit geladenem Gewehr, mehrmals bemerkt er dunkle Gestalten und zielt auf sie. Doch immer wieder verschwinden die Schatten hinter Felsbrocken oder im Gewölk. Beinahe viertausend Meter müssen sie hinabsteigen, bis sie endlich in die kasachische Ebene gelangen. Der Anblick ist überwältigend: »In weiter, weiter Ferne sieht man die riesigen Steppen sich hinziehen bis zu den endlosen Sümpfen Sibiriens, wo alles, alles ganz und gar topfeben ist.« Da bemerken sie am Horizont etwas: »Dort muss die Stadt sein, in diesem Meer von Grün, aus dem die Zwiebeltürme der Kirchen hell hervorragen. Riesige Funktürme erheben sich in die Luft, wunderlich anzusehen hier auf dieser gelben Erde. Um die Stadt zieht sich ein Gürtel von Halbjurten, Hütten aus tristen, elenden Zelten, selbst die Höhlen einer Felswand sind bewohnt.« Alma-

Ata, damals die Hauptstadt des riesigen Kasachstan, wurde erst 1854 von den Russen gegründet. Als Ella Maillart die Stadt betritt, wohnen hier rund hundertfünfzigtausend Menschen, während ganz Kasachstan, das eine Fläche von 2,7 Millionen Quadratkilometern umfasst, damals nur sechs Millionen Einwohner zählt. In Alma-Ata verkaufen die Reisenden ihre Pferde mit Vorteil (Ella Maillart schilt sich und die Kollegen im Scherz »Rosstäuscher«). Dann besteigen die vier Russen, die sich über die wissenschaftliche Institution, der sie angehören, Fahrkarten besorgt haben, den Zug und treten die lange Heimreise nach Moskau an.

Der kirgisische Führer wird entlassen – und Ella Maillart steht allein da, in einem Land, dessen Sprache sie nicht versteht (sie beherrscht das Russische nur unzureichend, und viele Menschen der turkischen Länder sprechen nur ihre heimischen Idiome). Noch einmal versucht die Schweizerin das Schicksal zu erzwingen: Sie will den Konsul von Sinkiang, dem chinesischen Teil Turkestans, aufsuchen, um ihm ein Visum abzuschwatzen, kann ihn aber nicht ausfindig machen. Sie wertet das als Fingerzeig: »Also gut: die Würfel sind gefallen: ich gebe den Gedanken, noch nach China zu reisen, endgültig auf. Ich werde nach Taschkent fahren und zu den sagenhaften Städten Turkestans: Samarkand, Buchara und Khiwa [Chiwa].«

Wieder kann sie sich nicht einfach zum Fahrkartenschalter des Bahnhofs begeben und dort ein Ticket kaufen. Sie muss erst langwierig bei der »Gesellschaft für proletarische Touristik« vorsprechen, bis sie eine Marke erhält, mit der sie sich wiederum stundenlang am Schalter anstellen muss. Endlich hat sie aber die Fahrkarte nach Taschkent, der Hauptstadt Usbekistans, in der Tasche. Sie lässt das Herz Turkestans hinter sich (und hat doch ihr eigenes Herz an diese großartigen, archaischen Landschaften verloren) und besteigt den Zug, der sie zuerst nach Taschkent bringen wird, dann nach Samarkand, Buchara, Turtkul, Chiwa, und von dort wieder nord- und westwärts, am Aralsee vorbei und nach Orenburg, und weiter quer durch Russland nach Moskau – dort schließlich wird sie den Zug nach Paris nehmen, wo sie im Januar 1933 ankommt.

Auf dieser Fahrt kommt sie auch durch Berlin, das sich seit ihrem letzten Aufenthalt stark gewandelt hat: Überall hängen Hakenkreuzfahnen aus den Fenstern. Es ist der Monat von Hitlers Machtübernahme – ein historisches Ereignis, das später indirekt auch in Ella Maillarts Leben eingreifen wird.

»Nur die innere Reise ist wirklich«

Zunächst jedoch, nach ihrer Rückkehr nach Paris, bleibt für sie alles beim Alten: Sie schreibt Reiseberichte für Zeitungen und Zeitschriften, veröffentlicht Bücher, die sie nicht nur in Frankreich und der Schweiz, sondern auch international bekannt machen. 1935 begibt sich Ella Maillart wieder nach Asien, diesmal will sie Ost-Turkestan, an dessen Grenze sie zweieinhalb Jahre zuvor kehrtgemacht hat, erkunden. Wieder ist sie im Auftrag der Zeitung *Le Petit Parisien* unterwegs. Diesmal jedoch nähert sie sich dem hermetisch abgeschlossenen Land von Osten her. Von Peking aus startet sie gemeinsam mit dem befreundeten britischen Reiseschriftsteller Peter Fleming ins Innere des Reichs der Mitte, und weiter über Sinkiang (Ost-Turkestan) auf der Seidenstraße nach Pamir und Kaschmir. Sieben Monate sind Ella Maillart und Peter Fleming unterwegs, und beide werden nach ihrer Rückkehr nach Europa unabhängig voneinander ein Buch über diesen Abenteuertrip schreiben: Ella Maillart veröffentlicht 1936 *Forbidden Journey*, Fleming im selben Jahr *News from Tartary*.

In den Jahren vor dem Zweiten Weltkrieg unternimmt Ella Maillart weitere aufsehenerregende Reisen, die sie – teils gemeinsam mit der Schweizer Schriftstellerin Annemarie Schwarzenbach – in die Türkei, durch Persien, Afghanistan und nach Indien führen. Doch die Kameradschaft der beiden Frauen zerbricht, als sich Annemarie Schwarzenbach in Afghanistan den

Drogen ergibt. Ella Maillart, die über diesen Höllentrip im Jahre 1947 den Bericht *La Voie cruelle* vorlegt, zieht sich während des Zweiten Weltkriegs ins britisch besetzte Indien zurück. Obwohl sie als Schweizerin in ihre Heimat zurückkehren könnte, will sie sich dem Fanatismus und dem Irrsinn, die Europa in den Abgrund stürzen, so weit wie möglich entziehen. In Indien erforscht sie in Tiruvannamalai, südlich von Madras, und in Kerala hinduistische Heilslehren bei den Gurus Sri Ramana Maharishi und Sri Atmananda (Krischna Menon). Sie begreift diesen Weg ins Innere als eine Lebensreise, nicht weniger abenteuerlich als ihre bisherigen Trips in die entlegensten Gegenden der Welt: »Ich habe eine neue Reise angetreten, die, ich weiß es, mich näher als alles Bisherige an das vollendete Leben heranführen wird, nach dem ich instinktiv gesucht habe. Ich begann diese Reise, indem ich das nicht kartierte Gebiet meines eigenen Geistes erkundete.«

1946 kehrt Ella Maillart nach Europa zurück. Weltgesättigt lässt sie sich in der Schweizer Heimat nieder. Aber nicht mehr die Ufer des Genfer Sees locken sie, sondern die Bergeinsamkeit der Alpen, die sie an die famosen Landschaften Kirgistans und Kaschmirs erinnern. In Chandolin, einem zweitausend Meter hoch gelegenen Bergdorf im Schweizer Val d'Anniviers, lässt sie sich ein Chalet bauen. Hier, in Stille und Abgeschiedenheit, einer »Quelle stets sich erneuernder Freude«, lebt sie während der Sommer- und Herbstmonate, »vom letzten bis zum ersten Schnee«, und schreibt an ihren Büchern und Artikeln. 1951 erscheint ihre Autobiografie *Croisières et caravanes* (dt. unter dem Titel *Leben ohne Rast*, 1952).

Doch nicht allzu lange kann und will sie solch ein eremitisches Dasein führen. Bereits 1951 macht sie sich wieder auf und erkundet Nepal (worüber sie in ihrem Buch *The Land of the Sherpas* berichtet). Dreißig Jahre lang, von 1957 bis 1987, betätigt sie sich zudem als Führerin für auserlesene kleine Reisegruppen, die das Innere Asiens, seine Landschaften und Kulturen, kennenlernen möchten. In einem Vortrag für die BBC fasst Ella Maillart den Sinn des Reisens so zusammen: »Was würden diese Reisen in der Stunde meines Todes bedeuten? Sie waren wichtig für mich, weil sie mich verändert hatten, mich meinem Mittelpunkt näher gebracht hatten. Langsam hatten sie mich an das herangeführt, was wirklich von Bedeutung war. Nur die innere Reise ist wirklich. Ich habe mich selbst gefunden. […] Da ich mich nicht länger zerrissen fühle, sondern ganz konzentriert, kann ich geduldig nach der Einheit streben, von der wir alle fühlen, dass sie das endgültige Ziel wie auch der Anfang allen Lebens ist.«

Bis ins hohe Alter bleibt Ella Maillart geistig und körperlich rege, immer noch neugierig auf fremde Länder und Menschen – und mit sich selbst im seelischen Frieden, der ungestillten Sehnsucht des modernen Menschen westlicher Zivilisation enthoben. Noch mit achtzig Jahren fährt die rüstige alte Dame Fahrrad und Ski. Mit zweiundachtzig Jahren bereist sie nochmals Tibet, das zu jener Zeit durch die chinesischen Behörden streng abgeschirmt wird und ausländischen Besuchern kaum zugänglich ist. Am 27. März 1997 beendet Ella Maillart vierundneunzigjährig ihre lange Lebensreise, satt an äußeren Welteindrücken und mit ihrem eigenen Wollen und Wünschen in Harmonie, im schweizerischen Chandolin.

Ihr umfangreicher fotografischer Nachlass wird im Musée de l'Élysée in Lausanne aufbewahrt, der schriftliche Nachlass ging an die Bibliothèque de Genève, ihre Filme an die Cinémathèque Suisse in Lausanne. In ihrem einstigen Wohn- und Rückzugsort Chandolin befindet sich heute ein kleines Museum, das an das Leben und Werk der großen Forscherin und Abenteurerin erinnert.

In einer Würdigung schrieb der Freund und Kollege Peter Fleming einmal, Ella Maillart sei eine Reisende »voller Mut und Neugier«, »immer bestrebt, wilde Gegenden zu sehen, und bemüht, die freien Menschen, die dort leben, zu verstehen«.

Auswahlbibliografie

Elizabeth Marsh-Crisp

Bekkaoui, Khalid: White women captives in North Africa. Narrative of enslavement, 1735–1830. Houndmills 2011.

Colley, Linda: Leben und Schicksale der Elizabeth Marsh. Eine Frau zwischen den Welten des 18. Jahrhunderts. Frankfurt/M. 2008.

Crisp, Mrs. [i.e. Elizabeth Marsh]: The female captive. A narrative of facts, which happened in Barbary, in the year 1756. Written by herself. London 1769.

Hester Stanhope

Boissel, Thierry: La vie extraordinaire de Lady Stanhope. La vraie châtelaine du Liban. Paris 1993.

Childs, Virginia: Lady Hester Stanhope. Queen of the Desert. London 1990.

Cleveland, Catherine Lucy Wilhelmina, Duchess of: The Life and Letters of Lady Hester Stanhope. London 1914.

Day, Roger William: Decline to glory. A reassessment of the life and times of Lady Hester Stanhope. Salzburg 1997.

Haslip, Joan: Lady Hester Stanhope. A biography. London 1934.

Henry-Bordeaux, Paule: La circé du desert. Lady Stanhope en Orient. Paris 1924.

Hogg, James (Hg.): News from Lebanon. Lady Hester Stanhope's autograph letter to Michael Bruce. Salzburg 1988.

Jallet-Traverso, Catherine: La correspondence de Lady Hester Lucy Stanhope. Montpellier 2005.

Krück von Poturzyn, Maria Josefa: Lady Hester Stanhope. Eine Frau ohne Furcht. Berlin 1936.

Meryon, Charles (Hg.): Memoirs of Lady Hester Stanhope. 3 Bde. London 1845.

Meryon, Charles (Hg.): Travels of Lady Hester Stanhope. 3 Bde. London 1846.

Vogelsberger, Hartwig A.: »The unearthly quest« – Lady Hester Stanhope's legacy. Salzburg 1987.

Mary Nisbet Bruce Elgin

Checkland, Sydney: The Elgins, 1766–1917. A Tale of Aristocrats, Proconsuls and their Wives. Aberdeen 1988.

Hitchens, Christopher: Imperial Spoils. The Curious Case of the Elgin Marbles. New York 1987.

MacGregor, Neil: Eine Geschichte der Welt in 100 Objekten. München 2011.

Nagel, Susan: Mistress of the Elgin Marbles. A Biography of Mary Nisbet, Countess of Elgin. New York 2005.

Nisbet, Mary: The Letters of Mary Nisbet, Countess of Elgin. London 1926.

St. Clair, William: Lord Elgin and the Marbles. Oxford 1998.

Vrettos, Theodore: The Elgin Affair. London 1997.

Louise Colet

Colet, Louise: L'Italie des Italiens. 4 Bde. Paris 1862–1864.

Colet, Louise: La vérité sur l'anarchie des esprits en France. Mailand 1873.

Colet, Louise: Les derniers abbés. Mœurs religieuses d'Italie. Paris 1868.

Colet, Louise: Les Pays lumineux. Texte établi et présenté par Muriel Augry. Paris 2001.

Du Camp, Maxime: Souvenirs littéraires. 2 Bde. Paris 1882, 1883.

Flaubert, Gustave: Correspondance. 3 Bde. Hg. von Jean Bruneau. Paris 1973, 1981, 1991.

Flaubert, Gustave: Die Briefe an Louise Colet. Mit allen erhaltenen Briefen und Tagebuchnotizen von Louise Colet an Gustave Flaubert und einem Vorwort von Julian Barnes. Aus dem Französischen und mit Anmerkungen von Cornelia Hasting. Zürich 1995.

Plessix Gray, Francine du: Was wir träumen, wenn wir lieben: Das Leben der Louise Colet – Literatin, Feministin, Geliebte Flauberts. München 1995.

Amelia Edwards

Arenz, Bärbel; Lipsky, Gisela: Mit Kompass und Korsett. Reisende Entdeckerinnen. Cadolzburg 2009.

Edwards, Amelia: A Thousand Miles Up the Nile. London 1877.

Rees, Joan: Amelia Edwards. Traveller, Novelist & Egyptologist. London 1998.

Tausend Meilen auf dem Nil. Die Ägyptenreise der Amelia Edwards 1873/74. Übersetzt von Gerald Höfer. Wien 2009.

Isabel Burton

Burton, Isabel: Arabia, Egypt, India: a narrative of travel. London 1879.

Burton, Isabel: The inner life of Syria, Palestine, and the Holy Land: from my private journal. London 1875.

Burton, Isabel: The life of Captain Sir Richard F. Burton. London 1893.

Burton, Isabel: The romance of Isabel, Lady Burton, the story of her life. London 1897.

Lovell, Mary S.: A Rage to Live. A biography of Richard and Isabel Burton. London 1998.

Vita Sackville-West

Glendinning, Victoria: Vita Sackville-West. Eine Biographie. Frankfurt/M. 1990.

Nicolson, Harold: Reise nach Java. München 1959.

Nicolson, Nigel: Portrait einer Ehe. München 1974.

Sackville-West, Vita: Eine Frau unterwegs nach Teheran. Eine Reiseerzählung. Frankfurt/M. 1993.

Sackville-West, Vita: Zwölf Tage in den Bakhtiari-Bergen. Eine Reiseerzählung. Frankfurt/M. 1990.

Freya Stark

Geniesse, Jane Fletcher: Passionate Nomad. The Life of Freya Stark. New York 2001.

Moorhead, Caroline: Freya Stark. New York 1985.

Stark, Freya: Beyond Euphrates (vol. 2 of autobiography, 1928–1933). London 1951.

Stark, Freya: Im Tal der Mörder. Eine verbotene Reise in das geheimnisvolle Persien. München 1993.

Stark, Freya: Over the Time of the World. Selected Letters. Hg. von Caroline Moorehead. London 1988.

Stark, Freya: The Coast of Incense (vol. 3 of autobiography, 1933–1939). London 1953.

Stark, Freya: Traveller's Prelude (vol. 1 of autobiography, 1893–1928). London 1950.

Ella Maillart

Maillart, Ella: Leben ohne Rast. Eine Frau fährt durch die Welt. Wiesbaden 1952.

Maillart, Ella: Turkestan Solo. Eine abenteuerliche Reise ins Ungewisse. Aus dem Französischen von Hans Reisiger. München 2001 (dt. Erstausgabe: Berlin 1941).

www.ellamaillart.ch

Alexandra David-Néel (1868–1969)
Die erste Europäerin im verbotenen Lhasa

Südtibet im Sommer 1916: Eine kleine, rundliche Frau in tibetischer Kleidung wandert wochenlang durch Täler und über Hochebenen Richtung Norden. Sie hat ein sonnenverbranntes Gesicht. Fältchen, und erste graue Haare verraten, dass sie mittleren Alters ist. Hinter ihr, in gemessenem Abstand, geht ein etwa sechzehnjähriger, schlaksiger Tibeter, der eine runde Nickelbrille trägt. Er ist schwer bepackt, denn obwohl er die kleine Frau »Mutter« nennt, scheint er – so suggeriert beider Verhalten – eher ihr Lakai zu sein.

Die Frau heißt im bürgerlichen Leben Alexandra David-Néel. Néel ist der Familienname ihres Mannes Philippe. Doch Alexandra hat ihren Gatten das letzte Mal vor fünf Jahren gesehen. Und er ist weit weg, in Tunis in Französisch-Nordafrika. Alexandra verspürt nur wenig Sehnsucht nach ihm, aber sie braucht ihn als Financier ihrer Reiseabenteuer. Immer wieder schreibt sie ihm Briefe, bettelt um Geld, schmeichelt, droht, verspricht, bald zurückzukehren, hält ihn hin. Alexandra David ist eine Getriebene, doch keine, die wie ein Bergsteiger oder Läufer nach Höhen- und Zeitrekorden lechzt. Ganz im Gegenteil: Sie hat zwei Jahre lang als Einsiedlerin und Schülerin bei einem buddhistischen Lama im Hochland des kleinen Himalaja-Königreichs Sikkim gelebt. Sie hat sich mit buddhistischen Glaubensfragen, Meditationsformen und traditioneller schwarzer und weißer Magie beschäftigt, hat die tibetische Sprache erlernt und religiöse Schriften studiert. Zum Abschluss ihrer Studienzeit verlieh ihr der Lama sogar den Ehrentitel »Lampe der Weisheit«.

Seit Wochen wandert Alexandra nun in Begleitung ihres Dieners und Schülers Yongden durch Tibet. Ihr Ziel: Lhasa, die verbotene Stadt, Sitz des Dalai-Lama. Ihn hat sie bereits in Sikkim kennengelernt, und er war bereit, ihre brieflich überreichten Fragen zum Buddhismus schriftlich zu beantworten. Aber die rein wissenschaftliche Beschäftigung mit dem Buddhismus genügt Alexandra David nicht. Sie will das geistige Zentrum des Lamaismus sehen und verstehen. Noch nie hat eine weiße Frau Lhasa betreten. Es ist eine gefährliche Reise. Wird sie erkannt und aufgegriffen, drohen ihr Ausweisung, im schlimmeren Fall sogar Peitschenhiebe und Kerkerhaft. Alexandra hat zwar eine offizielle Einladung eines anderen hohen geistlichen Führers, des Pantschen-Lama, in der Tasche, aber die wird ihr in dem von politischen und geistlichen Fehden durchzogenen Land, das noch dazu in der Interessensphäre der Großmächte Großbritannien und China liegt, im Ernstfall wenig nützen.

Alexandra David ahnt nicht, dass der britische Geheimdienst in Indien bereits auf sie aufmerksam geworden ist und über Agenten ihre unerlaubte Einreise nach Tibet beobachtet. Depeschen gehen bis nach London. Der britische Resident in Sikkim, Charles Bell, sieht dem Treiben der Französin mit verhaltenem Groll zu. Er will die Angelegenheit einerseits möglichst nicht aufbauschen, andererseits muss er die Interessen seines Landes wahren. Und die besagen, dass mit Rücksicht auf das labile Gleichgewicht am Himalaja die Befindlichkeiten der Regierungen Tibets und Chinas zu respektieren sind. Dazu gehört auch die Weisung, Tibet und vor allem dessen Herz, die Hauptstadt Lhasa, allen Ausländern verschlossen zu halten.

Alma Karlin (1889–1950)
Einsame Weltreise

Im Jahre 1921 notiert die zweiunddreißigjährige Alma Maximiliane Karlin, die sich allein auf Weltreise befindet und eben auf einem Dampfer entlang der Küste Nicaraguas fährt: »An Land aber wollte ich. Man studiert weder Menschen noch Pflanzen vom Deck aus. Nicht ein Reisender der ersten Klasse, geschweige denn der dritten fuhr ans Land. Die meisten Menschen fahren wie die Reisekoffer durch die Welt, und die größte Zahl der sogenannten Touristen, die behaupten, alles gesehen zu haben, liest alles in einem Buche nach und sitzt dann einfach im Gasthaus und schlürft Eiskaffee oder nimmt Whisky-Soda. Ich will gar nicht leugnen, daß es angenehmer ist, als in der Tropenglut herumzulaufen.«

Alma Karlin ist bereits seit über einem Jahr auf Reisen, fast ohne Geld, ohne Kontakte und Empfehlungen, im Gepäck nur ein paar Kleider, ihre geliebte Schreibmaschine, Typ »Erika«, auf der sie ihre Tagebücher und Reportagen schreibt, und einen Pass des noch jungen Königreichs Jugoslawien. Die Zeitläufte haben Alma Karlin zur Untertanin König Peters gemacht. Doch zeitlebens fühlt sie sich, die in Cilli (dem heutigen slowenischen Celje) geboren ist, als Österreicherin. Und obgleich sie zehn Sprachen spricht und in der ganzen Welt als Globetrotterin unterwegs ist, empfindet sie doch ihre deutsche Muttersprache, in der sie denkt, träumt und ihre Werke zu Papier bringt, als die einzige Heimat in Zeiten, die viele Menschen entwurzelten und über den Erdball verstreuten. Ihr Verhältnis zur deutschen Sprache und zur deutschen Kultur begründet sie recht pragmatisch und ohne ideologischen Eifer: »Da wir zu Hause nur Deutsch sprachen und meine Mutter fast vierzig Jahre als Lehrerin an der deutschen Schule tätig war, wurde auch ich selbst der deutschen Erziehung teilhaftig und hatte Kontakte mit Deutschsprachigen, und da sogar im Haus meiner slowenischen Tante Deutsch mit mir gesprochen wurde, darf man mir meine Zugehörigkeit dem deutschen Volke und die natürliche Tatsache, daß ich das Resultat meiner Forschungen und Errungenschaften auf dem Gebiet der Literatur in erster Linie diesem Volke widmete, nicht vorwerfen. Der Mensch ist die Frucht seiner Erziehung. «

Am Beginn ihrer Weltreise, die acht Jahre dauern wird und Alma Karlin um viele Erlebnisse, Abenteuer und Erkenntnisse reicher machen, aber psychisch und physisch zerrütten wird, steht der »Größenwahn«, wie sie selbstkritisch urteilt, die Illusion, als »moderner Columbus« eine neue Welt entdecken und erobern zu wollen. Die *Einsame Weltreise*, wie sie ihr achtjähriges Abenteuer im Buchtitel nennen wird, gerät teilweise zur Höllenfahrt, die die junge Frau oft genug an den Rand des Zusammenbruchs und des Irrsinns führen wird, bedroht von Mördern, Dieben, Räubern und Vergewaltigern, geschwächt von Tropenkrankheiten, zermürbt von der Einsamkeit und dem Gefühl, fremd und hilflos zu sein. Am Ende ihres Abenteuers kehrt sie zwar erschöpft und um etliche Illusionen ärmer nach Europa zurück, aber zugleich in dem Wissen, dem weiteren Leben ohne Furcht begegnen zu können. Und sie ist auf dieser Odyssee zu einer Schriftstellerin gereift, die nicht nur einen lebendigen, bildreichen, mit Witz und Ironie gespickten Stil schreibt, sondern die auch etwas mitzuteilen hat.